Preußische Rechtsgeschichte

Übersicht über die Rechtsentwicklung
der Preußischen Monarchie und ihrer Landesteile

Ein Lehrbuch für Studierende

Von

Dr. iur. Friedrich Giese
Professor der Rechtswissenschaft an der Universität Frankfurt

Berlin und Leipzig 1920
Vereinigung wissenschaftlicher Verleger
Walter de Gruyter & Co.
vormals G. J. Göschen'sche Verlagshandlung — J. Guttentag, Verlagsbuchhandlung — Georg Reimer — Karl J. Trübner — Veit & Comp.

Druck von C. Schulze & Co., G. m. b. H. Gräfenhainichen

Philipp Zorn

als Zeichen
inniger Dankbarkeit, herzlicher Verehrung
und treuer Freundschaft

zum siebzigsten Geburtstage

glückwünschend dargebracht.

Vorwort.

In den dunklen Novembertagen des Unglücksjahres 1918 ist der stolze Bau des Deutschen Kaiserreiches zusammengebrochen. Sein Sturz hat die monarchischen Landesregierungen Deutschlands unter seinen Trümmern begraben. So hat auch der führende deutsche Staat, die Preußische Monarchie, einen jähen Untergang gefunden. Eine halbtausendjährige Entwicklung beispiellos glänzenden staatlichen Aufstieges gehört nun der Geschichte an.

Wir können das dahingesunkene preußische Staatswesen nicht zu neuem Leben erwecken. Aber wir wollen seiner vergangenen Größe ein treues Gedenken bewahren und aus der Erinnerung Anregung, Wissen und Kraft schöpfen. Selbst wer dem Königreich Preußen nicht nachtrauert, kann die fortlebende Bedeutung der preußischen Geschichte überhaupt und der preußischen Rechtsgeschichte im besonderen nicht verkennen noch verkleinern.

Der theoretisch-wissenschaftliche Vergangenheitswert des Rechtes der preußischen Monarchie läßt sich nicht abstreiten. Preußen war und bleibt das klassische Land der monarchischen Staatsform, der Musterstaat für die schöpferische, einigende und emporführende Kraft eines starken Königtums, die markanteste Ausprägung des allbeherrschenden Staatsgedankens. Es besaß eine meisterhaft organisierte, ständig fortschreitende und berechtigten Zeitforderungen nie unzugängliche Verwaltung, ein vortrefflich geschultes, höchstbefähigtes und unentwegt pflichtgetreues Beamtentum. Es erfreute sich eines wohlgeordneten Justizwesens und eines feindurchdachten Landesrechts.

Dem Rechte der preußischen Monarchie eignet aber zugleich ein außerordentlich praktischer Gegenwartswert für das Verständnis des geltenden Rechtes. Ist durch die Umwälzung von der Monarchie zur Republik zwar die staatsrechtliche Grundform vollkommen verändert, so bleibt doch in Hunderten von Einzelfragen der preußischen Verfassung der Zusammenhang mit dem bisherigen Rechtszustand gewahrt. Plant man auch eine Reform der Verwaltungseinrichtungen und des Beamtenrechts, so wird man doch an den wohlbewährten Grundlagen, die der große Verwaltungskönig Friedrich Wilhelm I., Stein-Hardenberg und die Verwaltungsreformer der siebziger Jahre gelegt haben, nicht rütteln wollen. Und auch im Justizwesen dürfte der Kern der bisherigen Traditionen unberührt bleiben. So wurzelt das heutige preußische Landesrecht in allen seinen Zweigen in der Vergangenheit und ist ohne genaue Kenntnis seines Werdegangs nicht zu verstehen.

Auf den Hochschulen wird daher die Pflege der geschichtlichen Entwicklung, die Verfassungs-, Verwaltungs- und Justizrecht in Preußen genommen haben, nach wie vor einen notwendigen Bestandteil des Lehrplanes bilden und weiterhin in der bekannten Sondervorlesung — „Übersicht über die Rechtsentwicklung in Preußen" — vorgetragen werden. Für Unterricht und Studium dieser Rechtsdisziplin den bisher fehlenden ganz kurzen und doch vollständigen wissenschaftlichen Leitfaden zu bilden, ist der besondere Zweck dieses Buches. Jede Tendenz liegt ihm fern; seine Aufgabe ist, vom Standpunkt des Juristen aus eine objektive Gesamtdarstellung zu bieten und die vielverschlungenen Entwicklungsgänge rechtsgeschichtlich und rechtsdogmatisch klarzulegen, nebenher auch das für wissenschaftliche Arbeiten auf diesem Gebiete nutzbare juristische und historische quellenmäßige und literarische Material anzumerken.

Die grundlegenden Kenntnisse der preußischen Rechts-, vor allem Verfassungs- und Verwaltungsgeschichte, das besondere Interesse für diesen ergiebigen, reizvollen Stoff und die Vorliebe für dieses traulich-stille, den Stürmen der unerfreulichen Gegenwart entrückte Arbeitsfeld danke ich meinem hochverehrten akademischen Lehrer Philipp Zorn. Möchte er aus den nachfolgenden Blättern den Eindruck gewinnen, daß manches von ihm gelegte Samenkorn eine kleine, bescheidene Frucht getragen hat und viele wertvolle Ergebnisse seiner Forschungs- und Lehrtätigkeit in dieser Arbeit fortleben und durch sie weiter wirken sollen. Dies wäre für die mehrjährige Mühe, die ich auf dieses Buch verwendet habe, mein schönster Lohn.

Frankfurt a. M., im November 1919.

Friedrich Giese.

Inhalt.

Seite

Erster Zeitabschnitt.

Die Reichsmark Brandenburg.

Zweiter Zeitabschnitt.

Die Errichtung des brandenburgisch-preußischen Gesamtstaates.

Dritter Zeitabschnitt.

Die Blütezeit des absoluten Gesamtstaates.

Vierter Zeitabschnitt.

Die Erneuerung des absoluten Einheitsstaates.

Fünfter Zeitabschnitt.

Preußen als Verfassungsstaat.

Sechster Zeitabschnitt.

Preußen als deutscher Gliedstaat.

Preußens Geschichte war die Geschichte seines Herrscherhauses. Die Entwicklung kaum eines Staatswesens ist mit seiner Dynastie so eng verknüpft gewesen wie der Werdegang der preußischen Monarchie mit dem Hohenzollernhause. Diese historische Tatsache spiegelt sich auch in der Rechtsgeschichte Preußens [1]) wieder. Diese beginnt daher mit dem Einzuge des ersten hohenzollernschen Markgrafen in das Stammland, die Reichsmark Brandenburg. Nachdem in der markbrandenburgischen Zeit des 15. und 16. Jahrhunderts die Grundlagen für den späteren Staat gelegt waren, wurde im 17. Jahrhundert der brandenburgisch-preußische Gesamtstaat geschaffen und im 18. Jahrhundert auf absoluter Regierungsbasis die Verschmelzung der Landesteile zum preußischen Einheitsstaate in die Wege geleitet. Auf absoluter Grundlage erfolgte noch die Neugestaltung des zusammengebrochenen Staatswesens zu Anfang des 19. Jahrhunderts. Daran schloß sich erst der Übergang Preußens zur konstitutionellen Regierungsweise. Mit dem Aufgehen Preußens als Gliedstaat im gesamtdeutschen Bundesstaate vollendete sich seine geschichtliche Mission.

Erster Zeitabschnitt.

Die Reichsmark Brandenburg [2]).

I. Vor der Herrschaft der Hohenzollern [3]). § 1.

1. Die Gründung der Reichsmark Brandenburg erfolgte durch den Anhaltiner (Askanier) Albrecht von Ballen-

---

[1]) Bornhak, Preußische Staats- und Rechtsgeschichte, 1903. Hintze, Die Hohenzollern und ihr Werk. Fünfhundert Jahre vaterländischer Geschichte. 8. Aufl. 1916. Ziegler, Grundzüge der Preuß. Staatsgeschichte. 1. Teil: Bis zum Abschluß der Reform. 1919.

[2]) Quellen: Mylius, Corpus Constitutionum Marchicarum, Ordnungen, edicta, mandata, rescripta von Zeiten Friedrichs, Kurf. von Br. ad annum 1736, 6 Teile, 1737. Gercken, Codex diplomaticus Brandenburgensis; 8 Bde., 1769 bis 1785. v. Raumer, Codex diplomaticus Brandenburgensis continuatus, Slg. ungedruckter Urkunden zur br. Geschichte, 2 Teile, 1831/33. Riedel, Codex diplomaticus Brandenburgensis, Urkunden, Chroniken und sonstige Quellenschriften für die Geschichte der Mark Br. und ihrer Regenten, 36 u. 5 Bde., 1838 ff.

[3]) [v. Raumer], Über die älteste Geschichte und Verfassung der Kurmark Br., 1830. Riedel, Die Mark Br. im Jahre 1250, 2 Teile, 1831/32. Brosien, Gesch.

stedt[1]). Er empfing von Kaiser Lothar 1134 die westlich der Elb-gelegene Nordmark[2]) des Reiches zu Lehen, dehnte seinen Besitz alsbald östlich der Elbe bis zur Oder aus[3]) und nahm den Titel Markgraf von Brandenburg an. Seine Nachfolger erweiterten seine Erwerbungen[4]) und errichteten die erste Lehnsherrschaft über Pommern. Das von Slaven bewohnte Gebiet wurde mit westdeutschen Kolonisten besiedelt und gleichzeitig dem Christentum erschlossen[5]). Schwert, Pflug und Kreuz haben das Neuland dem Deutschtum gewonnen[6]).

2. Verfassung und Verwaltung der askanischen Mark sind zunächst reichsrechtlich zu würdigen. Die Mark war ein Territorium des Reiches. Der Markgraf trug sein Reichsamt vom Kaiser erblich zu Lehen. Aber die Grenzwacht verlangte größere Selbständigkeit und straffere Organisation der markgräflichen Gewalt; beide Eigenschaften förderten die schnelle Ausbildung einer geschlossenen Landeshoheit. Der Markgraf unterstand keinem Herzog, sondern direkt dem Kaiser. Er führte eine absolute, militärisch eingerichtete Herrschaft, vereinigte alle Hoheitsrechte (Militär-, Polizei-, Finanz- und Gerichtshoheit) in seiner Hand und war Obereigentümer des ganzen Grundbesitzes. Verfassung und Verwaltung beruhten nach innen nicht auf dem Lehns-, sondern auf dem Amtsprinzip. Nur die unteren Stellen

der Mark Br. im Mittelalter, 1887 Droysen, Geschichte der preuß. Politik[2] 1, 1868, 15—83. v Ranke, Zwölf Bücher preuß. Geschichte 1 u. 2, 1874, 1—24, 49—72. Bornhak, Geschichte des preuß. Verwaltungsrechts 1, 1884, 1—108 (dazu Schmoller im Jahrb. f. Gesetzgebung, Verwaltung u. Volkswirtschaft 10 570ff.); ders., Preuß. Staats- und Rechtsgeschichte, 1903, 1—16, 21—28 (dazu Hintze in den Forschungen zur brandenb. u. preuß. Geschichte 18, 1905, 288ff.). v. Sommerfeld, Beiträge zur Verfassungs- und Ständegeschichte der Mark Br. im Mittelalter 1 1904 Spangenberg, Hof- und Zentralverwaltung der Mark Br. im Mittelalter, 1908. Holtze Geschichte der Mark Br. 1912. Koser, Geschichte der br.-pr. Politik 1 1913, 1—70. Vor allem: Hintze, Die Hohenzollern u. ihr Werk, 500 Jahre vaterländ. Geschichte[8], 1916, 31—69. — Einzelliteratur in „Märkische Forschungen" (1838—1887), „Forschungen zur brandenburgischen und preußischen Geschichte" (1888ff.), „Zeitschrift für preuß. Geschichte und Landeskunde" (1864—1883).

[1]) v. Heinemann, Albrecht der Bär, 1864.

[2]) Dieses Gebiet hat später den Namen Altmark erhalten.

[3]) Er erwarb Priegnitz, Zauche und Havelland.

[4]) Sie gewannen Barnim, Teltow, Uckermark, Stargard, Lebus mit Sternberg u. die Neumark. von Nießen, Geschichte der Neumark im Zeitalter ihrer Entstehung und Besiedelung, 1905.

[5]) Curschmann, Die Diözese Br., 1906, 48ff. v. Mühler, Geschichte der ev. Kirchenverfassung in der Mark Br. 1846, 1ff.

[6]) v. Ranke a. a. O. 23.

standen im Lehnsverhältnis zum Markgrafen. So bildete die Ortsobrigkeit in den Bauerngemeinden der erbliche Dorfschulze[1]), in den Städten, solange sie noch nicht als genossenschaftliche Verbände eine Ratsverfassung[2]) besaßen, der erbliche Stadtschulze, auf den Rittergütern der zu ritterlichem Kriegsdienst verpflichtete Grundherr[3]). Im übrigen trug die Landesorganisation durchaus Amtscharakter. Die Mark zerfiel — abgesehen von den zwar „landsässigen" (d. h. dem Markgrafen unterstehenden), sonst aber immunen kirchlichen Besitzungen der Bistümer, Klöster und Stifter — in etwa 30 Vogteien. Eine Vogtei umfaßte markgräfliche Dörfer, markgräfliche Städte und Rittergüter. An ihrer Spitze stand als widerruflich ernannter Beamter der Vogt (advocatus). Er übte alle obrigkeitlichen Funktionen aus[4]). Die Zentralverwaltung führte der Markgraf selbst mit seinen widerruflich bestellten Hofbeamten[5]) und seinen Räten und Dienern. Die Gerichtsbarkeit[6]) war markgräflich oder ritterschaftlich oder kirchlich, später auch städtisch (in Städten unter Ratsverfassung). Die niedere markgräfliche Gerichtsbarkeit übte der Dorfschulze mit den Dorfschöffen (Dorfgericht, Bur-Ding), der Stadtschulze mit den Stadtschöffen (Stadtgericht) aus. Die höhere markgräfliche Gerichtsbarkeit handhabte der Vogt mit den Landschöffen (Vogteigericht, Landgericht, Landding). Die oberste Gerichtsbarkeit lag beim Markgrafen selbst bzw seinen Hofrichtern (Hofgericht)[7]); sie erstreckte sich auf privilegierte Personen (Ritterbürtige und Beamte), Lehenssachen und höhere Strafsachen: außerdem konnte vom Landgericht an das Hofgericht appelliert

---

[1]) Er vergab als Unternehmer der Dorfgründung die bäuerlichen Stellen an die Ansiedler Riedel, Über die Dorfschulzen in den Ländern östlich der Elbe, 1834

[2]) An Stelle der markgräflichen Stadtherrschaft trat schon in dieser Zeit vielfach die genossenschaftliche Organisation der städtischen Bürgerschaft unter der Ratsverfassung. Zimmermann, Versuch einer historischen Entwickelung der märkischen Städteverfassungen, 1 1837.

[3]) Bornhak in Forschungen zur deutschen Geschichte 26, 1886, 125—137.

[4]) Nur für Zoll-, Forst- und Münzwesen bestanden besondere markgräfliche Beamte.

[5]) Die wichtigsten waren Hofmeister, Marschall, Kämmerer, Kanzler. Über letzteren Stölzel, Brandenburg-Preußens Rechtsverwaltung und Rechtsverfassung 1 1888, 49—57.

[6]) Holtze, Geschichte des Kammergerichts 1 1890, 42—90. Kühns, Geschichte der Gerichtsverfassung und des Prozesses in der Mark Br. vom 10. bis 15. Jahrh , 1 1865; 2 1867, 1—336. Stölzel, Die Entwicklung der gelehrten Rechtsprechung 2 1910, 534ff.

[7]) Es gab später auch (örtliche) Distriktshofgerichte

werden. Das materielle Recht[1]) war kein spezifisch märkisches, sondern das von den Kolonisten mitgebrachte ostfälische Recht des Sachsenspiegels. Es war nicht einheitlich, sondern ständisch zersetzt. Das „Landrecht“ wurde durch die Ausbildung von „Standesrechten“ durchbrochen und galt nur noch als Bauernrecht. Für die Geistlichkeit war das römisch-kanonische Recht, für die Ritterschaft das Lehnsrecht, für die Städter das Stadtrecht[2]) maßgebend.

3. Schon unter den Anhaltinern setzte die Lockerung dieser straffen Organisation der Mark ein. Systemwidrig war zunächst die reiche Ausstattung der Kirche mit markgräflichen Gütern und Rechten. Später wurden solche auch der Ritterschaft, schließlich auch den selbständigen Städten zugewendet. Der auf privatrechtlicher Auffassung beruhende Brauch der Erbteilungen[3]) vervielfältigte die Höfe und damit die Ausgaben. Zu ihrer Deckung mußte der Markgraf mangels eines Steuersystems die besitzenden Klassen — die geistlichen und ritterschaftlichen Grundherren und die selbständigen Städte — um Entrichtung von Beden[4]), d. h. anfänglich freiwilligen Abgaben angehen, ihre Leistung aber mit der Überlassung markgräflicher Güter und Rechte als Gegenleistung erkaufen. Der verhängnisvolle Mißbrauch der Vergabung auch zinstragender und obrigkeitlicher, ja polizeilicher und gerichtsherrlicher Rechte steigerte einerseits wiederum den Finanzbedarf des dadurch seiner eigenen Einnahmequellen sich allmählich selbst beraubenden Markgrafen, führte andrerseits zur Anhäufung vordem markgräflicher Rechte und damit zur Bildung einer umfassenden ortsobrigkeitlichen Gewalt in der Hand der besitzenden Klassen. Ausgeübt wurden diese auf Kirche, Ritterschaft und selbständige Städte übergegangenen Hoheitsrechte nicht mehr durch markgräfliche, sondern durch kirchliche, ritterschaftliche und städtische Beamte. Die besitzenden Klassen hatten eine finanzielle und politische Macht gegenüber dem Markgrafen erworben. Fehlte es auch noch an einem körperschaftlichen Ausbau, so waren damit doch die Anfänge einer landständischen Verfassung der Mark begründet.

---

[1]) Bornhak, Preuß. Staats- und Rechtsgeschichte, 28—32.

[2]) Von besonderer Bedeutung für die märkischen Städte war das Magdeburgische Stadtrecht.

[3]) Hintze, Die Hohenzollern, 41 f.

[4]) Schließlich schlossen die besitzenden Klassen förmliche Bedeverträge (1280 bis 1282) mit dem Markgrafen; sie kauften ihm das Recht, nach Bedarf Geldleistungen von ihnen zu verlangen, gegen feste Jahresabgaben ab. Riedel, Cod dipl. Brand. 3 1, Nr. 8, 9. Merklinghaus, Die Bedeverfassung der Mark Br., in Forsch. zur br.-pr. Gesch. 8 59ff.

4. Vollends aber geriet die Verfassung der Mark in Verfall unter den nach dem Aussterben des askanischen Hauses (1320) das Land beherrschenden Dynastien der Wittelsbacher (1324—1373) und der Luxemburger (1373—1411). Ganze Landstriche wurden entrissen oder verpfändet[1]). Ein kurzer Lichtblick war die Regierung Karls IV.[2]), der wieder geordnete Zustände schuf und in der Goldenen Bulle (1356) die Unteilbarkeit der Mark als Kurfürstentums von Reichs wegen verordnete. Unter seinen Nachfolgern aber sank die markgräfliche Gewalt fast zu einem Schatten herab. Die besitzenden Klassen brachten immer mehr markgräfliche Hoheitsrechte an sich und übten eine zügellose Willkürherrschaft aus. Von der markgräflichen Verwaltung und Gerichtsbarkeit waren nur noch schwache Reste vorhanden. Völlige Anarchie hatte Platz gegriffen[3]), als das Land (1411) als erledigtes Lehen an König Sigismund zurückfiel. Nur eine außergewöhnliche Tatkraft konnte die „halbverlorene" Markgrafschaft vor dem Untergang bewahren.

II. Unter der Herrschaft der Hohenzollern[4]).

A. Die rechtsgeschichtliche Entwicklung[5]). § 2.

Der Nürnberger Burggraf Friedrich VI. von Hohenzollern, ein Sproß der fränkischen Linie[6]) des süddeutschen Grafengeschlechts

---

[1]) Die Neumark wurde 1402 an den Deutschen Orden pfandweise veräußert.

[2]) Interessant ist Karls IV. „Landbuch"; ein Verzeichnis dessen, was im Jahre 1375 in den Dörfern, Rittergütern und Städten an den Markgrafen entrichtet werden mußte. Fidicin, Kaiser Karls IV. Landbuch der Mark Br., 1856. Brinkmann in Forsch. zur br.-pr. Gesch 21 373 ff.

[3]) Heidemann, Die Mark Br. unter Jobst von Mähren, 1881.

[4]) Quellen: Altmann, Ausgewählte Urkunden zur br.-pr. Verf.- u. Verw.-Geschichte[2] 1, 1914, 1—68. Übersicht: Bornhak, Staats- und Rechtsgeschichte, 16 bis 102. Stölzel, Rechtsverwaltung und Rechtsverfassung 1 1—45, 57—325.

[5]) Friedrich der Große, Denkwürdigkeiten zur Geschichte des Hauses Brandenburg, in „Die Werke Fr. d. Gr.", Verlag Reimar Hobbing 1, 1913, 12—36. v. Lancizolle, Geschichte der Bildung des preuß. Staats, (nur) 1, 1828, 232—658. Riedel, Geschichte des preuß Königshauses, 2 Teile, 1861. Droysen, Politik[2] 1 (1868), 2 1 (1868), 2 2 (1870) Koser, Politik 1 1913, 71—386 Hintze, Die Hohenzollern, 70 -165. Holtze, Mark Br., 28—67. v. Pflugk-Harttung, Die Erwerbung der Mark Br. durch die H., in Forsch. z. br.-pr. Gesch. 29 371 ff. 31 307 ff. — Einzelliteratur in „Märkische Forschungen" (1838—1887), Zeitschrift für preuß. Geschichte und Landeskunde" (1864—1883), „Forschungen zur brandenburgischen und preußischen Geschichte" (1888 ff.).

[6]) Der 1192 mit der Burggrafschaft Nürnberg belehnte Friedrich I. von

der Zollern[1]), wurde der Retter des zerrütteten Grenzlandes. Mit dem Einzuge des Hohenzollernhauses brach für die Mark eine ganz neue Zeit an. Die hohenzollernschen Kurfürsten legten nach Herstellung der staatlichen Ordnung den festen Grund für den künftigen brandenburgisch-preußischen Gesamtstaat, wenngleich ihre Kraft später durch das Wachsen der ständischen Macht[2]) beeinträchtigt wurde.

1. Begründung und Befestigung der landesherrlichen Gewalt.

1. Friedrich I. (1415—1440)[3]) wurde 1411 von König Sigismund unter erblicher Übertragung der markgräflichen Gewalt[4]) zum obersten Hauptmann und Verweser der Mark ernannt, stellte seit 1412 trotz heftigen Widerstandes des märkischen Adels den Landfrieden wieder her und empfing 1415 (feierlich 1417) zu Konstanz vom Könige die Markgrafschaft samt der Kurfürstenwürde zu erblichem Lehen[5]). Der Wiedergewinn des früheren Territorialbestandes und die Erneuerung der staatlichen Ordnung waren seine wichtigsten Aufgaben. Er brachte den Adel[6]) zur Anerkennung seiner Herrschaft, ließ dagegen die Selbständigkeit der Städte[7]) unberührt. Seine Erfolge gingen, da der Kurfürst seit 1426 dauernd abwesend war, unter der schwachen Hand seines Stellvertreters zum großen Teil wieder verloren. Er war „ein Bahnbrecher, aber kein Vollender“[8]).

Zollern ist der gemeinsame Stammvater der seit 1204 getrennten fränkischen und schwäbischen Linie der Hohenzollern.

[1]) v Stillfried-Märcker, Hohenzollernsche Forschungen, 1847. v Lancizolle 1, 26—231. Riedel, Die Ahnherren des Preuß. Königshauses, 1854. Ders., Gesch. des Preuß. Königshauses 1 1861. Schmid, Die älteste Geschichte des erlauchten Gesamthauses Hohenzollern, 3 Bde., 1884/88 Großmann, Berner, Schuster, Zingerle, Genealogie des Gesamthauses Hohenzollern, 1905. Hintze, Die Hohenzollern, 2—9, 18—30

[2]) Schotte, Fürstentum und Stände in der Mark Br. unter der Regierung Joachims I., 1911, 2.

[3]) v. Minutoli, Friedrich I., Kurfürst von Br., 1850. Franklin, Die deutsche Politik Friedrichs I., Kurfürsten von Br., 1851. Riedel, Königshaus 2 1861.

[4]) Der König verschrieb auf die Mark einen Geldbetrag als „Betriebskapital“ zur Einlösung der verpfändeten markgräfl. Hoheitsrechte. Hierauf gründet sich die Legende, die Übertragung der Mark sei ein Pfandgeschäft gewesen.

[5]) Riedel, Codex 2 3 Nr. 1340

[6]) Priebatsch, in Histor. Zeitschrift 88 1902, 193ff. Hintze daselbst 112 1914, 494ff.

[7]) Priebatsch, Die Hohenzollern und die Städte der Mark im 15. Jahrh., 1892.

[8]) Hintze, Die Hohenzollern, 82.

2. Friedrich II. (1440—1470)[1]) regierte, da sein Vater ungeachtet der Goldenen Bulle (1356) durch eine Erbordnung (1437)[2]) seine Besitzungen geteilt hatte, zunächst gemeinsam mit seinem jüngeren Bruder. Er bekräftigte die landesherrliche Stellung durch die Unterwerfung der selbstherrlichen märkischen Städte[3]), namentlich Berlin-Cölln[4]), unter die Staatsgewalt (Entziehung der eigenen Gerichtsbarkeit und des Bündnisrechtes, Bestätigung der Ratsmitglieder), sowie durch das päpstliche Zugeständnis der Kirchenhoheit, insbesondere des Besetzungsrechtes der drei brandenburgischen Bistümer (1447)[5]).

3. Albrecht Achilles' (1470—1486)[6]) besonderes Verdienst ist das gesetzliche Verbot der auf der damaligen privatrechtlichen Betrachtung der markgräflichen Hoheitsrechte beruhenden, für die Ausbildung einer einheitlichen Landeshoheit so schädlichen Landesteilungen. Die Goldene Bulle (1356)[7]) hatte zwar von Reichs wegen die Unteilbarkeit der Kurlande verordnet. Doch war es für Brandenburg nicht außer Zweifel, welche Gebiete „Kurland" seien[8]). Daher erließ Albrecht letztwillig mit Zustimmung seiner Familie und unter kaiserlicher Bestätigung[9]) das berühmte, als Dispositio Achillea[10]) bekannte Hausgesetz vom 24. Februar 1473. Die Kurmark Brandenburg wurde dem ältesten Sohne und seinen männlichen Nachkommen zugewiesen. Die fränkischen Lande sollen weiteren Söhnen eines Kurfürsten und ihren Nachkommen zufallen, doch dürfen höchstens zwei Herrscher dort sein.

---

[1]) Droysen, Politik² 2 1, 23—269 (mit Auswahl)

[2]) Text: Schulze, Hausgesetze 3 659ff. v. Caemmerer, Die Testamente der Kurfürsten von Br., 1915, 1—26.

[3]) Zimmermann, Historische Entwicklung der märkischen Städteverfassungen, 3 Teile, 1837/40. Priebatsch, Die Hohenzollern und die Städte der Mark, 1892.

[4]) v. Raumer, Codex 1, 207, 209. Holtze, Geschichte der Stadt Berlin, 1906

[5]) Brandenburg, Havelberg, Lebus. Hennig, Die Kirchenpolitik der älteren Hohenzollern in der Mark Br., 1906, bes. 23ff. Priebatsch in Briegers Zeitschr. für Kirchengesch. 19 397ff., 20 159ff., 329ff. Raumer in Märk Forsch. 1 44—55.

[6]) Droysen, Politik² 2 1, 271—366 (mit Auswahl). Priebatsch, Politische Correspondenz des Kurfürsten Albrecht Achilles, 3 Bände (Publikationen aus den K. Preuß. Staatsarchiven, Bd. 59, 67, 71) 1894—1898. Schapper, Die Hofordnung von 1470 und die Verwaltung am Berliner Hofe zur Zeit Kurfürst Albrechts, 1912.

[7]) Kap. VII, XX, XXV.

[8]) v. Caemmerer, Die Testamente der Kurfürsten von Brandenburg und der beiden ersten Könige von Preußen, 1915, 8*—27*.

[9]) Schulze, Hausgesetze, 3, 689ff.

[10]) Text: Riedel, Codex 3 2, 76; Schulze, Hausgesetze, 3, 678ff. Sonderliteratur das. 565 . v. Caemmerer a. a. O. 43*—63*, 27—43.

In den gesamten Besitzungen des hohenzollernschen Hauses dürfen höchstens drei Herrscher regieren. Hieraus ergibt sich, daß die Kurmark fortan nur einem Herrscher unterstehen darf, also unteilbar ist[1]). Für die Nachfolge ist überall die agnatische Linealfolge, in der Kurmark außerdem die Erstgeburt[2]) maßgebend. Alle ererbten Hausbesitzungen sind unveräußerlich; nur über neuerworbenes Land kann der Erwerber verfügen. Die Dispositio Achillea ist wiederholt verletzt worden, hat sich aber trotzdem immer wieder durchgesetzt. „Der Akt, wodurch die Unteilbarkeit des Staats grundgesetzlich festgestellt wurde, erscheint als der größte Wendepunkt in der Staatsgeschichte eines deutschen Territoriums. Es war der glänzendste Triumph, welchen das höhere Staatsprinzip über die unberechtigte Anwendung privatrechtlich-patrimonialer Grundsätze davontrug" [3]).

4. Johann (1486—1499)[4]) erhielt, da die fränkischen Lande seinen jüngeren Brüdern zufielen, nur die Kurmark. Er setzte gegen den lebhaften Widerstand der altmärkischen Städte eine erstmalige indirekte Steuer, die unmittelbar für die landesherrlichen Kassen erhobene Biersteuer[5]) durch. Dagegen vermochte er nicht zu hindern, daß die Unbotmäßigkeit des Adels neu erwachte und das Treiben der Zaunjunker den Verkehr im Lande schwer beeinträchtigte.

5. Joachim I. Nestor (1499—1535)[6]) brachte nachdrücklich den modernen Gedanken starker staatlicher und landesherrlicher Autorität zur Geltung. Er ging unerbittlich gegen das Raubrittertum vor[7]), regierte aber im engen Einvernehmen mit dem angesessenen Adel und

---

[1]) So bisher die gemeine Auffassung der Juristen und Historiker. Letztere haben neuerdings diesen Standpunkt verlassen. Koser, Gesch. der br.-pr Politik **1**, 1913, 172 Tümpel, Die Entstehung des br.-pr. Einheitsstaates im Zeitalter des Absolutismus, 1915, 3—9. Werminghoff, Der Rechtsgedanke von der Unteilbarkeit des Staates in der deutschen und br.-pr. Geschichte, 1915, 13 ff. v. Caemmerer a. a. O. 43*—57*. Hiergegen Bornhak im Arch. öff. R. **34**, 1915, 287—304.

[2]) Nur hier, und zwar gemäß der Goldenen Bulle. Schulze, Hausgesetze **3** 567.

[3]) Schulze, Das Recht der Erstgeburt in den deutschen Fürstentümern, 1851, Seite VI. Ebenso v. Roenne-Zorn, Das Staatsrecht der preuß. Monarchie[5] **1** 1899, 12.

[4]) Wagner in Forsch. zur br.-pr. Gesch. **14** 45 ff.

[5]) Mylius, C. C. M. **4** 4, Nr. 1, Sp. 1. Kriegk in Forsch z. br.-pr. Gesch. **28**, 221—283.

[6]) Droysen, Politik[2], **2** 2, 1—163 (mit Auswahl). Zimmermann, Geschichte der Mark Br. unter Joachim I. und II., 1841. Schotte, Fürstentum und Stände in der Mark Br. unter der Regierung Joachims I., 1911.

[7]) Treusch v. Buttlar, Der Kampf Joachims I. von Br. gegen den Adel seines Landes, 1889

den Städten[1]), deren Freiheit jedoch enge Grenzen gezogen waren. Aber auch die Autorität der gutsherrlichen Gewalt nahm zu. Die patrimoniale Polizei- und Gerichtsgewalt wurde erweitert und gestärkt[2]). Die Gutsuntertänigkeit der bäuerlichen Bevölkerung war im Entstehen[3]). Der autoritativen Gesinnung des Kurfürsten entsprach die Förderung der Rezeption des eine starke Staatsgewalt voraussetzenden römischen Rechts (corpus iuris civilis, corpus iuris canonici, libri feudorum) in der Mark[4]). Diesem Geiste entsprang die Gründung der märkischen Landes-Universität Frankfurt a. O. (1506)[5]), die namentlich das römische Recht pflegen und dem Staate romanistisch geschulte Juristen heranbilden sollte, ferner der Entwurf[6]) einer Kammergerichts[7])-Ordnung (1516)[8]), die die subsidiäre Anwendung des gemeinen geschriebenen Kaiser-, d. h. römischen Rechts anordnete, endlich der Erlaß der Constitutio Joachimica (1527)[9]), einer Kodifikation des Erbrechts, die das einheimische magdeburgische mit dem römischen Recht verschmolz. Der Reformation[10]) stand der Kurfürst durchaus feindlich gegenüber; ja er verpflichtete letztwillig[11]) seine beiden Söhne, dem alten Glauben

---

[1]) So Schotte a. a. O. unter Widerlegung der früheren gegenteiligen Ansicht, daß der Kurfürst sich im Gegensatz zum Adel überhaupt befunden habe.

[2]) Die Oberstände der Altmark beschlossen 1531 eine Bauernrechts- und Gerichtsordnung. Hübbe in v. Kamptz' Jahrbüchern 45, 1835, 87—176.

[3]) Großmann, Über die gutsherrlich-bäuerlichen Rechtsverh. in der Mark Br. vom 16. bis 18. Jahrh., 1890.

[4]) Laspeyres, Die Rezeption des r. R. in der Mark Br., in Zeitschr. für deutsches Recht 6, 1841, 1 ff. Laband, Die Bedeutung der Rezeption des r. R. für das deutsche Staatsrecht, 1880. Stölzel, Die Entwicklung des gelehrten Richtertums in deutschen Territorien 1 1872.

[5]) Riedel, Codex, 1 23, Nr. 369, 375. Bornhak, Geschichte der preuß. Universitätsverwaltung bis 1810, 1900.

[6]) Isaacsohn, Geschichte des preuß. Beamtentums 1 1874, 219[2]. Stölzel, Rechtsverwaltung 1 129 f. Ders., Die Entwicklung der gelehrten Rechtsprechung 2, 1910, 609 ff. Hintze in Forsch. zur br.-pr. Geschichte 24, 16 ff.

[7]) Kühns, Geschichte der Gerichtsverfassung 1 229 ff., 2 330 ff. Stölzel, Rechtsverwaltung 1 110 ff.; ders. in Forsch. zur br.-pr. Gesch. 4, 455 ff. Holtze, Geschichte des Kammergerichts 1 89 ff. Hintze, Hof- und Landesverwaltung unter Joachim II, Hohenzollern-Jahrbuch 10, 1906, 155 ff.

[8]) Mylius C. C. M. 2 1, Nr. 1, Sp. 1.

[9]) Mylius C. C. M. 2 1, Nr. 3, Sp. 19. Heydemann, Die Elemente der Joachimischen Constitution, 1841.

[10]) Heidemann, Die Reformation in der Mark Br., 1889.

[11]) Riedel, Codex, 3 3, 393, Nr. 302. v. Caemmerer, Die Testamente der Kurfürsten von Br., 1915, 64*—71*, 52—71.

treu zu bleiben. Zugleich ordnete er entgegen der Goldenen Bulle und der Dispositio Achillea eine Landesteilung der Mark an.

2. Ausbildung der Mitregierung der Stände.

6. **Joachim II.** Hektor (1535—1571)[1]) beherrschte demgemäß nicht die ganze Mark[2]). Er legte den Keim zu zwei wertvollen späteren Erwerbungen. Er schloß 1537 mit dem Herzog Friedrich von Liegnitz unter Zustimmung der Liegnitzer Stände eine Erbverbrüderung[3]), derzufolge im Fall des Erlöschens des herzoglichen Mannesstammes Liegnitz, Brieg und Wohlau an das hohenzollernsche Kurfürstenhaus fallen sollten. Auf diesen Vertrag hat später Friedrich der Große seine schlesischen Ansprüche gegründet[4]). Ferner gelang es dem Kurfürsten, 1569 die Mitbelehnung mit dem unter polnischer Lehenshoheit stehenden, 1525 in ein weltliches Herzogtum umgewandelten Deutschen Ordensstaat seitens der Krone Polen zu erwirken[5]). Sie bildete den Rechtstitel für den späteren Anfall des Herzogtums Preußen an Brandenburg. Eine beträchtliche Erweiterung erfuhren die Hoheitsrechte des Kurfürsten durch seinen Übertritt zum Luthertum (1539) und die Einführung der Reformation in der Mark[6]). Als summus episcopus erlangte er nämlich die absolute, durch kein ständisches Mitwirkungsrecht[7]) beschränkte Regierungsgewalt über die Kirche[8]), sowie den Besitz der säkularisierten[9]) geistlichen Güter und der damit verbundenen Berechtigungen. Für die Verwaltung und Gerichtsbarkeit in Kirchen-

[1]) Droysen, Politik² 2 2, 165—316 (mit Auswahl). Hintze, Hof- und Landesverwaltung unter Joachim II., im Hohenzollern-Jahrbuch 10, 1906, 138ff. Ders., Histor. und politische Aufsätze, 2, 3ff. Ders. in Forsch. z. br.-pr. Gesch. 24, 1ff. Haß, Die Hofordnung Kurfürst Joachims II. von Br., 1910.

[2]) In der Neumark regierte sein Bruder Johann von Küstrin.

[3]) Riedel, Codex 2, 6. v. Lancizolle, Geschichte der Bildung des preuß. Staats, 1, 610. Grünhagen, in Zeitschr. für preuß. Gesch. 5, 337ff.

[4]) Vgl. unten S. 66f.

[5]) Karge in Forsch. zur br.-pr. Gesch. 11 103ff.

[6]) v. Mühler, Geschichte der ev. Kirchenverfassung in der Mark Br., 1846, 28ff. Heidemann, Die Reformation, 180ff. Steinmüller, Einführung der R. in die Kurmark Br., 1903. Hintze, Histor. und polit. Aufsätze 3, 1909, 109ff.

[7]) Beschränkung nur durch das gutsherrliche und städtische Patronat. Niedner, Die Entwicklung des städtischen Patronates in Br., 1911.

[8]) Das Kirchenregiment erhielt seine nähere Regelung durch die neumärkische Kirchenordnung (1537) und die kurmärkische Kirchenordnung (1540). Mylius, C. C. M. 1 1 Nr. 2 Sp. 5.

[9]) Müller, Geschichte der Reformation in Br., 1839, 208ff., 298ff.

sachen wurde ein Konsistorium errichtet (1543)[1]). Eine erhebliche Beeinträchtigung der landesherrlichen Stellung bedeutet das Emporkommen der ständischen Macht[2]). Den Anstoß zu dieser Entwicklung gab die trotz vermehrten Domanialbesitzes ständig gestiegene Schuldenlast. Die zur Tilgung der Schulden erforderlichen Gelder zu bewilligen, waren die besitzenden Klassen nur gegen Einräumung weitgehender Rechte bereit. So verpflichtete sich der Kurfürst den Oberständen (Prälaten, Grafen und Herren, Rittern) gegenüber im Landtagsrevers von 1540[3]), keine wichtige Sache, daran der Lande Gedeih und Verderben gelegen, ohne der gemeinen Landstände Vorwissen und Rat zu schließen oder vorzunehmen, sich auch in kein Bündnis, dazu die Landsassen oder Untertanen gebraucht werden müßten, ohne Rat und Bewilligung der gemeinen Landräte zu begeben. Und im Revers von 1543 verpflichtete er sich, seine Domänen nicht ohne ständische Zustimmung zu veräußern oder zu verpfänden[4]). Er mußte es geschehen lassen, daß die Steuern, welche die Stände daraufhin zur Tilgung der übernommenen landesherrlichen Schulden bewilligten, in Kassen abgeführt wurden, welche von ständischen Ausschüssen verwaltet wurden. Der ländliche Hufenschoß floß in die drei Hufenschoßkassen, der städtische Grund- und Pfundschoß in die beiden Städtekassen, das „Neue Biergeld"[5]) in die Neue Biergeld-Kasse. Verwaltet wurden diese Kassen von Verordneten der Prälaten, Ritter und Städte. Damit war die Verwaltung der direkten Steuern, der wichtigsten indirekten Steuer und der Landesschulden in die Hände der zu diesem Zweck organisierten Stände übergegangen. Diese Einrichtung nannte man das „Große Kreditwerk". Die Mark hatte eine landständische Verfassung erhalten.

7. Johann Georg (1571—1598)[6]), der wieder die ganze Mark in seiner Hand vereinigte, regierte im besten Einvernehmen mit den Ständen, deren Macht jedoch ungemindert blieb, ja noch fester

---

[1]) Meusel in Forsch. zur br.-pr. Gesch. 27, 545 ff.

[2]) Raumer in Märk. Forsch. 4 321 ff. Winter in Zeitschr. für preuß. Geschichte 19 1882, 253 ff., 545 ff., 20 1883, 505 ff., 633 ff. Isaacsohn das. 16 455 ff. Haß, Die kurmärkischen Stände im 16. Jahrh., 1913, 172 ff., bes. 227 ff. Friedensburg, Kurmärkische Ständeakten aus der Regierungszeit Joachims II. 2 Bde. 1913, 1916.

[3]) Mylius C. C. M. 6 1, Nr. 22. Sp. 59. Friedensburg a. a. O. 1, 64 ff.

[4]) Zimmermann, Märkische Städteverfassungen 3, Urk.-Anh., 232. Friedensburg a. a. O. 1, 221 ff.

[5]) Mylius C. C. M. 6 1, Nr. 26, Sp. 77. Friedensburg a. a. O. 1, 325 ff., 555 ff.

[6]) Droysen, Politik[2] 2 2, 316—378 (mit Auswahl). Hassel, in Zeitschrift für preuß. Gesch. 5 81 ff. Haß, Die kurmärkischen Stände im 16. Jahrh., 1913

organisiert wurde. Der Adel sicherte sich die Vorherrschaft in den Ämtern und die Immunität seiner Güter. Das Bürgertum trat in den Hintergrund. Der Bauernstand geriet in so völlige Abhängigkeit vom adligen Grundherrn[1]), daß die Bauern nur noch als mittelbare landesherrliche Untertanen erschienen[2]). Schließlich machte sich auch im Kirchenwesen[3]) ein gewisser ständischer Einfluß geltend.

8. Joachim Friedrich (1598—1608)[4]) bestätigte[5]) im Geraschen Hausvertrage (1598/99)[6]) die Dispositio Achillea und dehnte die Unteilbarkeit und Unveräußerlichkeit auf die seitdem erworbenen Lande sowie auf die Anwartschaften aus. Alle märkischen Besitzungen sollen zu ewigen Zeiten mit Kurbrandenburg vereinigt sein und vom erstgeborenen Sohn als einzigen Herrscher regiert werden. Endgültig hatte der Staatsgedanke über die privatrechtlich-patrimoniale Anschauung gesiegt. Die Stände[7]) erweiterten in Landtagsreversen (1602/03)[8]) ihre wirtschaftlich-sozialen Privilegien gegenüber der Bauernschaft, vermochten indessen eine ihre Interessen dauernd gesetzlich fundierende Landeskonstitution nicht durchzusetzen. Eine bemerkenswerte Neuerung in der Zentralverwaltung war die Errichtung des Geheimen Rates (1604)[9]),

[1]) Besonders seit den Landtagsreversen von 1572. Mylius, C. C. M. 6 1 Nr. 32, 36, Sp. 95, 103.

[2]) Korn in Zeitschrift für Rechtsgeschichte 11 1ff. Großmann, Gutsherrl.-bäuerl. Rechtsverh., 1890. Lennhoff, Das ländliche Gesindewesen in der Kurmark Br. vom 16.—19. Jahrh., 1906.

[3]) Mylius C. C. M. 6, Nr. 7, Sp. 273. v. Mühler, Geschichte der ev. Kirchenverfassung in der Mark Br. 1846, 99ff. Holtze, Die Brandenb. Konsistorialordnung von 1573, 1904.

[4]) Droysen, Politik[2], 2 2, 379—409 (mit Auswahl).

[5]) Die neuere historische Auffassung erblickt entsprechend ihrer Wertung der Dispositio Achillea (oben S. 16 Anm. 1) in diesem Vertrage erst die hausgesetzliche Begründung des Unteilbarkeitsgrundsatzes. Tümpel, Entstehung des br.-pr. Einheitsstaates, 9—17. Werminghoff, Rechtsgedanke von der Unteilbarkeit des Staates, 16f.

[6]) Von Vertretern des Kurfürsten und des (letzten) fränkischen Markgrafen Georg Friedrich zu Gera 1598 entworfen (Text: Schulze, Hausgesetze, 3 708ff.), vom Kurfürsten selbst zu Magdeburg 1599 vollzogen und von seinen beiden jüngeren Stiefbrüdern im Onolzbacher Vergleich 1603 (Text: Lünig, Teutsches Reichsarchiv, pars spec. cont. II, 45) anerkannt.

[7]) Bracht, Ständische Verhandlungen in der Kurmark unter Joachim Friedrich, 1896.

[8]) Mylius C. C. M. 6 1, Nr. 58, 62, Sp. 151, 169.

[9]) Klaproth und Cosmar, Versuch einer Geschichte des Wirklichen Geheimen Staatsrats, 1805. Kühns, Die Ressortverh. des Geh. Staatsrats bis in das 18. Jahrh., in Zeitschrift für preuß. Gesch. 8, 1871, 141—170. Isaacsohn, Ge-

Diese vielfach überschätzte[1]) Maßnahme bedeutet nicht die Ersetzung ständischer durch beamtete Räte; vielmehr veranlaßte die Häufung wichtiger Regierungsgeschäfte namentlich der auswärtigen Verwaltung den Kurfürsten, nach dem Vorbilde der kollegialischen Beratung in Kammergericht, Amtskammer und Konsistorium eine solche Einrichtung auch für die Beratung der „geheimen Sachen", d. h. vor allem der Fragen der hohen Politik, durch die Geheimratsordnung von 1604[2]) zu treffen. Die Begründung des Geheimen Rates stellte im Grunde „nur die letzte entscheidende Phase des Differenzierungsprozesses dar, durch den aus der alten, ungeteilten ‚Ratsstube' gesonderte Zentralbehörden hervorgegangen sind" [3]).

9. Johann Sigismund (1608—1619)[4]) trat 1613 zur reformierten Lehre über[5]), unterließ aber auf Drängen der die lutherische Konsistorialverfassung mitbeherrschenden Stände ihre Ersetzung durch ein vom ständischen Einfluß freies reformiertes Kirchenregiment und begnügte sich damit, den Reformierten neben den Lutherischen Religionsfreiheit zu gewährleisten[6]). In seine Regierungszeit fällt die Begründung der brandenburgischen Herrschaft am Niederrhein und im Herzogtum Preußen. Auf die niederrheinischen Besitzungen[7]) Kleve,

---

schichte des preuß. Beamtentums 2, 1878, 23—35. Stölzel, Rechtsverwaltung 1 277—325. Bornhak in Forsch. zur br.-pr. Gesch. 5 85ff. Holtze das. 5 575ff. Stölzel das. 6 83ff.; ders., 15 Vorträge aus der br.-pr. Rechtsgesch. 1889, 68ff. Schmoller in Acta Borussica 1 1894, 76ff. Koser in Histor. Zeitschr. 109, 1912, 83—100.

[1]) So von Droysen, Politik² 2 2, 393; Bornhak, Gesch. des VerwR. 1 247; Schulze, Staatsrecht² 1 41.

[2]) Nach dem Original im Berliner Staatsarchiv mitgeteilt bei Isaacsohn 2, 24—29.

[3]) Hintze im Hohenzollern-Jahrbuch 10, 1906, 167. Vgl. auch Stölzel, Rechtsverwaltung 1 295¹; Holtze in Forsch. zur br.-pr. Gesch. 5 579; Stölzel das. 6 83; Hintze das. 18, 293f., 24, 1ff.

[4]) Droysen, Politik² 2 2, 394—453. Clausnitzer, Die märk. Stände unter Johann Sigismund, Diss, 1895.

[5]) Literatur bei Clausnitzer a. a. O. 40¹.

[6]) Religionsvergleich 1615. Mylius C. C. M. 6 1, Nr. 79, Sp. 257. Über diese erstmalige Verwirklichung des Toleranzgedankens Zorn, Kirchenrecht, 1888, 174ff. Zorn, Die Hohenzollern und die Religionsfreiheit, 1896. v. Roenne-Zorn, Staatsrecht⁵ 1 1899, 15. Hintze, Histor. und polit. Aufsätze 3, 126ff.

[7]) Rousset, Histoire de la succession aux duchés de Clèves, Berg et Juliers, 3 Teile, 1738/39. Teschenmacher, Annales Cliviae, Juliae etc. (Urkunden), 1731. v. Schaumburg, Die Begründung der brandenburgisch-preußischen Herrschaft am Niederrhein, 1859. Meinecke in Märkische Forsch. 19, 293—349. Hassel in

Mark, Ravenstein, Jülich, Berg und Ravensberg erhoben beim Tode des kinderlosen Herzogs Johann Wilhelm (1609) Anspruch: der brandenburgische Kurfürst für seine Gemahlin als Tochter der 1608 verstorbenen ältesten Schwester des Herzogs, der Prinz von Pfalz-Neuburg als Sohn der ältesten lebenden Schwester des Herzogs. Beide Bewerber besetzten zusammen die Länder und vereinbarten im Dortmunder Vergleich (1609) ihre gemeinschaftliche Verwaltung [1]. Sie teilten später die Länder im Xantener Vergleich (1614) [2], wobei Brandenburg die vorwiegend protestantischen Gebiete Kleve, Mark und Ravensberg [3]) erhielt. Dieser Vergleich wurde 1666 endgültig bestätigt [4]. Das im Gebiet der heidnischen **Preußen** [5]) vom deutschen Ritterorden seit dem 13. Jahrhundert errichtete einzigartige geistliche Staatswesen, seit 1525 weltliche [6]) Herzogtum Preußen stand seit 1466 unter polnischer Lehenshoheit. Der brandenburgische Kurfürst, der 1563 die Mitbelehnung mit dem Herzogtum erreicht hatte, war seit 1605 Regent anstelle des geisteskranken Herzogs und übernahm nach dessen Tode (1618) die Regierung des Herzogtums unter der polnischen Lehenshoheit. Der Kurfürst hatte damit ein Gebiet erworben, das nicht dem Reichsverbande angehörte. Nun bestanden die Besitzungen des brandenburgischen Kurfürstenhauses aus drei räumlich getrennten, selbständigen Ländergebieten: der Kurmark als Stammland, Kleve-Mark-Ravensberg als westlichem Vorland, Preußen als östlichem Vorland. Das Ziel der weiteren Politik lag auf der Hand. Es galt, unter Befestigung

---

Zeitschr. des bergischen Geschichtsvereins 1. Ders. in Zeitschr. für preuß. Gesch. 9, 321—360.

[1]) v. Moerner, Staatsverträge, 43 ff. Cürten in Beiträge zur Gesch. des Niederrheins, 24, 222 ff.

[2]) v. Moerner, Staatsverträge, 67 ff.

[3]) Ravensberg gelangte erst im Jahre 1647 in den ausschließlichen Besitz des Kurfürsten. Spannagel, Minden und Ravensberg unter br.-pr. Herrschaft, 1894, 45 ff.

[4]) v. Moerner, Staatsverträge, 288 ff.

[5]) Voigt, Geschichte Preußens bis zum Untergange der Herrschaft des Deutschen Ordens, 9 Bde., 1827—1839. Voigt, Handbuch der Geschichte Preußens bis zur Zeit der Reformation, 3 Bde., 1841—1843. Ewald, Die Eroberung Preußens durch die Deutschen, 4 Bde, 1872—1886. Lohmeyer, Geschichte von Ost- und Westpreußen[3], 1908. v. Lancizolle a. a. O. 1 371—481. v. Ranke a. a O. 1 u. 2 25—194 (mit Auswahl). v. Treitschke in Histor. u. polit. Aufsätze[3] 1867, Nr. 1, 1—68. Karge in Forsch. zur br.-pr. Gesch. 11, 103 ff.

[6]) Tschackert, Urkundenbuch zur Reformationsgeschichte des Herzogtums Preußen, 3 Bde. (Publikationen aus den K. Preuß. Staatsarchiven, Bd. 43—45).

der landesherrlichen Gewalt im Westen und Osten eine Vereinigung der drei Ländergebiete zu einem Gesamtstaatswesen anzubahnen und durchzuführen.

B. Die rechtsdogmatischen Ergebnisse[1]). § 3.

I. Die Besitzungen des markgräflich-kurfürstlichen Hauses der Hohenzollern trugen weder einzeln noch insgesamt Staatscharakter. Die Kurmark[2]) Brandenburg besaß zwar als Markgrafschaft eine stark entwickelte Autonomie, aber als Territorium des Reiches keine volle staatliche Selbständigkeit; in ihr herrschte keine eigene Landesstaatsgewalt, sondern die Reichsstaatsgewalt, mit deren Ausübung der Markgraf lehenrechtlich betraut war. Im gleichen Verhältnis zum Reiche standen die rheinischen Besitzungen[3]) des Kurfürsten. Im gleichen Verhältnis, aber zum Königreich Polen, befand sich das außerhalb des Reichsverbandes stehende Herzogtum Preußen[4]); hier trug der Kurfürst als Herzog die polnische Staatsgewalt zu Lehen. Untereinander waren die drei Ländergebiete weder verfassungs-[5]) noch verwaltungs- noch justizrechtlich verbunden, sondern lediglich durch Personalunion[6]) in der Hand des gemeinsamen Landesherrn vereinigt.

II. Die Kurmark Brandenburg im besonderen.

1. Das Gebiet der Mark war reichsrechtlich nach der Goldenen Bulle (1356), landes- und hausrechtlich nach der Dispositio Achillea (1473) und dem Geraschen Hausvertrage (1598/99) einheitlich, un-

[1]) Bornhak, Gesch. des VerwR. 1 109—243, 308—313. Isaacsohn, Gesch. des preuß. Beamtentums 1 1874, 2 1878, 1—73. Kühns, Gerichtsverfassung, 1 u. 2. Holtze, Kammergericht 1, 42—216, 2, 1—138. Hintze im Hohenzollern-Jahrbuch 10, 138—169. Ders., Die Hohenzollern, 107—115, 141—147.

[2]) v. Caemmerer in Forsch. zur br.-pr. Gesch. 29, 1—5.

[3]) Schottmüller, Die Organisation der Zentralverwaltung in Kleve-Mark, 1897. Urkunden und Aktenstücke zur Geschichte des Kurfürsten Friedrich Wilhelm, Bd. 5: v. Haeften, Ständische Verhandlungen, 1, Kleve-Mark, 1869. Bornhak, Geschichte des VerwR., 1, 283—296. Isaacsohn, Beamtentum, 2 18—22. Weddigen, Beschreibung der Graffschaft Ravensberg, 1, 1790.

[4]) Voigt, Geschichte Preußens 6, 620 ff. Töppen in v. Raumers Historischem Taschenbuch, N. F. 8, 1847, 301—492. Urkunden und Aktenstücke zur Geschichte des Kurfürsten Friedrich Wilhelm, Bd. 15: Breysig, Ständische Verhandlungen, 3: Preußen, 1, 1894, 1—160. Arndt, F., Die Oberräte in Preußen, Diss. 1911. Bornhak, Geschichte des VerwR. 1 367 ff. Isaacsohn in Zeitschr. für preuß. Geschichte 1874, 247 ff. Conrad, Geschichte der Königsberger Obergerichte, 1907, 1—56.

[5]) Nicht einmal die Erbfolgeordnung war die gleiche.

[6]) Jellinek, Lehre von den Staatenverbindungen, 83 ff., 197 ff.

teilbar, unveräußerlich. Trotz der durch die privatrechtliche Auffassung der Landeshoheitsrechte zu erklärenden Verletzungen des Teilungsverbotes[1]) setzte sich der Grundsatz immer wieder durch und fand schließlich unverbrüchliche Anerkennung[2]). Die noch nicht zu einem Staatsvolk geeinte Bevölkerung gliederte sich allmählich in die drei ständischen Besitzklassen des Adels-, Bürger- und Bauernstandes. Während die Ritterschaft sich zur bevorrechtigten Klasse des Landes emporschwang und das Bürgertum dagegen stark zurücktrat, sank der Bauernstand in immer tiefere Abhängigkeit von der gutsherrlichen Gewalt.

2. Die Regierung führte der Markgraf (Kurfürst) mit den Ständen.

a) Je mehr nach außen die formaljuristische Stellung des Markgrafen als eines königlichen Vasallen und der Markgrafschaft als eines zu Lehen übertragenen Reichsamtes mit zunehmender Schwäche der Reichsgewalt und steigender markgräflicher Macht verblaßte, desto fester schlossen sich nach innen die einzelnen Hoheitsrechte des Kurfürsten zu einer einheitlichen Landeshoheit zusammen[3]). Die patrimoniale Auffassung der landesfürstlichen Gewalt betrachtete die Herrschaft über Land und Leute als ein erb- und eigentümliches Recht der Dynastie[4]). Die markgräfliche Gewalt war nach der Goldenen Bulle und den Hausgesetzen erblich nach dem Recht der Erstgeburt und der agnatischen Linealfolge[5]). In der Person des Markgrafen vereinigten sich alle obrigkeitlichen Rechte. Er war Inhaber der Kriegs-[6]), Justiz-[7]), Finanz-[8]), Polizei-[9]) und Kirchenhoheit. Die Ausübung seiner Rechte geschah aber größtenteils in Gemeinschaft mit den Ständen.

b) Die Landstände[10]), d. h. die körperschaftlich organisierten

---

[1]) Unter Friedrich I. (1437), Joachim I. (1534), Johann Georg (1596).

[2]) Schulze, Das Recht der Erstgeburt in den deutschen Fürstenhäusern, 1851. v. Caemmerer, Die Testamente der Kurfürsten von Br., 1915.

[3]) Isaacsohn a. a. O. I 1.

[4]) Hintze, Die Hohenzollern, 114.

[5]) Über Regentschaft siehe Isaacsohn a. a. O. I 155.

[6]) Bornhak, Gesch. des VerwR. I 170ff. Spangenberg, Hof- und Zentralverwaltung der Mark Br., 1908, 471ff.

[7]) Über den eigenen Gerichtsstand des Kurfürsten vgl. Loening, Gerichte und Verwaltungsbehörden in Brandenburg-Preußen, 1914, 1—29.

[8]) Über die kurfürstlichen Einnahmen Bornhak a. a. O. I 204ff. Spangenberg a. a. O. 207ff.

[9]) Bornhak a. a. O. I 200ff.

[10]) v. Mülverstedt, Die ältere Verfassung der Landstände in der Mark Br., 1858. Urkunden und Aktenstücke zur Geschichte des Kurfürsten Friedrich Wilhelm

bevorrechtigten Klassen des Landes, nahmen an der markgräflichen Regierung teil. Sie zerfielen in die Prälaten (nur bis zur Reformation), die Grafen und Herren, die Ritterschaft[1]) und die Vertreter der unmittelbaren Städte. „Eine Volksvertretung waren diese Landstände, die auf Berufung des Fürsten je nach dessen Wunsch und Bedarf zu einem allgemeinen Landtage (oder zu Ausschußtagen) zusammentraten, noch keineswegs; der Begriff des Volkes fehlt in den deutschen Territorien ebenso wie der des modernen Staates. Der durchgreifendste Unterschied dieses ständischen Verfassungssystems von dem modernkonstitutionellen ist der, daß Fürst und Landschaft sich noch keineswegs als Organe ein und desselben Staatskörpers fühlen, sondern vielmehr wie zwei miteinander paktierende Gewalten, wie die beiden Hälften eines noch nicht zum Zusammenschluß und zur Einheit gelangten Staatswesens sich gegenüberstehen, daß die Interessen des Fürsten und die des Landes noch als grundsätzlich verschieden erscheinen und daß die Landesvertretung wie der ganze öffentliche Zustand nicht auf dem Grundsatz der staatsbürgerlichen Rechtsgleichheit, sondern auf der prinzipiellen Rechtsungleichheit der verschiedenen Bevölkerungsklassen auf den Privilegien oder Sonderrechten der einzelnen Stände und ihrer Mitglieder beruht“[2]). Die Rechte der Landstände erstreckten sich auf Anbringung von Beschwerden, Mitwirkung bei der Gesetzgebung, Anteil an der Rechtsprechung, vor allem aber Steuerbewilligung und Steuerverwaltung[3]). Nichts, woran der Lande Gedeih und Verderben gelegen, sollte der Kurfürst mehr ohne der Oberstände Vorwissen und Rat vornehmen dürfen[4]).

3. Die Verwaltungsorganisation.

a) Die Zentralverwaltung[5]) führte der Kurfürst selbst mit seinen Räten, die in Hofräte („wesentliche Räte“) und Landräte („Räte von Haus aus“)[6]) zerfielen. Eine besondere Gruppe waren

---

Bd. 10: Isaacsohn, Ständische Verhandlungen, 2: Mark Brandenburg, 1880, 3—30. Haß, Die kurmärkischen Stände im letzten Drittel des sechzehnten Jahrhunderts, 1913.

[1]) Vorstehende bildeten die Oberstände, die Städte die Unterstände.

[2]) Hintze, Die Hohenzollern, 112.

[3]) Über das Große Kreditwerk vgl. oben S. 19.

[4]) Vgl. oben S. 19, Anm. 3.

[5]) Hierzu besonders Isaacsohn a. a. O. 1 1—191, 239—280, 2 1—35; Kern, Deutsche Hofordnungen des 16. und 17. Jahrh., 1, 1905, 1 ff. Haß, Die Hofordnung Kurfürst Joachims II. von Br., 1910. Schapper, Die Hofordnung von 1470, 1912. Spangenberg, Hof- und Zentralverwaltung, 1908.

[6]) Diese „Landräte“ haben mit den späteren Kreiskommissar-Landräten (unten

die hohen Hofbeamten, welche teils reine Hofämter bekleideten (Hofmeister, Marschall, Küchenmeister, Schenk, Hausvogt)[1], teils gleichzeitig Verwaltungsämter innehatten (Kanzler[2]), Kämmerer[3]), Rentmeister). Alle Räte bildeten die „Ratsstube"[4]), eine zunächst ungegliederte kollegiale Verwaltungs- und Gerichtsbehörde, aus der später durch Aussonderung als spezielle Verwaltungsbehörden Konsistorium (1543), Amtskammer (1588) und Geheimer Rat (1604) hervorgingen. Das aus Juristen und Theologen bestehende Konsistorium war die oberste Verwaltungs- und Gerichtsbehörde für die lutherische Kirche[5]). Die Amtskammer kontrollierte die Domänenverwaltung[6]). Der Geheime Rat[7]) beriet[8]) mit dem Kurfürsten die „geheimen Sachen", d. h. die Fragen der äußeren und die wichtigsten Fragen der inneren Politik. Eine besondere „zentrale" Verwaltungsorganisation[9]) besaß die Neumark[10]).

b) Für die Provinzialverwaltung waren Landeshauptleute oder

S. 35f., 44f., 50) nichts gemein. Gelpke, Die geschichtl. Entwickelung des Landratsamtes, 1902, 20—30.

[1]) Weitere Hofämter bei Haß, Die Hofordnung Kurfürst Joachims II., 1910, 163ff.

[2]) Der Kanzler war der wichtigste Hofbeamte, insbesondere der Chef der Finanzverwaltung und des Kammergerichts; doch bekleidete letzteren Posten später ein Vizekanzler. Spangenberg a. a. O. 114ff. Über die einzelnen Kanzler Stölzel, Rechtsverwaltung 1 57—273.

[3]) Dieser verwaltete anfänglich die allgemeinen kurfürstlichen Kassen; an seine Stelle trat sodann der Hofrentmeister.

[4]) Hofordnung Joachims II. von 1537, hgg. und erläutert von Haß, 1910. Hintze im Hohenzollern-Jahrbuch 10, 1906. Ders. in Forsch. zur br.-pr. Gesch. 24 24ff. Klinkenborg das. 26, 413ff.

[5]) Der reformierten Kirche fehlte ein entsprechendes Organ. Vorübergehend bestand der als paritätische Kirchenbehörde gedachte „Kirchenrat" (1614—1618).

[6]) Amtskammerordnung von 1615; Breysig, Geschichte der br. Finanzen 1640—1697, 1895, 619. Haß in Forsch. zur br.-pr. Geschichte 19 227ff. Hintze, Historische und politische Aufsätze, 2 60f.

[7]) Vgl. oben Seite 20, Anm. 9.

[8]) Er besaß kein Beschlußrecht. Kühns in Zeitschrift für preuß. Geschichte 8 142f. Bornhak, Gesch. des VerwR. 1 309. Abweichend Isaacsohn, Beamtentum 2 29f.

[9]) Die „Neumärkische Regierung" als oberste Verwaltungsbehörde, eine Amtskammer, ein Kammergericht. Diese Sonderorganisation wurde bei der Landesteilung 1535 geschaffen und nach dem Rückfall an die Kurlande 1571 auf Wunsch der Stände beibehalten.

[10]) Fälligen, Beamte und Behörden der ldh. Verwaltung in der Neumark, Diss., 1904.

Landvögte bestellt[1]). Ein solcher Beamter stand an der Spitze jeder der fünf alten Marken (Alt-, Ucker-, Mittel-, Neumark, Priegnitz).

c) Die Lokalverwaltung lag in der Hand der Vögte, die, weil ihre wichtigste Funktion jetzt die Verwaltung der landesherrlichen Domänen war, die Bezeichnung Amtshauptmann (Amtmann) erhielten. Ihrer Obrigkeit unterlagen nur noch die Bauern der Domänen. Außerhalb der Vogtei- bzw. Amtsverfassung standen die zahlreichen weltlichen und geistlichen Patrimonialherrschaften und die unmittelbaren Städte. Die Patrimonialherren übten ihre polizeilich-gerichtlichen Funktionen durch eigene Beamte aus. Die unmittelbaren (Immediat-) Städte[2]) erfreuten sich ebenfalls großer Selbständigkeit. Der Stadtrat bestand aus Patriziern, ergänzte sich entweder durch Zuwahl oder wurde jährlich mit landesherrlicher Bestätigung gewählt. Die ersten der Ratmannen waren die Bürgermeister. Die untersten Verwaltungsbezirke — Dörfer und Mediatstädte — waren entweder einer geistlichen oder weltlichen Patrimonialherrschaft oder einer Immediatstadt oder einer landesherrlichen Domäne eingegliedert und unterworfen, also nur mittelbar der landesherrlichen Gewalt unterstellt. Die Dorfobrigkeit bildete der anfänglich noch erbliche „Lehnschulze", später nichterbliche „Setzschulze".

4. Das Justizwesen[3]).

a) Die Gerichte. Die oberste Gerichtsbarkeit lag beim Kurfürsten. Sie erstreckte sich auf eximierte Personen, höhere Strafsachen und oberstinstanzliche Sachen. Er übte sie durch sein Kammergericht oder durch Provinzial-Hofgerichte aus. Das Kammergericht[4]) entstand

[1]) Liebegott, Der Brandenburgische Landvogt bis zum 16. Jahrh., 1906.

[2]) v. Maurer, Geschichte der Städteverfassung in Deutschland, 4 Bde., 1869—1871. Zimmermann, Versuch einer historischen Entwickelung der märkischen Städteverfassungen, 1 1837, 68ff. Haß, Die kurmärkischen Stände, 1913, 37ff.

[3]) Hierzu besonders Holtze, Kammergericht 1 89ff., 2 1ff. Stölzel, Rechtsverwaltung 1 57ff. Kühns, Gerichtsverfassung 1 225—237, 2 71—145, 178—181, 261—336. Isaacsohn, Gesch. des preuß. Beamtentums 1 192—238. Bornhak in Forsch. zur deutschen Geschichte 26 1886, 415—433. Spangenberg, Hof- und Zentralverwaltung, 166ff. Stölzel, Die Entwicklung der gelehrten Rechtsprechung 2, 1910, 534ff.

[4]) Spangenberg a. a. O. 183—203, bes. 200[2]. Hintze im Hohenzollern-Jahrbuch 10 161. Ders. in Forsch. zur br.-pr. Gesch. 24, 1ff. Schapper, Die Hofordnung von 1470, 1912, 191ff. Vgl. auch Kühns, Gerichtsverfassung 1 235; Isaacsohn, Beamtentum 1 218; Stölzel, Rechtsverwaltung 1 108, 114; ders., Die Entwicklung der gelehrten Rechtsprechung 2, 1910, 586ff., bes. 621ff. Holtze, Kammergericht 1 92ff.; ders., 500 Jahre Gesch. des KG., 1913, 1—52. Bornhak, Gesch. des VerwR. 1 190f.

um 1540 durch Vereinigung des von ungelehrten Vasallen gebildeten „Hofgerichts" mit dem aus gelehrten Räten bestehenden „Gericht in des Kurfürsten Kammer"[1]). Es tagte in der Ratsstube[2]) unter Vorsitz des Kurfürsten, bald des Kanzlers, später des Vizekanzlers. Die Neumark hatte ihr besonderes Kammergericht[3])[4]). Die Provinzial-Hofgerichte übten die sonstige landesherrliche Gerichtsbarkeit aus; sie vereinigten[5]) sich später mit den (an die Stelle der früheren Vogteigerichte getretenen)[6]) provinziellen Landgerichten[7]) zu den Vereinigten Hof- und

---

[1]) Die Ordnung des KG. beruhte auf Gewohnheitsrecht. Die KGO. 1516 (Mylius, C. C. M. 2 1, Nr. 1, Sp. 1) stellt nur einen Entwurf dar. Die 1540 erlassene „KG-Reformation" enthält Vorschriften über das Verfahren. Mylius, C. C. M. 2 1, Nr. 5, Sp. 29. Zur Streitfrage, ob vor 1540 eine KGO. bestanden hat, besonders Stölzel in Forsch. zur br.-pr. Gesch. **4** 455 ff.; Hintze das. **24**, 16 ff.

[2]) Über die Identitat von Kammergericht und Ratstube Hintze in Forsch. **24**, 1 ff., bes. 24 ff.; Klinkenborg das. **26**, 413 ff.; A. M. Stölzel, Die Entwicklung der gelehrten Rechtsprechung 2, 1910, 639 ff.

[3]) Kammer- und Hofgerichtsordnurg von 1548, 1561. Ordnung in Appellationssachen 1553. Mylius, C. C. M. 2 1, Nr. 6, 7, Sp. 31, 35

[4]) Zu diesen beiden traten zwei weitere oberste Gerichte, einmal das aus den Tagungen des kurmärkischen Kammergerichts in Tangermünde hervorgegangene sog. Altmärkische Quartalgericht in Stendal, ein selbständiges oberstes Gericht neben dem kurmärkischen Kammergericht (Altmärkische Quartalgerichtsordnung 1602, Mylius 2 1, Nr. 17, Sp 83), gleichsam „ein in die Provinz verlegtes Spezial-Kammergericht" (Stölzel, Rechtsverwaltung **1** 287), sodann das uckermärkische Quartalgericht in Prenzlau als ständige Deputation des kurmärkischen Kammergerichts (Uckermärkische Quartalgerichtsordnung 1585, Mylius 2 1, Nr. 12, Sp. 59). Somit bestanden in der Mark drei bzw. vier höchste Gerichtshöfe, zum Vorteil der Einführung des römischen Rechts, zum Nachteil aber der Rechtseinheit. Doch entwickelte sich allmählich über diesen mehreren höchsten Gerichten eine allerhöchste persönliche Gerichtsbarkeit des Kurfürsten, die er kraft seiner oberstrichterlichen Stellung entweder selbst oder durch „sonderliche darzu verordnete Räte" auf Supplikation hin (vgl. KGRef. 1540) ausübte. Dies war der Keim der Kabinettsjustiz.

[5]) Nach überwiegend vertretener Ansicht fand eine organische Vereinigung (Verschmelzung) statt. So Kühns, Gerichtsverfassung **2** 325 ff; Isaacsohn, Beamtentum **1** 209 ff. Nach abweichender Auffassung handelte es sich nur um eine Personalunion. So Bornhak, Gesch. des VerwR. **1** 188—190.

[6]) Nach herrschender Meinung sind die provinziellen Landgerichte aus der Zusammenfassung mehrerer landesherrlicher Vogteigerichte hervorgegangen. So Kühns, Gerichtsverfassung 2 71 f., 325 f. Ähnlich Isaacsohn, Beamtentum **1** 204. Abweichend Bornhak, Gesch. des VerwR. **1** 182.

[7]) Sie dienten der Rechtsprechung im Falle der Rechtsverweigerung der patrimonialen Gerichte. In diesem Falle boten früher die geistlichen Gerichte Ersatz Durch einen Rezeß Friedrichs II. von 1445 (Riedel, Codex **3** 1, 273 ff.) war der Kirche (nur!) im Falle der Justizverzögerung der Patrimonialgerichte eine Gerichts-

Landgerichten [1]). Örtliche Gerichte waren die selbständigen Patrimonialgerichte [2]), die selbständigen Stadtgerichte [3]) (Stadtrichter mit Stadtschöffen), die landesherrlichen Amtsgerichte in den Ämtern (Amtshauptmann), endlich die Dorfgerichte in den patrimonialen oder landesherrlichen Dörfern (Dorfschulze mit Dorfschöffen). Dazu traten für die geistliche Gerichtsbarkeit noch die kirchlichen Gerichte [4]). Eine Anrufung der Reichsgerichte gegenüber Entscheidungen brandenburgischer Gerichte war, nachdem dem Kurfürsten 1586 ein unbedingtes privilegium de non appellando für seine sämtlichen Besitzungen verliehen war [5]), nur noch in den Fällen der Justizverweigerung und der sogenannten unheilbaren Nullitäten des gemeinen Prozesses [6]) zulässig.

b) Das Landesrecht der Mark wurde durch die Rezeption des römischen Rechts [7]) mit den fremden Rechtsgedanken des corpus iuris civilis, des corpus iuris canonici und der libri feudorum durchtränkt, die namentlich auf dem Wege der Praxis [8]) Eingang und in der

---

barkeit in weltlichen Sachen zugestanden und zugleich die Gerichtsbarkeit in geistlichen Sachen garantiert worden. Nachdem aber diese geistliche Gerichtsbarkeit in weltlichen Angelegenheiten der kurfürstlichen Untertanen infolge des päpstlichen Privilegs von 1459 (Riedel, Codex 2 5, 35) aufgehoben war (Verordnung Friedrichs II. von 1460), traten zum Ersatz die provinziellen Landgerichte in diese Lücke ein. Hennig, Die Kirchenpolitik der älteren Hohenzollern in der Mark Br., 1906, 130 ff.

1) Vgl. z. B. die altmärkische Hof- und Landgerichtsordnung von 1602. Mylius, C. C. M. 2 1, Nr 16, Sp. 71.

2) Als solche bestanden einige Hofgerichte, einige Landgerichte, die Mediat-Stadtgerichte, die meisten Dorfgerichte.

3) Nur in Immediatstädten. Die Gerichte in den Mediatstädten waren patrimonial oder landesherrlich.

4) Ihre Zuständigkeit erstreckte sich zunächst, im Falle der Rechtsverzögerung der Patrimonialgerichte, auch auf die weltlichen Sachen der kurfürstlichen Untertanen, seit 1459 aber nur noch auf geistliche Sachen. Nach Einführung der Reformation wurde eine geistliche Gerichtsbarkeit ausgeübt vom geistlichen Konsistorium, gegen dessen Entscheidung die Supplikation an den Kurfürsten offen stand.

5) Mylius, C. C. M. 6 1, Nr. 38, Sp. 119.

6) Smend in Forsch. zur br.-pr. Gesch 20 465 ff. Perels, Die allgemeinen Appellationsprivilegien für Brandenburg-Preußen, 1908.

7) Literatur bei Bornhak, Staats- und Rechtsgesch., 32 [2]. Besonders Laspeyres in Ztschr. für deutsches Recht 6, 1841, 1 ff. Schmidt, Die Rec. des röm. Rechts in Deutschland, 1868. Modderman, Die Rec. des röm. Rechts, 1875. v. Below, Die Ursachen der Rezeption des röm. Rechts in Deutschland, 1905.

8) Vgl. den Entw. der KGO. 1516 (Mylius, C. C. M. 2 1, Nr. 1, Sp. 1), der die subsidiäre Anwendung des röm. Rechts anordnete.

Landesgesetzgebung[1]) Anerkennung fanden. Während die Gesetzgebung das neue Recht anstelle des alten zu setzen suchte, lebte jedoch in der Praxis das deutsche Recht neben dem römischen fort. Infolgedessen galten in der Mark die römischen Rechtsquellen, die gemeinen sächsischen Rechte und das einheimische Gewohnheitsrecht nebeneinander. Die Versuche, ein einheitliches Landesrecht zu schaffen[2]), führten zu keinem Ergebnis.

---

[1]) So in der Constitutio Joachimica (1527), die dem sächsischen Recht kaum Rechnung trug. Heydemann, Die Elemente der Joachimischen Constitution, 1841.

[2]) Entwürfe einer Landesordnung 1572 und 1594, verfaßt von den Kanzlern Lamprecht und Christian Distelmeier. Mylius, C. C. M. 6 3, Nr. 2 u. 3. Bornhak, Staats- und Rechtsgesch., 79—83.

Zweiter Zeitabschnitt.

Die Errichtung des brandenburgisch-preußischen Gesamtstaates[1].

A. Die rechtsgeschichtliche Entwicklung[2]. § 4.

Eine organische Verbindung der beiden Vorlande in Ost und West mit dem Stammland war nur erreichbar, wenn die landesherrliche Gewalt als das einzige Bindeglied zwischen den drei Besitzungen gestärkt und die politische Macht des partikularistischen Ständetums allenthalben geschwächt wurde. Erst wenn der Landesherr sich von dem Einfluß der mitregierenden Stände befreit hatte, konnte er dazu übergehen, aus dem reichsfreien, nach der Lösung aus der polnischen Lehenshoheit sogar souveränen Herzogtum Preußen und seinen reichsländischen Gebieten einen Gesamtstaat zu bilden. Das Ziel war die Ausgestaltung der Personalunion der Territorien zu einer Realunion, die unbeschadet der staatlichen Selbständigkeit der einzelnen Länder ihre Verschmelzung auf den wichtigsten Gebieten des Staatslebens voraussetzte. Nachdem diese Entwicklung ihre äußere Krönung durch die Königswürde empfangen hatte, war der brandenburgisch-preußische Gesamtstaat vollendet.

1. Georg Wilhelm (1619—1640) vermochte dieses Werk unter den Stürmen des das Land verheerenden dreißigjährigen Krieges bis auf die Begründung der ersten Anfänge eines (der ständischen Kontrolle entzogenen) Söldnerheeres[3]) nicht zu fördern.

---

[1]) Quellen: Mylius, Corpus Constitutionum Marchicarum (C. C. M.), 6 Teile, 1737. Altmann, Ausgewählte Urkunden 1, 1914, 59—190.

[2]) Friedrich der Große, Denkwürdigkeiten zur Gesch. des Hauses Br., in „Werke Fr. d. Gr." 1, 1913, 37—119. v. Orlich, Gesch. des preuß. Staates im 17. Jahrh., 3 Teile, 1838/39. Droysen, Politik², 3—4 1, 1870—1872; 4 4, 1870. v. Ranke, Zwölf Bücher preuß. Gesch. 1 u. 2, 1874, 195—496. Eiselen, Der preuß. Staat, 1862, 56—93. Isaacsohn, Beamtentum, 2, 1878. Holtze, Mark Br, 1912, 67—91. Koser, Politik 1, 1913, 387—508. Hintze, Die Hohenzollern, 166—280. Bornhak, Staats- und Rechtsgeschichte, 1903, 100—148. Hubrich, Preuß. Staatsrecht, 1909, 1—21.

[3]) Rezeß von 1620 bei Mylius, C. C. M. 6 1, Nr. 88, Sp. 285.

2. Erst **Friedrich Wilhelm** dem „**Großen Kurfürsten**" (1640—1688)[1]) war es beschieden, dank seiner hervorragenden kriegerischen und staatsmännischen Erfolge der eigentliche Gründer des brandenburgisch-preußischen Gesamtstaates zu werden.

Er befreite das verwüstete und entvölkerte Land vom Feinde. Er gewann im Westfälischen Frieden (1648)[2]) wertvolle **neue Gebiete**[3]): Hinterpommern[4]) (ohne das rechte Oderufer)[5]), Halberstadt, Minden, Kammin[6]), sowie die Anwartschaft[7]) auf Magdeburg[8]). Die alten und neuen Besitzungen blieben zunächst in ihren vielgestaltigen, dem Landesherrn meist nur geringe Rechte einräumenden Verfassungen und in Verwaltung und Rechtspflege selbständig. Ihrer inneren Verbindung miteinander standen zwei Hindernisse entgegen, nach außen die Abhängigkeit vom Reiche bzw. Preußens von Polen, nach innen die Abhängigkeit von der politischen Macht der Stände.

Die **Unabhängigkeit** der reichsländischen Besitzungen **von der Reichsgewalt** wurde bis auf geringfügige Reste im Westfälischen Frieden errungen. Nach 1648 bestand das Reich fast nur noch dem Namen nach. Vermöge des Gesandtschafts-, Vertragschließungs- und Kriegführungsrechts waren die deutschen Territorien Staaten geworden. Die Unabhängigkeit des nicht dem Reiche angehörigen Herzog-

---

[1]) Pufendorf, de rebus gestis Friderici Guilielmi magni electoris Brandenburgici comment. libri XIX, 1733. Förster, Gesch. Friedrich Wilhelms des Großen Kurfürsten[4], 1855. Droysen, Politik[2], 3: Der Staat des Großen Kurfürsten, 1870—72. Philippson, Der Große Kurfürst, 2 Teile, 1897, 1902. Prutz, Aus des Großen Kurfürsten letzten Jahren, 1897. Urkunden und Aktenstücke zur Gesch. des Kurfürsten Friedrich Wilhelm von Br, hgg. von Erdmannsdörffer u. a., 15 Bde., 1864—1894.

[2]) J P.O. Art. 11. Pütter, Geist des westfälischen Friedens, 1795, 166—182.

[3]) Ferner erwarb der Große Kurfürst die hinterpommerschen Herrschaften Bütow und Lauenburg (1657), die Herrschaft Schwibus (1686) und die Kolonie Groß-Friedrichsburg an der westafrikanischen Guineaküste (1683).

[4]) Die Anwartschaft auf (ganz) Pommern beruhte auf dem Grimnitzer Vertrage (1529). Sie war bereits 1637 fällig geworden. In den wirklichen Besitz des Landes gelangte der Kurfürst erst durch den Vertrag von 1653; v. Moerner, Kurbrandenburgs Staatsverträge von 1601—1700, 1867, 166 ff. Vorpommern nebst dem rechten Oderufer verblieb bei Schweden. Breucker, Die Abtretung Vorpommerns an Schweden und die Entschädigung Kurbrandenburgs, 1879.

[5]) Dieses kam erst durch den Frieden von St. Germain (1679) an Br.

[6]) Das Fürstentum Kammin wurde 1654 dem Herzogtum Pommern einverleibt

[7]) M. fiel 1680 an Brandenburg.

[8]) Quellen bei Mylius, Corpus Constitutionum Magdeburgensium, Gesetze und Verordnungen von 1680—1714, 2 Teile, 1715/17.

tums Preußen gegenüber der Krone Polen[1]) wurde von dieser im Vertrage zu Wehlau (1657)[2]) anerkannt und im Frieden zu Oliva (1660) bestätigt. War die so erlangte Souveränität auch auf Preußen beschränkt, so mußte sie doch auf die fortschreitende Verselbständigung der übrigen, nicht souveränen Staaten des Kurfürsten förderlich einwirken. Mit der Souveränität war das Gewölbe, das alle Staaten zusammenhielt, geschlossen[3]). Die Unabhängigkeit der landesherrlichen Gewalt von der politischen Macht der Stände wurde in allen Staaten unter schwerem Ringen durchgesetzt[4]). Die Stände blieben zwar als Organisation der sozial bevorrechtigten Bevölkerungsklassen bestehen, verloren aber ihren politischen Einfluß auf die Staatsleitung. In der Mark Brandenburg[5]) erreichte der Kurfürst dieses Ziel durch die Rezesse von 1653 und 1662[6]). Die Stände bewilligten auf dem letzten allgemeinen Landtage 1653 gegen Bestätigung ihrer alten Rechte und Privilegien eine einmalige feste direkte Kriegssteuer. Sie übernahmen, nachdem der Jüngste Reichsabschied 1654[7]) die zur Landesverteidigung erforderlichen Gelder für „notwendige"[8]) erklärt hatte, auf dem Aus-

---

[1]) Graf v. Schlippenbach, Zur Geschichte der hohenzollerischen Souveränität in Preußen, 1906. Die Unabhängigkeit wurde im nordischen Kriege errungen. Die Lehnshoheit war nach dem Siege der Schweden über die Polen im Vertrage zu Königsberg (1656) auf Schweden übergegangen (v. Moerner, Staatsverträge 195 ff.). Zufolge der Verpflichtung Friedrich Wilhelms, den in Polen bedrängten Schweden Hilfe zu leisten, erkannten diese ihn im Vertrage zu Labiau (1656. v. Moerner a. a. O. 211 ff) als souveränen Herzog von Preußen und Ermland an. Nach langen Verhandlungen mit Polen erzielte er dann im Friedensvertrag zu Wehlau (1657) unter Verzicht auf Ermland und die weiteren Eroberungen die polnische Anerkennung als souveräner Herzog von Preußen; doch sollte das Land beim Aussterben des hohenzollernschen Mannesstammes heimfallen.

[2]) Wehlauer Friedensvertrag, Art. 5: Ducatum Prussiae . . . Elector . . . et descendentes . . . jure supremi Dominii cum summa atque absoluta potestate habebunt et possidebunt regentque. v Moerner a. a. O. 220 ff. v. Baczko, Geschichte Preußens, 5, 296 ff.

[3]) Droysen, Politik[4] 3 2, 460.

[4]) Küntzel in Festschrift für Schmoller, 1908, 101 ff. Tümpel, Entstehung des br.-pr. Einheitsstaates, 37—62.

[5]) Urkunden und Aktenstücke zur Gesch. des Kurfürsten Friedrich Wilhelm von Br., Bd. 10: Isaacsohn, Ständische Verhandlungen 2, Mark Brandenburg, 1880, 31 ff. Wöhner, Steuerverfassung des platten Landes der Kurmark, 3 Teile, 1804/05.

[6]) Mylius, C. C. M. 6 1, Nr. 118, Sp. 425.

[7]) Jüngster Reichsabschied, Art. 180.

[8]) Notwendige Steuern mußten von den Landstanden unweigerlich bewilligt werden.

schüßtage 1662 eine dauernde jährliche direkte Kriegssteuer. An die Stelle dieser direkten Steuer (Kontribution), auf deren Verwaltung die Stände noch einen gewissen Einfluß hatten, trat allmählich in den Städten eine indirekte Steuer (Akzise), bei deren Verwaltung der ständische Einfluß ausgeschaltet war. Damit war die Macht der märkischen Stände im Militär- und Finanzwesen gebrochen. „Die Stände waren seitdem zu Dekorationsstücken geworden, die nach Bedürfnis hervorgeholt und beiseite gestellt wurden; ihre selbständige Rolle war ausgespielt“ [1]). Hartnäckiger war der ständische Widerstand in Kleve-Mark [2]); doch wurde auch hier ihre „Libertät“ schließlich gebrochen. Am hartnäckigsten war die Opposition in Preußen [3]), wo die oligarchische Selbstregierung einen fast polnischen Grad erreicht hatte und die Anerkennung der Souveränität des Herzogs überhaupt verweigert wurde; hier gewann der Landesherr erst nach jahrzehntelangem erbitterten Ringen die Oberhand, und noch bis zu Beginn des 18. Jahrhunderts wurden Landtage abgehalten.

Der Sieg über das Ständewesen ermöglichte die **Verschmelzung** der einzelnen Staaten **zur Realunion**. Diese begann beim Heerwesen und beim Finanzwesen, ergriff später aber noch weitere Zweige der Staatsverwaltung. Den ersten Schritt bildete die Umgestaltung des **Heerwesens** [4]). Das vom Kurfürsten neben, später anstelle des

---

[1]) Holtze, Gesch. der Mark Br., 77.

[2]) Urkunden und Aktenstücke zur Geschichte des Kurf. Fr. W. von Br., Bd 5: v. Haeften, Ständische Verhandlungen 1, Cleve-Mark, 1869, 83 ff.; Bd. 2: Hoetzsch, Stände und Verwaltung von Cleve und Mark in der Zeit von 1666—1697, 1908.

[3]) Urkunden und Aktenstücke usw. 15: Breysig, Ständische Verhandlungen 3, Preußen 1, 1894, 161 ff. (bis zum Jahre 1640). Rachel, Der Große Kurfürst und die ostpreußischen Stände 1640—1688, 1905 Triebel, Die Finanzverwaltung des Herzogtums Preußen 1640—1646, 1897. Bergmann, Gesch. der ostpreußischen Stände und Steuern 1688—1704, 1901. Lohmeyer, Die Entwicklung der ständischen Verhältnisse in Preußen bis zur Souveränität, in: „Zur altpreuß. Geschichte“, 1907, 282 ff.

[4]) Des Königs von Preußen Abhandlung von der preuß. Kriegsverfassung in den ältesten Zeiten bis zu Ende der Regierung des Königs Friedrich Wilhelms, aus dem Französischen übersetzt, 1771. Stuhr, Die brandenburgisch-preußische Kriegsverfassung zur Zeit des Großen Kurf., (nur) 1, 1819. Gansauge, Das br.-pr. Kriegswesen um die Jahre 1440, 1640 und 1740, 1839. de Courbière, Geschichte der br.-pr. Heeresverfassung, 1852, 23 ff. Ders., Die br.-pr. Militär-Verwaltung, im Archiv für Landeskunde der preuß. Monarchie 5, 1858, 40 ff., bes. 58 ff. Schmoller, Die Entstehung des pr. Heeres von 1640 bis 1740, zuerst in Deutsche Rundschau 12, 1877, 248 ff., später in „Umrisse und Untersuchungen“ usw., 1898, 247 ff. v. Mülverstedt, Die Kriegsmacht unter dem Groß. Kurf., 1888; dazu

unzulänglichen ständischen Milizsystems[1]) durch inländische Werbung geschaffene stehende Heer wurde vermöge seiner Einheit in Oberbefehl und Verwaltung das erste wirksame Bindeglied zwischen den einzelnen Staaten. Für die Verwaltung der Heeresangelegenheiten einschließlich der Kriegssteuer wurden in allen Landesteilen die Kriegskommissare (später die kollegialischen Kriegskommissariate) und als einheitliche Oberbehörde für das ganze Staatswesen der Generalkriegskommissar (später das kollegialische Generalkriegskommissariat) bestellt[2]). Der zweite Schritt war die einheitliche Neuordnung des Finanzwesens[3]). Mit Schulden, die hernach auf das unter landesherrlicher Aufsicht neubelebte ständische Kreditwerk übernommen wurden, konnte das stehende Heer nicht unterhalten werden. Die Finanzreform zielte auf die Einführung eines ständigen Steuersystems und auf die Vermehrung der landesherrlichen Domanialeinkünfte ab. Ersteres wurde durch die ständische Bewilligung (1662) der oben erwähnten dauernden direkten Steuer (Kontribution) in Stadt und Land und deren spätere Ersetzung in den Städten durch die indirekte Steuer (Akzise)[4]) erreicht; mit der Steuerverwaltung auf dem Lande wurden die Kreiskommissare[5]), mit der Aufsicht über die städtische Steuerverwaltnng die Steuerkommissare (commissarii loci) betraut, während als höhere Steuerverwaltungsbehörden die vorerwähnten Kriegskommissariate und das Generalkriegskommissariat fungierten. Zur Reform der Domänen- und Rega-

Lehmann in Forsch. zur br.-pr. Gesch 1, 1888, 451—525. v. Schroetter, Die br.-pr. Heeresverfassung unter dem Großen Kurf, 1892. v. d. Osten-Sacken, Preußens Heer von seinen Anfängen bis zur Gegenwart, 1: Die alte Armee (bis zum Frieden von Tilsit), 1911. Hassel in Preuß. Jahrb. 14, 616 ff., Droysen in Zeitschr. für deutsche Kulturgeschichte, 1875, 417 ff. Ders. in Märk. Forsch. 19, 8—292.

[1]) Jany in Forsch. z br.-pr. Gesch. 8, 419—467; 10, 1—30.

[2]) Breysig in Forsch. z. br.-pr. Gesch. 5, 135—156. Hintze in Zeumer-Festgabe 1910, 493—528. August Wilhelm, Prinz von Preußen, Die Entwicklung der Kommissariats-Behörden in Br.-Pr., Straßb. Diss, 1908, 24 ff.

[3]) Breysig in Schmollers Jahrbuch 16, 1892, 449 ff. Breysig-Wolters, Geschichte der br. Finanzen 1, 1895; 2, 1915. Schmoller in „Umrisse und Untersuchungen", 1898, 137 ff. Riedel, Der br.-pr. Staatshaushalt in den beiden letzten Jahrh, 1866, 11 ff., 28 ff. Wöhner, Steuerverfassung des platten Landes, 3 Teile, 1804/05.

[4]) Urkunden und Aktenstücke 10: Isaacsohn, Ständische Verhandlungen 2, 1880, 475 ff. Bielfeld, Geschichte des magdeburgischen Steuerwesens, 1888. Revidierte General-, Steuer- und Konsumtionsordnung 1684, Mylius C. C. M 43, Nr. 17, Sp. 133.

[5]) Gelpke, Die geschichtl. Entwickelung des Landratsamtes der Preuß. Monarchie, 1902. Prinz August Wilhelm, Entwicklung der Kommissariats-Behörden, 1908, 39 ff.

lienverwaltung[1]) wurde (1651) eine besondere Kommission (die Staatskammerräte)[2]) eingesetzt und für die Domänen[3]) das Verpachtungssystem eingeführt; für die Verwaltung der Domänenangelegenheiten wurden Amtskammern gebildet. Die Realunion, die auf diese Weise auf den Gebieten des „Kriegsstaates“ und des „Kammerstaates“ erzielt war, zog bald weitere Kreise. Die im ganzen Staatswesen eingerichteten Kommissariate und Amtskammern ließen sich auch die Steuerkraft der Bevölkerung angelegen sein, an der sie ein lebhaftes Interesse hatten. Dieses Bestreben führte sie dazu, mit der Zeit zahlreiche polizeiliche Funktionen (die bis dahin von den ständisch gefärbten Provinzialregierungen ausgeübt worden waren) sowie die Entscheidung der in ihrem so erweiterten Geschäftsbereich entstehenden Rechtsstreitigkeiten an sich zu ziehen. Dementsprechend dehnten auch die Kreiskommissare auf dem Lande und die Steuerkommissare in den Städten ihre Tätigkeit auf das polizeiliche Gebiet aus. Auf diese Weise gingen weitere öffentliche Funktionen an einheitlich für das ganze Staatswesen organisierte Behörden, füglich in den Bereich der Realunion über. Den Schlußstein bildete die Entwicklung des Geheimen Rates[4]) zur allgemeinen obersten Behörde aller kurfürstlichen Länder. Die Geheime Ratsordnung 1651[5]) verteilte die Geschäfte auf 19, teils nach Materien, teils nach Ländern abgegrenzte Abteilungen. So erstreckte sich die Realunion der kurfürstlichen Staaten auf das Auswärtige, das Heerwesen, das Finanz- und Steuerwesen, sowie wichtige Funktionen der Polizei Ausgenommen blieben insbesondere das Kirchen-[6]) und Schulwesen und die Gerichtsbarkeit. Persönliche Energie, staatsmännische Begabung und politische Klugheit hatten dem Kurfürsten die Verschmelzung der brandenburgisch-preußischen Staaten zu einem Gesamtstaat in der Hauptsache gelingen lassen.

---

[1]) Isaacsohn, Gesch. des preuß. Beamtentums 2, 108 ff. Ders. in Zeitschr. f. preuß. Geschichte 13, 1876, 161 ff. Erdmannsdörffer das. 13, 500 ff.

[2]) Hirsch in Schmoller-Festschrift, 1908, 23—48. Koch in Forsch z. br.-pr. Gesch. 26, 575—579. Aus dieser Kommission entstand später die Hofkammer.

[3]) Die Domänen standen im Privateigentum des Kurfürsten, waren aber unveräußerlich und zugunsten des Staates dinglich belastet.

[4]) Meinardus, Protokolle und Relationen des Geheimen Rates aus der Zeit des Kurf. Friedrich Wilhelm, 5 Bände, 1889, 1893 (2), 1896, 1907 (Publikationen aus den kgl. preuß. Staatsarchiven, Bd. 41, 54, 55, 66, 80).

[5]) Meinardus a. a. O. 4, 1896, Nr. 351, S. 394 ff. Isaacsohn, Beamtentum 2, Beilage 1, S. 359 ff.

[6]) Landwehr, Die Kirchenpolitik Friedr. Wilh. des Großen Kurf., 1894.

Um so mehr befremdet es, daß gerade dieser Kurfürst testamentarisch[1]) seinen Söhnen zweiter Ehe einzelne von ihm erworbene Fürstentümer zu erblichem Besitz zuwies[2]). Doch wollte er damit nur erbliche Statthalterschaften begründen, keine Landesteilung vornehmen, denn alle höheren Regierungsrechte sollte sein ältester Sohn und Nachfolger als Einheit erhalten. Übrigens gelangten diese testamentarischen Anordnungen nicht zur Ausführung.

3. Friedrich III. regierte zunächst als Kurfürst (1688—1701), sodann als „König Friedrich I. in Preußen" (1701—1713)[3]). Er erklärte das die Staatseinheit gefährdende Testament seines Vaters als gegen die Hausgesetze verstoßend für nichtig. Die darin bedachten Stiefbrüder verzichteten später gegen anderweitige Abfindung auf die ihnen zugewendeten Besitzungen und erkannten die Dispositio Achillea und den Geraschen Hausvertrag ausdrücklich als „Fundamentalgesetze des Hauses" an[4]). Friedrich erwarb eine Reihe neuer Gebiete teils käuflich[5]), teils durch Erbgang (so Stücke der oranischen Erbschaft)[6]),

---

[1]) Roedenbeck, Zur Geschichte Friedrich Wilhelms des Großen Churfürsten von Br., 1851. Droysen in Bd. 5 der Abhdl. der Königl. Sächs. Gesellschaft der Wissenschaften, 1866, auch in: Gesch. der Preuß. Politik, 4 4, 1870, 129 ff. Erdmannsdörffer in Preuß. Jahrbücher 18, 1866, 429 ff. Tümpel, Entstehung des br.-pr Einheitsstaates, 18—29. v. Caemmerer, Die Testamente der Kurfürsten von Br., 1915, 3* f., 165 ff.

[2]) Minden, Ravensberg, Halberstadt, Lauenburg-Bütow.

[3]) Droysen, Politik² 4 1: Friedrich I. König von Preußen, 1872. Pufendorf, de rebus gestis Friderici III., 1784 Hintze im Hohenzollern-Jahrbuch, 1900, 269—335.

[4]) Markgraf Philipp Wilhelm wurde im „Hausvertrage", d. h. Erbvergleich von 1692 (v. Moerner, Staatsverträge, 565 ff., 789 ff.; Roedenbeck a. a. O. 30 ff.) mit den jedoch völlig unter der Landeshoheit des Kurfürsten verbleibenden Herrschaften Schwedt und Vierraden entschädigt. Aktenmäßiges über die Rechtsverh. dieser Herrschaften bei Schulze, Hausgesetze, 3, 582—584.

[5]) Käuflich erwarb er die littauischen Herrschaften Tauroggen und Serrey, von Kursachsen die Erbvogtei über Stadt und Stift Quedlinburg nebst den Ämtern Lauenburg, Sevenberg und Gersdorf und dem Schultheißenamt Nordhausen (1697) sowie das Amt Petersberg bei Halle (1698), vom Grafen von Solms-Braunfels die Grafschaft Tecklenburg (1707).

[6]) Diese Erbschaft wurde 1702 durch den Tod König Wilhelms III. von Großbritannien, des letzten Agnaten des Hauses Nassau-Oranien, eröffnet. Gegenstand der Erbschaft waren das souveräne Fürstentum Orange, die Grafschaften Lingen und Moers, sowie zahlreiche Besitzungen in den Niederlanden, in Burgund und in der Franchecomté. Als Bewerber standen sich König Friedrich als Sohn der Luise Henriette von Nassau-Oranien, der älteren Tante des Erblassers, und Johann

ferner die Anwartschaft auf Ostfriesland[1]) und auf die Lande (Hechingen und Sigmaringen) der schwäbischen Linie der Hohenzollern[2]). Die organische Verschmelzung der Staaten machte weitere Fortschritte. Die Verstärkung der landesherrlichen Macht förderten auf dem Gebiete des Heerwesens[3]) das gänzliche Absterben der alten Milizverfassung (des Lehensaufgebots und der Landfolge) und der Übergang vom reinen Werbe- zum Rekrutierungssystem[4]), indem der Bedarf an Mannschaften jährlich vom Generalkriegskommissariat auf bestimmte Bezirke (Kantone) zur Anwerbung verteilt wurde, auf dem Gebiete des Polizeiwesens die noch stärkere Ausdehnung der Zuständigkeit der landesherrlichen Kriegskommissariate[5]) auf Kosten der ständisch gefärbten Provinzialregierungen.

Wilhelm Friso von Nassau-Diez als Enkel der jüngeren Tante des Erblassers gegenüber. Ohne den Ausgang des Streites, in den Frankreich eingriff, abzuwarten, besetzte König Friedrich mit kaiserlicher Zustimmung die zum Reichsverband gehörigen Grafschaften Moers und Lingen und verleibte sie 1702 dem brandenburgisch-preußischen Staatswesen ein. Mit ihnen wurde 1707 die vorerwähnte Grafschaft Tecklenburg verbunden. Außerdem vereinigte der König, nachdem er vom souveränen Fürstentum Neuenburg nebst der Grafschaft Valengin in der Schweiz als rechtmäßiger Prätendent anerkannt war, diese Besitzungen in Personalunion mit dem brandenb.-preuß. Staatswesen (1707/1708). Lünig, Grundfeste europäischer Potenzen, 1 404, 2 818, 837. Drechsler, Der Streit um die oranische Erbschaft. Diss. Leipzig 1913 Schulze, Die staatsrechtl. Stellung des Fürstentums Neuenburg, 1854. Ders., Neuenburg, eine geschichtlich-staatsrechtliche Skizze[3], 1857.

[1]) Als Kurprinz hatte der Kurfürst durch den geheimen sog. Retraditionsrezeß von 1686 (v. Moerner, Staatsverträge, 750) dem Kaiser die Abtretung der Herrschaft Schwiebus zugesagt. Gegen die Herausgabe (1694) erlangte Friedrich die Anwartschaft auf Ostfriesland und die Reichslehen der Grafen von Limburg und Speckfeld in Franken (v. Moerner a. a. O. 597f., 798).

[2]) Der Große Kurfürst hatte 1684 mit kaiserlicher Zustimmung den Titel eines Reichsgrafen von Hohenzollern angenommen. Sein Nachfolger Friedrich erlangte in dem mit den schwäbischen Hohenzollern 1695 zu Nürnberg abgeschlossenen, 1707 zu Weinheim bestätigten Erbvertrage für die hohenzollernsche Kurlinie die Anwartschaft auf die schwäbischen Lande (Hechingen und Sigmaringen) für den Fall des Aussterbens der hohenzollernschen Fürstenlinie. (Pactum gentilitium et successorium oder Erbeinigung zwischen dem Chur- und Fürstlichen Hause Brandenburg an einem, dann dem Fürst- und Gräflichen Hause Hohenzollern am andern Teile. Schulze, Hausgesetze, **3**, 582[1], 723ff. Nr. 12, 729ff Nr. 13. v. Moerner a. a. O. 607ff.).

[3]) Jähns im Hohenzollern-Jahrbuch 1900, 140—169. Frhr v. Schrötter in Forsch. zur br.-pr. Gesch. **23** 81ff.; **26** 429—495; **27** 97—167.

[4]) Einheitlich für das ganze Staatswesen wurde das Ersatzgeschäft durch das Interims-Reglement von 1693 geregelt. Mylius, C. C. M. **3** 1, Nr 70, Sp. 195.

[5]) Seit der Instruktion für alle und jede Kriegs- und Steuerkommissarien von 1712 beaufsichtigte der Landrat (früher Kreiskommissar) auf dem Lande, der

In der Zentralinstanz bestand zwischen dem Geheimen Rat und den neben ihm neu entstandenen selbständigen Zentralbehörden eine organische Verbindung dadurch, daß die Chefs der obersten Verwaltungsbehörden aus dem Geheimen Rat hervorgegangen waren und die Präsidenten der höchsten Gerichtshöfe und des Konsistoriums dem Geheimen Rat entnommen wurden, dieser also die Vorsteher aller obersten Behörden in sich vereinigte. Keine Realunion konnte wegen der verschiedenen Bekenntnisse und Verfassungen auf kirchlichem Gebiet, wegen der verschiedenen Stellung der einzelnen Länder zum Reiche im Justizwesen[1]) erzielt werden. Die Krönung des vom Großen Kurfürsten zielbewußt begonnenen, von Friedrich weitergeführten Einigungswerkes war die Königswürde[2]). Was inhaltlich geschaffen war, erhielt damit die gebührende äußere Form. Die königliche Würde gründete sich auf den Besitz des souveränen Herzogtums Preußen. Ihre Annahme erfolgte, unabhängig von jeder irdischen Instanz[3]), als reiner Souveränitätsakt, zu dem es der Zustimmung weder des Kaisers noch des Papstes bedurfte. Wenn der Kurfürst sich zuvor des kaiserlichen Einverständnisses vergewisserte[4]), so sicherte er sich damit nur die völkerrechtliche Anerkennung[5]) des königlichen Titels durch das

---

Steuerkommissar (Commissarius loci) in der Stadt alle Angelegenheiten der inneren Verwaltung.

[1]) Holtze in Deutsche Juristenzeitung 6, 1901, 33 ff.

[2]) Droysen, Politik[3] 4 1, 137 ff. Bornhak, Staats- und Rechtsgesch., 140 ff. Weitere Literatur bei Schulze, Hausgesetze, 3, 586[2], 587[1], und bei Stettiner, Zur Gesch. des preuß Königstitels und der Königsberger Krönung, 1900, 97 f.

[3]) Hubrich, Staatsrecht, 9; ders. in Forsch. z. br.-pr. Gesch. 20, 354.

[4]) Kaiser Leopold I. erklärte sich in dem „Erneuten Alliance-Traktat“ von 1700 (Förster, Höfe und Cabinette, 1836, 1, 8. v. Moerner, Staatsverträge, 673 ff., 810 ff. Lünig, Grundfeste europäischer Potenzen, 1, 400) gegen bedeutsame Zugeständnisse des Kurfürsten, namentlich gegen das Versprechen der Unterstützung in dem bevorstehenden spanischen Erbfolgekriege, mit dem Vorhaben Friedrichs einverstanden.

[5]) Noch im Jahre 1701 erkannten England, Rußland, Holland, Dänemark, die Schweiz, Sachsen und die meisten Reichsfürsten, 1713 Frankreich und Spanien, 1764 Polen die Königswürde an. Der Protest des Papstes gegen die „eigenmächtige“ Annahme des Königstitels, den er allein zu vergeben habe, war und blieb wirkungslos. Breve Etsi Nobis persuasum sit des Papstes Clemens XI. von 1701. Lünig, Teutsches Reichsarchiv, pars spec. III, 281. Max Lehmann, Preußen und die katholische Kirche 1 (1640—1740), 1878, 367 ff. Stettiner, Zur Geschichte des preuß. Königstitels und der Königsberger Krönung, 1900 Friedensburg in Histor. Zeitschr. 87, 1901, 407—432. Ziekursch, Papst Clemens' XI. Protest gegen die preuß. Königswürde, in Festgabe für Heigel, 1903. Hiltebrandt, Preußen und die römische Kurie, 1: Die vorfriderizianische Zeit (1625—1740), 1910. Erst nach dem Tode Friedrichs d. Gr. (1787) hat Papst Benedikt XIV. die pr. Königswürde anerkannt.

Reich. Am 15. Januar 1701 verkündete der Kurfürst, daß das souveräne Herzogtum Preußen ein Königreich geworden sei. Am 18. Januar 1701 setzte er sich im Schloß zu Königsberg die Königskrone aufs Haupt. Er nannte sich fortan „König in Preußen"[1]). Der neue Titel konnte sich doch nur auf das bisherige Herzogtum Preußen, nicht auf die übrigen, im Reichsverbande stehenden Staaten des Königs beziehen. Gleichwohl war eine Rückwirkung der Königswürde auf die reichsländischen Besitzungen unausbleiblich. Da der König den königlich preußischen Titel nicht nur für seine Person, sondern auch für seine Truppen, Behörden, Beamten und Untertanen verwendete, so wurden „die dem deutschen Reiche angehörigen Gebiete aus der Reihe der anderen deutschen Landschaften gleichsam herausgehoben und zu einer besonderen Einheit zusammengefaßt, wie sorgfältig man auch sonst noch das Verhältnis zu dem Reiche aufrecht erhielt"[2]). Die Einheit der militärisch und administrativ zu einem Gesamtstaat (Realunion) verbundenen Besitzungen des Hohenzollernhauses trat auch äußerlich zutage in der nunmehr offiziellen Bezeichnung „die Königlich Preußischen Staaten".

§ 5. B. Die rechtsdogmatischen Ergebnisse[3]).

I. Die Staatsform der Besitzungen des kurfürstlichen (königlichen) Hauses Hohenzollern hatte sich in doppelter Beziehung gründlich gewandelt[4]). Aus den Territorien waren Staaten geworden, an die Stelle der Personalunion war eine Realunion getreten. Staatscharakter trug zweifellos das reichsfreie, von der polnischen Lehenshoheit befreite Herzogtum (Königreich) Preußen. Seine Staatsgewalt war sogar mangels einer übergeordneten Gewalt eine souveräne. Staatscharakter besaßen aber auch die reichsländischen Besitzungen des Landesherrn. In ihnen hatte sich die landesherrliche Gewalt seit dem Westfälischen Frieden (1648) zu einer vollen Staatsgewalt entwickelt.

---

[1]) Nicht „König von Preußen", weil Westpreußen noch zu Polen gehörte. Erst seit 1744 führte der König den Titel „König von Preußen."

[2]) v Ranke, a. a. O. 1, 2, 450.

[3]) Bornhak, Gesch. des preuß. VerwR. 1, 1884, 245—307, 313—431. Isaacsohn, Beamtentum, 2, 1878, 36—377. Stölzel, Rechtsverwaltung und Rechtsverfassung, 1, 1888, 325—427; 2, 1888, 1—39. Holtze, Gesch. des Kammergerichts, 2, 1891. Hintze im Hohenzollern-Jahrbuch 1900, 269—335.

[4]) Hierzu besonders Hubrich, Zur Entstehung der preuß. Staatseinheit, in Forsch. zur br.-pr. Gesch 20, 1907, 347 ff.

Unterstand sie auch noch in vereinzelten Punkten, wie in der Gerichtsbarkeit, der übergeordneten Gewalt des Reiches, so daß ihr das Merkmal der Souveränität fehlte, so bildete sie trotzdem eine wirkliche, durch Gesandtschafts-, Vertragschließungs- und Kriegführungsrecht als solche gekennzeichnete Staatsgewalt[1]). Alle in der Hand des Kurfürsten (Königs) vereinigten Staaten behielten auch jetzt noch ihre eigenen Verfassungen, waren aber doch nicht mehr allein durch die Person des Landesherrn verknüpft. Nach Beseitigung der politischen Macht der Stände, welche die partikularistischen Bestrebungen gefördert und die Vorkämpfer für die nationale Selbständigkeit der einzelnen Länder gebildet hatten, war auf den wichtigsten Gebieten des Staatslebens, nämlich für die auswärtigen Angelegenheiten, Heerwesen, Finanz- und Steuerwesen, manche Zweige der Polizei und die mit der Verwaltung zusammenhängende Gerichtsbarkeit eine für alle Staaten einheitliche Organisation geschaffen worden. Hierdurch wurden die Staaten in eine so starke organische Verbindung miteinander gebracht, daß sie auf den bezeichneten Gebieten der Staatstätigkeit als Teile eines größeren, sie alle umfassenden Gesamtstaates, als Glieder einer wohlgefügten, durch die Königswürde auch äußerlich einheitliches Gepräge empfangenden Realunion[2]) erschienen. Dagegen waren die „Königlich Preußischen Staaten" noch lange nicht so fest zusammen verschmolzen, daß man sie, wie es verfrüht seit Mitte des 17. Jahrhunderts üblich wurde, als „Provinzen" eines Einheitsstaates bezeichnen durfte.

II. Das Gebiet des brandenburgisch-preußischen Gesamtstaates hatte sich recht erheblich vergrößert[3]). Alle Neuerwerbungen wurden zunächst in Personalunion angefügt, in der weiteren Entwicklung sodann (mit Ausnahme von Neuenburg-Valengin) zu Gliedern der Realunion ausgestaltet. Die die Unteilbarkeit und Unveräußerlichkeit des Gebietes verordnenden Hausgesetze wurden, nachdem der Große Kurfürst scheinbar dagegen verstoßen hatte, aufs neue als „Fundamentalgesetze des Hauses" anerkannt und bestätigt.

III. Die durch den dreißigjährigen Krieg stark dezimierte Bevölkerung des Landes vermehrte sich außer durch den Gebietszuwachs auch durch den Zuzug Fremder, insbesondere ihres Glaubens wegen

---

[1]) Treffend Hubrich, Deutsches Verfassungsrecht in geschichtl. Entwickelung[2], 1913, 28.

[2]) Nur die in der Schweiz gelegenen souveränen Länder Neuenburg und Valengin waren lediglich in Personalunion mit den königl. preuß. Staaten vereinigt.

[3]) Fix, Die Territorialgeschichte des Preuß. Staates[2], 1869, 81—108.

vertriebener Franzosen und schweizerischer Reformierter. Besonders in der Mark entstanden zahlreiche Kolonien solcher „refugiés"[1]). Die gesamte Bevölkerung gliederte sich nach Staaten, nach Ständen, nach Konfessionen. Das Indigenatrecht der einzelnen Staaten machte sich namentlich darin geltend, daß vielfach nach den Landesverfassungen, deren Beachtung die Stände sorgsam überwachten, die „Regierungen" und sonstigen Behörden nur mit einheimischen Beamten besetzt werden durften. Die ständische Sonderung in die drei Klassen des Adels, der Bürger und der Bauern vertiefte sich, je größere Klassenprivilegien den Ständen als Entgelt für den ihnen entzogenen politischen Einfluß eingeräumt wurden. Die sozialen Vorrechte des Adels wurden noch erweitert, die Schranken zwischen Adligen und Bürgern noch erhöht; der Bauernstand[2]) fiel der Ausbeutung durch die adligen Grundbesitzer immer völliger anheim und geriet schließlich in gänzliche Abhängigkeit (Leibeigenschaft, Erbuntertänigkeit) von der Gutsherrschaft. Eine neue herrschende Klasse bildete der Stand des berufsmäßigen höheren Beamtentums. Dieses entwickelte sich nach der Vernichtung des politischen Einflusses der Stände; es setzte aber das adlige Beamtentum nicht etwa ab, sondern nahm es in sich auf und ließ es so in neuer Gestalt fortwirken. Endlich gliederte sich die Bevölkerung jetzt auch nach Konfessionen; denn der Landesherr gewährte den Angehörigen der drei reichsrechtlich[3]) anerkannten Konfessionen in allen seinen Staaten Toleranz, in den meisten sogar Gleichberechtigung[4]).

IV. Die Regierung führte der Landesherr jetzt allein, ohne ständische Mitwirkung.

1. Der Kurfürst (König) regierte als unabhängiger und absoluter Herrscher. Zwar war seine Stellung zu Kaiser und Reich in den einzelnen Besitzungen verschieden, es gab reichsrechtlich nur einen Markgrafen von Brandenburg, einen Herzog von Pommern, einen

---

[1]) Beheim-Schwarzbach, Hohenzollernsche Colonisationen, 1874.

[2]) Korn in Zeitschr. für Rechtsgeschichte **11**, 1873, 1 ff. Großmann, Über die gutsherrlich-bäuerlichen Rechtsverh. in der Mark Br. vom 16. bis 18. Jahrh., 1890, 50—82. Kern in Forsch. zur br.-pr. Gesch. **14**, 151 ff. Plehn das. **17**, 431 ff. Aubin, Zur Gesch. der gutsherrlich-bäuerlichen Verh. in Ostpreußen, 1910.

[3]) Durch den Augsburger Religionsfrieden (1555) und den Westfälischen Frieden (1648).

[4]) v. Mühler, Gesch. der evangel. Kirchenverfassung in der Mark Br., 1846, 136 ff. Lehmann, Preußen und die kathol. Kirche seit 1640, 1, 1878. Landwehr in Forsch. zur br.-pr. Gesch. 1, 181—224. Ders., Die Kirchenpolitik Friedrich Wilhelms des Gr. Kurf., 1894.

Fürsten von Minden usw. Gleichwohl machte die fortschreitende Verschmelzung der nichtsouveränen reichsländischen Staaten mit dem souveränen Staate Preußen sowie die preußische Königswürde, die den Landesherrn den europäischen Souveränen im Range gleichstellte, seine persönliche Unabhängigkeit von Kaiser und Reich zu einer fast vollkommenen[1]). Auch im Innern des Staatswesens ließ schon der kurfürstliche Rang, vollends aber die Königswürde alle übrigen Titel des Landesherrn verblassen und glich die wachsende Realunion der Staaten die noch vorhandenen Verschiedenheiten der landesherrlichen Rechtsstellung in den einzelnen Ländern aus. Das namentlich den vortrefflichen Heeres und Finanzreformen allenthalben zu verdankende Schwinden des politischen Einflusses der Stände auf die Regierung sicherte dem Landesherrn die absolute monarchische Gewalt. Im Kurfürsten (Könige) vereinigten sich alle staatlichen Hoheitsrechte. Aus seiner landesherrlichen Gewalt floß die ausschließliche[2]) Vertretung des Staatswesens nach außen, die Leitung der gesamten auswärtigen Beziehungen, die Entscheidung über Krieg und Frieden, das Gesetzgebungs- und Polizeiverordnungsrecht[3]), die oberste Militär-, Finanz- und Polizeigewalt, die höchste Gerichtsbarkeit. Über die Thronfolge ergingen keine neuen Vorschriften; die Umstoßung des Testamentes des Großen Kurfürsten durch seinen Nachfolger bekundete den endgültigen Sieg des Erstgeburtsrechtes über die alten Erbteilungsgewohnheiten, der Staatsidee über die dynastischen Ansprüche der nachgeborenen Prinzen auf Anteil an der höchsten Gewalt[4]).

2. Das Ständetum[5]) verlor den politischen Einfluß auf die Regierung[6]), behielt aber seine soziale Vorzugsstellung als privile-

[1]) Seit 1653 war auch die Gerichtsbarkeit der Reichsgerichte über den Kurfürsten beseitigt und den Landesgerichten jede Zuständigkeit zur Entscheidung von Klagen gegen den Landesherrn oder seine Beamten wegen Ausübung ihrer Amtsbefugnisse entzogen. Loening, Gerichte und Verwaltungsbehörden in Brandenburg-Preußen, 1914, 25 Förstemann, Zur Gesch. der preuß. Monarchie, 1867, 63 ff.

[2]) Früher unterhielten die (namentlich klevischen und preußischen) Stände einen eigenen völkerrechtlichen Verkehr mit dem Auslande.

[3]) Hubrich, Staatsrecht, 6 ff.; ders. in Forsch. zur br.-pr. Gesch. **20**, 348 ff.; ders. im Verwaltungsarchiv **16**, 412 ff.

[4]) v. Ranke, 1 u. 2, 401.

[5]) Die Stände gliederten sich in der Mark in Oberstände (Grafen u. Herren, Ritter) und Unterstände (Städte); in Preußen in Herrenstand und Landräte, Ritterschaft und Adel, Städte; in Kleve-Mark in Ritterschaft und Städte.

[6]) Urkunden und Aktenstücke zur Gesch. des Kurf. Friedrich Wilhelm von Br., Bd 5: v. Haeften, Ständische Verhandlungen, 1: Kleve-Mark, 1869, 83 ff; Bd 10:

gierte[1]) und körperschaftlich zusammengeschlossene Bevölkerungsklasse. Die ständische Mitregierung wurde in harten Kämpfen, oft durch rücksichtsloses Vorgehen, bisweilen sogar unter Bruch der landesverfassungsmäßig verbrieften Rechte vernichtet. Auch das wichtigste Recht, die Steuerbewilligung, wurde den Ständen entwunden[2]). Selbst in Ostpreußen, wo die ständische Opposition am hartnäckigsten war, triumphierte schließlich der Landesherr. Nach 1703 wurden dort keine regelmäßigen Landtage mehr abgehalten. Die märkischen Stände wurden schon seit 1653 zu keinem allgemeinen Landtage mehr versammelt. Seitdem fanden hier höchstens noch nach Gutdünken einberufene Ausschußtage statt. Zu diesen wurden seitens der Ritterschaft jeweils gewählte Verordnete von den Kreistagen entsandt. Der Kreistag war die Versammlung der adligen Ritterschaft im Kreise, das Organ des eine Art Selbstverwaltungskörper darstellenden ritterschaftlichen Kreisverbandes. An die Stelle der jedesmal gewählten Kreisverordneten traten später ständig bestellte Organe des Kreisverbandes: die Kreisdirektoren. Diese verrichteten als ständische Beamte der ritterschaftlichen Kreiskorporation die ständischen Verwaltungsgeschäfte des Kreisverbandes. Sie beriefen und leiteten die Kreistage, verwalteten die Kreiskasse und das Kontributionswesen, vertraten den Kreis nach außen. Die staatlichen Geschäfte im Kreise besorgten die landesherrlichen Landkommissare[3]). Die Einrichtung dieser Landkommissare war dem Bestreben entsprungen, die verloren gegangene landesherrliche Kontrolle über die patrimoniale Verwaltung zurückzugewinnen. Zu diesem Zweck wurden zunächst außerordentliche landesherrliche Beamte verordnet, die später zu ständigen Amtsträgern wurden. Ihre Zuständigkeit beschränkte sich zuerst auf

---

Isaacsohn, Ständische Verh., 2: Mark Br., 1880, 31 ff; Bd 15: Breysig, Ständische Verh., 3: Preußen, 1, 1894, 161 ff. v. Mülverstedt, Die ältere Verfassung der Landstände in der Mark Br., 1858. Tümpel, Entstehung des br.-pr. Einheitsstaates, 37—62.

[1]) Ihre Vorrechte gipfelten in der wirtschaftlichen Beherrschung der unteren Bevölkerungsschichten. Doch stand die Verwaltung der adligen Grundherren und der städtischen Magistrate unter der strengen landesherrlichen Aufsicht der Kreiskommissare und der Steuerräte.

[2]) Hubrich, Staatsrecht, 7 f.; Ders. in Forsch. zur br.-pr. Gesch. 20, 350 f.; Ders im Verwaltungsarchiv 1908, 412 ff.

[3]) Zum folgenden Gelpke, Die geschichtliche Entwicklung des Landratsamtes der Preuß. Monarchie, 1902. Weitere Literatur das. S. VII f. Steffens, Die Entwicklung des Landratsamts b. z. Ausgang des 18. Jahrh, Berliner Diss. 1914. Hintze in Sitz-Ber. der kgl. pr. Akademie der Wissenschaften 23, 1915, 352—368 Ders. in Forsch. zur br.-pr Gesch. 28, 357—422.

die Heeresverpflegung, dehnte sich aber bald auf die Polizei- und Finanzverwaltung des Kreises aus. Sie wurden auf Vorschlag der Stände ernannt. In der weiteren Entwicklung hat sich nun dieses landesherrliche Amt des Landkommissars mit dem ganz verschiedenen[1]) ständischen Amt des Kreisdirektors vereinigt zum gemischt landesherrlich-ständischen Amt des Kreiskommissars, der schließlich (1701) die Bezeichnung „Landrat" erhielt. Der Kreiskommissar-Landrat hatte zugleich ständische und landesherrliche Interessen zu wahren, vereinigte das ständische und staatliche Element in einer Person. Das Kreiskommissariat oder Landratsamt schuf daher einen glücklichen Ausgleich zwischen ständischem und landesherrlichem Prinzip, indem es das Ständetum in den landesherrlichen Staatsorganismus aufnahm. So hatte das sterbende Ständewesen noch eine seltsame und wichtige Neubildung in der Behördenorganisation des brandenburgisch-preußischen Staatswesens gezeitigt. Neubelebt wurde endlich das märkische „Kreditwerk"[2]), seine Verwaltung aber unter landesherrliche Aufsicht (Landschaftsdirektor) gestellt[3]), somit auch hier ein Rest ständischer in die staatliche Organisation eingefügt.

V. In der Verwaltungsorganisation[4]) lassen sich

1. die für den ganzen Bereich des Gesamtstaates zuständigen Zentralbehörden in allgemeine und besondere gliedern.

a) Zur allgemeinen obersten Behörde des Staatswesens hatte sich der Geheime Rat[5]) entwickelt. Anfänglich nur Zentralbehörde für Kur- und Neumark, wurde er bald für das Auswärtige, mit fortschreitender Realunion auch für die übrigen allen Landesteilen gemeinsamen Staatsgeschäfte, soweit nicht Sonderbehörden entstanden, die Zentralinstanz des Gesamtstaates. Als solche behandelt

---

[1]) So Gelpke a. a. O. 46—48.

[2]) Vgl. oben S. 19, 25.

[3]) Urkunden und Aktenstücke 10: Isaacsohn, Ständische Verhandl. 2, 1880, 347 ff.

[4]) Schmoller in Acta Borussica, Behördenorganisation, 1, 1894, Einleitung, 79 ff. Hintze im Hohenzollern-Jahrbuch, 1900, 269—335. Tümpel, Entstehung des br.-pr. Einheitsstaates, 63—86.

[5]) Meinardus, Protokolle und Relationen des Brandenb. Geheimen Rates aus der Zeit des Kurf. Friedrich Wilhelm, 5 Bde., 1889, 1893 (2), 1896, 1907 (Publikationen aus den K. preuß. Staatsarchiven, Bd. 41, 54, 55, 66, 80). Klaproth und Cosmar, Versuch einer Geschichte des Geh. Staatsrats, 1805, 260 ff. Kühns in Zeitschr. f. preuß. Gesch. 8, 1871, 141—170. Isaacsohn, Beamtentum, 2, 1878, 23 ff, 108 ff., 249 ff, 289 ff. Stölzel, Rechtsverwaltung und Rechtsverfassung, 1, 325—427. Bornhak, Gesch. d. preuß. Verwaltungsrechts, 1, 313—320.

ihn auch die neue Geheime Rats-Ordnung von 1651[1]). Da der Geheime Rat schließlich mit der äußeren, Militär-, Finanz- und Polizeiverwaltung, für die Marken dazu noch mit der Justizaufsicht betraut war, erschien eine feste Verteilung dieser erheblich angewachsenen Geschäfte auf die einzelnen Mitglieder dringend geboten. Durch die Geheimratsordnung (1651) wurden 19 Abteilungen mit ziemlich willkürlicher, teils sachlich abgegrenzter, teils örtlicher (provinzieller) Zuständigkeit gebildet. Zugleich wurde der Geschäftsgang neu geordnet. Als Kollegium wurde der Geheime Rat, der zu Beginn des 17. Jahrhunderts bei Abwesenheit des Kurfürsten allmählich entscheidende, sogar gewisse landesherrliche Funktionen erhalten hatte, wieder zu einer bloß beratenden Behörde. Der Landesherr selbst traf die Entscheidungen, die (seit 1682) „Wirklichen Geheimen Räte" hatten nur seinen Willen auszuführen. Als Vertreter des sehr häufig behinderten Landesherrn wurde ein besonderer Vorsitzender mit dem Titel erst eines Direktors (1652)[2]), später eines Oberpräsidenten (1658, 1695) bestellt[3]). Das Kanzleramt bestand nicht mehr.

b) Besondere oberste Behörden wurden demnächst unter Abzweigung vom Geheimen Rat für einzelne spezielle Staatsfunktionen errichtet. So entstanden der Geheime Kriegsrat, das Generalkriegskommissariat, die Geheime Hofkammer, der Geheime Justizrat. Der „Kriegsrat" wurde 1630 aus sonderlich dazu verordneten Räten des Geheimen Rates für die Verwaltung und Jurisdiktion aller Kriegssachen und zur Kontrolle der Kriegskommissare ins Leben gerufen[4]). Das anstelle des Generalkriegskommissars 1712 kollegial organisierte „Generalkriegskommissariat" bildete die oberste Intendantur- und Steuerbehörde des Staates[5]). Die „Geheime Hofkammer" unter Leitung des Hofkammerpräsidenten wurde im weiteren Verlaufe der 1651 begonnenen Reform der Domänen- und Regalienverwaltung als ordentliche oberste Verwaltungsbehörde der Domänen und Regalien

[1]) Isaacsohn, Beamtentum, 2, Beilage 1, S. 359 ff. Meinardus a. a. O. 4, 1896, Nr. 351, S. 394 ff.

[2]) Meinardus a. a. O. 4, Nr. 490, S 589.

[3]) Bestallung des Oberpräsidenten v. Schwerin (1658) mitgeteilt bei Isaacsohn, Beamtentum, 2, Beilage II, 362 ff.; Meinardus a. a. O. 5, 1907, Nr. 364a, S. 404 f.

[4]) v. Bonin in Forsch. zur br.-pr. Gesch. 25, 51—89. Acta Borussica, Beh.-Org., 1, 204 ff.

[5]) Reglement 1712. Acta Borussica, Behördenorganisation, 1, 1894, 184 ff.

des Staatswesens endgültig [1]) im Jahre 1689 begründet; darüber wurde 1699 zur außerordentlichen Beaufsichtigung sämtlicher Amtskammern einschließlich der Hofkammer noch das „Oberdomänendirektorium“ [2]) gestellt, das alsbald nach dem Tode König Friedrichs (1713) mit der Hofkammer und der Hofstaatskassen- und Schatullverwaltung [3]) zum General-Finanz-Direktorium vereinigt wurde [4]). Aus der vom Geheimen Rat geübten Justizaufsicht entwickelte sich 1658 [5]) ein besonderer Justizausschuß, der die Funktion eines obersten Gerichtshofes für die Marken ausübte und später die Bezeichnuug „Geheimer Rat zu den Verhören“, schließlich den Namen „Geheimer Justizrat“ erhielt. Alle diese obersten Sonderbehörden bestanden aus Geheimen Räten. Endlich wurden die „auswärtigen nnd publiquen“ Angelegenheiten nicht mehr im Plenum des Geheimen Rates, sondern vom Landesherrn persönlich unter Zuziehung einiger vertrauter Räte bearbeitet.

c) Die **Einheit in der Zentralverwaltung** des Staatswesens war dadurch gewahrt, daß die Vorsteher der obersten Verwaltungs- und Justizbehörden sowohl des Gesamtstaates als insbesondere der Mark Brandenburg, also namentlich die Chefs des Generalkriegskommissariats, der Hofkammer des Konsistoriums, des Geheimen Justizrates und des Kammergerichts zugleich dem Geheimen Rate, aus dem sie hervorgegangen bzw. dem sie entnommen waren,

---

[1]) Vorübergehend wurde 1655 ein Kollegium gebildet. Hirsch in Schmoller-Festschrift 1908, 23ff. Koch in Forsch. zur br.-pr. Gesch. 26, 575ff.

[2]) Fischbach, Histor., polit. u militär. Beiträge, 2 1, 91.

[3]) Die gemeinsame Kassenbehörde für den gesamten und den kurmärkischen **Staatshaushalt** bildete die Hofrentei. In diese flossen die Einnahmen aus Domänen und Regalien. An ihrer Spitze stand der Hofrentmeister. Anstelle dieser Hofrentei traten 1710 einerseits die Generaldomänenkasse (für den Gesamtstaat), andererseits die kurmärkische Land- oder Amtskammer-Rentei. Die Kassenbehörde für den **Hofhaushalt** bildete anstelle des früheren Kammermeisters die landesherrliche Schatulle, in die die Einnahmen aus Forsten, Zöllen, Münze und Post flossen. Von dieser Schatulle wurde 1673 für die Kosten der Hofhaltung eine besondere Hofstaatsrentei — seit Ende des 17. Jahrh.: Hofstaatskasse (Koch in Forsch. zur br.-pr. Gesch. 27, 547—553) — abgezweigt, während die Schatulle fortan als Kasse nur für die persönlichen Bedürfnisse des Landesherrn bestehen blieb. Besondere Kassen waren die Generalkriegskasse (seit 1674) und die Marinekasse (seit 1686) — Riedel in Märk. Forsch. 2, 297—337. Ders., der br.-pr. Staatshaushalt, 1866, 6ff. Schmoller in seinem Jahrb. 1, 1877, 83—106. Breysig, das 16, 1892, 1ff.

[4]) Acta Borussica, Behördenorganisation, 1, 363. Fischbach, Histor.-polit. Beiträge, 3, 123. Hintze, Historische und politische Aufsätze, 1, 117ff.

[5]) Meinardus a. a. O. 5, 1907, Nr 367, S 405f.

angehörten. Der Geheime Rat umfaßte ferner noch die preußischen Oberräte (seit 1706)[1], die Statthalter der einzelnen Länder, die ersten Generale und die wichtigsten Gesandten. Auf diese Weise war der Zusammenhang zwischen der allgemeinen Zentralbehörde, den wichtigsten Landeszentralbehörden und den verschiedenen Sonderzentralbehörden gewährleistet[2].

2. Die Verwaltungsbehörden, die an der Spitze der seit Mitte des 17. Jahrhunderts verfrüht als „Provinzen" bezeichneten einzelnen Länder standen[3]), stellten teils „Provinzial"-Behörden des Gesamtstaates, teils eigene, jedoch überall gleichförmig gestaltete Zentralbehörden der einzelnen Länder dar, je nachdem auf dem Verwaltungszweige, mit dem sie betraut waren, die Realunion bereits durchgeführt war oder noch nicht. Abgesehen von der Kurmark, deren Provinzialverwaltung der Geheime Rat mit versah, stand an der Spitze jedes[4]) Landes (Neumark, Pommern[5]), Magdeburg[6]), Kleve-Mark[7]),

---

[1]) Acta Borussica, Behördenorganisation, 1, 30.

[2]) Schmoller in Acta Borussica, Behördenorganisation, 1, 1894, Einl. 82f.

[3]) Hierzu besonders Bornhak, Geschichte des preuß Verwaltungsrechts, 1, 253—307, 320—334, 375—434; Isaacsohn, Beamtentum, 2, 40ff., 74ff, 158ff., 230ff., 263ff

[4]) In der Grafschaft Ravensberg bestand nur von 1647 bis 1653 eine oberste Verwaltungs- und Gerichtsbehörde: Die Kanzlei. Vgl. den Rezeß von 1653 bei Mylius, C. C. M. 2 4, Sp 53. Weddigen, Beschreibung der Grafschaft Ravensberg, 1, 1790. Spannagel, Minden und Ravensberg unter br.-pr. Herrschaft, 1894, 127ff. — In den Landen der oranischen Erbschaft, Mörs und Lingen, womit Tecklenburg verbunden wurde, fehlte außer dem Statthalter eine oberste Verwaltungsbehörde. v. Schaumburg in Zeitschr. für preuß. Geschichte, 1879, 176ff. Essellen, Geschichte der Grafschaft Tecklenburg, 1877.

[5]) Regimentsverfassung 1654. Auserlesene Sammlung verschiedener Urkunden und Nachrichten zur Kenntnis der Landesverfassung und Rechte des Herzogtums Vor- und Hinterpommern, 2. Ausfertigung, 1756. Quickmann, Ordnung und Sammlung derer im Kgl. Preuß. Herzogtum Pommern und Fürstentum Kammin bis 1747 publizierten Edikte, Mandate, Reskripte, 1750. Petsch, Verfassung und Verwaltung Hinterpommerns im 17. Jahrh. 1907, 159ff, bes. 230ff. Bär, Die Politik Pommerns während des dreißigjährigen Krieges, 1896.

[6]) Hermes-Weigelt, Handbuch vom Reg.-Bez. Magdeburg, 1, 1845.

[7]) Die Ordnung der Zentralbehörden von Kleve-Mark beruhte auf dem Landtagsabschied von 1649. Urkunden und Aktenstücke zur Gesch. des Kurfürsten Friedrich Wilhelm, Bd. 5 (Haeften), 1869, 390. Ergänzungen brachten die Landtagsabschiede von 1660 (Scotti, Kleve-märkische Gesetzsammlung, 1, 1826, 333, Nr. 262) und 1661 (Haeften a. a O. 972). Urkunden und Aktenstücke zur Gesch. der innern Politik des Kurf. Friedrich Wilhelm, Bd. 2: Hoetzsch, Stände und Verwaltung von Kleve und Mark von 1666 bis 1697, 1908.

Minden[1]), Halberstadt[2])) als allgemeine Zentralbehörde nächst dem landesherrlichen Statthalter[3]) die mit einheimischen landesherrlichen und ständischen Räten besetzte „Regierung“. Sie verkörperte das verfassungsmäßige, ständisch-beschränkte Fürstentum und den territorialen Partikularismus[4]). Ihr entsprach in Preußen[5]) die aus den vier Ober- und Regimentsräten, später „kgl. preuß. wirkl. geh. Räten“ (1706)[6]) bestehende „Oberratsstube“, hernach das „preuß. Etatsministerium“ genannt[7]). Besondere Zentralbehörden für die kirchliche Verwaltung waren die Konsistorien[8]). Besondere Provinzialbehörden der Länder bildeten die Kriegskommissariate[9]) zur Verwaltung des Militärwesens und der Heeresfinanzen[10]), die Amtskammern[11]) zur Verwaltung der Domänen-, Forst- und Regalieneinnahmen, die Landrenteien als domaniale Kassenbehörden[12]).

3. In den mittleren Landesteilen, nämlich der Kur- und Neumark — ähnlich, aber im einzelnen abweichend, in Pommern und Magdeburg[13]) — bildete sich durch den körperschaftlichen Zusammenschluß der

---

[1]) Homagialrezeß 1650. Culemann, Sammlung derer Vornehmsten Landesverträge des Fürstentums Minden, 1748, 227 ff. Spannagel, Minden und Ravensberg usw., 1894, 104 ff.

[2]) Homagialrezeß 1650. Lucanus, Beiträge zur Geschichte des Fürstentums Halberstadt, 1784/88. Hermes-Weigelt, Handbuch usw. 1, 1845.

[3]) Außer in Minden.

[4]) So Hintze im Hohenzollern-Jahrbuch, 1900, 287.

[5]) Verfassungsurkunde des Herzogtums Preußen von 1661. Wichert in Zeitschr. f. preuß. Gesch. 11, 1874, 33—89 Ders., Über die preuß. Verfassungsreform vom Jahre 1661, Vortrag, 1875. Arndt, Die Oberräte in Preußen 1525—1640, Diss., 1911. Ecker, Die Entwicklung der kgl. preuß. Regierung von 1701 bis 1758, 1908.

[6]) Landhofmeister, Oberburggraf, Obermarschall, Kanzler.

[7]) Neue Geschäftsordnung 1712. Acta Borussica, 2, 213 f., 222 ff.

[8]) Das märkische Konsistorium war seit 1637 paritätisch besetzt. Keine Konsistorien bestanden in Kleve-Mark, wo die durch die reformierte Kirchenordnung von 1662 geregelte Presbyterial- und Synodalverfassung galt, in Ravensberg und in den oranischen Landen.

[9]) In der Kurmark versah das Generalkommissariat die Geschäfte des Kommissariats mit. In Magdeburg, Halberstadt und Minden bestand anstelle des Kommissariats ein überwiegend ständisches Obersteuerdirektorium. In Ravensberg fehlte überhaupt eine Kommissariatsbehörde.

[10]) Breysig in Forsch. zur br.-pr Gesch. 5, 136 ff.

[11]) Keine Amtskammern bestanden in Minden und in den oranischen Landen.

[12]) In der Kurmark die Hofrentei, an deren Stelle später die kurmärkische Land- oder Amtskammer-Rentei trat. Vgl. S. 47 Anm. 3.

[13]) Das Kreiskommissariat bzw. Landratsamt wurde in Preußen erst nach

Ritterschaft des Kreises eine Kreisverfassung aus[1]). Die Organe des Kreises waren der Kreistag und der Kreiskommissar. Der nach Bedarf einberufene, aus den Rittergutsbesitzern des Kreises bestehende Kreistag[2]) hatte die Steuern auf die Gutsherrschaften unterzuverteilen und den Kreishaushalt auf Grund der Landessteuern und der Kreisbedürfnisse aufzustellen. Die Kreiskommissare waren aus der Verschmelzung der ständischen Kreisdirektoren mit den landesherrlichen Landkommissaren hervorgegangen. Sie stellten ständische und landesherrliche Amtsträger in einer Person dar. Als Führer der Kreisstände besorgten sie die ständischen Angelegenheiten des Kreisverbandes, als landesherrlichen Beamten lag ihnen die Militär-, Finanz- und Polizeiverwaltung im Kreise ob. Seit dem Jahre 1701 führten sie die Amtsbezeichnung „Landräte".

4. Die Einrichtung der Ortsbehörden stimmte in allen Ländern im wesentlichen überein. Zwischen Stadt und Land bestand ein scharfer Gegensatz. Auf dem Lande war die Verwaltung in den Patrimonialherrschaften vorbehaltlich der von den Kreiskommissaren (Landräten) geübten Staatsaufsicht eine rein ständische; diejenige der landesherrlichen Ämter unterschied sich von ihnen nur noch dadurch, daß hier der Landesherr der Patrimonialherr war. Dagegen übten in den Städten nach Einführung der Akzise die Steuerkommissare (commissarii loci) eine strenge Staatsaufsicht über die städtische Verwaltung aus, so daß die städtischen Behörden auf dem besten Wege waren, zu Hilfsorganen der staatlichen Kommissare herabzusinken. Die Behörden der Patrimonialherrschaften und Ämter waren die Gutsherren und die Amtmänner (Amtshauptleute, Drosten); die Gutsherren übten Polizei, Finanzverwaltung und Gerichtsbarkeit, die Amtmänner (nach Einführung des Pachtsystems lediglich Sinekuren) nur Polizei

---

1714/16 (Schmoller in Sybels Histor. Zeitschrift 30, 40ff.), in Kleve-Mark erst 1753 eingeführt.

[1]) Zum folgenden Gelpke, Die geschichtliche Entwicklung des Landratsamtes der Preuß. Monarchie, 1902. Weitere Literatur das. S. VIIf. Steffens, Die Entwicklung des Landratsamtes b. z. Ausgang des 18. Jahrh. Berliner Diss. 1914. Hintze in Histor. Aufs. für Zeumer, 1910, 493—528. Ders. in Sitz.-Ber. der kgl. pr. Akademie der Wissenschaften 23, 1915, 352—368. Ders. in Forsch. z. br.-pr. Gesch. 28, 357—422.

[2]) Ein Gegenstück zu den Kreistagen der mittleren Landesteile bildeten die kleve-märkischen Erbentage, besondere Organe für die Wahl und Kontrolle der Steuerempfänger und für die Umlage der Steuern. Lichtharbt, Studien zur Entwicklung der Erbentage und der Amtsverfassung in Kleve-Mark, Diss. Münster 1910.

und Justiz aus. Die Behörden der Städte [1]) waren der Rat oder Magistrat, dessen Mitglieder (Bürgermeister und Ratmannen) überall der Bestätigung des Landesherrn bedurften, und die neugebildeten, aus Ratswahlen mit landesherrlicher Bestätigung hervorgehenden Bürgerausschüsse [2]) welche die Bürgerschaft vertraten und für die Bewilligung städtischer Abgaben zuständig waren. Die untersten Verwaltungsbezirke bildeten die Mediatstädte und die patrimonialen, seltener domanialen Dörfer. Der Schulze war nur noch Hilfsorgan des Grundherrn bei der Ausübung der gutsherrlichen Polizei und Gerichtsbarkeit.

V. Das Justizwesen war von einer einheitlichen Gestaltung noch weit entfernt.

1. Auf dem Gebiete der Gerichtsverfassung [3]) verhinderte die verschiedene Stellung der einzelnen Länder zum Reiche die Entstehung eines gemeinsamen obersten Gerichtshofes und die einheitliche Ordnung der Gerichtsverfassung. Im ganzen Staatswesen bestanden fünf höchste Gerichtshöfe, denen fünf selbständige Gerichtsverfassungsgebiete entsprachen. Eine gewisse geistliche Gerichtsbarkeit übten dazu die Konsistorien [4] und die bischöflichen Gerichte aus.

a) Preußen nahm insofern die höchstentwickelte Stellung ein, als es kraft seiner Nichtzugehörigkeit zum Reichsverbande keiner Gerichtsbarkeit des Reiches unterstand. Die höchste gerichtliche Instanz war das preußische Oberappellationsgericht zu Königsberg (1657) und das Hofgericht daselbst [5]).

b) Die Marken genossen dem Reiche gegenüber seit 1586 das grundsätzlich unbeschränkte [6]) privilegium de non appellando [7]). Oberste Instanz war das Geheime Justizkollegium oder der Geheime Justizrat. Er bestand meist aus Räten des Kammergerichts. Er war Supplikationsinstanz gegenüber den Entscheidungen der beiden Kammergerichte

---

[1]) Zimmermann, Historische Entwickelung der märkischen Städteverfassungen 3, 1840, 3—45. Schmoller in Zeitschr. f. preuß. Gesch. 8, 521—568. Brinckwerth in Geschichtsbl. f. Magdeburg 48, 1913.

[2]) Zimmermann a. a. O. 3, 46—64.

[3]) Stölzel, Rechtsverwaltung und Rechtsverfassung, 1, 343—427; 2, 1—39. Isaacsohn, Beamtentum, 2, 50 ff., 213 ff., 319 ff. Bornhak, Gesch. des preuß. VerwR. 1, 334—374. Schmoller in Acta Borussica, Beh.-Org., 1, 1894, Einl. 104—108.

[4]) v. Mühler, Gesch. der ev. Kirchenverfassung in der Mark Br., 1846.

[5]) Hofgerichtsordnung 1632. Grube, Corp. Const. Prutenicarum, 2, Nr. 4. Conrad, Geschichte der Königsberger Obergerichte, 1907, 56—120.

[6]) Ausnahmen: Justizverweigerung u. „unheilbare Nullitäten". Vgl. oben S. 29.

[7]) Perels, Die allgemeinen Appellationsprivilegien für Br.-Pr, 1908.

(der Kurmark in Berlin[1]), der Neumark in Küstrin)[2]), erste Instanz für bestimmte Streitsachen des Adels, der Städte und der Universität Frankfurt a. O.[3]). Die Erkenntnisse bedurften der landesherrlichen Bestätigung[4]). Die Kammergerichte waren zu Provinzialgerichten herabgesunken[5]). Die vereinigten Hof- und Landgerichte[6]) blieben unverändert[7]). Untere Instanzen bildeten in den landesherrlichen Ämtern die Amtsgerichte, in den Städten die Stadtgerichte[8]), auf dem Lande die Patrimonialgerichte[9]).

c) Für alle übrigen reichsländischen Besitzungen erwirkte der Landesherr 1702 ein beschränktes[10]) privilegium de non appellando, d. h. für Streitsachen bis zu 2500 Goldgulden[11]); diese Länder erhielten daraufhin 1703 ein gemeinschaftliches Oberappellationsgericht zu Berlin[12]). Doch wurde ein besonderes Oberappellationsgericht für

---

[1]) Das Berliner Kammergericht war also ein Provinzialgericht geworden. Seine Verfassung wurde vorläufig durch die Interimsverordnung von 1658, endgültig durch die KGO. von 1709 (Mylius, C. C. M. 2 1, Nr. 119, Sp. 357. Hassenpflug. Die erste KGO. Kurbrandenburgs, 1895) neu geregelt. Die KGRäte mußten vor der Anstellung eine Proberelation vor dem KG. ablegen. Die Hälfte von ihnen mußte dem Herren- und Ritterstande angehören, alle aber studierte Leute sein. Märker sollten vor Nichtmärkern den Vorzug haben. So war das KG. ein in allen seinen Mitgliedern gelehrtes Gericht geworden. Holtze, Geschichte des KG. in Br.-Pr. 2, 1891, 139—313; 3, 1901, 1—80; ders., 500 Jahre Gesch. des KG., 1913, 52—94.

[2]) Dieses KG. wurde mit der Neumärkischen Regierung verschmolzen und nahm deren Namen an.

[3]) Mylius, C. C. M. 2 1, Nr. 45, Sp. 165. C. C. Magdeb. 1, Nr. 12.

[4]) Bis zum Jahre 1729. Mylius a. a. O. 2 1, Nr. 254, Sp. 799.

[5]) Gleichsam Filialen des Berliner Kammergerichts waren das altmärkische Quartalgericht (GO. 1621, 1700) u. das 1652 wieder hergestellte uckermärkische Quartalgericht unter Vorsitz der Landeshauptleute. (Vgl. oben S. 28 Anm. 4.) Eine den Quartalgerichten entsprechende Gerichtsbarkeit übten die Hauptleute von Ruppin und Beeskow-Storkow in der Altmark, von Sternberg in der Neumark aus.

[6]) In Altmark, Uckermark und Priegnitz.

[7]) Altmärkische Hof- und Landgerichtsordnung 1621. Mylius, a. a. O. 2 1, Nr. 18, Sp. 91.

[8]) Ursprünglich städtische Organe, später solche des landesherrl. commissarius loci.

[9]) Vgl. den Landtagsabschied von 1653. Mylius a. a. O. 6 1, Nr. 118. Sp. 425.

[10]) Im übrigen entschieden in höchster Instanz die Reichsgerichte.

[11]) Mylius, C. C. M. 2 4, Nr. 1, Sp. 1. Förstemann, Zur Geschichte der preuß. Monarchie, 1867, 3 ff., 37 ff. Perels, Die allgemeinen Appellationsprivilegien für Br.-Pr., 1908.

[12]) Mylius, C. C. M., 2 4 Nr. 3 Sp. 7. Acta Borussica, Beh.-Org. 1, 13 ff. Sonnenschmidt, Geschichte des Königl. Ober-Tribunals zu Berlin, 1879, 1–17.

die Grafschaft Ravensberg (1653—1712)[1]), ein besonderes höchstes Gericht für die Lande der oranischen Erbschaft — das Orange-Tribunal (1709)[2]) — eingesetzt.

2. Zwischen Verwaltungsbehörden und Gerichten war keine feste Zuständigkeitsgrenze gezogen[3]). Sie wurde dadurch verdunkelt, daß Verwaltungsbehörden, so Amtskammern und Kommissariate, sich nicht auf ihre zuständigen Verwaltungsgeschäfte beschränkten, sondern auf Kosten der Gerichte die in Militär-, Finanz- und Polizeisachen entstehenden Streitigkeiten der Untertanen als zu ihrem Geschäftsbereich gehörig selbst entschieden. Es wurde ihnen sogar zu diesem Zweck ein Rechtskundiger beigeordnet. Gegen die von Amtskammern bzw. Kommissariaten in solchen Streitigkeiten getroffenen Entscheidungen war Berufung an die Geheime Hofkammer bzw. das Generalkriegskommissariat zulässig. Die Zuständigkeit der Gerichte wurde „in allen Militär-, Jagd-, Akzise-, Kontributions-, Schoß-, Zoll- und dergleichen Sachen, welche den besonders dazu verordneten foris verbleiben sollen"[4]), ausgeschlossen. Da aber eine bestimmte Abgrenzung der gerichtlichen und administrativen Kompetenz nicht bestand, waren fortgesetzt Kompetenzstreitigkeiten im Gange. Diese Justiz der Verwaltungsbehörden in Verwaltungsstreitigkeiten darf man als einen Vorläufer der Verwaltungsgerichtsbarkeit bezeichnen.

3. Die Entwicklung des Landesrechts[5]) gedieh im Herzogtum Preußen bald zu einem wertvollen Abschluß. Das Landrecht Preußens von 1620[6]) kodifizierte das gesamte preußische Recht (Privat-, Straf-, Prozeß-, Lehnrecht) und beseitigte das römische, sächsische und kulmische Recht. In der Mark Brandenburg mißlang nach wie vor eine einheitliche[7]) Aufzeichnung des geltenden

---

[1]) Mylius, C. C. M. 2 4, Nr. 30, Sp. 49.

[2]) Mylius, C. C. M. 2 4, 1. Anhang, Nr. 1 Sp. 107. Acta Borussica, Beh.-Org. 1, 90 ff. Aufgehoben als selbständiges Gericht 1716; vgl. Mylius 2 4, Nr. 37, Sp. 63.

[3]) Loening, Gerichte und Verwaltungsbehörden in Br.-Pr., 1914, 30—46. Schmoller in Acta Borussica, Beh.-Org. 1, Einleitung 109—117. Hintze das. 6 1, 227—233.

[4]) So KGO. 1709, Titel XI, § 2; entsprechende Bestimmungen für die anderen Landesteile.

[5]) v. Kamptz in seinen Jahrbüchern 13, 109 ff. Schweikart das. 26, 241 ff. Bornhak, Staats- und Rechtsgesch., 132—137.

[6]) Neuredaktion 1685. Mylius, C. C. M. 6 1, Sp. 555 ff.

[7]) Nur Einzelheiten, wie das Berliner Grundbuchwesen und das brandenburgische Wechselrecht wurden geregelt.

Rechtes[1]). Es blühte die partikulare Rechtswissenschaft, die nicht nur dem positiven Rechte[2]), sondern auch dem durch die Universitäten vermittelten „Naturrecht" [3]) eine sorgsame Pflege angedeihen ließ.

---

[1]) Stölzel, Rechtsverwaltung und Rechtsverfassung 2, 23 ff.

[2]) Gesamtbearbeitung des märkischen Rechts durch Scheplitz (1608), des Prozeßrechts durch Brunnemann (1659).

[3]) Das Naturrecht als allgemein vorbildliches Idealrecht lehrten Cocceji in Frankfurt a. O., Thomasius in Halle.

Dritter Zeitabschnitt.

Die Blütezeit des absoluten Gesamtstaates[1].

A. Die rechtsgeschichtliche Entwicklung[2]. § 6.

Die wichtigste Aufgabe der Folgezeit war die Vollendung des Staatsabsolutismus und die Förderung der einheitsstaatlichen Entwicklung. Beides ging Hand in Hand. Die organische Vereinigung der Länder zum Gesamtstaat hatte nur durch Ausschaltung der Mitregierung des partikularistischen Ständetums und durch Begründung des landesherrlichen Absolutismus erzielt werden können. Die Beseitigung der Überbleibsel ständischen Einflusses auf die Staatsleitung und die restlose Verwirklichung der von einem pflichttreuen Beamtentum getragenen absoluten Regierungsform war die Grundlage für die weitere verfassungs-, verwaltungs- und justizrechtliche Verschmelzung der Länder zum Einheitsstaat. Der zunehmenden Staatseinheit im Innern entsprach die wachsende Bedeutung des Staatswesens nach außen. Die Erhebung Preußens zur europäischen Großmacht löste zugleich das schwache Band zwischen den reichsländischen Staatsteilen Preußens und dem absterbenden alten Reiche. Die Souveränität des Reiches über diese Landesteile war schließlich nur noch eine inhaltlose Form; Preußen stellte in Wirklichkeit jetzt schon ein unabhängiges, nur formell-

---

[1]) Quellen: Mylius, Corpus Constitutionum Marchicarum (C. C. M.) 6 Teile, 1737; dazu 4 continuationes und 1 Suppl.-Bd. (für 1737—1747), 1744 ff. Ders., Novum Corpus Constitutionum Prussico-Brandenburgensium (N. C. C.), 13 Teile (für 1751—1810), 1753 ff. Acta Borussica, Die Behördenorganisation und die allg. Staatsverwaltung Preußens im 18 Jahrh, 1—10, 1894—1910. Altmann, Ausgewählte Urkunden zur br.-pr. Verf. u. Verw.Gesch.[2] 1, 1914, 190—509.

[2]) Droysen, Preuß. Politik[1] 4 2—4 (1869—1870), 5 1—4 (1874—1886). v. Ranke, Preuß. Geschichte, 1874, 1 u. 2, 483—496; 3 u. 4, 5. Isaacsohn, Preuß. Beamtentum, 3, 1884. Schulze, Hausgesetze, 3, 1883, 589 ff., 737 ff., Schulze, Staatsrecht[2] 1, 59—80. Bornhak, Staats- und Rechtsgeschichte, 1903, 148—283, 283 ff. (mit Auswahl).

rechtlich noch nicht allenthalben souveränes Staatswesen dar. Die gesamte Staatsgewalt ruhte ausschließlich beim monarchischen Staatshaupt, das die Zügel der Regierung und überhaupt alle staatlichen Funktionen in seiner starken Hand vereinigte. Verbürgte diese alleinige persönliche Leitung unter einem kraftvollen Könige die Größe des Staates, so barg sie für einen schwachen Herrscher eine große Gefahr in sich.

I. War das Lebenswerk des Großen Kurfürsten, die Gründung des brandenburgisch-preußischen Gesamtstaates, von seinem ersten Nachfolger mit dem äußeren Glanz der Königskrone geziert worden, so erfuhr es durch seinen zweiten Nachfolger den notwendigen inneren Ausbau. Friedrich Wilhelm I. (1713—1740)[1], Preußens „größter innerer König"[2], hat durch die zielbewußte Durchführung des absoluten Beamtenstaates und durch eine bahnbrechende Neuordnung der Heeres- und Finanzverfassung für lange Zeit die Grundlagen der Verwaltungsorganisation Preußens geschaffen und dadurch die Einheit des Staatswesens mächtig gefördert.

1. Für die gesamten, durch beachtenswerte Erwerbungen namentlich in Pommern vergrößerten[3]) königlichen Besitzungen wurde der Rechtsgrundsatz der Unteilbarkeit und Unveräußerlichkeit

---

[1]) Förster, F. W. I., König von Preußen, 2—3, 1835. Friedrich der Große, Denkwürdigkeiten zur Geschichte des Hauses Brandenburg, in „Werke Friedrichs des Großen" 1, 1913, 120—163. Schmoller, Die innere Verwaltung des preuß. Staates unter Friedrich Wilhelm I., in Preuß. Jahrb. 25, 575—591, 26, 1—16. Hintze in Acta Borussica, BehOrg. 6 1, 1901. Ders., Die Hohenzollern und ihr Werk, 280—306. Tümpel, Entstehung des br.-pr. Einheitsstaates, 29—37, 86—159.

[2]) Ausspruch des OP. v. Schön in einem Bericht vom 6. März 1816.

[3]) Im Frieden zu Utrecht 1713 (Loewe, Preußens Staatsverträge aus der Regierungszeit König F. W. I. [Publikationen aus den k. preuß. Staatsarchiven, Bd. 87], 1913, 8) erzielte der König gegen Verzicht auf das Fürstentum Orange und die dazu gehörenden Güter in der Dauphiné und Franchecomté die Abtretung eines Stücks der oranischen Erbschaft, nämlich des spanischen Oberquartiers Geldern (v. Schaumburg, König Fr. I. und der Niederrhein, in Ztschr. f. preuß. Gesch. 1879, 176 ff.) und die französisch-spanische Anerkennung als Fürst von Neuenburg sowie seiner preußischen Königswürde und des Majestätstitels. Im Frieden zu Stockholm 1720 (Loewe a. a. O. 226) gewann er von Schweden gegen Zahlung von 2 Millionen Talern Vorpommern bis zur Peene (Neuvorpommern und Rügen blieben schwedisch) einschließlich der Städte Stettin, Damm und Gollnow, des (bis dahin schwedischen) rechten Oderufers, der Inseln Usedom und Wollin, des pommerschen Haffs und seiner drei Ausflüsse. Dieses Gebiet wurde mit Hinterpommern vereinigt. Endlich befestigte der König 1732 die Anwartschaft seines Hauses auf Ostfriesland durch Annahme des ostfriesischen Wappens und Titels.

erneuert, erweitert und vertieft durch das Edikt vom 13. August 1713 von der Inalienabilität der alten und neuen Domänengüter („Domänenedikt")[1]). Dieses wichtige Staats- und Hausgesetz ist vom Landesherrn selbständig (ohne Zustimmung der Agnaten, ohne ständische Mitwirkung, ohne kaiserliche Bestätigung) für den ganzen Bereich des Staates erlassen worden. Der König bestätigt darin zunächst, daß Friedrich I. durch Fideikommißstatut vom Jahre 1710 seine Neuerwerbungen, obwohl er darüber rechtlich anderweit hätte verfügen können, mit einem ewigen Fideikommiß belegt habe, dergestalt, daß keiner seiner Nachfolger zur Veräußerung jener Lande und Güter berechtigt sein solle[2]). Er verordnet sodann, daß alle und jede von seinem Vater sowohl vor seinem Regierungsantritt als auch während der Regierung ererbte, erkaufte, ertauschte oder auf andere Weise erworbene Fürstentümer, Graf- und Herrschaften, auch einzelne Güter und Einkünfte, sowie alles das, was er selbst während seiner Regierung erwerben werde, nie und zu keiner Zeit, auch unter keinerlei Vorwand von ihm und seinen Nachfolgern verkauft, verschenkt oder anderweitig vom königlichen Hause getrennt werden dürfen; vielmehr sollen alle bezeichneten Lande, Güter und Einkünfte sämtlich der Krone und Kur auf ewig einverleibt, der Unterschied von Schatull- und gewöhnlichen Kammergütern gänzlich aufgehoben und diesen neuen Erwerbungen die Natur und Eigenschaft rechter Domanial-, Kammer- und Tafel-Güter samt der denselben in den Rechten anklebenden Unveräußerlichkeit hiermit beigelegt werden; wenn dennoch eine Veräußerung stattfinden sollte, so soll sie null und nichtig, auch der jedesmalige König befugt sein, die Veräußerung zu widerrufen, aufzuheben, und das Veräußerte zurückzunehmen und wieder mit der Krone und Kur zu vereinigen. Dieses Edikt bedeutete zunächst, daß die dauernde Unteilbarkeit der Monarchie und aller ihrer Landesteile durch eine — nach der damaligen zivilistischen Denkweise — „fideikommissarische" Bindung zugunsten des jedesmaligen Thronerben staats- und hausgesetzlich gewährleistet war. Ferner entzog das Edikt sowohl den (hauptsächlich zur Bestreitung der Zivilstaatsverwaltung bestimmten) königlichen Domänenbesitz als auch das speziell der Unterhaltung des Hofes dienende königliche Schatullgut, indem es beide Vermögensbestände unter Beseitigung ihres rechtlichen Unterschiedes für unveräußerlich erklärte, der privatrechtlichen Verfügungsgewalt des

---

[1]) Mylius, C. C. M. 4 2, Nr. 13, Sp. 161. Schulze, Hausgesetze 3 737 ff.

[2]) v. Caemmerer, Die Testamente der Kurf. von Br. 1915, 4* –6*, 436—444.

Landesherrn. Es legte ihnen dadurch einen öffentlich-rechtlichen Charakter bei, der allein ihrer staatlichen Zweckbestimmung vollkommen gerecht werden konnte. Es vollzog damit den endgültigen Bruch mit der mittelalterlichen privatrechtlichen Staatsauffassung und ersetzte diese durch den modernen öffentlich-rechtlichen Staatsgedanken. Die Domänen waren jetzt nicht mehr ererbtes, zwar allgemeinen Zwecken dienendes, aber gleichwohl privatrechtlicher Veräußerung zugängliches Privateigentum des Landesherrn, sondern bildeten einen „unveräußerlichen“ d. h. jeder privatrechtlichen Verfügung des Staatshauptes entzogenen öffentlich-rechtlichen Herrschaftsgegenstand des Staates. Fortan unterhielt nicht mehr der Landesherr den Staat, sondern der Staat aus den Erträgnissen seines eigenen Vermögens sowohl sich selbst als auch den Landesherrn; dieser hatte sich jedoch für seinen persönlichen Bedarf eine jährliche Rente von 52000 Talern vorbehalten [1]).

2. Das im „Domänenedikt“ erkennbare Bestreben einer Zusammenfassung aller staatlichen Machtmittel verwirklichte der König auch dadurch, daß er den Staatsabsolutismus zur höchsten Blüte entfaltete. Die gesamte Staatsgewalt verkörperte sich in der Person des Königs. Er führte ein streng persönliches Regiment in Gesetzgebung, Rechtsprechung und Verwaltung. Er allein erließ alle gesetzgeberischen Anordnungen [2]). In die Rechtsprechung griff er kraft des Aufsichtsrechtes durch sog. „Machtsprüche“ ein [3]). Selbstherrlich schaltete er in der Einrichtung der Behörden und auf den verschiedenen Gebieten der Verwaltung. „Wir sind doch König und Herr und können tun, was wir wollen!“ Der „praktische“ Absolutismus des Großen Kurfürsten war zum „prinzipiellen“ Absolutismus potenziert. Die neue Staatstheorie, welche ein Recht der Stände auf Mitregierung grundsätzlich verwarf, erblickte im Fürsten nicht nur den menschlichen Landesvater, sondern sogar den übermenschlichen Pro-Deus [4]). Der König selbst war davon durchdrungen, daß er kraft göttlicher Anordnung der sichtbare Statthalter Gottes auf Erden sei [5]).

---

[1]) Hierzu besonders v. Rönne-Zorn a. a. O. 1, 19. Abweichend Tümpel, Entstehung des br.-pr. Einheitsstaates, 30—35.

[2]) Die Publikationsform der königlichen Edikte bestimmte die Verordnung vom 24. August 1717. Mylius, C. C. M. 2 1, Nr. 160, Sp. 613. Acta Borussica 2 573.

[3]) Vgl. unten Seite 69 Anm. 2 u 3.

[4]) Hubrich, Zur Entstehung der preußischen Staatseinheit, in Forsch. z. br.-pr. Gesch. 20, 368ff.; Hubrich, Staatsrecht, 22.

[5]) v. Sybel, Über die Entwicklung der absoluten Monarchie in Preußen, 1863, 19.

Mit dieser Herrscherstellung waren ständische Privilegien und ständische Selbstverwaltung unvereinbar. Der Einfluß der Landstände war noch nicht ganz erloschen, beschränkte sich aber auf passiven Widerstand gegen die Reformen des Königs[1]). So vor allem in Ostpreußen[2]). Aber der König brach die zähe Opposition der ostpreußischen Stände gegen seine Steuerreform und ersetzte die ständischen Organe durch königliche Beamte. Als 1716 die ständischen Abgesandten einen Landtag zur Beratung der Steuerfrage begehrten, verweigerte es der König mit dem Bemerken: „Ich ruiniere die Junkers ihre Autorität; ich komme zu meinem Zweck und stabiliere die Souveraineté wie einen rocher von bronce und lasse den Herrn Junkers den Wind von Landtag.“ Und 1721 drohte er: „Ich will Preußen traktieren, als wenn ich es vom Feinde erobert hätte, da keine Verfassuug ist, die soll neu gemacht werden“[3]). Die Durchführung der Steuerreform machte auch anderwärts das ständische Steuerbewilligungsrecht gegenstandslos und lähmte allenthalben die Reste ständischen Einflusses auf die Staatsleitung. Die Stände traten fortan nur noch zusammen, um einem neuen Könige zu huldigen und die rein formelle Bestätigung ihrer inhaltleer gewordenen Vorrechte von ihm entgegenzunehmen Ihre Bedeutung beschränkte sich hinfort auf die unter strenger Staatsaufsicht stehende Mitwirkung bei örtlichen Verwaltungsgeschäften, wie z. B. beim märkischen Kreditwerk. Erhalten blieb dagegen die ständische Gliederung der Gesellschaft in Adlige, Bürger und Bauern. Auf ihr baute sogar der absolute Staat seine eigenen neuen Einrichtungen im Heer- und Finanzwesen auf. Das Ständetum war politisch verdrängt, aber sozial herrschend geblieben.

In den Städten[4]) duldete die Staatsgewalt keine selbständige Ortsverwaltung mehr. Hier lag ein energisches Eingreifen des Staats

---

[1]) Hintze, Die Hohenzollern und ihr Werk, 280f.

[2]) Iwanowius, Die Vernichtung des ständischen Einflusses und die Reorganisation der Verwaltung in Ostpreußen durch F. W. I., in Festschrift der Königsberger Gymnasien zur Jubelfeier der Universität, 1894. Schmoller in Histor. Zeitschrift **30**, 40—71.

[3]) Acta Borussica, **3**, 296.

[4]) Zimmermann, Versuch einer historischen Entwickelung der märkischen Städteverfassungen, **3**, 1840. Schmoller, Das Städtewesen unter F. W. I, in Zeitschr. f. pr. Gesch. **8**, 521—569, **10**, 275—333, 537—589, **11**, 513—582, **12** 353—400, 425—462. Schmoller in Acta Borussica, **1**, Einl. 102—104. Hintze in Acta Bor. **6** 1, 239—256. Gundlach, F. W. I. und die Bestellung der städtischen Beamten, 1906.

schon im eigenen Interesse der städtischen Verwaltung. Diese befand sich zu Anfang des 18. Jahrhunderts auf einem bedenklichen Tiefstande. Die Ratsstühle waren die Domäne weniger Familien, die ein höchst eigennütziges Regiment führten und ihre Macht zur Ausbeutung der übrigen städtischen Bevölkerung mißbrauchten. Nur eine gründliche Reform konnte die Städte vor dem Verfall retten. Zur Untersuchung und Regulierung der städtischen Verwaltungen, besonders des Schuldenwesens, wurden außerordentliche Kommissionen eingesetzt (1713—1725). Über die laufende Verwaltung namentlich der städtischen Finanzen wurde hinfort die schärfste Kontrolle geübt. An die Stelle der selbständigen Verwaltung des Magistrats trat die staatliche Verwaltung des in der Regel für eine Mehrheit von Städten bestellten commissarius loci oder Steuerrates; der Magistrat war nur noch sein ausführendes Organ, so daß seine Mitglieder als mittelbare Staatsbeamte erschienen. Ja es wurden sogar für einzelne Zweige der städtischen Verwaltung besondere, rein staatliche Organe bestellt. Ihre nähere Regelung erfuhr diese staatliche Städteverwaltung durch einzelne Instruktionen, die sog. „ratshäuslichen Reglements".

Auf dem Lande ging die Staatsgewalt nicht so weit. Sie griff hier nicht in die Verwaltung selbst ein, sondern begnügte sich mit der von den Landräten geübten Aufsicht. Ortsobrigkeit blieb die Gutsherrschaft, von der die bäuerliche Bevölkerung vollkommen abhängig (gutsuntertänig) war[1]). Nur gegen dieses Zugeständnis war es gelungen, den Einfluß der Grundherren auf die Leitung des Staates zu verdrängen. Die Leibeigenschaft der Bauern wurde nur auf den königlichen Domänen in Preußen[2]) und Pommern[3]) aufgehoben (1719), ohne daß die adligen Gutsherren diesem Beispiele gefolgt wären[4]) Doch schützte der König den Bauernstand in einer Reihe von Edikten[5]) gegen Aufsaugung und gegen die schlimmsten Übergriffe seitens der Gutsherrschaften. Sie durften die Bauern nicht grundlos vom Gute vertreiben und nicht körperlich mißhandeln (außer in Ostpreußen, weil hier die Bauern zu faul und nichtsnutzig seien)[6]).

---

[1]) Knapp, Die Bauernbefreiung und der Ursprung der Landarbeiter, 1887, 1, 49ff. 81ff. 115ff.; 2, 3ff.

[2]) Grube, C. C. Pruten. 3, Nr. 236. Knapp a. a. O. 2, 3ff.

[3]) Quickmann, Pommersche Ediktensammlung, 1210. Knapp a. a. O. 2, 16ff.

[4]) Knapp a. a. O. 2, 27ff.

[5]) Knapp a. a. O. 33ff.

[6]) Prügelmandat 1738.

3. Durch die Verdrängung des Ständetums aus der Staatsleitung hatte sich der König die Bahn frei gemacht, um ungehindert durch partikularistische und eigennützige Einflüsse jene große Reform der innern Verwaltungsorganisation durchzuführen, welche die Einheit und Größe des preußischen Staates so bedeutend fördern sollte. Die Reform erstreckte sich auf Heerwesen (a) und Finanzwesen (b). Sie war das ureigene, von einer pflichttreuen Beamtenschaft (c) getragene Werk des Königs. Er wär selbst „der Finanzmann und der Feldmarschall des Königs von Preußen".

a) Im Heerwesen[1]) wurden zwei wertvolle Fortschritte erzielt. Der eine, aufs engste mit der Finanzreform zusammenhängend, bestand darin, daß die Unterhaltung des stehenden Heeres[2]) dank der regelmäßigen Staatseinkünfte aus Domänen und Kriegssteuern sich aus diesen bestreiten ließ und nicht mehr auf Anleihen angewiesen war. Infolgedessen konnte der König den Bestand des Heeres selbständig bestimmen. Der zweite Fortschritt war der Übergang vom Werbesystem zum Kantonsystem. Das diese Entwicklung abschließende Kantonreglement von 1733[3]) ging davon aus, daß alle Einwohner des Landes für die Waffen geboren seien, setzte also bereits eine Art allgemeiner Wehrpflicht voraus. Nach dem Kantonsystem wurde das ganze Land in Bezirke (Kantone) eingeteilt, die den einzelnen Regimentern zum „Enrollieren" zugewiesen wurden. Die Kantonpflichtigen wurden nach militärischer Ausbildung vorläufig entlassen (beurlaubt) und konnten bis zum Kriegsfalle wieder ihrem bürgerlichen Beruf nachgehen. Der Kantonpflicht unterlagen grundsätzlich alle tauglichen männlichen Untertanen des Königs, die jungen Leute der Städte und des platten Landes, der gutsherrlichen wie der Amtsdörfer, jedoch mit bemerkenswerten Ausnahmen. Befreit waren „die Söhne der Oberoffiziere und überhaupt der Edelleute, ingleichen die Söhne der Eltern, so zehn Mille Reichstaler im Vermögen haben".

---

[1]) Schmoller, Die Entstehung des preußischen Heeres, in „Umrisse und Untersuchungen", 1898, 247 ff. Lehmann, Werbung, Wehrpflicht und Beurlaubung im Heere F. W. I, in Histor. Zeitschr. 67, 254—289 de Courbière, die br.-pr. Militärverwaltung, im Archiv für Landeskunde 5, 74 ff. Vgl. auch die oben S 34, Anm. 4 angeführten Schriften.

[2]) Vorübergehend wurde eine Art Landsturm gebildet. Schwartz, Organisation und Verpflegung der preuß. Landmilizen im siebenjährigen Kriege, 1888.

[3]) v Ganßauge, Br.-pr. Kriegswesen, 1839, 232 ff Das KR galt zunächst nur für die östlichen, wurde aber schon 1735 auf die westlichen Provinzen ausgedehnt. Scotti, Kleve-Märk. GesSlg: 2, 1159, Nr. 1229.

Befreit waren demgemäß der Adel und das höhere Bürgertum, ersterer wegen seiner anderweitigen Verpflichtung zum ritterlichen Kriegsdienst, (welche aber seit dem Lehensallodifikationsedikt von 1717 [1]) durch Zahlung der „Lehnspferdegelder" abgelöst war), letzteres aus Gründen merkantilistischer Wirtschaftspolitik, d. h. um Kapitalisten ins Land zu ziehen. Der Adel trat jedoch freiwillig in das Heer ein, indem er die Offiziersstellen übernahm. Die vom Könige ernannten Offiziere bildeten einen privilegierten Ehrenstand. Sie unterschieden sich scharf von den Gemeinen. Nur für Unteroffiziere und Gemeine galten die sehr strengen Kriegsartikel von 1713. Für die Offiziere erging 1726 ein besonderes Dienstreglement. Die oberste militärische Formation bildete das Regiment. Es unterstand direkt dem König. Es war eine geschlossene Organisation mit eigener militärischer, bürgerlicher und kirchlicher Verwaltung und eigener Justiz. Das wohlgeschulte und streng disziplinierte Heer zählte zu Anfang etwa 40000, zu Ende der Regierung des Königs über 80000 Mann. Außerdem hinterließ der König für die Mobilmachung des Heeres und andere außerordentliche Zwecke einen Staats- und Kriegsschatz von zehn Millionen Talern.

b) Die Reform des Finanzwesens [2]) erstrebte zunächst die bessere Auswertung der vorhandenen Finanzquellen, nämlich der Einkünfte aus Domänen und Steuern. Die Domänen, seit 1713 unveräußerliches Staatseigentum, wurden seit 1727 nicht mehr an Einzelpächter, sondern nach ganzen Ämtern an Generalpächter ausgegeben, welche die Bezeichnung „Beamte" oder „Amtmänner" führten. Die (wichtigere) Reform des Steuerwesens bestand in der steuerlichen Heranziehung des Adels, der Ausdehnung der Akzise (indirekten Steuer) in den Städten, der Verbesserung der Kontribution (direkten Steuer) auf dem Lande. Die bisherige Steuerfreiheit der Rittergutsbesitzer beruhte auf ihrer ehemaligen Verpflichtung zum ritterlichen Kriegsdienst. Da jedoch von diesem kein Gebrauch mehr gemacht wurde, war die Aufhebung dieser Steuerfreiheit ein Erfordernis der Gerechtigkeit. Sie erfolgte in Verbindung mit der Aufhebung des Lehensverbandes durch das „Lehensallodifikationsedikt" von 1717 [3]). In diesem Edikt ver-

---

[1]) Mylius, C. C. M. 2 5, Sp. 81, Nr. 59. Acta Borussica 2, 466ff.

[2]) Riedel, Der br.-pr. Staatshaushalt in den beiden letzten Jahrhunderten, 1866, 54—72. Schmoller, Die Epochen der preuß. Finanzpolitik, in „Umrisse und Untersuchungen," 1898, 150ff.

[3]) Mylius, C. C. M. 2 5, Sp. 81, Nr. 59. Acta Borussica 2, 466ff. Loewe in Forsch. z. br.-pr. Gesch. 11, 341—374.

zichtete der König auf sein Obereigentum an den (hierdurch freies Eigentum werdenden) Rittergütern und auf die ritterlichen Kriegsdienste (Lehenpferde) gegen Entrichtung einer jährlichen Abgabe, der sog. Lehenpferdegelder. Waren diese auch recht geringfügig (in der Kurmark 40 Taler für das Lehenpferd), so stellten sie doch eine feste Jahressteuer der adligen Ritterschaft dar. Die staatliche Akzise wurde (seit 1714) auch in den westlichen Städten eingeführt. In denselben Jahren wurde die ungerecht verteilte Kontribution des flachen Landes durch eine allenthalben durch besondere Kommissionen neu veranlagte, namentlich den Ertrag der Wirtschaften berücksichtigende und überall nach festen Sätzen bestimmte Kontribution ersetzt[1]).

Die Reform des Finanzwesens bestand weiterhin in der Schaffung eines modernen Finanzbehördensystems. Es gab im Staate zwei Gruppen von Finanzbehörden, einerseits die Amtskammern und das Generalfinanzdirektorium (1713) zur Verwaltung der Domänengefälle, d. h. der in die Domänenkasse fließenden Einkünfte aus Domänen, Forsten, Regalien und Zöllen, andrerseits die Kriegskommissariate und das Generalkriegskommissariat (1712) zur Verwaltung — abgesehen von den Militär- und Polizeisachen — der Kriegsgefälle, d. h. der in die Kriegskasse fließenden ständisch bewilligten Steuern (direkten Kontribution und indirekten Akzise). Amtskammern und Kommissariate[2]) bestanden jetzt gleichmäßig in allen Provinzen. Aber ihr Geschäftsbereich war nicht fest abgegrenzt[3]). Zahlreiche, schwerwiegende Kompetenzkonflikte[4]) waren die Folge. Es kam sogar zu Prozessen zwischen beiderlei Behörden. Der König beendete diese Streitigkeiten nach langen

---

[1]) Zakrzewski, Die wichtigeren preußischen Reformen der direkten ländlichen Steuern im 18. Jahrh., 1887.

[2]) Im Jahre 1723 wurde auch für die Kurmark, wo bisher das Generalkriegskommissariat diese Geschäfte mit wahrgenommen hatte, ein besonderes Provinzialkommissariat errichtet. Rödenbeck, Beiträge zu Erläuterungen der Lebensbeschreibungen Fr. W. I. und Fr. d. Gr., 1836, 1 28. In Magdeburg wurde 1713 ein Kommissariat an Stelle des Obersteuerdirektoriums begründet. Acta Borussica 1, 474.

[3]) Eine kasuistische Abgrenzung der Kompetenz zwischen diesen Verwaltungsbehörden und den Gerichten erfolgte durch die Verordnungen von 1713 und 1715. Mylius, C. C. M. 2 1, Sp. 517, 563, Nr. 131, 139. Acta Borussica 1, 515 (525); 2, 226.

[4]) Über den wesentlichen Gegensatz zwischen beiden Behördengruppen und die tiefere Ursache ihrer Streitigkeiten vgl. Hintze in Acta Bor. 6 1, 149, und die Notiz von Hintze in den Forsch. z. br.-pr. Geschichte 18, 300, gegen Bornhak, Staats- und Rechtsgeschichte, 172f. (ebenso Staatsrecht² 1, 26).

Erwägungen schließlich sehr einfach durch Verschmelzung beider Behördengruppen.

Er kassierte (1723) das Generalfinanzdirektorium und das Generalkriegskommissariat und schuf aus den Mitgliedern beider Behörden als einheitliche oberste Aufsichts- und Verwaltungsbehörde für die gesamten inneren, insbesondere Finanzangelegenheiten der Monarchie das „General-Ober-Finanz-, Krieges- und Domänen-Direktorium“, kurz Generaldirektorium genannt[1]). Das Präsidium übernahm der König selbst. An die Spitze jedes der vier Departements sowie der Justizsachen bei allen vier Departements trat ein „geheimer dirigierender Staats- und Kriegsminister“. Auf die vier Departements waren die Geschäfte nach Landesteilen verteilt, doch hatte jedes Departement außerdem gewisse sachlich abgegrenzte Geschäfte zu bearbeiten. Infolge der Errichtung des Generaldirektoriums löste sich der Geheime Rat allmählich auf.

Ebenso wurde (1723) in der Provinzialinstanz die Verschmelzung beider Finanzbehörden vollzogen. Aus der Vereinigung der Amtskammern mit den Kriegskommissariaten gingen die Kriegs- und Domänenkammern[2]) für die gesamte Finanz- und innere Verwaltung nebst der zugehörigen Gerichtsbarkeit hervor. An der Spitze der Kammer stand ein Präsident. Jede Kammer hatte ihre besondere Geschäftsinstruktion[3]).

Den Schlußstein der Finanzreform bildete die Generalrechenkammer (1714)[4]). Als selbständige, dem Könige unmittelbar[5]) unterstehende Kollegialbehörde hatte sie eine genaue Kontrolle über alle Einnahmen und Ausgaben des Staates auszuüben, insbesondere alle Provinzial- und Hauptrechnungen sowie die Einhaltung der Finanz- und Verwaltungsgrundsätze durch die Behörden zu prüfen. Sie wurde

---

[1]) Hintze in Acta Borussica 6 1, 147—182 v. Meier(-Thimme), Die Reform der Verwaltungsorganisation unter Stein und Hardenberg, 2. Aufl., 1912, 10ff., 420f. Stolze in Schmoller Festschrift 1908, 49—64. Stolze in Forsch. z. br.-pr. Gesch. 21, 225ff. Geschäftsanweisung von 1722 (Acta Bor. 3, 575ff.), Kab.-Order und Notifikationspatent von 1723 (Acta Bor 3, 658ff) Literaturangaben bei Schmoller in Acta Borussica, 3, 532ff, bes 537 in der Anm.

[2]) Rödenbeck, Beiträge zu F. W. I. und Fr. d. Gr. 1836, 1, 82. v. Meier-Thimme, Die Reform der Verw.Org. unter Stein und Hardenberg² 1912, 26ff.

[3]) Instruktion der kurmärkischen KrDK. bei Rödenbeck a. a. O. 31ff

[4]) Acta Borussica 2, 57. Hertel, Gesch. der preuß. Oberrechnungskammer, 1884. v. Dinfurth, Zur Geschichte der kgl preuß. Oberrechnungskammer, 1909.

[5]) Deklaration von 1717. Isaacsohn, Beamtentum 3 1884, 110².

jedoch nach Errichtung des Generaldirektoriums (1723), das die oberste Finanzaufsicht selbst übernahm, diesem als „Ober-Kriegs- und Domänen-Rechenkammer“ untergeordnet und ihre Tätigkeit auf eine bloß kalkulatorische Prüfung der Domänen- und Kommissariatsrechnungen beschränkt[1]).

Der König war endlich der Schöpfer des preußischen Staatshaushaltswesens. Die zunächst von den Provinzialbehörden, sodann von der Zentralverwaltung aufgestellten Etatsentwürfe wurden in der Form eines Generalkriegsetats und eines Generaldomänenetats vom Könige vollzogen. Dieser Haushaltsplan war für die Behörden unbedingt maßgebend und bildete die Grundlage der Rechnungskontrolle, trug aber noch keinen Gesetzescharakter.

c) Die beseelende und erhaltende Kraft der Neuschöpfungen des Königs war das gleichzeitig von ihm ins Leben gerufene berufsmäßige Beamtentum[2]). Seine Rechtsverhältnisse waren durch keine allgemeine Dienstpragmatik geordnet, entwickelten sich vielmehr aus den den einzelnen Beamten bei der Anstellung vom Könige erteilten Instruktionen. Auf diese Weise entstand allmählich eine Reihe fester beamtenrechtlicher Normen. Viele Beamte gingen als Zivilanwärter aus dem Soldatenstande hervor. Die Bewerber um diplomatische, höhere Verwaltungs- und Richterstellen mußten eine besondere Qualifikation nachweisen. Bei allen Beamten wurde auf praktische Vorbildung gesehen. Ein bedenklicher Mißstand war die Vergebung von Anwartschaften, Ämtern und Titeln gegen Zahlungen an die Rekrutenkasse. Die Anstellung erfolgte durch den König. Den zahlreichen, schweren Pflichten der Beamten entsprachen die geringfügigen Rechte und das meist recht kärgliche Gehalt keineswegs. Die Beamten unterlagen einer strengen Überwachung und einer scharfen Disziplin. Sie konnten jederzeit ohne weiteres entlassen werden. Gleichwohl zeichnete sich das Beamtentum durch gewissenhafte und eifrige Pflichterfüllung aus. Es bildete einen Berufsstand im Staate, der als neue herrschende Klasse das Ständetum ablöste und neben dem Heere der andere Grundpfeiler der großen Entwicklung Preußens geworden und geblieben ist[3]). —

---

[1]) Acta Borussica 4 1, 28ff.

[2]) Schmoller in Preuß. Jahrbücher **26**, 148—172, 253—270, 538—555. Schmoller, Der deutsche Beamtenstaat vom 16.—18. Jahrh., in „Umrisse und Untersuchungen“, 1898, 289ff. Isaacsohn, Beamtentum, **3**, 181—203. Kamp in Forsch. z. br.-pr. Gesch. **30**, 31—53.

[3]) So v. Roenne-Zorn, Staatsrecht[5] **1** 20.

In der Instruktion für das Generaldirektorium von 1722[1]), der „Verfassungsurkunde des absoluten Beamtenstaates“[2]), hatte Friedrich Wilhelm I. als Endzweck seiner staatlichen Tätigkeit die Befestigung der königlichen Krone und Armee bezeichnet. Dieses Ziel stets vor Augen, hat dieser König die Staatseinheit gefördert wie keiner zuvor. Durch ihn hat der preußische Staat das scharfe und harte Gepräge empfangen, das ihm bis zuletzt eigentümlich geblieben ist, den Charakter des Militär- und Beamtenstaates.

II. In der Instruktion für seinen Nachfolger (1722)[3]) kennzeichnete König Friedrich Wilhelm I. dessen Aufgabe mit den Worten: „An Euch, mein lieber Successor, ist, was Eure Vorfahren angefangen, zu suttenieren und Eure Pretensionen und Länder darbeischaffen, die unserm Hause von Gott und Rechts wegen zugehören.“ Diesen Fingerzeig des Königs hat sein großer Sohn in vollem Umfange erfüllt. **Friedrich II., der Große** (1740—1786)[4]), hat die vom Vater geschaffenen militärischen und finanziellen Grundlagen erhalten und daraufhin vermöge seiner glänzenden staatsmännischen Begabung und seines genialen Feldherrntalents wertvolle neue Besitzungen erworben und Preußen zur europäischen Großmacht erhoben.

1. Das **Gebiet** des preußischen Staates **vergrößerte** der König um Schlesien, Westpreußen und Ostfriesland.

Als mit dem Tode Kaiser Karls VI. (1740) das Habsburgische Haus im Mannesstamme ausgestorben war, verlangte Friedrich auf Grund[5]) der zwischen Kurfürst Joachim II. und dem Herzoge Friedrich von Liegnitz, Brieg und Wohlau geschlossenen Erbverbrüderung (1537)[6])

[1]) Acta Borussica, 3, 575.

[2]) Bornhak, Staatsrecht 1, 28.

[3]) Acta Borussica, 3, 441 ff. (461). Schmoller in Deutsche Zeitschr. für Gesch.-Wiss., N. F. 1, 48—69.

[4]) Die Werke Friedrichs des Großen in deutscher Übersetzung, hgg. von Volz, 10 Bände, 1913/14 (bes. 2: Geschichte meiner Zeit, 1913), nebst Anhang: Briefe Friedrichs des Großen, hgg. von Hein, 2 Bände, 1914. Politische Korrespondenz Friedrichs des Großen, bis jetzt 36 Bände, 1879—1914. Koser, Geschichte Friedrichs des Großen, 4 Bände, 4—5. Aufl., 1912/14. Koser-Krauske, Preußische Staatsschriften aus der Regierungszeit König Fr. II., 3 Bände, 1877—1892. Preuß, Friedrich d. Gr., eine Lebensgeschichte, 4 Bände, nebst 5 Bänden Urkunden, 1832/34 v. Jasmund, Art. Friedrich d. Gr. in Bluntschli-Braters Deutschem Staatswörterbuch 3 1858, 780—830. Hintze, Die Hohenzollern und ihr Werk, 321—401.

[5]) Die Denkschriften über die Berechtigung der preuß. Ansprüche bei Koser, Preuß. Staatsschriften, 1, 1877, 41 ff.

[6]) Siehe oben S. 18

von Maria Theresia die Abtretung der darin bezeichneten Länder. Als er sein Ziel auf diplomatischem Wege nicht erreichen konnte, besetzte er in schnellem Siegeszuge Schlesien[1]). Im Vertrage zu Nymphenburg (1741) sicherte er sich das Einverständnis von Frankreich, Spanien, Sachsen und Bayern mit der Einverleibung Schlesiens. In dem Vorfrieden zu Breslau (1742) und dem endgültigen Frieden zu Berlin (1742) trat Maria Theresia Ober- und Niederschlesien nebst dem Lande Katscher und der Grafschaft Glatz[2]) als souveränes Herzogtum (nicht als Reichslehen) an Preußen ab; sie verzichtete außerdem auf alle Lehensrechte, welche Böhmen noch über eine Reihe zu Preußen gehöriger schlesisch-lausitzischer Gebiete[3]) besaß. Diese Bestimmungen fanden ihre volle Bestätigung nach dem Zweiten Schlesischen Kriege (1744/45) durch den Frieden zu Dresden (1745) und nach dem Siebenjährigen Kriege[4]) (1756—1763) durch den Frieden zu Hubertusburg (1763). Preußen hatte damit nicht nur die schlesischen Gebietsteile, auf die es Anspruch erhoben, sondern fast das ganze Herzogtum Schlesien, und zwar mit voller Unabhängigkeit von der Krone Böhmen gewonnen. Fortan nannte sich Friedrich „souveräner und oberster Herzog in Schlesien“.

Die unhaltbaren inneren Zustände des sich auflösenden polnischen Staatswesens[5]) ließen 1772 ein Einschreiten der gefährdeten Nachbarstaaten Preußen, Rußland und Österreich gerechtfertigt erscheinen. In der ersten polnischen „Teilung“ (1772)[6]) erhielt Preußen Westpreußen mit Ermland, Kulmerland und Elbing, ohne Danzig und Thorn, ferner Größpolen bis zur Netze. Ermland wurde mit Ostpreußen ver-

[1]) Wuttke, König Friedrichs d. Gr. Besitzergreifung von Schlesien, 2 Bände, 1842/43. Grünhagen, Geschichte des ersten Schlesischen Krieges, 2 Bände, 1881. Grünhagen, Schlesien unter Fr. d. Gr., 2 Bände, 1890/92. Hintze in Acta Borussica, Beh.-Org., 6 1, 493—556.

[2]) Ausgenommen Troppau, Teschen und das Gebiet jenseits der Oppa.

[3]) Krossen, Züllichau, Sommerfeld, Zossen, Cottbus, Peitz usw.

[4]) Friedrich der Große, Geschichte des Siebenjährigen Krieges, in „Werke Friedrichs d. Gr“ 3—4 1913. Schäfer, Geschichte des Siebenj. Krieges, 2 Bände, 1867—1874. Volz-Küntzel, Preuß. und österr. Akten zur Vorgeschichte des Siebenj. Krieges, 1899.

[5]) Caro, Art. Polen in Rotteck-Welkers Staatslexikon, 3. Aufl. Hüppe, Verfassung der Republik Polen, 1867. Kutrzeba-Christiani, Grundriß der polnischen Verfassungsgeschichte[3], Übersetzung, 1912.

[6]) Beer, Die erste Teilung Polens, 2 Bände u. Urk.-Bd., 1873. Volz in Forsch. zur br.-pr. Gesch. 18, 151—201; 23, 71—143. Duncker in Zeitschr. f. pr. Gesch. 9, 485 ff.

einigt, aus den übrigen Erwerbungen sowie Lauenburg, Bütow und dem (ostpreußischen) Kreise Marienwerder die Provinz Westpreußen gebildet. Fortan nannte sich Friedrich König von Preußen.

Das Fürstentum Ostfriesland[1]) nahm der König 1744 auf Grund der (1694) dem Kurhause Brandenburg von Kaiser Leopold I. verliehenen Anwartschaft nach dem Aussterben des einheimischen Fürstenhauses in Besitz[2]).

Die mit den fränkischen Markgrafen zu Bayreuth und Ansbach 1752 abgeschlossenen Erbverträge (das sog. pactum Fridericianum)[3]) bestätigten der königlichen Linie den ihr nach der Dispositio Achillea zustehenden Heimfall dieser Länder für den Fall des Erlöschens des Mannesstammes der fränkischen Linie[4]).

Die Vereinigung der neuen Gebiete mit dem Stammland[5]) wurde verschieden geregelt. Schlesien[6]) wurde nicht dem Generaldirektorium unterstellt, sondern in seiner obersten Verwaltung selbständig organisiert. Westpreußen[7]) unterstand erst unmittelbar dem Könige, später dem Generaldirektorium. Ostfriesland behielt seine verfassungsrechtliche Selbständigkeit, insbesondere — als einziger Landesteil -- seine ständische Verfassung[8]). Durch die Sonderstellung Schlesiens und Ostfrieslands erlitt jedoch die Staatseinheit keine Beeinträchtigung; denn die weitere Verwaltungsorganisation, vor allem die Kreisverfassung wurde überall ziemlich gleichmäßig nach dem altländischen Muster durchgeführt.

2. Der Staatsabsolutismus[9]) erreichte seinen Höhepunkt.

---

[1]) Wiarda, Ostfriesische Geschichte, 10 Teile, 1791—1817, bes 8, 1ff. Hintze in Acta Borussica, 6 1, 557—614.

[2]) Acta Borussica 6 2, 746ff.

[3]) Schulze, Hausgesetze 3, 740ff., Nr. XV. Ältere Literatur bei Schulze, Staatsrecht[2] 1, 78[1].

[4]) Die Länder der 1769 mit dem Tode Friedrich Christians aussterbenden Bayreuther Linie fielen zunächst an die Ansbacher Linie.

[5]) Isaacsohn, Beamtentum, 3, 206—236. Bornhak, Staats- und Rechtsgesch., 196ff. Tümpel, Entstehung des br.-pr. Einheitsstaates, 169—183.

[6]) Quellen bei Korn, Schlesische Edikten-Sammlung, 1741ff. Grünhagen, Schlesien unter Friedrich d. Gr., 2, 1892. Ziekursch, Beiträge zur Charakteristik der preußischen Verwaltungsbeamten in Schlesien bis zum Untergange des friderizianischen Staates, 1907. Kutzner, Das Landratsamt in Schlesien 1740—1806, Bresl. Diss. 1911.

[7]) Bär, Westpreußen unter Friedrich d. Gr., 1909. Bär, Die Behördenverfassung in Westpreußen seit der Ordenszeit, 1912.

[8]) Vertrag von 1744. Wiarda, Ostfriesische Geschichte 8, 203ff.

[9]) Koser in Histor. Zeitschrift 61, 247ff., bes. 277—285. Hubrich in Forsch. zur br.-pr. Gesch. 20, 373ff. Ders., Staatsrecht, 27ff.

Der König erließ in souveräner Entschließung allein alle gesetzlichen Bestimmungen[1]). In seiner Hand liefen alle Fäden der Verwaltung zusammen. Ja er griff sogar in die Justiz ein und fällte in Ausübung der „Kabinettsjustiz" bisweilen selbst durch „Machtspruch" das Urteil[2]), obwohl er sich anderseits wiederholt zum Grundsatze der Unabhängigkeit des Richterstandes von jedem fremden Einfluß, auch dem Willen des Königs, bekannte. „Ich habe mich entschlossen, niemals in den Lauf des gerichtlichen Verfahrens einzugreifen; denn in den Gerichtshöfen sollen die Gesetze sprechen und der Herrscher soll schweigen"[3]). In der theoretischen Begründung erfährt der Absolutismus eine große Wandlung. Friedrich vertritt nicht mehr den auf göttlichem Willen beruhenden „prinzipiellen" Absolutismus, wie sein Vater, sondern leitet die Epoche des „aufgeklärten" Absolutismus ein. Er führt unter dem Einfluß der naturrechtlichen Lehre vom bürgerlichen Vertrage seine monarchische Gewalt auf die (freilich unwiderrufliche) Berufung durch den Willen des Volkes zurück. Das Volk hat ihn eingesetzt, damit er der Gesamtheit als premier ministre de la société, als erster Diener des Staates[4]) Dienste leiste. Es gibt noch etwas Höheres als den König, nämlich die Staatspersönlichkeit. Der König ist nur ein Organ im Staat, er ist das Haupt des Staatskörpers.

Das Ständewesen spielte für das Staatsganze garkeine Rolle mehr. Von den Landesteilen bildete nur Ostfriesland ein ständisches Staatswesen im kleinen. In Schlesien wurden die Stände ausdrücklich aufgehoben. In den Stammlanden blieb ihr Einfluß beseitigt und Friedrich dachte nicht daran, ihn wieder zu beleben. Ander-

---

[1]) Hubrich im Verwaltungsarchiv **16**, 421—440. Nur holte er vor Erlaß gesetzlicher Verordnungen das Gutachten der 1781 errichteten (N. C. C. 1781, Nr. 26, Sp. 337) Gesetzkommission ein.

[2]) Vgl. den berühmten Müller Arnoldschen Prozeß, in den der König dadurch eingriff, daß er die Richter, welche die Klage des Müllers gegen seinen Gutsherrn abgewiesen hatten, kraft seiner oberstrichterlichen Gewalt absetzte und zur Entschädigung des Müllers verurteilte, und zwar unter Aufhebung des von ihnen erlassenen Urteils. Dickel, Friedrich d. Gr. und die Prozesse des Müllers Arnold, 1891. Breßlau-Isaacsohn, Der Fall zweier preuß Minister, 1878. Stölzel, Fünfzehn Vorträge, 1889, 157ff., 170ff. Holtze, Geschichte des Kammergerichts 3, 1901, 296ff, 373ff.

[3]) Politisches Testament 1752. Acta Borussica **9**, 330. Werke Friedrichs d. Gr. **7**, 118. Vgl. auch Stölzel, Rechtsverwaltung, **2**, 212ff., 249ff., 275ff.

[4]) Nicht „Staatsdiener". Dies übersieht Schulze, Staatsrecht[2] 1 152

seits vermied er eine Aufhebung der noch bestehenden ständischen Einrichtungen[1]). Er erstrebte und erzielte den organischen Ausgleich der ständischen Elemente mit der neuen Staatsordnung, er söhnte das Ständetum mit dem Absolutismus aus und gliederte es dem staatlichen Verwaltungsorganismus ein. Hierdurch verwirklichte auch Preußen das System des sog. ancien régime.

Fester denn je wurzelte die ständische Gliederung der Gesellschaft. Die drei Stände — Adel, Bürger, Bauern — waren gegeneinander vollkommen abgeschlossen. Der Adel als erster Stand im Staate war grundsätzlich allein befugt zum Besitz der privilegierten, geradezu Staaten im Staate darstellenden Rittergüter[2]). Er stellte die Offiziere und die höchsten Beamten. Er durfte grundsätzlich kein bürgerliches Gewerbe treiben und keine Bauerngüter erwerben. Den Bürgern und Bauern wurde der Staat immer mehr entfremdet. Die Bürger bildeten ebenfalls einen geschlossenen, auf die Städte beschränkten Stand. Der Bauernstand[3]) befand sich längst in persönlicher und dinglicher Abhängigkeit vom Großgrundbesitz, genoß aber aus steuerlichen Gründen sorgsamen staatlichen Schutz gegen Unterdrückung und Ausbeutung[4]). Diese Abgeschlossenheit der drei Stände bildete die Grundlage namentlich der Heeres- und Finanzverfassung.

3. In der Verwaltungsorganisation blieb die Schöpfung Friedrich Wilhelms I. überall grundsätzlich bestehen. So zunächst die Heeresverfassung[5]). Das Heer nahm an Zahl außerordentlich zu (zuletzt 200 000 Mann), an Qualität erheblich ab. Die Wehrpflicht erlitt weitere Durchbrechungen. Befreit von der Kantonpflicht wurden nicht nur neue Personengruppen, sondern geschlossene Erwerbs-, Berufs-

---

[1]) So des märkischen Kreditwerkes, über das ein königlicher Landschaftsdirektor die Aufsicht führte.

[2]) Zum Ausgleich der daher geminderten Verkäuflichkeit der Rittergüter wurden in einzelnen Provinzen landschaftliche Kreditsysteme ins Leben gerufen (Generallandschaftsdirektionen, Ritterschaftsdirektionen, Fürstentumskollegien). Mauer, Das landschaftliche Kreditwesen Preußens, 1907.

[3]) Grundlegend Knapp, Die Bauern-Befreiung und der Ursprung der Landarbeiter in den älteren Teilen Preußens, 1887, **1**, 49ff.; 2, 54, 144. Knapp, Die Landarbeiter in Knechtschaft und Freiheit, 1891. Hintze in Forsch. zur br.-pr. Gesch. **10**, 275—309. Eingehende Literaturangaben bei v. Meier-Thimme, 442f.[70]

[4]) Knapp a. a. O. 2 63ff.

[5]) Herzog August Wilhelm, Versuch und Auszug einer Geschichte der br.-pr. Armee, hgg. von Droysen in Märk. Forsch. **19**, 1—292. v. Courbière a. a. O.

und Bevölkerungsklassen, einzelne Konfessionen, ganze Bauerschaften, Städte und Kreise, ja sogar Landesteile[1]). Die minderwertigen Elemente und der Bestand an Söldnern wuchsen; der Soldatenstand geriet in Mißachtung; schließlich verwendete man die Einstellung in das Heer gar als Strafmittel. Das allein das Heer zusammenhaltende feste Band bildete das vortreffliche adlige Offizierkorps.

Auch die Finanzverfassung[2]) blieb im allgemeinen unverändert bis auf einzelne, nicht durchweg glückliche Neuerungen. Dahin gehört die vorübergehende Verschlechterung der Gold- und Silbermünzen[3]) während des Siebenjährigen Krieges, die Verpachtung der Zölle und indirekten Steuern[4]) an französische Unternehmer (sog. Regie) und die ausgedehnte Monopolwirtschaft. Die so erzielten Mehreinnahmen flossen in die königliche Dispositionskasse, deren Kontrolle (ebenso die einer Anzahl anderer Kassen) der „Oberrechenkammer" entzogen war. Eine Übersicht über den ganzen Staatshaushalt besaß demgemäß nur noch der König.

Auch an der Behördenorganisation[5]) wurde nicht viel geändert. Die im Generaldirektorium verkörperte Einheit der Staatsverwaltung lockerte sich infolge der besonderen obersten Verwaltungsorganisation von Schlesien und Ostfriesland, durch die Bildung neuer Realdepartements, die zu den vorhandenen geographischen Departements hinzutraten, durch die Entwicklung der Departements zu selbständigen Zentralbehörden, endlich durch Errichtung besonderer Zentralstellen für einzelne Verwaltungszweige. Das Generaldirektorium trat nur noch selten zu kollegialer Beratung zusammen. Der Geheime Staatsrat hielt keine gemeinsamen Sitzungen mehr ab. Der König verkehrte mit den Zentralbehörden nur schriftlich durch Vermittlung seines Kabinetts.

4. Ein besonderes Verdienst hat sich Friedrich II. um die Förderung des preußischen Justizwesens erworben[6]). Zunächst sicherte er

[1]) So Kleve, Mörs, Ostfriesland.

[2]) Riedel, Der br.-pr. Staatshaushalt, 1866, 72—135. Koser in Forsch. zur br.-pr. Gesch. **4**, 529—551, **13**, 153—217, 329—375, **16**, 445—476.

[3]) v. Schrötter in Forsch. zur br.-pr. Gesch. 22, 135—142. Schmoller-v. Schrötter, Das preuß. Münzwesen im 18. Jahrh. (Acta Borussica), 2 1908, **3** 1910, **4** 1913.

[4]) Von 1766—1786. Schultze, Gesch. der preuß. Regieverwaltung von 1766—1786, **1**, 1888. Ders. in Forsch. zur br.-pr. Gesch. **5**, 191—202. Hintze in Histor. Zeitschr. **76**, 437[8].

[5]) Tümpel, Entstehung des br.-pr. Einheitsstaates, 159—169.

[6]) Trendelenburg, Friedrich d. Gr. und sein Großkanzler Samuel von Cocceji, 1863. Stölzel, Karl Gottlieb Svarez, 1885. Stölzel, Rechtsverwaltung, 2,

sich die Unabhängigkeit der preußischen Rechtspflege von der in Verfall geratenen des Reiches. Er erhielt 1750 (datiert 1746) für die noch der höchsten Gerichtsbarkeit des Reiches unterstehenden reichsländischen Besitzungen vom Kaiser ein allgemeines und unbeschränktes privilegium de non appellando[1]). Diese Errungenschaft war für die Vollendung der Staatseinheit von hervorragender Bedeutung und ebnete der Justizreform des Königs den Weg. Ihre Grundgedanken waren: Vereinfachung der Gerichtsverfassung, Abkürzung des Prozeßverfahrens, Vereinheitlichung des materiellen Rechtes. Zu diesem Zwecke erfolgte zunächst eine gründliche Revision aller Gerichte, die Vereinigung der Berliner obersten Gerichte zu dem neuen Kammergericht und dem (die Realunion der Landesteile auch in der Justiz verkörpernden) Tribunal[2]), sowie die Zusammenfassung der zweitinstanzlichen Gerichtsbarkeit in den Landesjustizkollegien oder Regierungen. Sodann wurde eine umfassende Reform des formellen und materiellen Rechts in die Wege geleitet. Die zunächst verkündete neue Prozeßordnung von 1748 (Projekt eines Codicis Fridericiani Marchici, später Codex Fridericianus genannt) stellte weniger eine sachliche als eine Personalreform dar, trug den Charakter einer Dienstpragmatik. Einen großen Fortschritt bedeutete dagegen die den gemeinen Prozeß beseitigende Prozeßordnung des Jahres 1781 (Corpus Juris Fridericianum, Erstes Buch: Von der Prozeßordnung), der Vorläufer der „Allgemeinen Gerichtsordnung" von 1793/95[3]). Eine epochemachende Änderung des Strafverfahrens war die vom König gleich nach Regierungsantritt (1740) verordnete Abschaffung der Tortur[4]). Nicht zum Abschluß gelangt, aber ganz das Verdienst Friedrichs ist die Reform des materiellen Rechts. Das 1749 und 1751 veröffentlichte neue Gesetzbuch (Projekt des Corporis Juris Fridericiani) kam nur teilweise in einzelnen Provinzen zur Anwendung.

141—309. Kamptz, Jahrb. f. d. preuß. Gesetzgebung, **59** 1842, 67ff. Bornhak, Staats- und Rechtsgeschichte, 1903, 236—283. Neufeld, Die Fridericianische Justizreform bis zum Jahre 1780, 1910. Grabinski, Die Cocceiische Justizreform 1746 bis 1748, Bresl. Diss. 1912. Springer, Die Coccejische Justizreform, 1914, 74ff

[1]) N. C. C. **1** 1751, Nr. 90, Sp. 163 Förstemann, Zur Geschichte der preußischen Monarchie, 1867, 20ff. Perels in Sitz.-Ber. der preuß. Akademie der Wissenschaften, 1907, 852—858. Perels, Die allgemeinen Appellationsprivilegien für Br.-Pr., 1908.

[2]) Die Vereinigung geschah in den Jahren 1748 (Mylius, C. C. M. cont. **4**, Nr. 20, Sp. 55), 1749 (das. Nr. 90, Sp. 202) und 1750 (N. C. C. 1765, Nr. 42, Sp. 1263).

[3]) Hinrichs in Preuß. Jahrb. **19**, 295ff.

[4]) Acta Borussica **6** 2, 8. Koser in Forsch. zur br.-pr Gesch. **6**, 575—581.

Eine Kabinettsorder von 1780 gab den Anstoß zu neuen Arbeiten, als deren Ergebnis 1784—1788 ein erster Entwurf veröffentlicht wurde[1]). Aus diesem Entwurf ist nach dem Tode des Königs das „Allgemeine Landrecht für die Preußischen Staaten" (1794) hervorgegangen, ein Werk, das durchaus als die geistige Schöpfung Friedrichs des Großen zu betrachten und an späterer Stelle zu würdigen ist.

Hatte Friedrich der Große die absolute Monarchie zur höchsten Blüte entfaltet und Preußen zu einem Muster dieser Regierungsform erhoben, so fehlte seiner Schöpfung doch die feste Verankerung in der Nation, wie sie nur durch eine aktive Anteilnahme des Volkes am Staatsleben, durch einen „Organismus lebendig ineinander wirkender Glieder" gewährleistet werden konnte. Alle staatlichen Funktionen wurden ausschließlich vom Staatshaupte selbst ausgeübt. „Die Staatsmaschine leistete das Höchste, solange der große Werkmeister das künstliche Räderwerk in Ordnung und alle Fäden in seiner Hand hielt." Fehlte diesem Mechanismus aber einmal der führende Arm eines starken Königs, so mußte er versagen[2]).

III. Friedrich der Große hinterließ keine direkten Nachkommen. Den Thron übernahm sein Neffe als König Friedrich Wilhelm II. (1786—1797)[3]). Die Erfolge seiner Regierungszeit sind keine eigenen, sondern nachwirkende Verdienste des großen Vorgängers. So die außerordentliche Vergrößerung des Staatsgebietes und der Abschluß der Justizreform.

1. Die Vereinigung der fränkischen Fürstentümer Ansbach-Bayreuth[4]) mit dem Königreich zufolge des „pactum Fridericianum" (1752) erfolgte 1791. Der letzte, kinderlose Markgraf Karl Alexander († 1806) trat die in seiner Hand vereinigten Fürstentümer gegen eine jährliche Rente an Preußen ab[5]). Ausgedehnte neue Gebiete im Osten

---

[1]) Zu diesem Entw., der infolge der kasuistischen Methode recht umfangreich war, bemerkte der König: „Er ist aber sehr dicke; und Gesetze müssen kurz und nicht weitläufig sein."

[2]) Schulze, Staatsrecht, 1, 76f. Vgl. auch Droysen, Politik, 4 3, 428.

[3]) Häußer, Deutsche Geschichte vom Tode Friedrichs d. Gr. bis zur Gründung des Deutschen Bundes[4], 4 Bände, 1869. v. Sybel, Geschichte der Revolutionszeit von 1789—1795[4], 5 Bände, 1878. Tümpel, Entstehung des br.-pr. Einheitsstaates, 240—264. Hintze, Die Hohenzollern und ihr Werk, 402—423.

[4]) Süßheim, Preußens Politik in A.-B., 1902, bes. 33ff. Hartung, Hardenberg und die preuß. Verwaltung in A.-B., 1906.

[5]) Nur wenige Jahre (bis 1806) hat Preußen sich des Besitzes dieser Lande erfreuen können.

brachte Preußen die Lösung der polnischen Frage durch die zweite und dritte polnische Teilung[1]). Aus der zweiten Teilung (1793) erhielt Preußen Danzig, Thorn und einen bedeutenden Teil von Großpolen. Danzig und Thorn wurden mit Westpreußen verbunden, aus den übrigen Erwerbungen die Provinz Südpreußen[2]) gebildet. Aus der dritten Teilung (1795) erhielt Preußen weitere umfangreiche polnische Gebiete, aus denen die Provinz Neuostpreußen[3]) entstand. Diese zu meist geringwertigen und kostspieligen, nach ihrer polnisch-littauischen Nationalität fremdartigen Landesteile wurden dem Stammlande durch Einführung der altpreußischen Behördenorganisation angegliedert[4]).

Eine territoriale Einbuße erlitt Preußen im Sonderfrieden zu Basel (1795), indem es seine linksrheinischen Besitzungen (halb Kleve, Geldern, Mörs) an Frankreich verlor.

2. Der einzige Fortschritt auf dem Gebiete der innern Staatsentwicklung war der Abschluß der Justizgesetzgebung[5]). In den Jahren 1793 (Teil I)[6]) und 1795 (Teil II und III)[7]) wurde die „Revidierte Gerichts- und Prozeßordnung" (später „Allgemeine Gerichtsordnung"), im Jahre 1794 mit Patent vom 5. Februar das 1791 als „Allgemeines Gesetzbuch für die preußischen Staaten" veröffentlichte, 1792 wieder suspendierte „Allgemeine Landrecht für die preußischen Staaten" als Gesetz verkündet[8]). Beide Werke sind ganz vom Geiste Friedrichs des Großen erfüllt. Sie geben uns ein getreues Bild der Staats- und Rechtsauffassung der friderizianischen Epoche. Sie vollenden vor allem die Rechtseinheit des Staates auch im Justizwesen.

3. Im übrigen hat die Regierungszeit dieses Königs keine nennenswerten Fortschritte aufzuweisen. Das Verfassungsleben trug das Gepräge des Stillstandes. Der Verwaltungsmechanismus entbehrte einer starken und führenden Hand. Das zentrale Behördensystem löste sich mehr und mehr auf. Die Selbständigkeit und Macht der neuen

---

[1]) Ferrand, Histoire des trois démembrements de la Pologne, 3 Bände, 1820.

[2]) Prümers, Das Jahr 1793, Urkunden und Aktenstücke zur Geschichte der Organisation Südpreußens, 1895. Herzberg, Südpreußen und Neuostpreußen, 1798.

[3]) Schmidt, Städtewesen und Bürgertum in Neuostpreußen, 1913.

[4]) Diese Besitzungen gingen in der Hauptsache nach kurzer Zeit (1807) wieder verloren, nicht zum Schaden der Entwicklung Preußens.

[5]) Stölzel, Karl Gottlieb Svarez, 1885, 242 ff.

[6]) Enthält das eigentliche Zivilprozeßrecht.

[7]) Enthalten das Verfahren der freiwilligen Gerichtsbarkeit und die Pflichten der Justizbeamten.

[8]) Ein Anhang zum ALR. erging 1803.

herrschenden Klasse, des Beamtentums, wuchs. Die Militärverfassung geriet in Verfall; das Heer[1]) bestand nach Verdrängung der besseren Elemente infolge der ungemessenen Befreiungen und des Mißbrauchs des Militärdienstes als Strafe[2]) nur noch aus Proletariat. Die Finanzen[3]) verschlechterten sich: Größere Ausgaben, geringere Einkünfte, wachsende Schuldenlast. Die Staatsentwicklung hatte ihren Höhepunkt längst überschritten — die Zeit des innern Rückganges des preußischen Staates war angebrochen.

B. Die rechtsdogmatischen Ergebnisse[4]). § 7

I. Die Staatsform der preußischen Monarchie[5]) hat sich im Laufe des 18. Jahrhunderts im Innern wie nach außen (dem Reiche gegenüber) erheblich gewandelt.

1. Die innere Entwicklung strebt vom Gesamtstaat zum Einheitsstaat. Zu Anfang dieses Zeitabschnittes setzte sich der brandenburgisch-preußische Gesamtstaat noch aus einer Reihe verfassungs-, verwaltungs- und justizrechtlich selbständiger Länder zusammen[6]). Mit der endgültigen Vernichtung des politischen Einflusses der partikulären Landstände auf die Regierung der einzelnen Länder verblaßte die ver-

---

[1]) Das Militärrecht wurde kodifiziert in dem Kantonreglement von 1792, N. C. C. 1792, Nr. 10, Sp. 777. Das ALR. (II 10, §§ 4—67) regelte nur die privatrechtliche Stellung der Militärpersonen.

[2]) Verordnung von 1787. Hase, Preußisches Polizei- und Kameralwesen, 1 1794, 85.

[3]) Riedel, Staatshaushalt, 135—200. Naudé in Forsch. zur br.-pr. Gesch. 5, 203—256. Bergmann, Gesch. der ostpreuß. Stände u. Steuern 1688—1704, 1901.

[4]) (v. Bassewitz), Die Kurmark Br., ihr Zustand und ihre Verwaltung unmittelbar vor dem Ausbruche des französischen Krieges im Oktober 1806, 1847. Isaacsohn, Beamtentum, 3, 1884. Bornhak, Geschichte des preuß. Verwaltungsrechts, 2, 1885 Hintze, Behördenorganisation und allgemeine Verwaltung in Preußen beim Regierungsantritt Friedrichs II., in Acta Borussica, Beh.-Org., 6 1, 1901, 3 ff. v. Meier, Französische Einflüsse auf die Staats- und Rechtsentwicklung Preußens im 19. Jahrh., 2, 1908, 3—127. v. Meier-Thimme, Die Reform der Verwaltungsorganisation unter Stein und Hardenberg[2], 1912, 1—110. Hubrich, Die Grundlagen des monarchischen Staatsrechts Preußens, im Verwaltungsarchiv 16, 1908, 389—496. Hubrich, Preuß. Staatsrecht, 1909, 34—65.

[5]) Hubrich im VerwArch. 16, 441 ff. Hubrich, Zur Entstehung der preußischen Staatseinheit, in Forsch. zur br.-pr. Gesch. 20, 356 ff. Förstemann, Zur Geschichte der preuß. Monarchie, 1867, 91 ff.

[6]) Nur Neuenburg war und blieb lediglich in Personalunion mit Preußen verbunden.

fassungsrechtliche[1]), mit der Vereinheitlichung der Verwaltung und Justiz sodann auch die verwaltungs- und justizrechtliche Selbständigkeit der Länder immer mehr. Die Einheit erfaßte allmählich alle Zweige der Verwaltung, auch die Kirchenverwaltung. Die äußerlich uniforme Verwaltungsunion wich einer innerlich verschmolzenen Verwaltungseinheit. Provinz-, Kreis- und Ortsbehörden waren in der Hauptsache überall die gleichen. Die Zuständigkeit der Zentralbehörden umfaßte bis auf die Sonderstellung Schlesiens das ganze Gebiet der Monarchie. Der Einheitsgedanke siegte schließlich auch in der Rechtspflege einschließlich der Verwaltungsjustiz. Dem einheitlichen Justizrecht des Allgemeinen Landrechts und der Allgemeinen Gerichtsordnung entsprach die einheitliche Verfassung der Ober- und Untergerichte und das Bestehen eines höchsten Gerichtshofes für den ganzen Staatsbereich. Mit den letzten Resten der Verschiedenheit räumte das straff organisierte, einheitlich geleitete, unter bewußter Mißachtung des früher maßgebenden Indigenatrechtes verteilte Beamtentum auf. Vollends spricht für den zuletzt einheitlichen Charakter des Staatswesens das einheitliche Staatshaupt, in dem nach dem grundlegenden Satze des ALR. II 13 § 1 sich „alle Rechte und Pflichten des Staats gegen seine Bürger und Schutzverwandten vereinigen[2])". Alle diese Tatsachen rechtfertigen die Feststellung: Der preußische Gesamtstaat des 17. Jahrhunders hat im Verlaufe des 18. Jahrhunderts immer mehr, wenn auch noch nicht völlig, den Charakter eines Einheitsstaates angenommen. Die einzelnen Landesteile sind aus selbständigen staatlichen Gebilden nahezu schon Provinzen eines Einheitsstaates geworden[3]). Demgemäß wurden die Staatsteile bereits offiziell als „Provinzen[4])", das Staatsganze teils zwar unter der Nachwirkung des bisherigen Rechtszustandes noch als „die preußischen Staaten[5])", teils aber schon als „die preußische Monarchie" oder „der preußische Staat[6])" bezeichnet.

2. Das **Verhältnis Preußens zum Reich**[7]) war eigen-

---

[1]) Nur in Ostfriesland erhielten sich die Stände in ihrer früheren Bedeutung.

[2]) Hubrich, Staatsrecht, 37.

[3]) Tümpel, Entstehung des br.-pr. Einheitsstaates, 1 f., 265 f.

[4]) So auch im ALR.; vgl. Publikationspatent, II ff.

[5]) Oder „die königlichen Lande" (ALR. I 11 § 1023), „die königlichen Staaten" (ALR. II 11 § 1070).

[6]) Die Bezeichnung „Staat" verwendet das ALR. vorzugsweise und fortgesetzt. Vgl. z. B. Einl. §§ 1, 73 ff.; II 6, § 25; II 11, § 1 ff.; II 12, § 1 f.; II 13, § 1 ff.; II 14, § 1 f.; II 17, § 1 ff.; II 20, § 100 f.

[7]) Pütter, Institutiones iuris publici Germanici[6], 1802. Ders., Kurzer

artig und rechtlich kaum erfaßbar. Der preußische Staat war nicht im ganzen Umfange dem Reichsverbande eingegliedert. Er zerfiel hinsichtlich seiner Stellung zum Reiche in zwei Ländergruppen, in die dem Reichsverbande nicht angehörigen „reichsfreien" Landesteile und die dem Reichsverbande angehörigen „reichsländischen" Besitzungen. Zur ersteren Gruppe gehörten außer Ostpreußen die (aus den polnischen Erwerbungen gebildeten) Provinzen West-, Süd- und Neuostpreußen, ferner das Herzogtum Schlesien mit der Grafschaft Glatz[1]), endlich das in Personalunion mit Preußen verbundene Fürstentum Neuenburg; diese Länder waren nur der preußischen Staatsgewalt unterworfen, der König herrschte in ihnen völlig souverän. Zur Gruppe der „reichsländischen" Besitzungen gehörten alle übrigen Provinzen des preußischen Staates; sie unterstanden der Staatsgewalt Preußens und zugleich der Oberstaatsgewalt von Kaiser und Reich. Die aus dieser Oberstaatsgewalt fließenden Rechte waren jedoch seit Erteilung des privilegium de non appellando illimitatum (1746/1750) und infolge des völligen Verfalls der Reichsgewalt auf ein Nichts zusammengeschmolzen[2]). In Wirklichkeit war daher, obgleich der Schein einer Überordnung des Reiches künstlich gewahrt blieb, auch hier der König unabhängiger Herrscher. So regelt auch das Allgemeine Landrecht die Rechtsverhältnisse Preußens wie die eines völlig selbständigen Staates, es kennt keine Überordnung der Reichsgewalt und erwähnt das Reich nur ganz beiläufig und vereinzelt[3]). Im Verkehre mit anderen Staaten[4]) trat Preußen längst als unabhängiger Einheitsstaat (la Prusse) auf. Auch die Beziehungen zum Reiche trugen für Preußen den Charakter auswärtiger Angelegenheiten. Preußens Reichspolitik gehörte zur auswärtigen Politik und wurde im Kabinettsministerium

---

Begriff des Teutschen Staatsrechts² 1768. Haeberlin, Handbuch des teutschen Staatsrechtes, 1797. Goenner, Lehrbuch des Teutschen Staatsrechtes, 1804. Leist Teutsches Staatsrecht, 1805.

[1]) Schlesien mit Glatz war dem Könige mit voller Souveränität und Unabhängigkeit von der Krone Böhmen abgetreten worden; der König führte den Titel „souveräner und oberster Herzog in Schlesien". Er wurde als solcher vom Kaiser bei Verleihung des privilegium de non appellando illimitatum (1746/50, von Reichs wegen anerkannt und behauptete diesen Charakter trotz der Erklärung des Vorbehaltes der iura imperii des Reiches (1751). Schlesien muß daher als aus dem Reichsverbande ausgeschieden betrachtet werden.

[2]) Verblieben waren dem Kaiser noch einzelne Reservatrechte, doch übte auch diese der König von Preußen längst eigenmächtig aus. Förstemann a. a. O. 99f.

[3]) I 11, § 1026; II 11, § 1078.

[4]) Hubrich im VerwArch. 22, 1914, 337–361.

bearbeitet. Die Beziehungen Preußens zum Reiche hatten aufgehört, staatsrechtliche zu sein, und waren in Wirklichkeit nur noch völkerrechtliche. Die Großmacht Preußen war dem schwachen Reich nicht mehr unter-, sondern gleichgeordnet. Die Siege Friedrichs des Großen über die kaiserlichen Truppen ließen keinen Zweifel darüber obwalten. Hielten auch die damaligen Reichspublizisten formell immer noch an der Souveränität der Oberstaatsgewalt des Reiches fest, so erkannten sie doch die tatsächliche Machtverschiebung wenigstens insoweit an, als sie die Territorialstaaten und Preußen als „unabhängige" oder „halbsouveräne" Staaten bezeichneten[1]). Mit viel größerem Rechte verwendete der König von Preußen, damit zugleich die Staatseinheit seiner Monarchie bekundend, den Ausdruck der vollen „Souveränität" für seinen ganzen Staat, nicht nur für die reichsfreien, sondern auch für die reichsangehörigen Landesteile.

II. Das Gebiet der preußischen Monarchie war in dieser Periode ansehnlich gewachsen[2]). Auch seine rechtliche Natur hatte sich gründlich verändert. Es stellte nicht mehr, wie unter der Herrschaft der patrimonialen Staatsauffassung, Privateigentum des Landesherrn dar über welches dieser vorbehaltlich besonderer hausgesetzlicher Bestimmungen frei verfügen konnte, sondern wurde jetzt als ein der privatrechtlichen Verfügung des Königs durchaus entzogener Gegenstand der Staatshoheit betrachtet. Der Grundsatz der Unteilbarkeit war in dem wichtigen Domänenedikt (Haus- und Staatsgesetz) von 1713 erneut bestätigt und auf Neuerwerbungen ausgedehnt, 1752 dahin ergänzt worden, daß auch die fränkischen Lande nach ihrem Heimfall dauernd mit dem Königreich vereinigt bleiben sollten.

III. Die Bevölkerung des Staates[3]) hatte sich durch die Gebietsvergrößerung und durch Niederlassung[4]) fremder Zuwanderer außerordentlich vermehrt, leider aber mit vielen fremden (polnischen und littauischen) Elementen durchsetzt. Auch sie verschmolz, dem veränderten Staatscharakter entsprechend, immer mehr zu einem einheitlichen Staatsvolk,

---

[1]) Vgl. die Literaturangaben bei Hubrich in Forsch. zur br.-pr. Gesch. **20**, 358[1], und im Verw.-Arch. **16**, 445 f.

[2]) 1713, 1720, 1743 (1745, 1763), 1744, 1772, 1786, 1791 (1798), 1793, 1795.

[3]) Waldecker in ArchöffR. **33**, 463—490. Hubrich, Staatsrecht, 58—62.

[4]) Nur die Niederlassung mit polizeilicher Niederlassungserlaubnis begründete die Staatsangehörigkeit. Rehm, Der Erwerb von Staats- und Gemeindeangehörigkeit, in Annalen des deutschen Reichs, 1892, 195—219.

ohne daß man jedoch bereits von einem allgemeinen preußischen Staatsbürgerrecht sprechen konnte. Die Bevölkerung gliederte sich nach Ständen und nach Konfessionen.

1. Bis zur schärfsten Gegensätzlichkeit durchgeführt wurde die Einteilung der „königlichen Untertanen“ oder „Staatsuntertanen“ [1]) in die drei ständischen Geburtsklassen des Adels, der Bürger und der Bauern. Jeder Geburtsstand bildete eine völlig in sich geschlossene Kaste. Das Allgemeine Landrecht versteht unter einem „Stande“ die Gesamtheit derjenigen Personen, welchen vermöge ihrer Geburt, Bestimmung oder Hauptbeschäftigung gleiche Rechte in der bürgerlichen Gesellschaft beigelegt sind (I 1 § 6). Auf die ständische Gliederung gründete der Staat seine wichtigsten Einrichtungen, namentlich die Heeres- und Finanzverfassung.

a) „Von den Pflichten und Rechten des Adelstandes“ handelt Titel II 9 des Allgemeinen Landrechts. Der Adel ist der erste Stand im Staate (§ 1). Zu ihm gehört nur, wem der Geschlechtsadel durch Geburt und Heirat (§§ 3 ff.) oder durch landesherrliche Verleihung (§§ 9 ff.) zukommt (§ 2). Der Adel ist verpflichtet zur Verteidigung des Staates, zur Unterstützung seiner äußern Würde und innern Verfassung (§ 1). Er genießt wichtige Vorrechte: Er ist grundsätzlich nur dem höchsten Gerichte in der Provinz unterworfen (§ 34). Er ist zu den Ehrenstellen im Staate, wozu er sich geschickt gemacht hat, vorzüglich berechtigt, wobei jedoch dem Landesherrn die Beurteilung der Tüchtigkeit und die Auswahl der Bewerber unbenommen ist (§§ 35 f.); so wurden dem Adel alle Offiziersstellen im Heere und die höchsten Beamtenstellen übertragen. Nur der Adel — Personen bürgerlichen Standes bloß mit besonderer landesherrlicher Erlaubnis — ist zum Besitze adliger Güter berechtigt (§§ 37, 51 ff.). Nur der Adel kann Familienfideikommisse aus adligen Gütern errichten (§ 40). Adlige Gutsbesitzer können die dem Gute anklebende Gerichtsbarkeit in ihrem Namen ausüben lassen [2]) und genießen die mit dem Kirchenpatronate verbundenen Ehrenrechte (§§ 41—44). Auf der andern Seite unterliegt der Adel erheblichen Beschränkungen im Besitz von bürgerlichen und bäuerlichen Grundstücken (§§ 72—75) und in der Betreibung von bürgerlichen Nahrungen und Gewerben (§§ 76—79).

b) Die Rechtsverhältnisse des Bürgerstandes regelt der sehr umfangreiche Titel II 8 des Allgemeinen Landrechts (§§ 1—2464). Der

[1]) So die Terminologie des ALR.; vgl. z. B. II 9, § 13; II 11, § 1218.

[2]) Vgl. hierzu II 17, §§ 23 ff, 73 ff.

Bürgerstand i. w. S. umfaßt alle Einwohner des Staats, welche nach Geburt oder nachträglicher Zuweisung weder zum Adel noch zum Bauerstande gehören (§ 1). Bürger i. e. S. ist, wer in einer Stadt seinen Wohnsitz aufgeschlagen und daselbst das Bürgerrecht gewonnen hat (§ 2). Das Bürgerrecht besteht in dem Inbegriff aller Vorzüge und Befugnisse, welche den Mitgliedern einer Stadtgemeinde vom Staate verliehen sind (§ 13). Es wird in der Regel durch den Magistrat erteilt (§ 14). Die allgemeinen Rechte und Pflichten der Bürger[1]) sind im Landrecht genau niedergelegt (§§ 24—41)[2]).

c) Zum Bauerstande (Titel II 7 ALR.) rechnet das Gesetz alle Bewohner des platten Landes, welche sich mit dem unmittelbaren Betrieb des Ackerbaues und der Landwirtschaft beschäftigen, soweit sie nicht durch adlige Geburt, Amt oder besondere Rechte ausgenommen sind (§ 1). Diese Berufsklasse ist besonders streng abgeschlossen. Der Bauer darf ohne Erlaubnis des Staates weder selbst ein bürgerliches Gewerbe treiben noch seine Kinder dazu bestimmen (§ 2). Diese müssen sich vielmehr, wenn ihre Eltern Untertanen einer Gutsherrschaft sind, in der Regel dem Bauerstande widmen und bedürfen zur Erlernung eines bürgerlichen Gewerbes oder zum Studieren der Erlaubnis der Gutsherrschaft (§§ 171, 172). Der Bauer muß die Kultur seines Grundstücks im Gemeininteresse wirtschaftlich betreiben und kann dazu zwangsweise genötigt (§§ 8, 9), insbesondere dazu angehalten werden, den Überschuß seiner Erzeugnisse zum Verkauf auszubieten (§ 11). Er ist zu Hand- und Spanndiensten verpflichtet (§ 13). Der Staat schützt den Bauerstand gegen Unterdrückung durch die Gutsherrschaft. Die Anzahl der bäuerlichen Besitzungen soll weder durch Einziehung noch durch Zusammenschlagen der Stellen vermindert werden; vielmehr haben die Gutsherrschaften für die gehörige Besetzung der Stellen zu sorgen (§§ 14—16). Die Gesamtheit der Besitzer der in einem Dorf oder in dessen Feldmark belegenen bäuerlichen Grundstücke bildet die Dorfgemeine, welche öffentliche Korporationsrechte besitzt (§§ 18, 19)[3]). Besonders regelt das Gesetz die Verhältnisse der „untertänigen Land-

---

[1]) Besonders geregelt sind die Rechtsverhältnisse der Handwerker und Zünfte (§§ 179—400), der Künstler und Fabrikanten (§§ 401—423), der Brauer, Gastwirte, Garköche usw. (§§ 424—455), der Apotheker (§§ 456—474), der Kaufleute (§§ 475—1304), der Makler (§§ 1305—1388), der Rheder, Schiffer und Befrachter (§§ 1389—1933), der Versicherer (§§ 1934—2358) und der Fuhrleute (§§ 2453—2464).

[2]) Über die Verfassung der Stadtgemeine s. u. S. 93ff.

[3]) Über die Verfassung der Dorfgemeine s. u. S. 95f.

bewohner" gegenüber ihren Herrschaften. Nur die Besitzer von Rittergütern können „Untertanen" haben und Rechte über sie ausüben, andere Gutsbesitzer nur vermöge besonderen Rechtstitels (§§ 91 f.). Die Untertänigkeit entsteht durch Geburt (§§ 93 ff.), durch Heirat (§§ 96 ff.) oder durch Übernahme eines zur Untertänigkeit verhafteten Bauernguts (§§ 106 ff.). Die Gutsherrschaft ist verpflichtet, sich ihrer Untertanen in der Not, insbesondere bei harten Unglücksfällen, werktätig anzunehmen (§§ 122, 130), den noch nicht Angesessenen Gelegenheit zum Erwerbe ihres Unterhalts zu verschaffen (§ 123), für eine gute und christliche Erziehung der Kinder der Untertanen zu sorgen und die Eltern in diesem Sinne zu überwachen (§§ 125 f.), sich der verwaisten oder verlassenen Kinder anzunehmen (§§ 127—129) und die Untertanen gegen Bewucherung und Übervorteilung zu schützen (§§ 131 f.). Anderseits sind die Untertanen ihrer Herrschaft Treue, Ehrfurcht und Gehorsam schuldig, ihr zu Diensten und Abgaben verpflichtet (§§ 133, 134, 308—471, 472—494). Sie genießen persönliche Freiheit (§§ 147—149), sind aber dergestalt an das Gut gebunden, daß sie es ohne Bewilligung ihrer Grundherrschaft nicht verlassen können und letztere sie nicht ohne das Gut „veräußern" darf (§§ 150, 151). So ist der gutsuntertänige Bauer dauernd an die Scholle gebunden und in völliger wirtschaftlicher Abhängigkeit von seiner Herrschaft.

2. Ganz im Gegensatz zu dieser schroffen ständischen trat die Gliederung nach Konfessionen[1]) rechtlich kaum hervor. Preußen umfaßte jetzt auch Landesteile mit katholischer Bevölkerung. Aber allen Konfessionen gegenüber vertrat schon der Staat Friedrichs des Großen den Grundsatz nicht nur der Toleranz, sondern der Parität sowie persönlicher Gewissensfreiheit. „Die Religionen müssen alle toleriert werden und muß der Fiskal nur das Auge darauf haben, daß keine der andern Abbruch tue, denn hier muß ein jeder nach seiner Fasson selig werden"[2]). So läßt auch das ALR. seine kirchenrechtlichen Vorschriften (Titel II 11) mit dem Satz beginnen: Die Begriffe der Einwohner des Staats von Gott und göttlichen Dingen, der Glaube und der innere Gottesdienst können kein Gegenstand von

[1]) Pigge, Die religiöse Toleranz Friedrichs d. Gr., 1898. Hegemann, Friedrich d. Gr. und die kathol. Kirche in den reichsländischen Territorien Preußens, 1904. Friedberg, Die Granzen zwischen Staat und Kirche, 1872, 266—292. Zorn, Kirchenrecht, 1888, 174—178. Tümpel, Entstehung des br.-pr. Einheitsstaates, 223—239.

[2]) Nippold, Religion und Kirchenpolitik Friedrichs d. Gr., 1879.

Zwangsgesetzen sein (§ 1). Demgemäß gewährleistet das Gesetz jedem Einwohner im Staate eine vollkommene Glaubens- und Gewissensfreiheit (§ 2). Niemand braucht über seine Privatmeinungen in Religionssachen Vorschriften vom Staate anzunehmen; niemand soll wegen seiner Religionsmeinungen beunruhigt, zur Rechenschaft gezogen, verspottet oder gar verfolgt werden; niemand braucht dem Staate Angaben darüber zu machen, zu welcher Religionspartei er sich bekenne, sofern nicht die Kraft und Gültigkeit gewisser bürgerlicher Handlungen von der Angabe abhängt (§§ 3—5)[1]. Seinen häuslichen Gottesdienst kann jeder Hausvater nach Gutbefinden anordnen; nur die Vereinigung mehrerer zu Religionsübungen, d. h. die Bildung von Religionsgesellschaften und von Kirchengesellschaften (zur öffentlichen Feier des Gottesdienstes) ist von staatlicher Genehmigung abhängig (§§ 7, 10, 11).

IV. Die Regierung des Staates führte der König als nach außen unabhängiger, im Innern völlig absoluter Monarch[2]. Die Oberstaatsgewalt des Reiches existierte nur noch in der Theorie. Von einer Mitregierung der Landstände[3]) war keine Rede mehr[4]. Ihre Privilegien waren nicht förmlich aufgehoben, aber ohne praktische Bedeutung. Nur in der unteren Verwaltungsorganisation und in der ständischen Gliederung des Volkes lebte der Ständestaat, hier freilich ungeschwächt, aber restlos in den Staatsorganismus eingefügt, fort.

1. Die prinzipielle Stellung des monarchischen Staatshauptes hatte sich den veränderten Zeit- und Staatsanschauungen gemäß gewandelt. Seitdem die patrimoniale der modernen Staatstheorie gewichen war, verkörperte der König nicht mehr, wie es noch Friedrich Wilhelm I. getan hatte, in seiner Person den Staat, sondern er nahm nur, wie es als erster Friedrich der Große treffend betont hat, den Platz des höchsten Organes der verselbständigten Staatspersönlichkeit ein. Der Staat ist das wahre Subjekt der politischen Gewalt, der

---

[1]) Interessant ist ein Vergleich dieser landrechtlichen Bestimmungen mit Art. 135, 136 der neuen RV. vom 11. August 1919.

[2]) Hubrich im VerwArch. 16, 420ff., bes. 441ff.; ders. in Forsch. zur br.-pr. Gesch. 20, 388ff.; ders., Staatsrecht, 36—57.

[3]) v. Lancizolle, Über Königtum und Landstände in Preußen, 1846, 12—64. (v. Bassewitz), Die Kurmark Br., 1847, 131—191. Hubrich in Forsch. zur br.-pr. Gesch. 20, 381ff.

[4]) Nur in Ostfriesland wurde den Ständen ein gewisser Einfluß auf das Finanzwesen belassen.

König aber ihr alleiniger Repräsentant, der erste Diener[1]) der Staatsgesellschaft[2]). Dies ist auch der klar ausgedrückte Standpunkt des ALR.[3]). Es spricht in II 13 § 1 von den „Rechten und Pflichten" nicht des Staatsoberhauptes, sondern „des Staates" als solchen, vereinigt sämtliche Rechte und Pflichten des Staates gegen seine Bürger und Schutzverwandten allerdings ausschließlich im Staatshaupte als dem sichtbaren Träger der Staatsgewalt (II 13 § 1). Der König hat bei der Ausübung der Staatsgewalt die Zwecke des Staates zu fördern. Seine erste uud vorzüglichste Pflicht ist, die äußere und innere Ruhe und Sicherheit zu erhalten und einen jeden bei dem Seinigen gegen Gewalt und Störungen zu schützen (§ 2). Er hat für Anstalten zu sorgen, die den Einwohnern Mittel und Gelegenheit bieten, ihre Fähigkeiten und Kräfte auszubilden und zur Beförderung ihres Wohlstandes anzuwenden (§ 3). Vermöge dieser seiner Pflichten gebühren dem Oberhaupte im Staate alle Vorzüge und Rechte, welche zur Erreichung dieser Endzwecke erforderlich sind (§ 4).

2. Nach der Feststellung der Grundsätze über die Aufgaben des Herrschers hebt das Gesetz die wichtigsten einzelnen „Majestätsrechte"[4]) des Königs hervor, ohne sie indes erschöpfend aufzuzählen.

a) Der König ist vor allem der alleinige Gesetzgeber[5]). Er hat das Recht, Gesetze und (d. h. insbesondere) allgemeine Polizeiverordnungen zu geben, wieder aufzuheben und Erklärungen darüber mit gesetzlicher Kraft zu erteilen, sowie Privilegien (namentlich Standeserhöhungen[6]), Staatsämter, Würden) und Dispensationen — beides als Ausnahmen von Gesetzen — zu verleihen und zurückzunehmen (II 13, §§ 6 und 7). Was den Weg der Gesetzgebung angeht, so war bei der Errichtung der Gesetzkommission (1781) die Bestimmung getroffen worden, daß ihr Gutachten vor jedem Erlaß eines förmlichen Gesetzes, d. h. einer gesetzlichen Verordnung, einzuholen sei, widrigenfalls

[1]) Vgl. S. 69, Anm. 4.

[2]) Vgl. ALR. I 1, § 2.

[3]) Hubrich im VerwArch. 16, 453; Ders., Staatsrecht, 36.

[4]) Den Gegensatz zu diesen sog. regalia maiora bildeten die übertragbaren niederen oder nutzbaren Regalien (z. B. II 14, §§ 21—24). Hubrich, Staatsrecht, 38.

[5]) Zum folgenden bes. die Ausführungen von Hubrich: in Annalen des Deutschen Reichs, 1904, 775—783; im VerwArch. 16, 457 ff. (auch 513 ff. über den landrechtlichen Gesetzesbegriff, gemessen an den Lehren der „herrschenden" Staatsrechtstheorie); Der Statutenbegriff im ALR. für die Preuß. Staaten, Festschrift der Universität Greifswald, 1916.

[6]) ALR. II 9, §§ 9 f.

die Verordnung der Rechtsgültigkeit entbehre[1]). Ferner war kurz darauf (1786) bestimmt worden, daß die Stände vor Erlaß eines Gesetzes zu hören seien, wenn es Rechte der Bürger unter sich oder gegen den Staat betreffe und es dabei auf die Landesverfassung und die Privilegien der Stände ankomme[2]). In beiden Fällen wurde aber keineswegs eine Beschränkung des königlichen Gesetzgebungsrechtes selbst begründet, sondern lediglich die Einholung eines Ratschlages über die Formulierung des Gesetzestextes angeordnet. Die Sanktion des Gesetzes verblieb ungemindert beim Könige. Beide Bestimmungen sind in das Allgemeine Landrecht übergegangen. Jeder Entwurf einer neuen gesetzlichen Verordnung, durch welche die besonderen Rechte und Pflichten der Bürger (Einl. §§ 2—6) bestimmt oder die gemeinen Rechte (Einl. § 1) abgeändert, ergänzt oder erklärt werden sollen[3]) muß vor der Vollziehung der Gesetzkommission zur Prüfung vorgelegt werden (Einl. § 7). Die Kommission muß, außer der Rücksicht auf die bereits vorhandenen Gesetze und Rechte, ihr Gutachten zugleich auf die Billigkeit und Nutzbarkeit der vorgeschlagenen neuen Verordnung richten, und eine deutliche bestimmte Fassung des zu gebenden Gesetzes in Vorschlag bringen (Einl. § 8). Die Nichtbeachtung dieser Vorschrift hat nicht die Nichtigkeit der Verordnung zur Folge, wohl aber haften für ihre Beobachtung die Vorgesetzten eines jeden Departements im Staatsrate (Einl. § 9). Eine gewisse Teilnahme der (provinziellen) Stände an der Gesetzgebung setzt § 2 der Einl. zum ALR. insofern voraus, als er die Gesetzeskraft der besonderen, von den Ständen vorgeschlagenen und formulierten Provinzialverordnungen (d. h. Provinzialgesetze) sowie der Statuten einzelner Gemeinheiten (d. h. Korporationen) und Gesellschaften[4]) von der landesherrlichen „Bestätigung" abhängig macht. In beiden Fällen (§§ 7—9, § 2) ist nach wie vor der Erlaß des Gesetzes ein Majestätsrecht des Königs; die Erteilung der Sanktion steht ganz allein bei ihm; nur an der Feststellung des Textes nehmen Gesetzkommission und Stände teil. Damit das Gesetz rechtliche Verbindlichkeit erlange, muß

---

[1]) Kab.-Order 1780; Patent 1781.

[2]) Kab.-Order 1786.

[3]) Bornhak (Staatsrecht² 1, 511) erblickt hierin eine Definition des Gesetzesbegriffs. Dagegen Anschütz, Die gegenwärtigen Theorien über den Begriff der gesetzgeb. Gewalt² 1901, 122ff.

[4]) Städte (II 8, §§ 115ff.), Zünfte (II 8 §§ 192, 206ff.). Kirchen- u. geistliche Gesellschaften (II 11), Universitäten (II 12, § 68). Hubrich, Der Statutenbegriff, 1916, 33—71.

es gehörig bekannt gemacht werden (Einl. § 10). Die Gesetze sind zu diesem Zweck vollinhaltlich an den gewöhnlichen Orten öffentlich anzuschlagen und im Auszuge in den Intelligenzblättern derjenigen Provinz, für die sie gegeben sind, zu veröffentlichen (Einl. § 11). Diese Vorschrift wurde in der Praxis nur auf allgemeine und Provinzialgesetze, nicht auf Dispensationen, Privilegien und städtische Statuten angewendet[1]). Außer den förmlichen Gesetzen (gesetzlichen Verordnungen) konnte der König allgemeine oder besondere Verordnungen an seine Behörden erlassen; auf diese fanden die Bestimmungen über die Vorlage an die Gesetzkommission und über die Form der Publikation keine Anwendung.

b) Der König ist auch der oberste Gerichtsherr. Ihm gebührt die höchste Gerichtsbarkeit[2]) im Staate (II 17, § 18) Er soll aber nicht durch „Machtsprüche" in den Gang der Justiz eingreifen; doch war es nicht gelungen, dem Verbot solcher Machtsprüche im Allgemeinen Landrecht selbst Ausdruck zu geben. Der König hat das Bestätigungsrecht gegenüber Todesurteilen sowie Verurteilungen zu besonders schweren oder längeren Strafen, ein Begnadigungs-, Abolitions und Strafmilderungsrecht (II 13, §§ 8ff.), aber kein Strafverschärfungsrecht[3]).

c) Dem König steht die vollziehende Gewalt nach außen und im Innern des Staates zu. Ihm allein obliegt es, die Verteidigung des Staats gegen auswärtige Feinde anzuordnen, Kriege zu führen (Einl. § 81), Frieden zu schließen, Bündnisse und Verträge mit fremden Staaten zu errichten (II 13 § 5). Er bestimmt Münzen, Maß und Gewicht (§ 12 das.). Er hat das Besteuerungsrecht, d. h. das Recht, zur Bestreitung der Staatsbedürfnisse das Privatvermögen, die Personen, ihre Gewerbe, Produkte oder Konsumtion mit Abgaben zu belegen (§ 15 das.; II 14 §§ 2—10). Er bestimmt die Art der Erhebung und Verwaltung der verschiedenen Staatseinkünfte (II 14 § 44). Er führt die Aufsicht über alle Gesellschaften und öffentlichen Anstalten nach dem Zwecke der allgemeinen Ruhe, Sicherheit und Ordnung (II 13 § 13). Er ernennt die Offiziere und die Beamten[4]). Endlich stehen ihm noch wichtige Rechte auf kirchlichem Gebiete zu[5]).

---

[1]) Hubrich, Der Statutenbegriff, 1916, 28—33.

[2]) Rechtsstreitigkeiten zwischen dem König und seinen Untertanen sollen von den ordentlichen Gerichten nach den Vorschriften der Gesetze erörtert und entschieden werden (ALR. Einl. § 80).

[3]) Doch sind Fälle letzterer Art vorgekommen.

[4]) ALR. II 10.

[5]) ALR. II 11.

d) Der König verfügt über gewisse Einkünfte und nutzbare Rechte[1]); sie sind ihm beigelegt, damit er die ihm obliegenden Pflichten erfüllen und die dazu erforderlichen Kosten bestreiten kann (II 13 § 14). Besonders wichtig sind die Einnahmen aus den Domänengütern[2]). Die Domänen bezeichnet auch das Allgemeine Landrecht als Staatseigentum. Es versteht unter Domänen- oder Kammergütern einzelne Grundstücke, Gefälle und Rechte, deren besonderes Eigentum dem Staate und deren ausschließende Benutzung dem Staatsoberhaupt zukommt (II 14 § 11); es rechnet dazu auch diejenigen Güter, deren Einkünfte zum Unterhalte der Familie des Landesherrn gewidmet sind (§ 12 das.). Die Domänen sind grundsätzlich unveräußerlich; sie können an einen Privatbesitzer nur soweit gültig gelangen, als der Staat anderweitig schadlos gehalten wird (§ 16 das.); insonderheit können sie gegen andere Güter vertauscht, in Erbpacht ausgetan oder gegen fortwährende Zinsen den Untertanen zum erblichen Besitz verteilt werden (§ 17 das.). Als Privateigentum dagegen gilt dasjenige, was Personen der landesherrlichen Familie durch eigene Ersparnis oder auf andere Art gültig erworben haben, solange vom Erwerber oder seinen Erben keine ausdrückliche Einverleibung erfolgt und soweit darüber durch Familienverträge und Hausverfassungen nichts anderes bestimmt ist, ferner dasjenige, was der Landesherr selbst aus eigenen Ersparnissen oder durch eine sonstige private Erwerbsart an sich gebracht hat; hat jedoch der ersterwerbende Landesherr über derartige unbewegliche Sachen weder unter Lebenden noch von Todes wegen verfügt, so gelten dieselben als in die Staatsdomänen einverleibt (§§ 13—15 das.).

3. Über die Thronfolge ergingen keine neuen Bestimmungen. Auch das Allgemeine Landrecht enthält nichts darüber. Maßgebend blieben somit die Vorschriften der Hausgesetze über das Recht der Erstgeburt und der agnatischen Linealfolge. Die Primogeniturfolge wurde durch das pactum Fridericianum (1752) auf die Fränkischen Lande ausgedehnt.

V. Die Beamten („Staatsdiener")[3]) waren die ausführenden Organe des königlichen Willens. Das „Staatsdienerrecht" hatte während des 18. Jahrhunderts seine Ausbildung, Fortbildung und

[1]) Über Regalien vgl. ALR. II 14, §§ 21 ff.

[2]) Schulze, Hausgesetze, 3, 602—605.

[3]) Vgl. die oben S. 65 Note 2 angeführten Abhandlungen von Schmoller. Isaacsohn, Beamtentum, 3, 181—203. Hintze in Acta Borussica 6 1, 276—288. Hubrich, Staatsrecht, 62—65.

Vereinheitlichung in einer Fülle einzelner, inhaltlich ähnlicher Dienstinstruktionen erhalten. Das so entstandene Beamtenrecht kodifizierte das Allgemeine Landrecht im Titel II 10 „Von den Rechten und Pflichten der Diener des Staats“. Die vorzügliche Aufgabe der Staatsdiener besteht darin, Sicherheit, gute Ordnung und Wohlstand des Staates unterhalten und befördern zu helfen (§ 1). Sie sind dem König besondere Treue und Gehorsam schuldig (§ 2). Jeder ist nach der Beschaffenheit seines Amtes und nach dem Inhalte seiner Instruktion dem Staate noch zu besonderen Diensten durch Eid und Pflicht zugetan (§ 3). Die Staatsdiener zerfallen in Militärbediente und Zivilbediente Die besonderen Pflichten der Militärbedienten (des Soldatenstandes) sind hauptsächlich durch die Kriegsartikel und andere einschlägige Verordnungen festgesetzt (§§ 4ff.). Sie genießen besondere Rechte, namentlich privilegierten persönlichen Gerichtsstand und Befreiung von den persönlichen Lasten und Pflichten der Bürger (§§ 16ff.). Zum Soldatenstande gehören auch die Beamten, welche zwar nicht zu wirklichen Kriegsdiensten, aber doch zum Kriegswesen bei der Armee oder in der Garnison verpflichtet sind (§§ 53ff.). Alle Beamte des Staats, welche zum Militärstande nicht gehören, sind unter der allgemeinen Benennung von Zivilbedienten begriffen (§ 68). Die Zivilbedienten zerfallen in unmittelbare und mittelbare[1]) Beamte. Unmittelbare Beamte sind solche, welche in unmittelbaren Diensten des Staats stehen, mittelbare Beamte solche, die in unmittelbaren Diensten gewisser dem Staate untergeordneter Kollegien, Korporationen und Gemeinen und zufolge deren Unterordnnng unter den Staat mittelbar im Dienste des Staates selbst stehen (§ 69)[2]). Es soll niemandem ein Amt übertragen werden, der sich dazu nicht hinlänglich qualifiziert und Proben seiner Geschicklichkeit abgelegt hat (§ 70). Wem die Besetzung der verschiedenen Arten von Ämtern zukommt, wer zu diesen Ämtern gelangen kann, welche Vorbereitungen und Prüfungen vorhergehen müssen, bestimmt sich nach speziellen Gesetzen und Instruktionen (§ 71). Das zwischen dem Staate oder einem sonstigen Verbande und dem Beamten bestehende Dienstverhältnis wird durch den Empfang der Bestallung perfekt. Für die Rechte und Pflichten, welche aus diesem Verhältnis entspringen, sind die darüber ergangenen besonderen Gesetze und die Amts-

[1]) Diesen Ausdruck verwendet das ALR. zwar nicht an dieser Stelle, wohl aber in II 20, § 365.

[2]) Giese, Der Beamtencharakter der Direktoren und Oberlehrer² 1912, 22—24, 78—81 86f.

instruktionen maßgebend (§ 85). Das Dienstverhältnis währt der Regel nach lebenslänglich; willkürliche Entlassung ist ausgeschlossen (II 10, §§ 94—103; II 17, § 99). Das preußische Beamtentum bildete einen Berufsstand für sich, eine in sich geschlossene neue, und zwar herrschende Klasse im Staate.

VI. Die Verwaltungsorganisation.

A. Zentralverwaltung[1]).

1. Der „Geheime Staatsrat“ oder das „Geheime Etatsministerium“ verkörperte nur mehr dem Namen nach die Einheit der Staatsverwaltung. Er trat äußerst selten zusammen. Er bestand namentlich aus den Chefs der obersten Departements (den Kabinettsministern, den Ministern des Generaldirektoriums, den Justizministern), dem Minister für Schlesien und dem preußischen Gesandten beim Reichstage zu Regensburg. Er hatte die ihm vom König ausdrücklich überwiesenen Sachen sowie die mehr als eines der drei nunmehr obersten Departements angehenden Angelegenheiten zu beraten, Zuständigkeitsstreitigkeiten zwischen den Departements zu schlichten und Disziplinarerkenntnisse gegen Verwaltungsbeamte zu fällen (ALR. II 10 §§ 99 bis 101)[2]); er verwaltete keinen einzelnen Geschäftszweig mehr[3]).

2. Letztere Aufgabe war vielmehr auf die Departements des Staatsrates übergegangen, welche damit zu obersten Staatsbehörden aufgerückt waren. Diese Behörden waren das Kabinettsministerium, das Generaldirektorium und das Justizministerium. Bei ihnen ruhte der Schwerpunkt der Zentralverwaltung.

a) Das Kabinettsministerium oder Departement der auswärtigen Affairen[4]) (seit 1728), zunächst als Kollegium verfaßt, trat bald unter die persönliche Leitung des Königs selbst. Die Geheimen Staats- und Kabinettsminister — zwei für die eigentliche auswärtige Verwaltung, einer für die Reichsangelegenheiten — arbeiteten nach

---

[1]) Zum folgenden besonders (v. Bassewitz), Die Kurmark Br., 1847, 31—130 Bornhak, Gesch. des Verwaltungsrechts, 2, 55—64, 185—192, 308—314. Isaacsohn, Beamtentum, 3, 4—18, 108—131. Hintze in Acta Borussica 6 1, 55—197 v. Meier-Thimme, Reform der Verwaltungsorganisation, 1—25.

[2]) Stölzel, Rechtsverwaltung, 2, 316.

[3]) Weitergehende Befugnisse hatte der Staatsrat nur bei längerer Abwesenheit des Königs. Stölzel, Rechtsverwaltung, 2, 368ff. Hüffer, Die Kabinettsregierung in Preußen, 1891, 295[2].

[4]) Koser in Forsch. zur br.-pr. Gesch. 2, 1889, 161—197. Hintze in Acta Borussica 6 1, 71—82. Loewe, Preußens Staatsverträge aus der Regierungszeit König Fr. W. I., 1913.

seiner Weisung und erledigten schließlich nur noch die laufenden Sachen und den Briefwechsel mit den Gesandten[1]), während alle wichtigeren politischen Geschäfte vom Könige ganz allein mit Hilfe seines Kabinetts ohne Zuziehung der Kabinettsminister geführt wurden.

b) Das Generaldirektorium oder Departement für Finanz- und innere Verwaltung[2]) war 1723 durch Vereinigung des Generalfinanzdirektoriums (seit 1713) und des Generalkriegskommissariats (seit 1712) zum General-Ober-Finanz-Krieges- und Domänen-Direktorium entstanden[3]). Präsident dieser obersten Behörde für die gesamte Militär-, Polizei- und Finanzverwaltung war der König selbst. Die Geschäfte wurden in kollegialer Beratung und Beschlußfassung erledigt. Die Behörde zerfiel in Departements, in denen die Entscheidungen vorbereitet wurden. An der Spitze jedes Departements stand als Vizepräsident ein Geheimer dirigierender Staats- und Kriegsminister. Zunächst bestanden vier Departements mit vorwiegend örtlich (nach Landesteilen), zum Teil aber auch sachlich (nach Materien) abgegrenzter Zuständigkeit. Später traten vier weitere Sachdepartements hinzu[4]). Im Laufe der Zeit hob sich die Bedeutung der Departements und ihrer Chefs. Sie erlangen immer größere Selbständigkeit und wuchsen schließlich zu eigenen Zentralbehörden aus. Die Gesamtbehörde verfiel dem gleichen Schicksal wie vorher der Geheime Staatsrat. Um so unerträglicher erschien nach dieser Verselbständigung der Departements die teilweise Verteilung der Geschäfte nach Provinzen. Es kam zu

[1]) Zu unterscheiden waren die Gesandten, Residenten und Agenten sowie der Reichstagsgesandte in Regensburg.

[2]) Kab.-Order vom 15. Januar 1723 (Reuter, König Fr. W. I. und das Gen.-Dir., in Zeitschrift für preuß. Geschichte, 12, 724 ff.; Acta Borussica 3, 658 ff.), Notifikationspatent vom 24. Januar 1723 (Mylius, C. C. M. 6 2, Nr. 153, Sp. 241). Literaturangaben oben S. 64 Note 1.

[3]) Einrichtung und Geschäftsführung bestimmten die Instruktionen von 1722 (Acta Borussica 3, 575 ff. Förster, Fr. W. I., 2, 173), 1748 (Acta Borussica 7, 555, 572—655. Dazu v. Raumer im Histor. Taschenbuch 1836, 412 ff. Cauer in Preuß. Jahrb. 10, 335 ff.), 1786 (Philippson, Geschichte des preuß. Staatswesens vom Tode Friedrichs d. Gr. 2, 1882, 307 ff.), 1798 (Riedel, Staatshaushalt, 200 ff. Hintze in Histor. Zeitschr. 76, 433).

[4]) Zuletzt waren folgende 8 Departements vorhanden: 4 Provinzialdepartements: 1. für Kurmark, Neumark, Pommern, Südpreußen, 2. für Ansbach und Bayreuth, 3. für Ost-, Neuost- und Westpreußen, 4. für die niedersächsischen und westfälischen Provinzen; 4 Realdepartements: 5. für Kassen-, Stempel-, Münz-, Bank-, Medizinal- und Lotteriewesen sowie Postsachen, 6. für Bergwerks- und Hüttenwesen, 7. für Militärsachen, 8. für Akzise-, Zoll-, Fabriken-, Manufaktur- und Kommerzwesen.

widersprechenden Anordnungen und zu Kompetenzstreitigkeiten. Mangels wirksamer Abhilfe schwand die Einheit der innern Verwaltung dahin[1]).

c) Das Justizministerium oder Justizdepartement[2]) löste sich am spätesten als Sonderbehörde vom Geheimen Staatsrat ab und entzog diesem damit zugleich die Landeshoheitssachen[3]), sowie die geistlichen und Unterrichtsangelegenheiten. Auch diese Behörde war zunächst ein Kollegium; doch behauptete der 1737 zum Chef de justice und 1747 zum Großkanzler ernannte Cocceji einen so entschiedenen Vorrang vor seinen Kollegen, daß er schließlich als Spitze dieses Departements erschien. Der Großkanzler hatte vor allem die allgemeine Leitung des Justizwesens und der Gesetzgebung. Unter ihm stand die Immediatjustizprüfungskommission für den höheren Justizdienst (1755)[4]) und die Gesetzkommission (1781)[5]) zur Prüfung der Gesetzentwürfe, anfangs auch zur authentischen Auslegung der Gesetze in Streitfällen[6]). Innerhalb des Justizministeriums bildete sich ein be-

---

[1]) Unter dem Generaldirektorium standen das Oberrevisionskollegium und die Oberrevisionsdeputation (2. und 3. Instanz in Verwaltungsjustizsachen) Die Jurisdiktionskommission (zur Entscheidung der Kompetenzkonflikte), die 1770 gegründete Oberexaminationskommission (für Bewerber um höhere Verwaltungsstellen, wie Landräte, Steuerräte, Baudirektoren; N. C. C. 1770 Nr. 23), die Oberforstexaminationskommission, das Oberbaudepartement, die Seehandlungsdirektion, die Generalmünzdirektion, die Haupt- Stempel- und Kartenkammer, die Generallotterieadministration. — Unter einem Minister des Generaldirektoriums standen das Ober-Collegium Medicum, die Generaldirektion der Witwenverpflegungsanstalt, das Generalpostamt, das Hauptbankopräsidium. — Als selbständige oberste Behörden neben dem Generaldirektorium entstanden das Oberkriegskollegium (1787), das Generalchausseedepartement, die Generalsalzadministration (bis 1805). — Ganz unabhängig vom Generaldirektorium war zuletzt wieder die Oberrechenkammer. — Eine besondere, nicht dem Generaldirektorium unterstellte oberste Behörde war der direkt vom König abhängige Oberpräsident und dirigierende Staats- und Kriegsminister für Schlesien, der für diese Provinz völlig an Stelle des Generaldirektoriums trat.

[2]) Stölzel, Rechtsverwaltung, 2, 120ff., 306f. Hintze in Acta Borussica 6 1, 82—125.

[3]) Landesgrenz-, Huldigungs-, Inkolat-, Auswanderungs-, Abschoß- und Abfahrtssachen.

[4]) N. C. C. 1755, Nr. 82, Sp. 891 ff.

[5]) N. C. C. 1781, Nr. 26, Sp. 337.

[6]) So bis 1798, N. C. C. 1798 Nr. 23 Sp. 1609. Der Anhang zum ALR. bestimmt in § 2: Findet der Richter den Sinn des Gesetzes zweifelhaft, so liegt es ihm zwar ob, den vorliegenden Fall nach den allgemeinen Regeln wegen Auslegung der Gesetze zu entscheiden, und findet die Anfrage an die Gesetzkommission während des Laufes des Prozesses nicht mehr statt; er muß aber die vermeinte

sonderes geistliches Departement[1]. Das Präsidium sowohl der beiden reformierten Konsistorien (des französ.-reform. Oberkonsistoriums und des deutsch-reform. Kirchendirektoriums) als auch des lutherischen Oberkonsistoriums (1750)[2]) lag in der Hand je eines (reform. bzw. luther.) Justizministers, von denen der letztere zugleich die katholisch-kirchlichen Sachen[3]) bearbeitete. Diese beiden Justizminister traten in den den Kirchen gemeinsamen Angelegenheiten zum „geistlichen Departement" zusammen[4]).

3. Das einzige Band zwischen den obersten Staatsbehörden bildete nur noch der König. Die Zersplitterung der Zentralbehörden steigerte die Bedeutung des königlichen Kabinetts[5]). Dieses gliederte sich jetzt in eine Zivil- und eine Militärabteilung[6]). Die Kabinettsräte stiegen von untergeordneten Ausführungsorganen zu maßgebenden Beratern des Königs empor, während die wirklichen Minister zu einer Art (moderner) Ministerialdirektoren herabsanken. Das Kabinett war zu einer gesetzlich nicht anerkannten Oberinstanz über den Ministern geworden, aber doch wieder zu schwach, um sich selbst an die Stelle der bisherigen Zentralorgane zu setzen.

B. Provinzialverwaltung.

1. Die Landesteile oder Provinzen[7]) bestanden aus je einem oder

---

Dunkelheit des Gesetzes dem Chef der Justiz zum Behuf der künftigen Legislation anzeigen.

[1]) Lehmann, Preußen und die katholische Kirche seit 1640, 1 1878, 404—442, 677—916. Hillebrandt, Preußen und die römische Kurie 1 1910. Pariset, L'Etat et les églises en Prusse 1713—1740, 1897.

[2]) Mylius, C. C. M. cont. 4, Nr. 106, Sp. 291. Acta Borussica 8, 739ff. 9, 45ff. Hintze in Histor. Zeitschr. 97, 96ff.

[3]) Lehmann, Preußen und die kathol. Kirche seit 1640, 2 (1881) bis 5 (1885). Hegemann, Friedrich d. Gr. und die kathol. Kirche in den reichsrechtl. Territorien Preußens, 1904.

[4]) Das für die Militärkirchenverwaltung bestehende Militärkonsistorium erhielt 1750 eine neue Ordnung Mylius, C. C. M. cont. 4, Nr. 100, Sp. 237. Weitere Organe waren der Feldpropst und die Feldprediger.

[5]) Lehmann, Der Ursprung des preuß. Kabinetts, in Histor. Zeitschrift, 63, 266—271. Hüffer, Die Kabinettsregierung in Preußen und Johann Wilhelm Lombard, 1891, 44—93. Hüffer in Forsch. zur br.-pr. Gesch. 5, 157—190. Wittichen in Histor. Zeitschrift, 89, 239—273. Hintze in Acta Borussica 6 1, 59—66.

[6]) Arnold, Die Anfänge des preuß. Militärkabinetts, in Zeumer-Festgabe, 1910, 169—200.

[7]) Hierzu besonders Bornhak, Gesch. des Verwaltungsrechts, 2, 39—55, 171—185, 301—308. Isaacsohn, Beamtentum, 3, 42—108, 132—139. v. Meier-

zwei „Kammerdepartements“ [1]). Die überall [2]) gleichmäßig eingerichtete allgemeine Verwaltungsbehörde des Kammerdepartements war die 1723 aus der Vereinigung der Amtskammer mit dem Kriegskommissariat hervorgegangene „Kriegs- und Domänenkammer“ [3]). An ihrer Spitze stand der „Kammerpräsident“, der bisweilen als „Ober präsident“ beide Kammern der Provinz leitete. Die Stellen wurden vom Könige auf Vorschlag des Generaldirektoriums mit grundsätzlich nicht aus der Provinz stammenden Beamten besetzt. Die Geschäftsführung war kollegial eingerichtet. Den Geschäftsbereich bestimmten die Ressortreglements (1749 ff.). Er umfaßte die gesamte innere Verwaltung einschließlich der zugehörigen Verwaltungsjustiz, die von den angegliederten „Kammerjustizdeputationen“ ausgeübt wurde.

2. Besondere Verwaltungsbehörden der Provinz [4]) waren die Regierungen [5]), denen außer der Rechtsprechung die sog. Landeshoheits-, Grenz- und Lehenssachen [6]) oblagen, und die Konsistorien [7]) für die Verwaltung der evangelischen Kirchenangelegenheiten.

C. Die das ganze platte Land umfassende Kreisverfassung [8])

Thimme, a. a. O. 26—60. Hintze in Acta Borussica 6 1, 201—238, 289—492. Reuter, Zur Geschichte der Kriegs- und Domänenkammern, in Schriften des Vereins für die Geschichte Berlins, 29, 107 ff. Haß, Friedrich d. Gr. und seine Kammerpräsidenten, in Schmoller-Festschrift, 1908, 191—220.

[1]) Kurmark, Neumark, Pommern, Magdeburg, Halberstadt, Minden-Ravensberg-Tecklenburg-Lingen (seit 1719 vereinigt), Kleve-Mark, Ostfriesland, Ostpreußen (2), Schlesien (2), Westpreußen, Südpreußen (2), Neuostpreußen (2), Ansbach-Bayreuth (2)

[2]) Nur für Geldern bestand eine besondere oberste Landesbehörde, seit 1769 das „Administrationskollegium“.

[3]) „Kriegssachen“ waren Akzise-, Handels-, Gewerbe-, Polizei- und Militärsachen; „Domänensachen“ waren Ämter-, Forst-, Grenz- und Kontributionssachen.

[4]) Die Statthalter waren schon unter der Regierung F. W. I. fortgefallen.

[5]) In Ostpreußen zunächst dem preußischen Ministerium. Ecker, Die Entwicklung der kgl. preuß. Regierung von 1701—1758, 1908.

[6]) Dazu gehörten die Huldigungs-, Indigenats-, Auswanderungs-, Abschoß- und Abfahrtssachen. In Schlesien und Westpreußen wurden auch diese Geschäfte von den Kriegs- und Domänenkammern geführt.

[7]) Außer in Kleve-Mark. Die geistliche Gerichtsbarkeit war 1748 von den Konsistorien auf die Regierungen übergegangen. (Mylius, C. C. M. cont. 4, Nr. 18, Sp. 51). Weitere Organe der Kirchenverwaltung waren die Inspektoren und Pfarrer. Staatsorgane waren auch die katholischen Bischöfe, Erzpriester und Pfarrer.

[8]) v. Lamotte, Von den Land-Räthen in der Churmark, Abhandlungen 2 3, 1793, 1 ff. Gelpke, Die geschichtliche Entwickelung des Landratsamtes, 1902, 58—70. Hintze in Acta Borussica 6 1, 256—275. v. Meier-Thimme, a. a. O. 84 ff., 438 [57]. Schill in Forsch. zur br.-pr. Gesch. 22, 321—374.

war auf alle Landesteile[1]) ausgedehnt worden. In den meisten Provinzen waren Kreisorgane Landrat[2]) und Kreistag, bildete also der Kreis nicht nur einen Bezirk der Staatsverwaltung, sondern zugleich einen kommunalständischen Verband[3]). Der **Landrat**[4]), trotz ständischer Färbung jetzt entschieden königlicher Beamter, stand an der Spitze der Staatsverwaltung des Kreises. Er wurde von der adligen Ritterschaft des Kreises aus der Reihe der geeigneten Personen gewählt, vom Könige ernannt und auf der Kriegs- und Domänenkammer vereidigt. Der **Kreistag**[5]) war das Organ der kommunalständischen Kreisverwaltung. Er wurde vom Landrat berufen und bestand aus den adligen Rittergutsbesitzern[6]), früher außerdem noch einem Vertreter der Kammer (für die königlichen Ämter) und dem Steuerrat (als Vertreter der Mediatstädte). Zwei von den Kreisständen aus den adligen Rittergutsbesitzern gewählte Kreisdeputierte standen dem Landrat zur Seite und vertraten zugleich die Stände in ihren nicht auf dem Kreistag zu erledigenden Obliegenheiten. Die Aufgaben des Kreises waren militärische, polizeiliche und finanzielle. Die Militärverwaltung und die Polizeiaufsicht (ohne eigene Polizeiverwaltung und Polizeiverordnungsrecht) führte der Landrat allein; hier war der Kreis rein staatlicher Verwaltungsbezirk und der Landrat universaler Träger der Verwaltung. In der Finanzverwaltung dagegen ruhte das Schwergewicht in der ständischen Kreisverwaltung. Dem Kreistag lag insbesondere die Aufstellung des Kreishaushalts und die Abnahme der Rechnungen ob. Für die den Patrimonialherrschaften entzogene Finanzverwaltung bildete der Kreis den untersten Verwaltungsbezirk.

D. Die **Stadtverfassung**[7]) beruhte primär auf den in den

[1]) Außer Ostfriesland, Mörs und Lingen.

[2]) Besondere Kreisbeamte waren die Kreiseinnehmer oder Kreiskassenrendanten, die Kreiskassenkontrolleure, vereinzelte Kreissyndici, die Kreisphysici und die Landreuter für polizeiliche, finanzielle und gerichtliche Vollstreckungen. Der Kreissekretär war nur Privatangestellter des Landrates.

[3]) Nur Staatsverwaltungsbezirke waren die Kreise in West- und Ostpreußen, wo Kreistage 1787 mit bloß beratender Funktion eingeführt wurden, und in Südpreußen, Neuostpreußen und Franken, wo Kreistage ganz fehlten.

[4]) Nur in den großen Kreisen Prieguitz, Uckermark und (bis 1793) Altmark waren Kreisdirektorien gebildet.

[5]) In Kleve-Mark: Erbentag. Mitgliedschaft: Verordnung 1794 (Scotti, 4, 2406, Nr 2508).

[6]) Einschließlich der Vertreter der Rittergüter besitzenden Stiftungen, Universitäten und Städte.

[7]) Schmoller, Das Städtewesen unter Fr. W. I., in Zeitschrift f. preuß. Ge-

Grundzügen übereinstimmenden „rathäuslichen Reglements" des Landesherrn, subsidiär auf den Vorschriften des Allgemeinen Landrechts (Titel II 8, §§ 86—178). Nach dem Allgemeinen Landrecht sind Städte hauptsächlich zum Aufenthalt solcher Staatseinwohner bestimmt, welche sich mit der Verarbeitung oder Verfeinerung der Naturerzeugnisse und mit dem Handel beschäftigen (II 8, § 86). Das „Stadtrecht" kann nur vom Könige verliehen werden (§ 87). Stadtgemeinen haben die Rechte privilegierter Korporationen (§ 108). Ihre Mitglieder sind alle, die in der Bürgerrolle eingetragen stehen (§ 109). Die Städte haben ein Rechtsetzungsrecht. Sie können Statuten, welche die innere Einrichtung und Polizei der Gemeine oder gewisser Klassen derselben betreffen, durch ordnungsmäßig abgefaßte Schlüsse errichten; doch müssen solche Schlüsse, um als Statuten die Gemeine oder deren einzelne Mitglieder verpflichten zu können, erst der vorgesetzten Landespolizeibehörde zur Prüfung vorgelegt werden (§§ 115, 116). Bei Errichtung neuer Statuten über die äußeren Rechte der Gemeine oder die Privatrechte ihrer einzelnen Mitglieder ist alles das zu beobachten, was wegen Abfassung neuer Gesetze (Einl. §§ 7—9) vorgeschrieben ist (§ 117)[1]. Vorsteher der Stadtgemeine ist der Magistrat (§ 119), eine mittelbare Staatsbehörde. Er bestand u. a. aus den Bürgermeistern (darunter dem Stadtpräsidenten oder Stadtdirektor, dem Polizeibürgermeister, dem Justizbürgermeister), dem Kämmerer (Rentmeister), dem Syndikus, dem Ratssekretär und anderen Stadträten. Seine Mitglieder, mittelbare Staatsbeamte, wurden in der Regel von ihm selbst gewählt (II 8 §§ 120—124), von der Kammer bestallt und vom Steuerrat vereidigt. Dem Magistrat lag (§§ 128ff.) die gerichtliche und außergerichtliche Vertretung der Stadtgemeine, die Verwaltung der städtischen Polizei (jedoch ohne Polizeiverordnungsrecht), die Finanzverwaltung[2]) sowie die städtische Gerichtsbarkeit ob; das Stadtgericht bildete der Justizbürgermeister mit zwei rechtsgelehrten Stadtgerichtsassessoren. Die polizeilichen und finanziellen Funktionen des Magistrats unterstanden der strengen Aufsicht (§§ 149ff.) des für den Bereich eines (für 6 bis 15 Städte gebildeten) sog. Stadtkreises zuständigen com-

schichte, **8**, 521—569; **10**, 275—333, 537—589; **11**, 513—582; **12**, 353—400, 425—462. Schmoller in Acta Borussica 1, Einl., 102—104. Hintze in Acta Borussica 6 1, 239—256. v. Meier-Thimme, a. a. O. 61—83, 434f, 437[65].

[1]) Hubrich im VerwArch. **16**, 484—488.

[2]) Unter beschränkter Mitwirkung (namentlich Rechnungsprüfung) des Bürgerausschusses (der Stadtverordneten oder Repräsentanten; §§ 146ff.).

missarius loci (später „Steuerrates") und weiterhin der Kammer, deren Kommissar jener war[1]). Für einzelne Verwaltungszweige waren bisweilen besondere, rein staatliche Behörden eingerichtet[2]). Die städtische Verwaltung war überhaupt nahezu verstaatlicht.

E. Ortsverwaltung.

1. Der Landkreis zerfiel in Gutsherrschaften[3]) und Domänenämter. Die auf Zeit bestellten Generalpächter der Domänen hießen Beamte oder Amtmänner. Ihre Tätigkeit beschränkte sich auf örtliche Polizeiverwaltung, Landeskulturpflege und Beitreibung der Gefälle. Die Justiz dagegen war besonderen „Domänenjustizämtern" übertragen. Ebenso durften die (östlichen) Guts- und (westlichen) Grundherren ihre Polizei zwar selbst, ihre patrimoniale Gerichtsbarkeit hingegen nur durch staatlich geprüfte und förmlich bestellte Justiziare (Gerichtshalter) ausüben, sofern sie nicht selbst die vorgeschriebene Prüfung abgelegt oder früher eine Richterstelle verwaltet hatten (ALR. II 17, §§ 23ff., 73ff.; Anhang § 149).

2. Die untersten Verwaltungsbezirke waren die von einem Rittergut, einem Domänenamt oder einer Immediatstadt abhängigen Mediatstädte und Dörfer.

a) Die Mediatstädte zerfielen demgemäß in patrimoniale (rittersässige), domaniale (amtssässige) und städtische (einer unmittelbaren Stadt unterworfene). Die Verfassung der Mediatstädte ähnelte derjenigen der Immediatstädte (ALR. II 8, §§ 166—175). Doch stand dem Mediatherrn in der Regel die Besetzung des Magistrats, überhaupt die Bestellung der städtischen Beamten sowie ein Aufsichtsrecht über die städtische Verwaltung zu, letzteres jedoch unter der Oberaufsicht des staatlichen Steuerrates. Ferner entbehrten die Mediatstädte der eigenen Gerichtsbarkeit; diese wurde von der Herrschaft ausgeübt.

b) Ebenso zerfielen die Dörfer — Landgemeinden[4]) — in patri-

---

[1]) Nach Einrichtung der Regie (1766) wurde dem Steuerrat die Aufsicht über das Akzisewesen entzogen, so daß ihm nur die Aufsicht über die städtische Polizei- und Kämmereiverwaltung verblieb.

[2]) So in der Finanzverwaltung Bauinspektoren, in der Polizeiverwaltung Polizeiausreuter (Vollstreckungsbeamte), Fabrikinspektoren und Fabrikkommissare, Kommissionen für Servis- und Einquartierungswesen, Baukommissionen, in Berlin ein Polizeimeister (später Polizeidirektor), in Breslau Polizeiinspektoren.

[3]) v. Meier-Thimme, a. a. O. 93ff, 440[66], 441[68].

[4]) v. Meier-Thimme, a. a. O., 104ff., 444[73]. Keil, Die Landgemeinde in den östlichen Provinzen Preußens und die Versuche, eine Landgemeindeordnung zu schaffen, 1890, 38—75.

moniale, domaniale und städtische[1]). Die Verfassung der Dörfer, die zunächst nur einen privatwirtschaftlichen Verband der Grundbesitzer darstellten, erfuhr gegen Ende dieses Zeitabschnittes einen überaus wichtigen Ausbau durch ihre Organisation als kommunale Verbände. Für den ganzen Staat, vorbehaltlich örtlicher Gesetze und Gewohnheiten, wurde das Landgemeinderecht durch das Allgemeine Landrecht (II 7, §§ 18—86) aufgezeichnet. Die Organe der Gemeinde sind der Schulze[2]), die ihm zur Unterstützung, aber auch zur Kontrolle beigeordneten zwei Schöppen und die aus sämtlichen angesessenen Wirten bestehende, vom Schulzen geleitete Gemeindeversammlung. Schulze und Schöppen werden von der Gerichtsobrigkeit bestellt und eidlich verpflichtet. Die Gemeinde erfüllt staatliche und kommunale Aufgaben. Als staatliche Funktionen werden Gerichtsbarkeit und Ortspolizei von Schulze und Schöppen als Organen der Gerichtsobrigkeit wahrgenommen; außerdem hat der Schulze die öffentlichen Abgaben zu erheben. In ihrer Eigenschaft als öffentliche Körperschaften (eine Art Kommunalverbände) werden die Dörfer von Schulze und Schöppen vertreten und verwaltet. Diese Verwaltung unterliegt der Aufsicht, in einzelnen Fällen auch der Mitwirkung der Gerichtsobrigkeit.

VII. Das Justizwesen.

1. Die Gerichtsverfassung[3]).

a) Für die Gestaltung der obersten Gerichte bedeutete das Jahr 1750 einen entscheidenden Wendepunkt, indem der Kaiser das unbeschränkte privilegium de non appellando auf sämtliche zum Reiche gehörige Besitzungen des Königs ausdehnte[4]).

α) Bis 1750 zerfiel Preußen mit Rücksicht auf seine teilweise Unterordnung unter die Reichsjustiz in drei Ländergebiete: Ostpreußen, die Marken, die übrigen Reichslande. Im souveränen Preußen besaß der König die uneingeschränkte Justizhoheit. Für die Marken genoß er seit 1586 das unbeschränkte privilegium de non appellando[5]), für

---

[1]) In Kleve-Mark und Ostfriesland gab es auch freie Bauerngemeinden.

[2]) Lehn- oder Setz-, in freien Gemeinden Wahlschulze.

[3]) Stölzel, Rechtsverwaltung und Rechtsverfassung, 2, 1888, 39—323. Ders., Fünfzehn Vorträge, 1889, 117 ff. Bornhak, Gesch. des preuß. Verwaltungsrechts, 2 73—87, 199—221, 321—329. Isaacsohn, Beamtentum, 3, 24—42, 289—331. Laspeyres in Ztschr. für Deutsches Recht, 6, 1 ff., 74 ff. Springer, Die Coccejische Justizreform, 1914, 1 ff., 323 ff.

[4]) Vgl. oben S. 72.

[5]) Vgl. oben S. 29.

seine übrigen Reichslande hingegen nur ein beschränktes privilegium seit 1702[1]). Dieser Rechtslage entsprach eine Mehrheit oberster Gerichtshöfe, deren Verschmelzung wegen der Rechtsverschiedenheit nicht möglich war. Oberster Gerichtshof Ostpreußens war das preußische Oberappellationsgericht zu Königsberg (preußisches Tribunal)[2]), höchstes Gericht in den Marken der Geheime Justizrat[3]) zu Berlin, oberstes Gericht für die übrigen Reichslande[4]) des Staates das Oberappellationsgericht zu Berlin[5]).

β) Im Anschluß an die Erlangung des privilegium de non appellando illimitatum (1750) vollzogen sich in dieser Einrichtung der obersten Gerichte wichtige Veränderungen. Zunächst wurden die Berliner Justizkollegien[6]), namentlich das Oberappellationsgericht, das Kammergericht und das französische Obergericht 1748 aufgehoben[7]) und an ihrer Stelle ein ganz neuer Gerichtshof[8]) eingesetzt. Dieses neue, zunächst namenlose Gericht[9]) zerfiel in vier Senate. Die ersten drei Senate bildeten etwa das frühere Kammergericht, der vierte Senat etwa das bisherige Oberappellationsgericht, also den obersten Gerichtshof für alle Provinzen außer Ostpreußen[10]). Für die drei ersten Senate wurde bald die alte Benennung „Kammergericht" üblich, während der vierte Senat als „Tribunal", seit 1772 als „Obertribunal" bezeichnet

---

[1]) Vgl. oben S. 52.

[2]) Conrad, Gesch. der Königsberger Obergerichte, 1907, 120—168.

[3]) Seit 1729 ganz vom Geh. Staatsrat losgelöst.

[4]) Selbständig blieb das Ravensbergische Appellationsgericht. Eine gesonderte Gerichtsverfassung besaß Geldern, dessen höchste Gerichtsinstanz, das „Justizkollegium", dem Berliner Oberappellationsgericht nicht untergeordnet war. Nachdem 1752 (N. C. C. 1752, Nr. 94) gegen die Entscheidungen dieses Kollegiums die Revision an die Regierung zu Kleve eröffnet war, hatte zwar die besondere Gerichtsverfassung Gelderns ihr Ende erreicht, ohne daß jedoch das Berliner OAG. höchste Instanz für Geldern geworden wäre.

[5]) Mit diesem war 1716 das (bis dahin selbständige) Orange-Tribunal verschmolzen worden. Mylius C. C. M. 2 4, Nr. 37, Sp. 63.

[6]) Mit Ausnahme des Geheimen Justizrates und des Ravensbergischen Appellationsgerichtes.

[7]) Mylius, C. C. M. cont. 4, Nr. 20, Sp. 55 ff.

[8]) Sonnenschmidt, Geschichte des königlichen Ober-Tribunals zu Berlin, 1879, 17—140. Holtze, Geschichte des Kammergerichts, 3, 1901, 81—150. Ders., 500 Jahre Gesch. d. KG., 1913, 91—185.

[9]) Der Name „Großes Friedrichs Kollegium" war nicht offiziell und setzte sich nicht durch.

[10]) Conrad, Gesch. der Königsberger Obergerichte, 168—233.

wurde [1]). Nunmehr bestanden in der Preußischen Monarchie noch zwei oberste Gerichtshöfe, das Tribunal zu Berlin und das Tribunal zu Königsberg [2]). Doch verschwand in der Folgezeit durch Unterordnung des Königsberger Tribunals unter das Berliner Obertribunal [3]) auch diese letzte Durchbrechung der Gerichtseinheit. Nur eine organische Unstimmigkeit, nämlich die Verbindung zwischen dem Obertribunal und dem Kammergericht blieb noch zu lösen. Die Trennung beider erfolgte im Jahre 1782 [4]). Das Kammergericht zerfiel in die Kriminaldeputation, den Instruktionssenat und den Oberappellationssenat [5]). Die dritte Instanz gegenüber diesem Oberappellationssenat und gegenüber den Obergerichten der übrigen Provinzen [6]) — also den einheitlichen obersten Gerichtshof für die ganze Monarchie — bildete das „Geheime Obertribunal."

b) Die Gerichtseinheit erstreckte sich auch auf die **nachgeordneten Gerichte**.

α) In jeder Provinz [7]) bestanden ein oder mehrere Oberge=

---

[1]) Mit dem neuen Gerichtshof wurde 1749 der Geheime Justizrat (Mylius, C. C. M. cont. 4, Nr. 90, Sp. 202), dessen Zuständigkeit als 3. Instanz 1748 auf das Tribunal übergegangen war, verbunden (Der Geheime Justizrat war fortan „Anhängsel des Kammergerichts" Vgl. Holtze in Schmoller=Festschrift, 1908, 5 ff. Allgemeine Gerichtsordnung I 2, §§ 41, 71) und 1750 auch das Ravensbergische Appellationsgericht verschmolzen (N. C. C 1765, Nr. 42, Sp. 1263).

[2]) Conrad, Gesch der Königsberger Obergerichte, 168—233

[3]) N. C. C. 1744, Nr. 51, Sp. 341, bes. 364 f.

[4]) N C. C. 1782, Nr. 54, Sp. 1869.

[5]) Der Instruktionssenat war das Obergericht der Kurmark, der Oberappellationssenat die Appellationsinstanz gegenüber den vier märkischen Obergerichten: dem Instruktionssenat des Kammergerichts, dem altmärkischen Obergericht, dem uckermärkischen Obergericht (bis 1789), der neumärkischen Regierung.

[6]) Die Revisionssumme war nach den einzelnen Provinzen verschieden. Sonnenschmidt, a. a. O., 74.

[7]) Regierungen befanden sich zuletzt in Königsberg (das ehemalige Tribunal), Conrad, Gesch der Königsberger Obergerichte, 233—303], Marienwerder, Stettin, Berlin (Kammergericht) [der Instruktionssenat war dem altmärkischen Obergericht, dem uckermärkischen Obergericht (bis 1789) und der neumärkischen Regierung gleichgeordnet, allen vier Kollegien war der Oberappellationssenat übergeordnet], Küstrin, Magdeburg, Halberstadt, Minden, Lingen, Kleve, Aurich, Mörs, Glogau — Breslau — Brieg (die drei schlesischen „Oberamtsregierungen") Posen—Petrikau (später Kalisch) —Warschau (für Südpreußen), Plock und Bialystock (für Neuostpreußen), Ansbach und Bayreuth. In Geldern vertrat die Stelle der Regierung das Justizkollegium. Obergerichte waren auch die Hofgerichte in Insterburg, Bromberg, Köslin, sowie das altmärkische Obergericht zu Stendal [hervorgegangen aus der Vereinigung des altmärkischen Quartalgerichts mit dem Hof= und Landgericht in Stendal (1716, Neuordnung 1753)], und bis 1789 das uckermärkische Obergericht zu Prenzlau

richte[1]) (Landesjustizkollegien oder Regierungen)[2]). Die Mittelinstanzen und Sondergerichte der früheren Zeit wurden fast sämtlich aufgehoben[3]).

β) Die Untergerichte zerfielen in Patrimonialgerichte (Privatgerichte), Domänenjustizämter (Staatsgerichte) und Stadtgerichte.

Die Patrimonialgerichtsbarkeit wurde nicht mehr vom Gutsherrn selbst ausgeübt; er hatte nur noch die Aufgabe, zu ihrer Ausübung einen geprüften Justiziar (Gerichtshalter) anzustellen und zu besolden, der dem Gutsherrn gegenüber eine recht unabhängige Stellung einnahm[4]).

Die Domanialgerichtsbarkeit lag anfänglich in der Hand des Domänenpächters (Beamten), der Polizei und Justiz mit dem Amt gepachtet hatte. Später wurde aus mehreren Domänenämtern ein staatliches Justizamt mit einem Justizamtmann als staatlichem Richter geschaffen[5]). So war überall auf dem Lande außer in den Gutsbezirken die Rechtsprechung verstaatlicht und zugleich die Trennung der Justiz von der Verwaltung durchgeführt worden.

Die Stadtgerichte bestanden in größeren Städten aus dem Justizbürgermeister und rechtsgelehrten Assessoren; in kleineren Städten entschied der Syndikus als Einzelrichter[6]).

2. Die Ausgestaltung der Verwaltungsjustiz[7]). Schon

hervorgegangen aus der Vereinigung des uckermärkischen Quartalgerichts mit dem Hof- und Landgericht in Prenzlau (1716, Neuordnung 1768, Verschmelzung mit dem Kammergericht 1789)].

[1]) Zur Rechtsprechung in Strafsachen waren bei ihnen besondere Kriminalkollegien gebildet. Die Strafjustiz war den Untergerichten entzogen.

[2]) Für Strafsachen waren bei ihnen seit 1736 besondere Strafsenate (Kriminalkollegien) gebildet. Auf die Regierungen war die geistliche Gerichtsbarkeit der Konsistorien übergegangen.

[3]) Es erhielten sich vorübergehend einige wenige Sondergerichte, wie z. B. in Ostpreußen das Oberburggrafenamt, das Hofhalsgericht, die Jurisdiktion der Amtshauptleute (bis 1781); andere wurden neu errichtet, wie z. B. in Westpreußen die Landvogteigerichte (bis 1781).

[4]) ALR. II 17, §§ 23 ff., 73 ff.

[5]) Diesen staatlichen Justizämtern der östlichen Provinzen entsprachen in Minden die Patrimonialgerichte der Ämter, in Ostfriesland die Amtsgerichte, in Kleve-Mark und Mörs die Landgerichte — sämtlich staatliche Gerichte.

[6]) In bedeutenderen Handelsstädten gab es besondere Handelsgerichte, so in Stettin, Königsberg und Breslau.

[7]) Loening, Gerichte und Verwaltungsbehörden in Br.-Pr., 1914, 46—128. v. Meier-Thimme, a. a. O., 13—18, 35—60. Hintze in Acta Borussica 6 I, 227 ff. Isaacsohn, Beamtentum, 3, 331—343.

Verordnungen von 1713 und 1715 [1]) hatten die Zuständigkeit der Verwaltungsbehörden (Kommissariate und Amtskammern) und der Justizkollegien (Regierungen) kasuistisch abzugrenzen gesucht, doch hörten die Zuständigkeitsstreitigkeiten nicht auf. Sie durch Aufstellung fester Grundsätze über die Kompetenz abzuschneiden, gelang erst dem Ressortreglement des Jahres 1749 [2]). Dieses schränkte die sehr erhebliche Rechtsprechung der Verwaltungsbehörden ein und erweiterte die Zuständigkeit der Justizkollegien, so daß man es als beachtenswerten Schritt auf dem Wege zum Rechtsstaat begrüßen muß. Es ging davon aus, daß die privaten und öffentlichen Rechtsstreitigkeiten im Zweifel vor das Forum der Gerichte gehören. Es überwies alle Prozeßsachen, welche das Interesse privatum vel iura partium quarum interest betreffen, den ordentlichen Justizkollegien [3]), dagegen alle Sachen, welche sich auf die königlichen Domänen beziehen oder den statum oeconomicum et politicum angehen oder überhaupt in das Interesse publicum einschlagen, den Verwaltungsbehörden, als welche hauptsächlich die Kriegs- und Domänenkammern in Betracht kamen. Zur Entscheidung von Zuständigkeitsstreitigkeiten wurde die unmittelbar dem Könige unterstehende „Jurisdiktionskommission" ins Leben gerufen (1756) [4]) Zur Ausübung der Kammerjustiz wurden 1782 bei den Kriegs- und Domänenkammern [5]) besondere „Kammerjustizdeputationen" eingerichtet. Die Berufung ging bis 1782 an das Generaldirektorium, seit 1782 an das „Oberrevisionskollegium", die Revision seit 1783 an die „Oberrevisionsdeputation" [6]) [7]). Die Allgemeine Gerichtsordnung (1793) und

[1]) Mylius. C. C. M., 2 1, Nr 131 u 139, Sp. 517 u. 563. Acta Borussica 1 515 (525), 2 226.

[2]) Mylius, C. C. M. cont. 4, Nr. 66, Sp 163. Acta Borussica 8, 366, 477. Seine Vorschriften wurden entsprechend in Schlesien (Korn, Ediktensammlung, 5, Nr. 90, S. 304: Acta Borussica 8, 807), Westpreußen (N. C. C. 1772, Nr. 69, Sp. 451) und Südpreußen (N. C C. 1795, Nr. 76, Sp. 2703) eingeführt.

[3]) Über die Kompetenz der Justizkollegien Hintze in Acta Borussica 6 1, 202 ff.

[4]) Acta Borussica 8, 729, 10, 405. Instruktion 1756 und 1768 (N. C. C. 1768, Nr. 26 u. 43, Sp 3035 u. 3079). Viele Entscheidungen der Kommission in Kleins Annalen der Gesetzgebung und Rechtsgelehrsamkeit in den preuß Staaten, 4–16. Verzeichnis des Entscheidungen bis 1802 bei Hoffmann, Repertorium der preuß. Landesgesetze, 2. Forts, 232 ff.

[5]) (Fischbach), Hist., polit. und militär Beiträge, 3 2, 1785, 580 ff.

[6]) N. C. C. 1783, Nr. 38 u. 39, Sp. 2159 u. 2161.

[7]) Besondere Verwaltungsjustizbehörden waren die aus der Vereinigung der Tabaksgerichte und der Akzise- und Zollgerichte entstandenen Provinzialregiegericht nebst dem Oberregiegericht in Berlin, ferner das Oberhofbauamtsgericht in Berlin,

das Allgemeine Landrecht (1794) haben an der Grenzziehung zwischen den Verwaltungsbehörden und Justizkollegien nichts geändert. Die Einrichtung der Kammerjustiz endete mit diesem Zeitabschnitt. Sie wurde 1797 zunächst in Neuostpreußen [1]) unter Überweisung der gesamten Rechtsprechung an die Regierungen, in den nächsten Jahren auch in anderen Provinzen [2]) abgeschafft. Sie verschwand völlig im Jahre 1808 unter Aufhebung der für sie bestehenden Behörden [3]). Damit war die Trennung der Justiz von der Verwaltung vollzogen, aber die Verwaltung der Kontrolle der Gerichte unterworfen.

3. Die Entwicklung des Justizrechts [4]) hatte zu hochwichtigen, den hervorragenden Juristen Cocceji, Carmer und Svarez [5]) zu verdankenden Ergebnissen geführt.

a) Die Neuordnung des Prozeßrechts [6]) war schrittweise gelungen. Das Ziel war die Beseitigung des schleppenden schriftlichen gemeinen Prozesses. Es wurde noch nicht durch Coccejis Codex Fridericianus (1747—1749), sondern erst durch Carmers „Corpus juris Fridericianum, Erstes Buch: Von der Prozeßordnung" (1781) erreicht. Dieses Gesetz führte die Grundsätze der Inquisitionsmaxime, des mündlichen Verfahrens und des Selbstauftretens der Parteien in das preußische Prozeßrecht ein. Ergänzt wurde es durch eine Hypothekenordnung (1783), die den Eintragungszwang für alle Hypotheken begründete. Seine endgültige gesetzliche Fassung empfing das neue Zivilprozeßrecht im Zusammenhang mit der Vollendung des Allgemeinen Landrechts durch die Revidierte Gerichts- und Prozeßordnung (1793), die später als Allgemeine Gerichtsordnung bezeichnet wurde. Für das

---

das Münzgericht, das Lotteriegericht, das Porzellanmanufakturgericht, die Justizdeputation der Bergwerks- und Hüttenadministration; endlich übten in den Städten die Magistrate eine gewisse Verwaltungsjustiz aus.

[1]) N. C. C. 1797, Nr 18, Sp. 949 ff.

[2]) 1798 in Ansbach-Bayreuth, 1803 in den sog. Entschädigungslanden, 1804 in Ostpreußen nebst Littauen.

[3]) Verordnung wegen verbesserter Einrichtung der Provinzial- Polizei- und Finanzbehörden, §§ 34—50.

[4]) Bornhak, Preuß. Staats- und Rechtsgesch., 187 ff., 246 ff., 265 ff. Stölzel, Br.-Pr. Rechtsverwaltung 2, 39 ff, 141 ff. Holtze, Gesch. d. Kammergerichts 2, 185 ff. Isaacsohn, Beamtentum 3, 289 ff. Neufeld, Die Fridericianische Justizreform bis zum Jahre 1780, 1910. Grabinski, Die Coccejische Justizreform 1746—1748, Bresl. Diss. 1912. Springer, Die Coccejische Justizreform, 1914, 74 ff.

[5]) Stölzel, Carl Gottlieb Svarez, 1885

[6]) Bornhak a. a O. 189 ff., 247 f., 265 f. Hinrichs in Preuß. Jahrb. 19, 29 ff

Strafverfahren war die 1717 für den ganzen Umfang des Staates erlassene Kriminalordnung[1]) mit vereinzelten späteren Novellen (vor allem Abschaffung der Folter 1740)[2]) maßgebend[3]).

b) Die Reform des materiellen Rechtes[4]) hatte nach langen Vorarbeiten und vorläufigen Entwürfen[5]) ihren glücklichen Abschluß gefunden durch das mit Patent vom 5. Februar 1794 endgültig in Kraft gesetzte „Allgemeine Landrecht für die Preußischen Staaten". Dieses Gesetzbuch enthält kein vollkommen neues Recht, sondern eine großangelegte Kodifikation, d. h. umfassende Aufzeichnung des geltenden Rechtszustandes des Privatrechts, des Strafrechts und großer Gebiete des öffentlichen[6]) Rechts. Es stellt gemeinverständliche Vorschriften auf, beschränkt sich daher nicht auf allgemeine Rechtssätze, sondern huldigt der kasuistischen Methode, indem es auf alle wichtigeren praktisch möglichen Fälle eine Antwort zu geben sucht. So erklärt sich der bedeutende Umfang des Gesetzbuches. Das Allgemeine Landrecht gilt bloß subsidiär hinter den lokalen und provinziellen Rechten der einzelnen Landesteile, hat aber gleichwohl die Einheit Preußens im materiellen Justizrecht in hervorragender Weise gefördert. Es zerfällt äußerlich in zwei Teile, die an die Rechtsverhältnisse des Einzelmenschen und der menschlichen Verbände anknüpfen. Von besonderem Interesse ist im Allgemeinen Landrecht die genaue Widerspiegelung der eigenartigen staatsrechtlichen Auffassung des ausgehenden 18. Jahrhunderts. Auf der einen Seite offenbar beeinflußt von den naturrechtlichen Lehren und dem Geiste der Aufklärung, vertritt es doch auf der andern Seite mit allem Nachdruck den Gedanken der allbeherrschenden Staatspersönlichkeit. Das Prinzip des Staatsabsolutismus läßt alle staatlichen Funktionen in der Hand des monarchischen Staatshauptes zusammenfließen. Es betrachtet alle körperschaftlichen Elemente, insbesondere bürgerliche und kirchliche Gemeinden als staatliche Veranstaltungen,

---

[1]) Mylius C. C. M. 2 3, Sp. 61, Nr. 32 Holze, Strafrechtspflege unter König Fr. W. I., 1894.

[2]) Acta Borussica 6 2, 8. Koser in Forsch. zur br.-pr. Gesch. 6, 575—581

[3]) Eine neue Kriminalordnung kam erst 1805 zustande.

[4]) Aus der Regierungszeit sind zu nennen die Vormundschaftsordnung 1718 (Mylius C. C. M. 2 2, Sp. 55, Nr. 32), die Depositalordnung 1719 (Mylius das. Sp. 93, Nr. 33), die Hypotheken- und Konkursordnung 1722 (Mylius das. Sp. 103, Nr. 39) und das verbess. Landrecht des Kgr. Preußen (d. h. Ostpreußens) 1721.

[5]) Übersicht bei Bornhak a. a. O. 248 ff, 266 ff

[6]) Das ALR. enthält außer dem Strafrecht die Grundzüge des Staats- und Verwaltungsrechts sowie das Kirchenrecht.

ihre Angestellten als mittelbare Staatsdiener. Es reguliert bevormundend das gesamte öffentliche und private Leben im Staate. Dieser moderne Staatsabsolutismus ist aber nur in den oberen und mittleren Stufen der Staatsorganisation voll verwirklicht; er hört beim Landrat auf; in den unteren Stufen herrscht nach wie vor der mittelalterliche ständische Feudalstaat, aufgebaut auf der starren Scheidung der drei Geburtsstände: Adel, Bürger, Bauern. „So zeigt das preußische Landrecht einen wunderbaren Januskopf, der mit dem einen Gesicht zurück in die feudalen Ordnungen des Mittelalters, mit dem andern vorwärts in die modernen Zeitgedanken blickt“ [1]).

[1]) Schulze, Staatsrecht I 75.

Vierter Zeitabschnitt.

Die Erneuerung des absoluten Einheitsstaates[1].

§ 8. A. Die rechtsgeschichtliche Entwicklung[2].

Die Katastrophe, die zu Anfang des 19. Jahrh. über Preußen hereinbrach und seinen Sturz herbeiführte, gab den Anstoß zu einer tiefgreifenden Reform des ganzen Staatswesens. Die im Anschluß an Preußens politische Erhebung und innere Wiedergeburt von weitblickenden Staatsmännern gründlich und erfolgreich durchgeführte Neuordnung hat vornehmlich auf den Gebieten des wirtschaftlichen Lebens und der preußischen Verwaltung Neuerungen von größter Tragweite geschaffen. Sie hat aber auch das preußische Verfassungsrecht auf veränderte Grundlagen gestellt. Vollendet wurde jetzt die im 18. Jahrh. planmäßig geförderte einheitsstaatliche Organisation des seit der Auf-

[1] Quellen: Gesetz-Sammlung für die Königlichen Preußischen Staaten, seit 1810, nebst Erg.-Bd. (Anhang) für die Jahre 1806 bis 1810. Grotefend, Die Gesetze und Verordnungen nebst den sonstigen Erlassen für den preuß. Staat und das Deutsche Reich, 1 1806—1849, 1875. Kretschmann, Preußische Gesetze und Verordnungen des Staats- und Verwaltungsrechts 1793—1912, 1913. Altmann, Ausgewählte Urkunden zur br.-pr. Verf.- und Verw.-Geschichte[2], 2 1, 1915.

[2] v. Treitschke, Deutsche Geschichte im 19. Jahrh. 1 1879, 146 ff.; 2 1882; 3 1885; 4 1889. Philippson, Geschichte des preuß. Staatswesens vom Tode Friederichs des Großen bis zu den Freiheitskriegen, 2 Bände, 1880/82. Goette, Das Zeitalter der deutschen Erhebung 1807—1815, 2 Bände, 1891/92. Meinecke, Das Zeitalter der deutschen Erhebung 1795—1815, 1906. Hintze, Die Hohenzollern und ihr Werk[8], 1916, 402—515. Rühl, Briefe und Aktenstücke zur Geschichte Preußens unter Friedrich Wilhelm III., vorzugsweise aus dem Nachlaß von F. A. v. Stägemann, 1—3 1900—1902. v. Meier, Französische Einflüsse auf die Staats- und Rechtsentwicklung Preußens im XIX. Jahrh., 2: Preußen und die französische Revolution, 1908, 134 bis Ende. Schulze, Staatsrecht[2] 1, 80—105. Bornhak, Staats- und Rechtsgeschichte, 1903, 283—459. Hubrich, Staatsrecht, 1909, 65—79. v. Rönne-Zorn, Staatsrecht[5] 1, 24—31.

lösung des Deutschen Reiches (1806) in vollem Umfange souveränen preußischen Staates. Vollendet wurde auch der Abbau des alten Ständestaates, dessen letzter Rest — die von der absoluten Regierungsform unberührt gelassene ständische Gliederung der Bevölkerung — verschwand. Außer dem berufsmäßigen Beamtentum und dem Adel bildete fortan auch das durch die städtische Selbstverwaltung mit dem Staatsleben in Fühlung gebrachte Bürgertum einen Pfeiler des neuen Staatsbaues, während ihm allerdings die Bauernschaft zunächst noch fernstand. Erfolglos verliefen dagegen die Bestrebungen einer Verknüpfung des Volksganzen mit der Staatsregierung durch Bildung einer Volksvertretung im modernen, konstitutionellen Sinne; die Neuordnung der Staatsverfassung erfolgte ohne wesentliche Veränderung der bestehenden absoluten Regierungsform. Sturz, Erhebung und Neuordnung des preußischen Staates erfüllen die Regierungszeit Friedrich Wilhelms III. (1797—1840).

I. Bis zur Katastrophe von 1806/07 [1]).

Obgleich der König den Thron unter schwierigen Verhältnissen bestiegen hatte, verlief die Staatsentwicklung doch zunächst keineswegs ungünstig.

1. Äußerlich vergrößerte sich das Staatsgebiet wieder außerordentlich stark und rasch. Einige alte Gebiete gingen verloren, zahlreiche neue wurden erworben. Im Frieden zu Luneville (1801) [2]) traten Kaiser und Reich alles Land links des Rheines an Frankreich ab. Auch Preußen verlor dadurch seine linksrheinischen Besitzungen [3]). Die deutschen Erbfürsten sollten für ihre Verluste im Innern des Reiches entschädigt werden (Friedensvertrag Art. VII). Diese Entschädigung setzte der durch Kaiserliches Dekret zum Reichsgesetz erhobene Reichsdeputationshauptschluß (25. Februar 1803) [4]) fest. Preußen erhielt als Entschädigungslande [5]) die Bistümer Hildesheim und Paderborn,

[1]) Quellen: Novum Corpus Constitutionum Prussico-Brandenburgensium praecipue Marchicarum (N. C. C.), Jahrgänge 1797—1806.

[2]) Herrmann, Der Aufstieg Napoleons, 1912, 682—734.

[3]) Geldern, Kleve-West und Mörs.

[4]) Gaspari, Der RDHSch., 2 Bände, 1803. v. Lancizolle, Übersicht der deutschen Reichsstandschafts- und Territorialverhältnisse, 1830.

[5]) Schulze, Hausgesetze 3 1883, 606. Über die verwaltungs- und justizrechtliche Angliederung der Entschädigungslande an das Stammland vgl. Bornhak, Geschichte des preuß. Verwaltungsrechts, 2, 296—300, 327 f.

das Gebiet von Erfurt [1]) mit Untergleichen, alle kurmainzischen Besitzungen in Thüringen, das Eichsfeld [2]) und den mainzischen Anteil an Treffurt, die Abteien Herford, Quedlinburg, Elten, Essen, Werden [3]) und Kappenberg, die Reichsstädte Mühlhausen, Nordhausen und Goslar, die Stadt Münster nebst dem östlichen Teil des Hochstifts Münster — zusammen mehr als das Dreifache des verlorenen Gebietes (RDHSch. Art. III). Im Zessionsvertrage zu Paris (1806) mußte Preußen Ansbach an Bayern [4]), Kleve-Ost und Neuenburg an Frankreich abtreten; es erhielt dafür das Kurfürstentum Hannover [5]) und das Herzogtum Lauenburg. Im ganzen hatte sich das Staatsgebiet seit Friedrichs des Großen Tode nahezu verdoppelt.

2. Auch die innere Entwicklung des Staates [6]) entbehrte in den ersten Regierungsjahren des Königs nicht der Reformen und Fortschritte. Manche das Staatswohl und die Staatseinheit fördernde Anordnung auf administrativem, wirtschaftlichem und sozialem Gebiete wurde getroffen [7]). Aber es handelte sich immer nur um vereinzelte Maßnahmen. Solchen konnte kein dauernder Erfolg beschieden sein. Die Ursache des langsam, aber unaufhaltsam fortschreitenden Niederganges lag tiefer. Noch war Preußen jener kunstvoll gebaute, aufs äußerste zentralisierte friderizianische Polizeistaat, der unter einem kraftvollen, den ganzen komplizierten Mechanismus einheitlich selbst handhabenden Herrscher das Höchste geleistet hatte, dessen Räderwerk aber alsbald in Verwirrung geraten mußte, wenn die starke persönliche Oberleitung fehlte. Der Mangel einer solchen wurde seit dem Tode Fried-

---

[1]) Overmann, Die ersten Jahre der preuß. Herrschaft in Erfurt 1802—1806, 1902.

[2]) Bäsecke, Die Errichtung der preuß. Herrschaft auf dem Eichsfelde 1802 bis 1806, 1905.

[3]) Körholz, Die Säkularisation und Organisation in den preuß. Entschädigungsländern Essen, Werden und Elten 1802—1806, 1907.

[4]) Tarrasch, Der Übergang des Fürstentums Ansbach an Bayern, 1912.

[5]) v. Meier, Hannoversche Verfassungs- und Verwaltungsgeschichte 1680—1866, 2 Bände, 1898/99. Thimme, Die inneren Zustände des Kurfürstentums Hannover unter der französisch-westfälischen Herrschaft 1806—1813, 2 Bände, 1893/95.

[6]) (v. Bassewitz), Die Kurmark Br., ihr Zustand und ihre Verwaltung unmittelbar vor dem Ausbruche des französischen Krieges 1806, 1847. v. Meier, Französische Einflüsse 2 1908, 134—202. Tümpel, Die Entstehung des br.-pr. Einheitsstaates im Zeitalter des Absolutismus, 1915, 240—267.

[7]) Hintze in Histor. Zeitschrift, 76, 413—443. Müsebeck in Forsch. zur br.-pr. Gesch. 30, 115 ff. Tümpel, Entstehung des br.-pr. Einheitsstaates, 1915, 258—264. Riedel, Der br.-pr. Staatshaushalt in den beiden letzten Jahrhunderten, 1866, 200—242. v. d. Goltz, Roßbach und Jena², 1906.

richs des Großen mehr und mehr fühlbar. Und da keine festgefügte oberste Zentralbehörde[1]) bestand, die diese Lücke hätte ausfüllen können, so war die an der Spitze beginnende und bald nach unten fortschreitende Zersetzung des Behördenorganismus die unabwendbare Folge. Das berufsmäßige Beamtentum, nur gewöhnt, höhere Befehle auszuführen, erwies sich trotz persönlicher Tüchtigkeit der Aufgabe selbständiger Verwaltung nicht gewachsen. Dieses Beamtentum bildete aber neben dem Adel, welcher großenteils in ihm aufgegangen war, die alleinige Stütze des Staates. Bürgertum und Bauernschaft standen dem Staate fremd und teilnahmlos gegenüber. Ein auf so unzulänglicher Grundlage beruhendes Staatswesen war nicht mehr fähig, starken Erschütterungen standzuhalten.

3. Der preußisch-französische Krieg des Jahres 1806 ward Preußens Verhängnis. Nach den unglücklichen Schlachten von Jena und Auerstädt (1806), dem Falle seiner wichtigsten Festungen und der Niederlage von Friedland (1807) wurde Preußen zu Tilsit durch Napoleon zu einer Macht zweiten Ranges erniedrigt[2]). Preußen verlor sämtliche Besitzungen zwischen Elbe und Rhein, sämtliche Erwerbungen aus den beiden letzten polnischen Teilungen, sämtliche „Entschädigungslande" sowie die Fürstentümer Ostfriesland und Bayreuth. **Es verblieb ihm nur die Hälfte des bisherigen Gebietes, nämlich Ostpreußen, Westpreußen (ohne Danzig, Thorn und den Netzedistrikt), Pommern, Brandenburg (ohne die Altmark), Magdeburg (östlich der Elbe) und Schlesien.**

II. Die Stein-Hardenbergische Reform[3]).

Das jäh über das Land gekommene Unglück offenbarte die Mängel des Staatswesens und ließ an der unbedingten Notwendigkeit

[1]) Das Kabinett war ungeeignet, diese Rolle zu übernehmen. Hüffer, Die Kabinettsregierung in Preußen und Johann Wilhelm Lombard, 1891.

[2]) GS. 1806—1810, 153. Dazu Proklamation vom 24. Juli 1807 (GS. 167) und Publikandum vom 29. August 1807 (GS. 168). Delbrück, Die Frage der polnischen Krone und die Vernichtung Preußens in Tilsit, 1910. Lenz in Forsch. zur br.-pr. Gesch. **6**, 181—237.

[3]) v. Treitschke, Deutsche Geschichte im 19. Jahrh., **1**, 269 ff., **3**, 68 ff. Hintze, Die Hohenzollern und ihr Werk, 442—469. (v. Bassewitz), Die Kurmark Br. 1806 bis 1808, 2 Bände, 1851/52. v. Bassewitz, Die Kurmark Br. 1809 und 1810, 1860. v. Meier-Thimme, Die Reform der Verwaltungsorganisation unter Stein und Hardenberg[2] 1912, 111 ff. v. Meier, Französische Einflüsse **2** 1908, 203 ff. Bornhak

einer gründlichen Reform keinen Zweifel. Alsbald nach dem Tilsiter Frieden begannen die Wiederherstellungsarbeiten. Die Reform war ausschließlich das Werk des Königtums und seiner Beamtenschaft, nicht das Ergebnis einer volkstümlichen Bewegung [1]). Die führenden Männer [2]) waren Reichsfreiherr vom Stein und Freiherr (später Fürst) von Hardenberg. Nach ihnen trägt die Reform den Namen der Stein-Hardenbergschen Gesetzgebung. Doch haben beide niemals gleichzeitig, sondern nacheinander gewirkt [3]). In ihrer politischen Grundauffassung bildeten sie große Gegensätze. Stein ging von den Interessen und Lebensbedingungen der Gesamtheit, Hardenberg von den Rechten und Freiheiten des einzelnen Bürgers aus. Stein verdankt der preußische Staat vornehmlich die Neugestaltung der Verwaltungsorganisation, Hardenberg vor allem die Reform des wirtschaftlich-sozialen Lebens.

A. Reichsfreiherr vom Stein [4]).

Zunächst wurde Stein zur Rettung des Vaterlandes berufen. Er ist mit Recht als der Neugründer des preußischen Staates bezeichnet worden. Mit außerordentlichen Vollmachten ausgestattet übernahm er im Oktober 1807 die Leitung des Staats. Von seinen Mitarbeitern [5]) verdienen besonders Vincke [6]), Schrötter [7]), Friese und Schön [8]) genannt zu werden. Steins Reformgedanken sind hauptsächlich aus seiner berühmten „Nassauer Denkschrift" vom Juni 1807 „über die zweckmäßige Bildung der obersten und der Provinzial-, Finanz- und

---

Gesch. des preuß. Verwaltungsrechts, 3, 1—108. Bornhak, Staats- und Rechtsgeschichte, 325—376.

[1]) v. Meier-Thimme, Reform, 113.

[2]) v. Meier-Thimme, Reform, 113 ff.

[3]) Stein: 1807/08. Hardenberg: 1810 ff.

[4]) Pertz, Das Leben des Ministers Freiherrn vom Stein, 6 Bände in 7 Teilen, 1849—1855. Max Lehmann, Freiherr vom Stein, 3 Bände, 1902, 03, 05 (dazu Hintze, Stein und der preuß. Staat, in Histor. Zeitschrift **94**, 1905, 412—446). v. Meier-Thimme, Reform, 121 ff. v. Meier, Französische Einflüsse, 2, 205 ff. Cavaignac, La formation de la Prusse Contemporaine. Les origines. Le ministère de Stein, 1891. Seeley, Stein, sein Leben und seine Zeit. Aus dem Englischen übersetzt. 3 Bände, 1883—87.

[5]) v. Meier-Thimme, Reform, 127 ff.

[6]) v. Bodelschwingh, Leben des Oberpräsidenten Frhrn. v. Vincke, 1853.

[7]) Krause, Der preuß. Provinzialminister Frhr. v. Schrötter und sein Anteil an der Steinschen Reformgesetzgebung, 1898.

[8]) Vgl. die bei Baumann, Theodor von Schön, 1910, 3 ff. angeführten Schriften, sowie Thimme in Forsch. z. br.-pr. Gesch. **23**, 493 ff.

Polizeibehörden in der preußischen Monarchie" zu ersehen[1]). Sein Ziel[2]) war, eine energische Aktion, Einheit nnd Kraft in der Staatsverwaltung herbeizuführen, dem freien Staatsbürgertum einen Anteil an der öffentlichen Verwaltung zu gewähren, um die verloren gegangenen Beziehungen des Staates zu seinen Bürgern wieder herzustellen. Zu diesem Zweck mußte zuerst die wirtschaftliche Abhängigkeit der Landbevölkerung von der Gutsherrschaft und der noch bestehende Gegensatz der drei ständischen Besitzklassen — Adel, Bürger, Bauern — beseitigt werden. Dann erst konnte die Verwaltungsorganisation auf den verschiedenen Stufen unter eingehender Berücksichtigung des Selbstverwaltungsgedankens erfolgreich erneuert und so die Heranziehung aller Bevölkerungsklassen zum Dienst des Vaterlandes verwirklicht werden. In diesen beiden Akten vollzog sich demgemäß die Durchführung des Steinschen Programmes.

1. Das „Edikt, den erleichterten Besitz und den freien Gebrauch des Grundeigentums, so wie die persönlichen Verhältnisse der Landbewohner betreffend", vom 9. Oktober 1807[3]) beiseitigte sowohl die ständische Dreiteilung der Bevölkerung als auch die bäuerliche Erbuntertänigkeit[4]).

a) Es verlieh jedem Staatsangehörigen das unbeschränkte Recht zum Besitz von Grundstücken jeder Art, so daß fortan ohne besondere Erlaubnis ein Adliger nicht bloß adelige, sondern auch bürgerliche und bäuerliche Grundstücke, ein Bürger oder Bauer nicht bloß burgerliche und bäuerliche, sondern auch adelige Grundstücke erwerben und besitzen konnte (§ 1). Es beseitigte die Standesunterschiede auch für den Gewerbebetrieb, indem es jedem Adligen das Recht gab, ohne Nachteil seines Standes bürgerliche Gewerbe zu treiben, jedem Bürger oder Bauern, aus dem Bauer- in den Bürger- und aus dem Bürger- in den Bauerstand überzutreten (§ 2).

b) Das Edikt hob ferner die bäuerliche Erbuntertänigkeit[5]) auf.

---

[1]) Die Denkschrift ist mitgeteilt bei Pertz, Leben Steins, 1, 415—438. Vgl. über sie Lehmann, Stein, 2, 65 ff.

[2]) v. Meier-Thimme, Reform, 121 ff.

[3]) Gesetzsammlung 1806/10, 170

[4]) Schmalz, Über Erbuntertänigkeit, 1808. Knapp, Die Bauernbefreiung und der Ursprung der Landarbeiter in den älteren Teilen Preußens, 1887, 1, 126 bis 146; 2, 117—222. Lehmann, Stein, 2, 261 ff., bes. 281 ff. v. Meier, Französische Einflüsse, 2, 274—290.

[5]) Diesen Begriff deklarierten die Verordnungen vom 8. April 1809 (GS. 1806 bis 1810, 557) und vom 24. Oktober 1810 (GS. 1806/10, 735).

Sogleich mit seiner Publikation erlosch das Untertänigkeitsverhältnis derjenigen Bauern (und ihrer Frauen und Kinder), welche ihre Bauergüter zu Eigentum, Erbzins oder Erbpacht besaßen (§ 11), mit dem 11. November 1810 überhaupt jede Gutsuntertänigkeit. „Nach dem Martini-Tage 1810 gibt es nur freie Leute" (§ 12). Auf den Domänen war die Erbuntertänigkeit zum Teil schon früher beseitigt worden[1]); soweit sie noch bestand, sollte sie gemäß Kabinettsorder vom 28. Oktober 1807 mit dem 1. Juni 1808 verschwinden[2]). Mit Recht konnte Stein in seinem „politischen Testament" vom 24. November 1808[3]) sagen: „Der letzte Rest der Sklaverei, die Erbuntertänigkeit, ist vernichtet, und der unerschütterliche Pfeiler jedes Throns, der Wille freier Menschen, ist gegründet."

Aufgehoben war aber mit der Erbuntertänigkeit lediglich das persönliche Abhängigkeitsverhältnis des Bauern vom Gutsherrn[4]), unberührt geblieben die dingliche Bindung des privatbäuerlichen[5]) Besitzes zugunsten der Gutsherrschaft; ihre Beseitigung hat erst das Hardenbergsche Edikt vom 14. September 1811 in die Wege geleitet[6]).

2. Nunmehr konnte Stein seine größte schöpferische Tat reifen lassen, ein Werk, an dessen Vollendung[7]) er zwar nicht so sehr persönlich mitgearbeitet hat, das aber doch ganz den Stempel seines Geistes trägt. Es ist die vom Könige am 19. November 1808[8]) für den ganzen damaligen Staatsbereich erlassene Städteordnung[9]). Dieses

---

[1]) Knapp, Bauernbefreiung, 1, 91 ff.; 2, 3 ff., 92 ff.

[2]) GS. 1806/10, 174. Knapp a. a. O. 1, 95; 2, 171 f.

[3]) Pertz, Stein, 2, 309 ff.

[4]) Vgl. die (S. 109 Anm. 5) angeführten Verordnungen.

[5]) Den Domänenbauern in Ost- und Westpreußen wurde bereits in der Verordnung wegen Verleihung des Eigentums von den Grundstücken der Immediat-Einsassen in den Domänen von Ostpreußen, Littauen und Westpreußen vom 27. Juli 1808 (GS. 1806/10, 245) das volle, uneingeschränkte Eigentum ihrer Grundstücke verliehen. Knapp, Bauernbefreiung, 2, 179 ff.

[6]) Vgl. unten S. 119.

[7]) Zur Entstehung der Städteordnung: v. Meier-Thimme, Reform, 249—275. Lehmann, Der Ursprung der StO. von 1808, in Preuß. Jahrbücher 93, 1898, 471—514. Petersilie, Entstehung und Bedeutung der Preuß. Städteordnung. Eine Festschrift. 1908, 59—71. Clauswitz, Die StO. von 1808 und die Stadt Berlin, Festschrift, 1908, 54—94.

[8]) Ordnung für sämtliche Städte der Preußischen Monarchie mit dazu gehöriger Instruktion, Behuf der Geschäftsführung der Stadtverordneten bei ihren ordnungsmäßigen Versammlungen, vom 19. November 1808. GS. 1806/10, 324.

[9]) v. Roenne, Die preuß. Städteordnungen vom 19. November 1808 und 17. März 1831, 1843. Lehmann, Stein, 2, 447—503. v. Meier-Thimme, Re-

wichtigste Gesetz der Reformzeit lehnt sich äußerlich etwas an die französische Revolutionsgesetzgebung an, ist aber inhaltlich ganz aus dem Geiste der deutschen Vergangenheit, aus der Tiefe des deutschen „Staats- und Rechtsbewußtseins[1])“ geschöpft[2]). Es bedeutete eine radikale Änderung des bis dahin geltenden preußischen Städterechts. Es bezweckte, „den Städten eine selbständigere und bessere Verfassung zu geben, in der Bürgergemeine einen festen Vereinigungspunkt gesetzlich zu bilden, ihnen eine tätige Einwirkung auf die Verwaltung des Gemeinwesens beizulegen, und durch diese Teilnahme Gemeinsinn zu erregen und zu erhalten“[3]). Hatten die Städte bis dahin staatliche Verwaltungsbezirke dargestellt, so wurden sie jetzt zu selbständigen kommunalen Verbänden erhoben. Ihre anstaltliche wurde durch eine genossenschaftliche Organisation ersetzt. Sie erhielten die Freiheit der Selbstverwaltung ihrer Angelegenheiten, namentlich der Finanzen. Die Staatsaufsicht der Landräte[4]) beschränkte sich auf das denkbar geringste Maß. An die Stelle der staatlichen Verwaltungsorgane traten eigene städtische Behörden, deren Bestellung der Bürgerschaft überlassen war. Die Gesamtheit der Bürger wählte, und zwar nicht mehr nach Klassen

---

form, 249—322. v. Meier, Französ. Einflüsse, 2, 314—348. Preuß, Das städtische Amtsrecht in Preußen, 1902, 29—55. Preuß, Die Entwicklung des deutschen Städtewesens, 1, Entwicklungsgeschichte der deutschen Städteverfassung, 1906, 220 bis 290. Petersilie, Entstehung und Bedeutung der Preuß. Städteordnung, 1908, 98ff. Krahmer, Steins Städteordnung, 1908. Broschürenliteratur bei v. Meier-Thimme a. a. O. 472f.

[1]) So Gierke, Die Steinsche Städteordnung, Rede, 1909, 9, 11.

[2]) Hierüber wird in der historischen Literatur ein heftiger Streit geführt. Den deutschen Charakter der StO. betont außer Gierke (s. vorige Anm.) nachdrücklich v. Meier-Thimme, Reform, 249ff., 328; v. Meier, Französ. Einflüsse, 2, 314—348, 498—509; v. Meier, Der Minister v. Stein, die französ. Revolution und der preuß. Adel, eine Streitschrift gegen Max Lehmann, 1908. Vgl. auch Gierke in Internationale Wochenschrift, 1909, Nr. 6, 7. Für die Abfassung der StO. nach französischem Vorbilde Lehmann, Stein, 2, 452ff.; Lehmann, Der Ursprung der StO. von 1808, in Preuß. Jahrb. 93, 1898, 498ff.; Lehmann, Die preuß. Reform von 1808 und die französ. Revolution, daselbst 132, 1908, 211—229; Preuß., Entwicklungsgeschichte der deutschen Städteverfassung, 1906, 232ff. Vermittelnd, doch überwiegend im Sinne v. Meiers, Hintze in Forsch. z. br.-pr. Gesch. 21, 313ff., bes. 319ff.; Küntzel im Jahrb. für Gesetzgebung, Verwaltung und Volkswirtschaft, 34, 1910, 69ff., bes. 87ff.

[3]) Eingangsworte der Städteordnung vom 19. Nov. 1808.

[4]) Die Kabinettsorder vom 30. März 1809 unterstellte die Domänenämter und die Städte ohne königliche Polizeidirektion der polizeilichen Aufsicht des Landrats, v. Meier-Thimme, Reform, 379f.

und Zünften, sondern als Einheit unmittelbar die Stadtverordneten. Dieses entschieden wichtigste, von seiner Wählerschaft durchaus unabhängige Organ wählte den Magistrat. Dieser war lediglich ausführendes, an die Entschließungen der Stadtverordneten gebundenes städtisches Organ. Die städtischen Funktionen beschränkten sich fortan auf die Finanz- und innere Verwaltung („Wohlfahrtspolizei"); dagegen waren Gerichtsbarkeit[1]) und Polizei (Sicherheits- und Ordnungspolizei) auf den Staat übergegangen; doch sah die Städteordnung die Möglichkeit vor, daß die staatliche Polizeiverwaltung auftragsweise vom Magistrat ausgeübt wurde. Der Erlaß dieser Städteordnung, die alsbald in nahezu sämtlichen Städten der Monarchie durchgeführt wurde[2]) bedeutete einen unermeßlichen Fortschritt[3]). Das Bürgertum in den Städten war wieder zur Mitarbeit an der öffentlichen Verwaltung erweckt, die Verbindung des Mittelstandes mit seinem engeren Gemeinwesen Stadt und seinem weiteren Gemeinwesen Staat wieder hergestellt worden. Das Staatswesen ruhte jetzt außer auf Beamtentum und Adel auf einer weiteren, wertvollen Grundlage, der städtischen Bürgerschaft. — Als Gegenstück zur städtischen plante Stein eine Selbstverwaltung auf dem Lande, namentlich in den Kreisen. Die überragende Stellung der Großgrundbesitzer, die gutsherrliche Gerichtsbarkeit und Polizei sollten wegfallen. Dieser Plan ist jedoch zu keinem Ergebnis gediehen, weil seine Vorbedingung unerfüllt war. Solange das wirtschaftliche Band zwischen Bauern und Gutsbesitzern nur erst nach der persönlichen, noch nicht nach der dinglichen Seite gelöst war, erschien eine der städtischen gleichwertige Verwaltungsreform auf dem Lande undurchführbar[4]).

3. Auch die Reform der Zentral- und Provinzialbehörden umfaßte das Programm Steins[5]). Unter den Kriegswirren hatte sich

---

[1]) Die Kabinettsorder vom 16. April 1809 erklärte die bisherigen Stadtgerichte für königliche Gerichte. v. Roenne, Die preuß. Städteordnungen, 500.

[2]) v. Meier-Thimme, Reform, 476^{153} und die 477 vermerkten Schriften.

[3]) Petersilie a. a. O., 113—128.

[4]) v. Meier-Thimme, Reform, 325 ff. v. Meier, Französ. Einflüsse, 2, 348 ff. Lehmann, Stein, 2, 503 ff. Keil, Die Landgemeinde in den östlichen Provinzen Preußens 1890, 76–104.

[5]) v. Meier-Thimme, Reform, 155 ff. v. Meier, Französ. Einflüsse, 2, 297 ff. Lehmann, Stein, 2, 369—446, 603 f. Zorn, Die staatsrechtliche Stellung des preuß. Gesamtministeriums, Sonderabzug aus der Festschrift für v. Maurer, 1893. v. Gneist, Die verfassungsmäßige Stellung des preuß. Gesamtministeriums und die rechtliche Natur der Königl. Ratskollegia, im Verwaltungsarchiv 3, 1895, 433—509. Hintze, das preuß. Staatsministerium im 19. Jahrh., in Schmoller-Festschrift, 1908, 403 ff.

der bisherige Bestand der obersten Staatsbehörden aufgelöst. Staatsrat und Generaldirektorium waren verschwunden. Als vorläufige Zentralbehörden wurden die Immediatkommission (1807), nach ihr das General-Finanz- und Polizei-Departement (Generaldepartement) und die eine Art Beamtenparlament darstellende Generalkonferenz (1808) errichtet. Über eine endgültige zentrale Organisation, insbesondere die Einrichtung eines Staatsrates als höchster Staatsbehörde enthielt die Nassauer Denkschrift Steins eingehende Vorschläge [1]). Wenn es auch Stein infolge seiner von Napoleon erzwungenen vorzeitigen Entlassung [2]) nicht mehr möglich war, selbst seinen Plan zu verwirklichen, ist doch die Gestaltung der Zentral- und Provinzialbehörden im Prinzip nach seinen Vorschlägen und in seinem Geiste von den Nachfolgern (Ministerium Dohna-Altenstein) durchgeführt worden. Am 24. November 1808 verließ Stein den preußischen Staatsdienst, nachdem er seine weiteren Reformgedanken in einem Rundschreiben an die Verwaltungsbehörden, dem sog. „politischen Testament" [3]) niedergelegt hatte. Am selben Tage gab der König in der sog. „Verordnung" vom 24. November 1808 [4]) seinen Entschluß zur Neugestaltung der Behörden nach Steins Plänen kund. Diese nicht publizierte Verordnung erschien überarbeitet als Publikandum vom 16. Dezember 1808 [5]). Dieses heute noch grundlegende Publikandum enthält einen Plan über die Neugestaltung der Zentralbehörden sowie die teilweise Ausführung dieses Planes. Er umfaßte die Einrichtung eines Staatsrats und fünf bürokratisch organisierter Fachministerien für Inneres, Finanzen, Justiz, Krieg, Äußeres. Seine Vorzüge waren einleuchtend: Beseitigung der Provinzialministerien, reine Durchführung des Realsystems für den ganzen Staat, klare Scheidung der einzelnen Ressorts, Bildung einer verantwortlichen, einheitlichen höchsten Verwaltungsbehörde. Verwirklicht wurde von diesem Plan in dem Publikandum selbst nur die Einrichtung der Mini-

---

1) Pertz, Stein, 1, 415ff

2) Lehmann, Stein, 2, 548ff; 3, 10ff. Stern, Der Sturz des Frhrn. vom Stein, in „Abhandlungen und Aktenstücke zur Gesch. der preuß. Reformzeit 1807 bis 1815", 1885, 3—41.

3) Pertz, Stein, 2, 309—314.

4) Die veränderte Verfassung der obersten Verwaltungsbehörden in der preuß. Monarchie betr. Pertz, Stein, 2, 689—739. Dazu v. Meier-Thimme, Reform, 155ff. v. Gneist im Verw.-Arch. 3, 484f.

5) Betr. die veränderte Verfassung der obersten Staatsbehörden der Preuß. Monarchie, in Beziehung auf die innere Landes- und Finanzverwaltung. GS 1806/10, 361. v. Meier-Thimme a. a. O. 165f. v. Gneist im Verw.-Arch. 3, 438ff.

sterien des Innern und der Finanzen. Das Kriegsministerium erhielt seine neue Organisation erst 1809[1]). Die Ministerien der Justiz und des Äußern wurden durch Fortfall der Mehrheit von Justiz- bzw Kabinettsministern der neuen Ordnung angepaßt. Vorbehalten blieb der Plan der Errichtung des Staatsrates. Infolgedessen traten die Ministerien selbst als oberste, unverbundene Spitzen der Staatsverwaltung ins Leben. Das Ergebnis war keine Einheit, sondern „eine Fünfheit der obersten Staatsverwaltung ohne Einheit" [2]). Auch die Provinzialbehörden[3]) empfingen ihre Umgestaltung im Jahre 1808[4]). Die Kriegs- und Domänenkammern wurden von kollegialen „Regierungen" abgelöst, auf welche die gesamte Bezirksverwaltung überging. Die bisher als Regierungen bezeichneten Landesjustizkollegien erhielten den Namen „Oberlandesgerichte"; doch verblieb es beim Berliner „Kammergericht" und Königsberger „Tribunal". Die Zuständigkeit der Regierungen und Oberlandesgerichte wurde genau abgegrenzt. Erstere bearbeiteten sämtliche Geschäfte der inneren und Finanzverwaltung einschließlich der Kirchen- und Schulsachen, letztere übten die ordentliche Rechtspflege und die gesamte bisher sog. Attributivjustiz aus[5]). Nunmehr waren Justiz und Verwaltung auch in der Bezirksinstanz voneinander geschieden. Gleichzeitig trat anstelle der bisherigen Zentralisation der Grundsatz der Dezentralisation: Die Regierungen sollten innerhalb ihrer Zuständigkeit ohne Anfrage und Berichterstattung selbst entscheiden und das nötige ausführen. Völlig neu war der Gedanke der Übertragung des Selbstverwaltungsprinzips auf die Regierungen: zu ihrer Geschäftsführung sollten neun von den Ständen vorgeschlagene landständische Repräsentanten zugezogen werden. Der Versuch scheiterte indes vollständig, ebenso auch der Plan einer Zusammenfassung mehrerer Regierungsdepartements unter einem Oberpräsidenten[6]).

---

[1]) Publ. betr. die äußeren Verhältnisse des Kriegsministeriums oder des Kriegsdepartements vom 18. Febr 1809. GS. 1806/10, 536. Dazu die Kab.-Order v. 28. August 1814; GS. 1814, 77.

[2]) Zorn, Gesamtministerium, 22.

[3]) v. Meier-Thimme, Reform, 191 ff., v. Meier, Französ. Einflüsse, 2, 311 ff. Loening, Gerichte und Verwaltungsbehörden in Br.-Pr. 1914, 129—147.

[4]) V. wegen verbesserter Einrichtung der Provinzial- Polizei- und Finanz-Behörden vom 26. Dezember 1808 (GS. 1806/10, 464) nebst Gesch.-Instr. für die Regierungen vom gleichen Tage (GS. 1806/10, 481).

[5]) Die Kammerjustizdeputationen nebst ihren höheren Instanzen fielen fort.

[6]) Publikandum vom 16. Dez. 1808, §§ 34—35; Instruktion vom 23. Dez. 1808 (GS. 1806/10, 373). v. Meier-Thimme, Reform, 174 ff., bes. 187 f.

Einen lichtvollen Abschluß fand die Steinsche Reformarbeit in der Gründung der Universität Berlin [1]).

B. Freiherr von Hardenberg [2]).

Nach dem Sturze des Ministeriums Dohna-Altenstein wurde Frhr. v. Hardenberg im Juni 1810 mit der Fortsetzung des Reformwerkes betraut. War Stein hauptsächlich auf die Neuordnung der Verwaltungsorganisation bedacht gewesen, so führte Hardenberg die Reform vornehmlich auf finanziell-wirtschaftlichem Gebiete durch, ohne dabei aber den Abschluß der Umformung des Behördenwesens aus dem Auge zu lassen. Auch Hardenberg hat seine Reformgedanken in einem berühmten Schriftstück niedergelegt, nämlich in der auf königlichen Befehl verfaßten, außerordentlich inhaltreichen sog. „Rigaer Denkschrift über die Reorganisation des preußischen Staates" (1807) [3]). Er vertrat etwa den Standpunkt des modernen Liberalismus. Sein Leitmotiv war die friedliche Übertragung der in der französischen Revolution enthaltenen Werte auf Preußen. Als angemessenste Form für den damaligen Zeitgeist erschien ihm die Verbindung demokratischer Grundsätze mit einer monarchischen Regierung. Von neuem Geiste erfüllt schlugen die Reformarbeiten neue Bahnen ein, das bereits Geschaffene nicht beeinträchtigend, sondern wertvoll ergänzend.

Den zahlreich zu erwartenden neuen Gesetzen wurde eine neue Sammelstätte bereitet. Die Königl. Verordnung vom 27. Oktober 1810 [4]) begründete für die gesamte Monarchie eine Gesetzsammlung zur Aufnahme aller mehr als ein einzelnes Regierungsdepartement angehenden Gesetze und Verordnungen (§ 1) [5]). Damit war an die Stelle der bisherigen, örtlichen eine neue, moderne Form amtlicher Verkündung getreten.

[1]) Kab.-Orders vom 4. September 1807 und 16. August 1809. Köpke, Die Gründung der Königl. Friedrich Wilhelms Universität in Berlin, 1860. Lenz, Geschichte der Königl. Friedrich Wilhelms Universität zu Berlin, 4 Bände, 1910.

[2]) Klose, Leben Karl Augusts Fürsten von Hardenberg, 1851. v. Ranke, Denkwürdigkeiten des Staatskanzlers Fürsten von Hardenberg, 5 Bände, 1877. v. Ranke, Hardenberg und die Geschichte des preuß. Staates von 1793—1813², 3 Bände, 1879/81. v. Meier-Thimme, Reform, 146ff. v. Meier, Französ. Einflüsse, 2, 399—478. Lehmann, Stein, 3, 55ff.

[3]) Die Denkschrift vom 12. September 1807 ist mitgeteilt bei v. Ranke, Denkwürdigkeiten 4, 1877, Anhang (1*—108*).

[4]) GS 1810, 1.

[5]) Dazu die Verordnung über die Einrichtung der Amtsblätter in den Regierungsdepartements und über die Publikation der Gesetze und Verfügungen durch dieselben und durch die allgemeine Gesetzsammlung vom 28. März 1811 (GS. 1811, 165).

1. Die dringlichste Aufgabe Hardenbergs war die **Finanzreform**.

a) Die Frage der **Schuldentilgung** stand im Vordergrunde[1]).

Zur Erschwingung der Kriegskontribution und zur Befriedigung der Staatsgläubiger hatte man 1808 zur Verpfändung von Domänen greifen müssen. Die Tilgung der Staatsschulden erheischte weitere Verfügungen über das Domänengut. Solche Verfügungen erschienen aber unvereinbar mit den 1710 und 1713 von Friedrich I. und Friedrich Wilhelm I. erlassenen hausgesetzlichen Bestimmungen[2]) über die Unveräußerlichkeit der Domänengüter. Um nun die Rechtsgrundlage für die notwendigen Maßnahmen zu schaffen, errichtete der König mit Zustimmung aller königlichen Prinzen[3]) und der Provinzialstände[4]) am 17. Dezember 1808 ein Hausgesetz, das durch Edikt über die Veräußerlichkeit der königlichen Domänen vom 6. November 1809 publiziert[5]) wurde und folgende Anordnungen traf:

Die gesetzlichen Normen über Unteilbarkeit und Unveräußerlichkeit der Souveränitätsrechte mittels Anordnung der Primogenitur und des Fideikommisses bleiben unberührt. Was die Domänen betrifft, deren Ertrag zu den öffentlichen Ausgaben bestimmt ist, so können jederzeit nur die Bedürfnisse des Staats und die Anwendung einer verständigen Staatswirtschaft darüber entscheiden, ob ihre Veräußerung durch Verkauf, Erbverpachtung oder sonstwie für das gemeinsame Wohl und für des Königs wie des königlichen Hauses Interesse notwendig oder vorteilhaft ist. Die Vorschriften des ALR. II, 14, §§ 16ff. werden dahin deklariert, daß eine Verschenkung von Domänen unstatthaft und jederzeit widerruflich ist; daß der Souverän das Recht hat, die zu den Domänen gehörigen Bauerngüter, Mühlen, Krüge und anderes einzelnes Zubehör entgeltlich zu veräußern, auch das volle Eigentum an bäuerlichen Besitzungen ohne Bezahlung eines Kaufgeldes zu übertragen, wenn er dies den Grundsätzen einer staatswirtschaftlichen Verwaltung gemäß findet; daß der Souverän hinsichtlich der übrigen Domanialgrundstücke, Gefälle und Rechte zur entgeltlichen Veräußerung mittels Erbverpachtung unbeschränkt, zum Verkauf, zur Verpfändung oder sonstigen dinglichen Belastung aber nur dann befugt ist, wenn das wahre Bedürfnis des Staates eintritt und mit dem Kaufgeld oder dem erliehenen Kapital Schulden des Staates bezahlt werden müssen, die in seiner Erhaltung entstanden sind[6]); in letzterem Falle muß die Urkunde auch vom Thronfolger und dem ältesten Prinzen des von Friedrich Wilhelm I. abstammenden Hauses vollzogen werden[7]).

---

[1]) Über die finanzielle Lage Mamroth, Gesch. der preuß. Staatsbesteuerung 1806—1816, 1890, 23—59; Schmoller in „Umrisse und Untersuchungen," 1898, 189ff.

[2]) S. oben S. 57. Vgl. auch § 16ff. ALR. II, 14.

[3]) Bornhak im Verw.-Arch. 13, 1905, 303—308.

[4]) Schönbeck in Forsch. z. br.-pr. Gesch. 20, 1ff.

[5]) GS. 1806/10, 604. Schulze, Hausgesetze, 3, 750, Nr. XVI.

[6]) Als solche erklärte das Hausgesetz alle schon vorhandenen Schulden und diejenigen, die zur Bezahlung der an Frankreich abzutragenden Kriegskontribution verwendet wurden.

[7]) Die rechtliche Eigenschaft und Veräußerlichkeit der Domänen wurde später

Eine weitere Maßnahme zur Tilgung der Staatsschulden [1]) war der Erlaß des Ediktes über die Einziehung sämtlicher geistlichen Güter in der Monarchie vom 30. Oktober 1810 [2]). Alle Klöster, Dom- und anderen Stifter, Balleien und Kommenden der katholischen und evangelischen Kirche wurden zu Staatsgütern erklärt (§ 1) und sollten gegen Entschädigung der Benutzer und Berechtigten nach und nach eingezogen werden (§ 2). Auf die Veräußerung und Verpfändung dieser Güter fand das am 6. November 1809 verkündete Hausgesetz keine Anwendung [3]), sondern es entschied darüber allein der König [4]).

b) Diesen einmaligen folgten alsbald dauernde Maßnahmen zur Hebung des Finanzwesens. Eine umfassende Steuerreform [5]) war dringendes Bedürfnis. Der Finanzplan wurde in dem Edikt über die Finanzen des Staats und die neuen Einrichtungen wegen der Abgaben usw. vom 27. Oktober 1810 [6]) bekannt gegeben und sodann in einer Reihe einzelner gesetzlicher Erlasse durchgeführt. Diese Steuergesetze [7]) der

---

in den neu- und wiedererworbenen Landesteilen den altpreußischen Vorschriften entsprechend geregelt. Verordnung vom 9. März 1819. GS. 1819, 73.

[1]) Domänen und Forsten sowie säkularisierte Güter haften nach der Verordnung vom 17. Januar 1820 (GS. 1820, 9) zu III als Pfand für sämtliche Staatsschulden. Zur Verwaltung der Staatsschulden wurde durch dieselbe Verordnung (zu VIII) eine besondere Behörde, die Hauptverwaltung der Staatsschulden errichtet.

[2]) GS. 1810, 32.

[3]) Deklaration und Verordnung vom 6. Juni 1812 (GS. 1812, 108).

[4]) Zur Ausführung des Hausgesetzes und des Säkularisationsediktes erging das Edikt wegen Veräußerung der Domänen, Forsten und geistlichen Güter vom 27. Juni 1811 (GS. 1811, 208) und die fernerweite Verordnung wegen Veräußerung der Staatsgüter vom 5. März 1813 (GS 1813, 27).

[5]) Mamroth, Geschichte der preuß. Staatsbesteuerung 1806—1816, 1890, 198—220, 390—591. Dieterici, Zur Gesch. der Steuerreform in Preußen von 1810 bis 1820, 1875. Nasse in Histor. Zeitschrift 26, 282ff. Bornhak in Forsch. zur br.-pr. Gesch. 3, 555—608, bes. 577ff. Schmoller in „Umrisse und Untersuchungen", 1898, 189ff. Steffens, Hardenberg und die ständische Opposition 1810/1811, 1907, 146—195.

[6]) GS. 1810, 25.

[7]) Edikt über die neuen Konsumtions- und Luxussteuern vom 28. Oktober 1810; GS. 1810, 33; Mamroth, Die Luxussteuer in Preußen von 1810—1814, in Forsch. zur br.-pr. Gesch. 1, 281ff. — Edikt über die Einführung einer allgemeinen Gewerbesteuer vom 28. Oktober bzw. 2. November 1810; GS. 1810, 79. — Stempelgesetz für die ganze Monarchie vom 20. November 1810; GS. 1810, 121. — Im Anschluß an diese Gesetze erging die Gesindeordnung vom 8. November 1810; GS. 1810, 101; Lennhoff, Das ländliche Gesindewesen in der Kurmark Br., 1906. Hedemann, Die Fürsorge des Gutsherrn für sein Gesinde, 1905

wirklichten zum ersten Male[1]) die modernen Grundsätze der Gleichheit der Besteuerung (in Stadt und Land und für alle Bevölkerungsklassen), der Freiheit des Grundeigentums, der Gewerbefreiheit[2]); sie mußten aber infolge des heftigen Unwillens, den mancherlei fehlerhafte Vorschriften in der öffentlichen Meinung erweckten[3]), in zwei Edikten vom 7. September 1811[4]) einer Revision unterzogen werden; doch blieben die von ihnen eingeführten Grundsätze unberührt. Damit war das auf der ständischen Gliederung der Bevölkerung beruhende Steuersystem beseitigt. Nur die beabsichtigte Grundsteuerreform konnte noch nicht durchgeführt werden[5]).

2. Mit der Finanz- und Steuerreform verband Hardenberg eine gründliche Wirtschaftsreform[6]). Das wirtschaftliche Band zwischen Bauern und Gutsbesitzern war durch das Edikt vom 9. Oktober 1807 nur nach seiner persönlichen Seite gelöst worden. Es bedurfte noch

---

[1]) In Ost- und Westpreußen hatten bereits unter Stein einige Gesetze der Jahre 1806 und 1808 für verschiedene Gewerbe die Gewerbefreiheit eingeführt. v. Meier, Französische Einflüsse, 2, 291—296.

[2]) Aufhebung des Unterschiedes von Stadt und Land für den Gewerbebetrieb, Beseitigung der Zwangs- und Bannrechte sowie der Monopole, Änderung der alten Zunftverfassung. v. Rohrscheidt, Vom Zunftzwange zur Gewerbefreiheit, 1898. Auf das ganze Staatsgebiet wurde der Grundsatz der Gewerbefreiheit erst durch die Allgemeine Gewerbeordnung vom 17. Januar 1845 (GS. 1845, 41) ausgedehnt.

[3]) Steffens, Hardenberg und die ständische Opposition, 1907, 11ff.

[4]) Über die Finanzen des Staats und das Abgabensystem (GS. 1811, 253); über die polizeilichen Verhältnisse der Gewerbe (GS. 1811, 263).

[5]) Später hat das Gesetz vom 30. Mai 1820 über die Einrichtung des Abgabenwesens (GS. 1820, 134) für eine umfassende Reform des Steuerwesens einen Plan aufgestellt, der durch eine Reihe von Einzelgesetzen (über Gewerbesteuer, Klassensteuer, Mahl- und Schlachtsteuer, Stempelsteuer) in der Hauptsache ausgeführt wurde, ausgenommen die Grundsteuerreform. Letztere gelang nur in einigen Provinzen. Ihre Durchführung für den ganzen Staat und damit ihr Abschluß glückte erst im Jahre 1861. Die drei zusammenhängenden Gesetze über die anderweite Regelung der Grundsteuer, über die Einführung einer allgemeinen Gebäudesteuer und über die Entschädigung für Aufhebung der Grundsteuerbefreiungen vom 24. Mai 1861 (GS. 1861, 253) beseitigten alle überkommenen Befreiungen und Bevorzugungen der Grundstücke hinsichtlich der Grundsteuer und schufen für das ganze Staatswesen eine einheitliche, nach Reinertrag der Grundstücke und Nutzungswert der Gebäude erhobene Grund- und Gebäudesteuer.

[6]) Lette-v. Roenne, Die Landeskulturgesetzgebung des preuß. Staates, 2 Bände, 1853/54. Knapp, Die Bauernbefreiung, 1, 161ff; 2, 226ff. v. Meier, Französ. Einflüsse, 2, 407—416. Böhme, Gutsherrlich-bäuerliche Verhältnisse in Ostpreußen während der Reformzeit von 1770—1830, 1902. Steffens, Hardenberg und die ständische Opposition, 1907, 91—146.

der Lösung nach der dinglichen Seite. Dieser für die Domänenbauern schon früher vollzogene Schritt[1]) wurde jetzt auf die Privatbauern ausgedehnt. Dies geschah durch das Edikt „die Regulierung der gutsherrlichen und bäuerlichen Verhältnisse betreffend" vom 14. September 1811[2]). Dieses Gesetz begründete die Möglichkeit, im Wege des „Auseinandersetzungsverfahrens"[3]) die bisher nicht zu Eigentum verliehenen bäuerlichen Besitzungen in Eigentum der bäuerlichen Besitzer zu verwandeln und die darauf ruhenden Dienste und Lasten gegen Entschädigung abzulösen (§ 1). Zu den in dieser Weise „regulierungsfähigen" Besitzungen gehörten sowohl die erblichen Bauerhöfe einschließlich derjenigen, bei denen der Gutsherr zur Wiederbesetzung des erledigten Hofes mit einem Erben des letzten Besitzers verpflichtet war (§ 3), als auch die nichterblichen, d. h. den Bauern auf unbestimmte Zeit, auf gewisse Jahre oder auf Lebenszeit überlassenen Besitzungen (§ 35). Für den Übergang des Eigentums am Bauernhof und die Aufhebung der Dienste mußte der Bauer den Gutsherrn in Land entschädigen (§§ 4, 37). Die Entschädigung bestand bei erblichen Besitzern in einem Drittel (§ 10), bei nichterblichen Besitzern in der Hälfte ihrer Besitzungen (§ 37). Die gutsherrliche Gerichtsbarkeit und Polizei wurden durch das Edikt nicht berührt (§ 58). Damit war die dingliche Befreiung des Bauernlandes, wenn auch noch nicht verwirklicht, so doch in die Wege geleitet. Die Durchführung des Ediktes dauerte noch viele Jahre[4]). Sie wurde überdies später wesentlich eingeschränkt durch das Deklarationsgesetz vom 29. Mai 1816[5]), nach welchem nur noch die spannfähigen, in den Steueranschlägen katastrierten, dem Besetzungszwang unterliegenden Bauerngüter alten Bestandes regulierungsfähig waren, während alle kleineren Güter nach wie vor vom Gutsherrn abhängig blieben.

[1]) Seit 1799. Knapp a. a. O. 2, 102—136

[2]) GS. 1811, 281.

[3]) Zur Vollziehung der Auseinandersetzung wurden besondere Provinzialbehörden, die „Generalkommissionen" errichtet. Regulierungsedikt, § 59 Verordnung wegen Organisation der Generalkommissionen usw. vom 20. Juni 1817 (GS. 1817, 161).

[4]) Die wichtigsten späteren Ergänzungen brachten das Gesetz vom 31. Oktober 1848 (GS. 1848, 243) über die Aufhebung des Jagdrechts auf fremdem Grund und Boden, das Gesetz vom 2. März 1850 (GS. 1850, 77) über die Ablösung der Reallasten und die Regulierung der gutsherrlich-bäuerlichen Verhältnisse, das Gesetz vom 11. März 1850 (GS. 1850, 116) über die Ablösung der auf Mühlengrundstücken haftenden Reallasten. Das Obereigentum wurde beseitigt, die Lasten teils aufgehoben, teils durch Renten für ablösbar erklärt und diese Ablösung durch „Rentenbanken" erleichtert.

[5]) GS. 1816, 154. Knapp a. a. O. 1, 184 ff.; 2, 353 ff.

3. Mit der Finanz- und Wirtschaftsreform hatte Hardenberg sein wichtigstes Ziel, die Befreiung des Individuums aus den wirtschaftlichen Fesseln erreicht, ohne dabei sein anderes Ziel, die Behördenreform[1]), vernachlässigt zu haben.

a) Im Gegensatz zu Stein, der stets eine kollegiale Organisation der Zentralverwaltung angestrebt hatte, wollte Hardenberg das Verwaltungsgebäude mit einer persönlichen Spitze, einem Staatskanzler[2]) krönen. Die Verordnung über die veränderte Verfassung aller obersten Staatsbehörden in der preußischen Monarchie vom 27. Oktober 1810[3]) begründete das neue, außerordentlich machtvolle Amt[4]). Der Staatskanzler führte unter den Befehlen des Königs die Oberaufsicht und Kontrolle der gesamten Verwaltung. Er konnte suspendierend, in außerordentlichen und dringenden Fällen auch durch positive Anordnungen in jeden Verwaltungszweig eingreifen. Das Amt des Staatskanzlers erlosch mit Hardenbergs Tode im Jahre 1822, indem die Stelle nicht wieder besetzt wurde. Außerdem regelte die Verordnung die Einrichtung des Kabinetts. Aus ihm ergingen die Befehle und Entscheidungen des Königs. Es zerfiel in zwei Abteilungen: für Militärsachen und für Hof- und Zivilsachen. Die Verfassung der fünf Ministerien (des Innern, der Finanzen, der Justiz, der auswärtigen Angelegenheiten, des Kriegsdepartements) wurde teilweise neu geregelt. Die Staatsminister führten die ihnen anvertraute Verwaltung selbständig, verfügten darin auf eigene Verantwortlichkeit, hatten jedoch zu bestimmten Gegenständen die königliche Genehmigung einzuholen und mußten dem Staatskanzler auf Verlangen über jeden Gegenstand ihrer Verwaltung Auskunft und Rechenschaft geben. Nach Fortfall des Staatskanzlerpostens bildeten

---

[1]) v. Meier-Thimme, Reform, 167—173. v. Meier, Französ. Einflüsse, 2, 417—442. Zorn, Gesamtministerium, a. a. O. 22ff. v. Gneist im VerwArch. 3, 484ff. Hintze, Staatsministerium, a. a. O. 425ff.

[2]) Zorn, Gesamtministerium, a. a. O. 43ff.

[3]) GS. 1810, 3.

[4]) Die Verordnung vom 27. Oktober 1810 sah wiederum einen Staatsrat, aber nicht als verwaltende, sondern lediglich als beratende oberste Behörde vor. Er sollte bestehen aus den großjährigen Prinzen des königlichen Hauses, dem Staatskanzler, den Staatsministern oder Chefs der Verwaltungszweige, dem Staatssekretär sowie den aus Allerhöchstem Vertrauen besonders berufenen Mitgliedern. Den Vorsitz sollte der Staatskanzler führen. Die Bestimmungen über den Staatsrat gelangten jedoch abermals nicht zur Ausführung. Vielmehr verkörperte sich die staatsrechtliche Einheit der Verwaltung und sämtlicher Einzelministerien im Staatskanzler.

die fünf Ressortminister wieder die obersten, nur dem Könige unterstehenden Verwaltungsstellen im Staate. Kein Premierminister war mehr ihr Vorgesetzter. Aber auch durch keine kollegiale Organisation waren sie gebunden, insbesondere nicht durch das 1814 geschaffene „Staatsministerium". Die Kabinettsorder „wegen Ernennung des Ministerii" vom 3. Juni 1814[1]) begründete das — noch unter dem Vorsitz des Staatskanzlers — aus sämtlichen Ministern bestehende „Staatsministerium". In ihm sollten nach der Kabinettsorder vom 3. März 1817[2]) (zu VIII) namentlich die Entwürfe zu neuen Gesetzen sowie Anordnungen von allgemeinem Interesse und ähnliches beraten werden. Eine beschließende Kompetenz besaß das Staatsministerium zunächst[3]) nicht. Infolgedessen bedeutet seine Bildung nicht eine kollegiale Zusammenfassung der einzelnen Minister, nicht die Errichtung einer neuen, den Ministern übergeordneten Kollegialbehörde der Zentralverwaltung[4]).

b) Eine wichtige Fortbildung erfuhr die Provinzialverfassung durch die Verordnung wegen verbesserter Einrichtung der Provinzialbehörden vom 30. April 1815[5]). Sie teilte den Staat in zehn Provinzen (§ 1) und übertrug in jeder die Verwaltung der allgemeinen Landesangelegenheiten einem Oberpräsidenten (§ 2). Dieser bildete jedoch keine Mittelinstanz zwischen den Ministerien und den Regierungen, sondern führte seine Geschäfte als beständiger Kommissar des Ministeriums (§ 4)[6]). Die Regierungen[7]) zerfielen nach der Verordnung vom 30. April 1815 in zwei unter einem Präsidenten vereinigte Abteilungen, die bei gemeinsamen Beratungsgegenständen zusammentraten (§ 9)[8]).

[1]) GS. 1814, 40. Zorn, Gesamtministerium, a. a. O. 30ff. v. Gneist im VerwArch. 3, 489ff.

[2]) GS. 1817, 289.

[3]) Später hat jedoch das Staatsministerium eine gewisse, wenn auch geringfügige, beschließende Kompetenz erhalten. Vgl. Hintze in Schmoller-Festschrift, 1908, 439f., 492f.

[4]) Die Kab.-Order wegen der Geschäftsführung bei den Oberbehörden in Berlin vom 3. November 1817 (GS. 1817, 289) enthielt auch eingehende Vorschriften über den Geschäftskreis des Staatsministeriums, ohne jedoch dadurch eine wirkliche kollegiale Behörde mit beschließender Funktion ins Leben zu rufen. Zorn, a. a. O. 38ff. Abweichend v. Gneist a. a. O. 496ff.

[5]) GS. 1815, 85.

[6]) Dienstinstruktion: Verordnung vom 23. Oktober 1817 (GS. 1817, 229, 230).

[7]) Ihre geplante und in den Grundzügen bereits durch Kab.-Order vom 1. August 1812 (v. Meier-Thimme 228ff., 231) angeordnete Umformung nach dem französischen Präfektursystem verhinderte der Ausbruch des Krieges.

[8]) Die Instruktion zur Geschäftsführung der Regierungen erging unter dem 23. Oktober 1817 (GS. 1817, 229, 248).

c) Die Verwaltungsreform des flachen Landes[1]) mißlang auch Hardenberg. Dagegen gedieh die damit verbundene Neuordnung der polizeilichen Vollstreckung auf dem Lande zu einem Ergebnis. Das Edikt wegen Errichtung der Gendarmerie vom 30. Juli 1812[2]) ordnete für jeden Kreis die Bildung einer militärisch organisierten Gendarmerie an[3]). Die zugleich darin enthaltene neue Kreis- und Landgemeindeverfassung blieb unausgeführt; sie wurde infolge vielfach geäußerter Bedenken aufgeschoben und schließlich durch Kabinettsorder vom 19. Mai 1814 suspendiert[4]). Damit scheiterte die Reform der ländlichen Verfassung. Es bewendete nach wie vor bei der patrimonialen Ordnung und der gutsherrlichen Gerichtsbarkeit und Polizei.

So verschieden die Reformtätigkeit Steins und Hardenbergs nach Grundgedanke, Plan, Durchführung und Ergebnis gewesen, so vieles auch unvollendet geblieben ist und so wenig äußerer Zusammenhang zwischen dem Wirken beider Staatsmänner geherrscht hat, so trefflich hat trotzdem das in seinen einzelnen Teilen sich wertvoll ergänzende Reformwerk als Ganzes sein Ziel, die innere Erneuerung des preußischen Staates, erreicht.

III. Der äußere Neubau des Staates.

Bald folgte der im Stillen durch die Heeresreorganisation[5]) wohl vorbereitete äußere Wiederaufbau.

1. Schon der August 1808 brachte wichtige Verordnungen zur militärischen Reform. Die Verordnung wegen der Militärstrafen und die Verordnung wegen Bestrafung der Offiziere, beide vom 3. August 1808[6]), schafften die entehrenden körperlichen Strafen ab. Das Reglement über die Besetzung der Stellen der Portepeefähnriche und die Wahl zum Offizier vom 6. August 1808[7]) beseitigte die

---

[1]) v. Meier-Thimme, Reform, 381 ff. Keil, Die Landgemeinde, 104—131.

[2]) GS. 1812, 141. v. Meier-Thimme, Reform, 388—413. Förstemann, Prinzipien des Preußischen Polizeirechts, 1869, 107 ff.

[3]) Den Abschluß bildete die Verordnung über die anderweitige Organisation der Gendarmerie vom 30. Dezember 1820. GS. 1821, 1. Dienstinstruktion vom gleichen Tage (GS. 1821, 10).

[4]) Endgültig aufgehoben wurde dieser Teil des Gendarmerie-Ediktes erst beim Erlaß der Kreisordnungen der zwanziger Jahre.

[5]) v. d. Osten-Sacken, Preußens Heer von seinen Anfängen bis zur Gegenwart 2, 1912.

[6]) GS. 1806/10, 265, 272.

[7]) GS. 1806/10, 275.

Standesvorrechte des Adels beim Militär[1]; es bestimmte, daß auf die Offizierstellen in Friedenszeiten nur Kenntnisse und Bildung, in Kriegeszeiten ausgezeichnete Tapferkeit und Überblick Anspruch verleihen sollten. Im September 1808 hatte Napoleon den Höchstbestand der preußischen Truppenmacht für die nächsten zehn Jahre auf 42000 Mann festgesetzt und die Bildung einer Nationalmiliz oder Landwehr untersagt. Gleichwohl gelang es vermöge des Scharnhorstschen sog. Krümpersystems, eine bedeutende Reserve für den Kriegsfall zu schaffen, indem alle drei Monate eine Anzahl Rekruten eingezogen, provisorisch ausgebildet und sodann wieder entlassen und durch neue Rekruten ersetzt wurde. Die Werbungen im Auslande hatten aufgehört; der Ersatz war ein rein inländischer. Der Gedanke der allgemeinen Wehrpflicht wurde allerdings erst während des Krieges verwirklicht. Sie wurde in der Verordnung vom 9. Februar 1813[2] durch Aufhebung der bisherigen Exemtion von der Kantonpflichtigkeit für die Dauer des Krieges begründet, durch das Wehrgesetz (Gesetz über die Verpflichtung zum Kriegsdienste) vom 3. September 1814[3] zur dauernden gesetzlichen Grundlage erhoben. Jeder Eingeborene war fortan zur Verteidigung des Vaterlandes verpflichtet. Die durch Verordnung vom 17. März 1813[4] gebildete Landwehr[5], welche sich im Kriege vortrefflich bewährte, sowie der Landsturm[6] wurden nach dem Kriege beibehalten und ausgebaut[7]. Durch diese gründliche Reform der Wehrverfassung[8] war Preußen in die Lage versetzt, das Fremdjoch der Franzosen in der glänzenden Erhebung der Jahre 1813—1815 abzuschütteln.

---

[1]) Vgl. § 1 ALR. II, 9, wonach dem Adel nach seiner Bestimmung die Verteidigung des Staates hauptsächlich oblag.

[2]) GS. 1813, 13. Wieder aufgehoben durch Kab.-Order vom 27. Mai 1814 (GS. 1814, 62).

[3]) GS. 1814, 79.

[4]) GS. 1813, 109.

[5]) Lehmann, Knesebeck und Schön, 1875, 214ff. Lehmann, Stein, Scharnhorst und Schön, 1877, 72ff.

[6]) Verordnung über den Landsturm vom 21. April 1813 (GS. 1813, 79). Blumenthal, Der preuß. Landsturm von 1813, 1900.

[7]) Landwehrordnung vom 21. November 1815 (GS. 1816, 77).

[8]) In den folgenden Jahrzehnten wurde die Heeresverfassung (v. d. Osten-Sacken, Preußens Heer 2, 1912) durch eine Neuordnung der militär. VerwBehörden (anstelle der Kriegskommissare traten Militärintendanturen) und Ersatzbehörden (Kreisersatzkommissionen und Oberersatzkommission), des Militärkirchenwesens (Mil-Kirchenordnung vom 12. Febr. 1832, GS. 1832, 69) und der Militärgerichtsbarkeit (Militärstrafgesetzbuch und Militärstrafgerichtsordnung vom 3. April 1845, GS. 1845, 287ff.) vervollständigt.

2. **Das Ergebnis der Freiheitskriege**[1]) war die Wiederherstellung des preußischen Staates ungefähr in dem äußeren Umfange wie im Jahre 1804, jedoch mit teilweise anderen Gebieten. Auf dieses Ziel waren bereits die geheimen Artikel des preußisch-russischen Bündnisvertrages zu Kalisch vom 28. Februar 1813 gerichtet gewesen. Durch den ersten Pariser Frieden vom 30. Mai 1814[2]) wurden die Friedensschlüsse zu Basel und Tilsit für Preußen ungültig erklärt. Die Staaten Deutschlands sollten unabhängig und durch ein förderatives Band vereinigt sein. Auf dem Wiener Kongreß 1815 wurde die Entschädigung Preußens im einzelnen festgestellt[3]). Der zweite Pariser Friede vom 20. November 1815[4]) fügte noch einige linksrheinische Gebiete hinzu. Die endgültige Regelung wurde im Frankfurter Territorialrezeß vom 20. Juli 1819 niedergelegt[5]).

---

[1]) v. Treitschke, Deutsche Geschichte, 1, 405 ff. Friederich, Die Befreiungskriege 1813—1815, 4 Bände, 1911—1913. Ulmann, Geschichte der Befreiungskriege 1813 und 1814, 2 Bände, 1914/15

[2]) GS. 1814, 113.

[3]) v. Lancizolle, Übersicht der Deutschen Reichsstandschafts- und Territorialverhältnisse, 1830, 117 ff. Schulze, Hausgesetze, 3, 608 f. In der Wiener Kongreßakte vom 9. Juni 1815 (Klüber, Quellensammlung zu dem öffentl. Recht des Teutschen Bundes³, 1830, 1 ff.) handeln die Art. 15—22 von den Abtretungen Sachsens an Preußen (vgl. den Friedens- und Freundschaftsvertrag mit Sachsen vom 18. Mai 1815, GS. 1815, 53), Art. 23 von der Wiederbesetzung früher besessener Gebiete, Art. 24 von den Neuerwerbungen auf dem linken Rheinufer, Art. 43 von der Einverleibung mediatisierter Gebiete.

[4]) GS. 1816, 13. Schaumann, Geschichte des 2. Pariser Friedens, 1841.

[5]) Im einzelnen erwarb Preußen folgende Länder:

1. die größere Hälfte des Königreichs Sachsen: die Niederlausitz, einen Teil der Oberlausitz, den Kurkreis mit Barby und Gommern, einen Teil des Meißener und Leipziger Kreises, den größten Teil der Stifter Merseburg, Naumburg und Zeitz, den sächsischen Anteil von Mansfeld und Henneberg, den thüringischen Kreis, das Fürstentum Querfurt, den Sachsen-Weimar überlassenen Neustädter Kreis, die Voigtländischen Enklaven Gefäll, Blinkendorf, Sparenberg und Blankenburg (Patent wegen Besitzergreifung des mit der Preuß. Monarchie vereinigten Anteils von Sachsen vom 22. Mai 1815, GS. 1815, 77);

2. von früher besessenen nieder- und obersächsischen Gebieten: die Altmark, das Herzogtum Magdeburg auf dem linken Elbufer nebst dem Saalkreise, das Fürstentum Halberstadt nebst den Herrschaften Derenburg und Hasserode den vormals preußischen Teil der Grafschaften Mannsfeld und Hohenstein, die Grafschaft Wernigerode, die Städte und Gebiete Quedlinburg, Nordhausen und Mühlhausen, das Eichsfeld, Stadt und Gebiet Erfurt sowie den Kottbusser Kreis (Patent wegen Besitzergreifung der mit dem Preuß. Staate wieder vereinigten vormals preuß. Provinzen im Nieder- und Obersächsischen Kreise vom 21 Juni 1815, GS. 1815, 193);

3. von früher besessenen west- und südpreußischen Gebieten: die zum Herzogtum Warschau gekommenen Teile der preußischen Erwerbungen des Jahres 1772, Stadt und Gebiet Thorn, das Departement Posen und einen Teil des Kalischer Departements (Patent wegen der Besitznahme des an Preußen zurückfallenden Teiles des Herzogtums Warschau vom 15. Mai 1815, GS. 1815, 45);

4. gegen das vom Königreich Hannover unter Abtretung von Hildesheim, Goslar, Lingen, Ostfriesland und anderen Gebieten erhaltene Herzogtum Lauenburg rechts der Elbe tauschte Preußen von Dänemark das diesem von Schweden abgetretene Herzogtum Pommern (Neuvorpommern) und Fürstentum Rügen ein (Patent wegen Besitzergreifung des mit der Preuß. Monarchie vereinigten Herzogtums Pommern und Fürstentums Rügen vom 19. September 1815, GS. 1815, 203);

5. an Wieder- und Neuerwerbungen in Westfalen: die seit 1803 besessenen Teile des Hochstifts Münster, die Fürstentümer Minden, Paderborn und Korvey, die Grafschaften Mark, Ravensberg, Tecklenburg, Steinfurt, Recklingshausen, Dortmund, Rittberg, Hohenlimberg und die obere Grafschaft Lingen, die Herrschaften Rheda, Gütersloh, Anholt, Gehmen, Gronau, die Stadt Lippstadt preußischen Anteils, das Amt Reckberg, das Stift Herford, die Propstei Kappenberg und die Karthause Weldern (Patent wegen Besitzergreifung der mit der Preuß. Monarchie wieder vereinigten westfälischen Länder mit Einschluß der dazwischen liegenden Enklaven vom 21. Juni 1815, GS. 1815, 195);

6. an Wieder- und Neuerwerbungen am Rhein: Die Herzogtümer Kleve, Berg und Geldern, das Fürstentum Mörs, die Grafschaften Essen und Werden (Patent wegen Besitznahme der Herzogtümer Kleve usw. vom 5. April 1815, GS. 1815, 21), ferner eine Anzahl von Departements und Kantonen, die unter der Benennung „Großherzogtum Niederrhein" vereinigt wurden (Patent wegen Besitznahme des Großherzogtums Nieder-Rhein vom 5. April 1815, GS. 1815, 23), endlich eine Reihe vormals teils oranischer, teils unter der Hoheit des Gesamthauses Nassau gestandener Ämter, Distrikte und Ortschaften, darunter das Fürstentum Siegen (Patent wegen Besitzergreifung der oranischen Erblande oder für dieselben erhaltenen Äquivalente vom 21. Juni 1815, GS. 1815, 126);

7. an Neuerwerbungen des zweiten Pariser Friedens: Saarbrücken, Saarlouis und einige Orte des Moseldepartements, dazu später das von Sachsen-Koburg am 31. Mai 1834 käuflich erstandene Fürstentum Lichtenberg (Patent wegen Besitznahme der unter dem Namen des Fürstentums Lichtenberg von Sr. Durchl. dem Herzoge zu Sachsen-Coburg-Gotha bisher inne gehabten Landesteile am linken Rheinufer vom 15. August 1834, GS. 1834, 161);

8. Das wiedergewonnene, als 22. Kanton der neuen Schweizer Eidgenossenschaft angehörende Fürstentum Neuenburg wurde bloß in Personalunion mit Preußen verbunden. Es erhielt eine neue Verfassung — charte constitutionelle — am 18. Juni 1814. Nachdem sich das Fürstentum im Aufstand von 1848 von der Krone Preußen losgerissen hatte, entsagte Friedrich Wilhelm IV. im Jahre 1857 den Rechten seines Hauses auf das Land. Staatsanzeiger 1857, Nr. 146. Schulze, Die staatsrechtliche Stellung des Fürstentums Neuenburg, 1854. v. Ruville, Die Lösung der Neuenburger Frage im Winter 1856/57, in Schmoller-Festschrift, 1908, 333—361. de Vargas, L'affaire de Neufchâtel 1856—1857, 1913. Hasenclever in Forsch. zur br.-pr. Gesch. 27, 517—544.

3. Die gesamtdeutsche Frage fand ihre Lösung in der völkerrechtlichen Form des Deutschen Bundes[1]), dem Preußen mit allen Landesteilen außer den Provinzen Posen und Preußen als Mitglied beitrat (deutsche Bundesakte vom 8. Juni 1815 und Wiener Schlußakte vom 15. Mai 1820)[2]).

§ 9. B. Die rechtsdogmatischen Ergebnisse[3]).

I. Die Staatsform Preußens[4]) war jetzt endgültig geklärt.

1. Der preußische Einheitsstaat war vollendet. Preußen bestand nicht mehr aus Ländern, die noch Spuren verfassungsrechtlicher Selbständigkeit aufwiesen, sondern aus Provinzen, die alle Reste[5]) eigenen Staatscharakters verloren hatten. Ein einheitliches Verfassungsrecht[6]) erfüllte die preußische Monarchie, ein Blutstrom durchfloß den preußischen Staatskörper[7]). Nur das Fürstentum Neuenburg führte sein staatliches Sonderleben weiter; es behielt seine eigene Verfassung und war mit Preußen nur durch Personalunion verbunden[8]).

2. Dem Abschluß der inneren Einheit des Staates entsprach die Vollendung seiner äußeren Unabhängigkeit. Preußen war ein souveräner Staat geworden. Es war eigentlich schon vor dem Jahre 1806, wenn auch formaljuristisch noch dem alten Reiche eingegliedert und seiner Zentralgewalt untergeordnet, in Wirklichkeit ein unabhängiger

[1]) Vgl. S. 127f.

[2]) Deutsche Bundesakte: GS. 1818, Anhang, 143ff (Klüber, Quellensammlung[3], 1830 134ff); Wiener Schlußakte, in Preußen publiziert am 24. Juni 1820: GS. 1820, 113 (Klüber a. a. O. 180ff.). Weil, Quellen und Aktenstücke zur deutschen Verfassungsgeschichte, 1850, 13ff.

[3]) Mirus, Übersichtliche Darstellung des Preußischen Staatsrechts, 1833. Bergius, Preußen in staatsrechtlicher Beziehung[2] 1843. Rinne, Handbuch der Preußischen innern Staatsverwaltung 1 1840 Ostermann, Grundsätze des Preußischen Staatsrechts, 1841. Simon, Das Preußische Staatsrecht, 2 Teile, 1844.

[4]) Hubrich, Staatsrecht, 65ff. Ders. in Forsch. z. br.-pr. Gesch. 20, 398f. Derselbe in Annalen d DR. 1908, 728ff.

[5]) Nur in vereinzelten unrichtigen Bezeichnungen, wie namentlich dem Titel der „Gesetz-Sammlung für die Königlichen Preußischen Staaten" (Verordnung von 27. Oktober 1810, GS. 1810, 1) lebte die Erinnerung an den früheren Gesamtstaat for.

[6]) Die Kab.-Order v. 6. März 1821 (GS. 1821, 30) und 5. Sept. 1821 (GS. 158) legt den Grundsatz, daß in der Monarchie „nur ein inneres Staatsrecht gelten könne", zugrunde, ohne ihn jedoch generell auszusprechen. Für letztere Auslegung Hubrich in Annalen d. DR. 1908, 730ff. Dagegen Anschütz, Verf.-Urk. f. d. Preuß Staat, 1 84.

[7]) Hubrich, Staatsrecht, 75.

[8]) Vgl. S. 125 Anm. 5 Nr. 8.

Staat gewesen. Mit der Auflösung des alten Reichsverbandes hatte seine Staatsgewalt auch formellrechtlich für den ganzen Bereich des Staatsgebietes die Eigenschaft der Souveränität erlangt.

a) Eine gewisse völkerrechtliche Beschränkung der preußischen Souveränität ergab sich allerdings aus der Zugehörigkeit zum Deutschen Bund [1]), dem der preußische Staat mit seinen sämtlichen Provinzen außer Preußen und Posen beigetreten war [2]). Aus dem Bundesverhältnis flossen für die Bundesglieder einerseits Mitgliedschaftsrechte [3]), anderseits Beschränkungen und Verpflichtungen. Verboten war ihnen namentlich das einseitige Vorgehen im Falle eines Bundeskrieges, die Selbsthilfe und Kriegführung gegen Bundesglieder, die Eingehung gegen die Sicherheit des Bundes oder einzelner Bundesstaaten gerichteter Verbindungen, sowie der Austritt aus dem Bunde (B.-A. Art. 11; W. Schl. A. Art. V); dazu trat die Verpflichtung zu innerstaatlichen Reformen, nämlich zur Einführung einer landständischen Verfassung (B.-A. Art. 13) und zur Ausdehnung einiger Grund- und Freiheitsrechte der Untertanen auf diejenigen der übrigen Bundesstaaten (B.-A. Art. 16, 18). Diese Beschränkungen und Verpflichtungen waren auch für Preußen als Mitglied des Bundes maßgebend. Gleichwohl darf darin keine wesentliche Beeinträchtigung der preußischen Souveränität erblickt werden [4]). Ihre Eigenschaft als höchste, unabhängige Gewalt war erhalten geblieben. Der Bund war kein staatsrechtlicher Verband mit eigener, derjenigen seiner Glieder übergeordneter Staatsgewalt, sondern lediglich ein „völkerrechtlicher Verein der deutschen souveränen Fürsten und freien Städte" (W. Schl. A., Art. I). Er bestand als „eine Gemeinschaft selbständiger, unter sich unabhängiger

[1]) Ältere Literatur über das Recht des Deutschen Bundes bei Simon, Das Preuß. Staatsrecht 2, 1. Meyer-Zoepfl, Corpus Juris Confoederationis Germanicae [3] 2 Teile 1858/59. Klüber, Quellensammlung zu dem öffentlichen Recht des Teutschen Bundes [3] 1830. Klüber, Öffentliches Recht des Teutschen Bundes und der teutschen Bundesstaaten [4] 1840. Bergius, Preußen in staatsrechtl. Beziehung [2], 1843, 42ff. Zachariä, Deutsches Staats- und Bundesrecht [3] 1, §§ 39—42; 2, §§ 243—296. Zoepfl, Grundsätze des gemeinen deutschen Staatsrechts [5] 1863, 1, §§ 108—180.

[2]) Klüber, Quellensammlung, 271. Vgl. auch (als Beispiel) die Verordnung vom 11. Mai 1819 (GS. 1819, 134), zu 1. Erst im Jahre 1848 wurden Preußen und Posen in das Bundesverhältnis aufgenommen.

[3]) Preußen führte in dem ständigen „engeren Rat" der Bundesversammlung eine Virilstimme (B.-A Art. 4), in dem nur bei wichtigeren Anlässen zusammentretenden „Plenum" der Bundesversammlung vier Stimmen (B.-A. Art. 6).

[4]) Jellinek, Allgemeine Staatslehre [3] 1914, 762ff. Ebers, Die Lehre vom Staatenbunde, 1910.

Staaten mit wechselseitigen gleichen Vertragsrechten und Vertragsobliegenheiten" (das. Art. II). Auch die Rechtsbildung im Bunde beruhte auf rein völkerrechtlicher Grundlage; sie vollzog sich in der Form des Staatsvertrages mit nachfolgender Ratifikation. Daher galten die „Grundgesetze" (richtiger „Grundverträge") des Bundes (deutsche Bundesakte und Wiener Schlußakte) sowie die ebenfalls als Staatsverträge zu kennzeichnenden Bundesbeschlüsse [1]) in Preußen nur kraft seines eigenen Willens, nur deshalb, weil sie zu Landesgesetzen erhoben und in der Gesetzsammlung veröffentlicht waren. So hatte die unzulängliche Lösung der deutschen Frage wie allen Bundesgliedern, so auch Preußen die eine vollkommene Staatsgewalt kennzeichnende Souveränität nicht entzogen.

b) Ebenfalls bloß eine gewisse völkerrechtliche Einschränkung der preußischen Souveränität beruhte auf Preußens Zugehörigkeit zum deutschen Zollverein [2]). Das Gesetz vom 26. Mai 1818 über den Zoll und die Verbrauchssteuer von ausländischen Waren und über den Verkehr zwischen den Provinzen des Staats [3]) hatte mit wenigen Ausnahmen (§ 20) sämtliche noch vorhandenen Binnenzölle beseitigt und damit den Grundsatz der Handelsfreiheit innerhalb des Staatsgebietes verwirklicht. Eine große Schwierigkeit bei der Herstellung des einheitlichen Zollgebietes bildeten jedoch die räumliche Trennung der Gebietsteile und die zahlreichen kleinen Exklaven. Zur Hebung dieses Übelstandes schloß Preußen von 1819 ab eine Reihe von Zollverträgen mit den zwischen den preußischen Landesteilen liegenden norddeutschen Kleinstaaten. Zunächst wurden durch diese Verträge nur Zollanschlüsse hergestellt; bald (seit 1828) folgten diesen aber förmliche Zollunionen. Mit diesen Zollvereinigungen war der Grund zum preußisch-deutschen Zollverein gelegt. Nach weiteren erfolgreichen Verhandlungen auch mit süddeutschen Staaten trat am 1. Januar 1834 der Zollverein von 18 nord- und süddeutschen Staaten [4]) (ausgenommen Österreich) in Wirksamkeit. Die Vereinsstaaten errichteten ein übereinstimmendes

---

[1]) Simon, Staatsrecht, 2, 12ff.

[2]) v. Treitschke, Deutsche Geschichte, 3, 603—681; 4, 350—406. Ders., in Preuß Jahrbücher 30, 397—571. Aegidi, Aus der Vorzeit des Zollvereins, 1865. Falke, Die Geschichte des deutschen Zollwesens von seiner Entstehung bis zum Abschluß des deutschen Zollvereins, 1869. v. Festenberg-Packisch, Geschichte des Zollvereins mit besonderer Berücksichtigung der staatlichen Entwicklung Deutschlands, 1869. Weber, Der deutsche Zollverein², 1871.

[3]) GS. 1818, 65.

[4]) Zentralbl. d Abgaben-, Gewerbe- und Handelsgesetzgebung und Verwaltung in Preußen, 1842, Nr. 8. S. 221ff.

Zollsystem mit gleichem Tarif und voller Verkehrsfreiheit innerhalb ihrer Gebiete[1]). Diese Zolleinheit erstreckte sich allmählich auf andere wirtschaftliche Beziehungen und führte schließlich zu einer wirtschaftlichen Einheit der verbündeten Staaten, die nicht nur für die damalige Zeit ein Ereignis, sondern zugleich als Grundlage der zukünftigen politischen und staatsrechtlichen Einigung Deutschlands von unermeßlichem Werte war[2]). Juristisch begründeten die damals abgeschlossenen Verträge lediglich völkerrechtliche Verpflichtungen und Beschränkungen der Verbandsstaaten hinsichtlich der Regelung und Verwaltung ihres Zoll-, indirekten Steuer-, Münz-, Maß- und Gewichtswesens. Dagegen ließ dieser rein völkerrechtliche Charakter des Verbandes und seiner Rechtsbildung die Souveränität der Verbandsstaaten unberührt.

II. Das im Gesamtumfange wenig, im Länderbestande ziemlich veränderte Staatsgebiet bildete nach den hausgesetzlichen Bestimmungen eine unteilbare und unveräußerliche Einheit. Anstelle der privatrechtlichen Auffassung vom Obereigentum des Staates am Gebiet trat die publizistische Anschauung von der öffentlichen Herrschaft des Staates über das Gebiet.

III. Für die Staatsangehörigen[3]) waren die Bezeichnungen Untertanen, Staatsbürger, Mitglieder des Staats, Einwohner des Staats gebräuchlich.

1. Der Einheit des preußischen Staates entsprach ein einheitliches preußisches Indigenat[4]). Die Frage nach Erwerb[5]) und Verlust der Rechtsstellung als Preuße war jedoch zunächst recht wenig geklärt; ihre rechtliche Grundlage bildete lange Zeit nur die Verwaltungspraxis, welche einen Erwerb des Indigenats durch Abstammung, Verheiratung, ausdrückliche Aufnahme und Aufschlagen eines festen Wohnsitzes im Inlande mit obrigkeitlicher Genehmigung anerkannte[6]). Erst im Jahre

[1]) Das mit den zollvereinten Staaten vereinbarte Zollgesetz und die ihm entsprechende Zollordnung wurden in Preußen durch Verordnung vom 23. Januar 1838 bekannt gemacht (GS 1838, 33, 34, 42).

[2]) v. Roenne-Zorn, Staatsrecht[5] 1, 30f.

[3]) Waldecker in ArchÖffR. 33 490ff.

[4]) Anerkannt durch die Verordnung vom 15 September 1818 wegen der Auswanderungen (GS. 1818, 175), § 1.

[5]) Rehm, Der Erwerb von Staats- und Gemeindeangehörigkeit, in Annalen des Deutschen Reichs, 1892, 230—236.

[6]) Entsch. d. ObTrib. v. 11. Januar 1853, Striethorsts Archiv 8, 177; Entsch. d. preuß. OVG. vom 30. Juni 1886, MinBl. f. d. innere Verwaltung, 1886, 202. Erlasse v. 5. Juli 1826 u. 31. Januar 1838 in Kamptz Annalen 10, 769, 22, 29.

1842 empfing die Frage ihre gesetzliche Regelung. Nach dem Gesetz über die Erwerbung und den Verlust der Eigenschaft als preußischer Untertan sowie über den Eintritt in fremde Staatsdienste vom 31. Dezember 1842[1]) wurde diese Eigenschaft begründet: 1. durch eheliche (bzw. uneheliche) Abstammung von einem preußischen Vater (bzw. einer preußischen Mutter), 2. durch Legitimation des unehelichen Kindes einer Ausländerin seitens des preußischen Vaters[2]), 3. durch Verheiratung einer Ausländerin mit einem Preußen, 4. durch Verleihung der Staatsangehörigkeit mittels Aushändigung entweder einer Naturalisationsurkunde oder einer Bestallung als preußischer Staatsdiener (§§ 1, 2—10). Die Eigenschaft als Preuße ging verloren: 1. durch (aus Gründen der Wehrpflicht zu versagende) Entlassung auf Antrag[3]), 2. durch Ausspruch der Landespolizeibehörde bei der Nichtrückkehr aus dem Auslande ungeachtet ausdrücklicher Aufforderung, 3. durch zehnjährigen Aufenthalt im Auslande, 4. durch Verheiratung einer Preußin mit einem Ausländer (§§ 15, 16—23).

2. Das Staatsangehörigkeitsverhältnis begründet **Pflichten und Rechte**. Verpflichtet waren die preußischen Untertanen zur Treue gegen König und Vaterland, zum Gehorsam gegen die Anordnungen des Oberhauptes und aller übrigen Organe des Staates, zu sachlichen Leistungen wie Entrichtung von Abgaben an Staat und Gemeinde[4]), zu persönlichen Leistungen wie Erfüllung der allgemeinen[5]) Wehrpflicht[6]) und Übernahme gewisser öffentlicher Ämter in Staat und Gemeinde[7]). Als Rechte der preußischen Staatsbürger gegen den Staat

---

[1]) GS. 1843, 15. Das Gesetz ist in den 1866 erworbenen Landesteilen nicht eingeführt worden.

[2]) Nicht durch Adoption. § 1 Abs. 2.

[3]) Über die Befugnis zur Auswanderung und die Bestrafung unerlaubter Auswanderung vgl. Simon, Staatsrecht, 2, 581 ff.

[4]) Simon, Staatsrecht, 2, 210 ff.

[5]) Das Gesetz über die Verpflichtung zum Kriegsdienste vom 3 September 1814 (GS. 1814, 79) bestimmt in § 1: „Jeder Eingeborene, sobald er das 20ste Jahr vollendet hat, ist zur Verteidigung des Vaterlandes verpflichtet.“ Ausgenommen waren nur die mediatisierten Standesherren und ihre Familien, die Mennoniten, die wegen eines entehrenden Verbrechens Verurteilten, die Juden soweit sie nicht Staatsbürger waren.

[6]) Simon, Staatsrecht, 1, 167 ff, bes. 201 ff. v. Rudloff, Handbuch des Preußischen Militärrechts, 1826. v. Seelhorst, Das Heerwesen des Preußischen Staats, 1841.

[7]) Städteordnung vom 19. November 1808 (GS. 1806—1810, 324) §§ 25, 27, 191 ff. Revidierte Städteordnung vom 17. März 1831 (GS. 1831, 10), §§ 128 ff.

galten der Anspruch auf Schutz[1]) und Unterstützung[2]), auf den Genuß der durch preußisches Staats-[3]) und deutsches Bundesrecht[4]) prinzipiell gewährleisteten wichtigsten „Gründ- und Freiheitsrechte", sowie auf Teilnahme an der öffentlichen Gemeindeverwaltung[5]).

3. Die ständische Gliederung des Volkes in Adlige, Bürger und Bauern war durch die Stein-Hardenbergische Reform beseitigt worden[6]). Das Edikt vom 9. Oktober 1807 hatte die Schranken zwischen den bis dahin kastenartig abgeschlossenen drei Ständen niedergelegt und den Übertritt aus einer Standesbeschäftigung in die andere ermöglicht. Der Adlige konnte bürgerliche Gewerbe treiben und bäuerliche Güter erwerben, der Bürger „adlige" und bäuerliche Güter besitzen, der Bauer Gewerbebetriebe und „adlige" Güter übernehmen. An die Stelle der Stände waren Berufsklassen getreten, die allerdings zunächst noch durch scharfe soziale Gegensätze geschieden waren. Der Ausgleich dieser Gegensätze war eine weitere Aufgabe der gesetzgeberischen

---

[1]) ALR. Einl § 76.

[2]) § 1 ALR. II, 19. Das Gesetz über die Verpflichtung zur Armenpflege vom 31. Dezember 1842 (GS. 1843, 8) legte die Pflicht zur Fürsorge für Arme in erster Linie den örtlichen Armenverbänden (Gemeinden und Gutsherrschaften), subsidiär den Landarmenverbänden auf (§§ 1, 5, 9). Simon, Staatsrecht, 2, 606ff.

[3]) Das preußische Recht garantierte grundsätzlich die persönliche Freiheit, die Religionsfreiheit, die freie Meinungsäußerung, Freizügigkeit und Auswanderungsfreiheit, die Gewerbefreiheit, den Eigentumsschutz und die Vereinsfreiheit. Belege nebst Ausnahmen bei Bergius a. a. O. 102ff., 140ff.

[4]) Das deutsche Bundesrecht garantierte den Untertanen eines jeden deutschen Bundesstaates folgende Rechte: 1. die Unabhängigkeit des Genusses bürgerlicher und politischer Rechte von der Verschiedenheit der christlichen Religionsparteien (DBA. Art. 16); 2. Die Befugnis des freien Wegziehens in einen andern Bundesstaat, der erweislich sie zu Untertanen annehmen wolle, sowie des Eintritts in dessen Zivil- und Militärdienste, beides jedoch nur, sofern keine Verbindlichkeit zu Militärdiensten gegen das bisherige Vaterland im Wege stehe; 3. Die Freiheit von aller Nachsteuer, sofern das Vermögen in einen andern Bundesstaat übergehe und mit diesem nicht besondere Verhältnisse durch Freizügigkeitsverträge beständen (DBA. Art. 18). Eckhardt, Die Grundrechte vom Wiener Kongreß bis zur Gegenwart, 1913, 17—26. Anderseits begründete das Bundesrecht tiefgehende Beschränkungen der Preßfreiheit (Bundesbeschlüsse vom 20. September 1819, 16. August 1824, 21. Oktober 1830, 10. November 1831, 5. Juli 1832, 28. April 1836, 21. Juni 1838. Simon, Staatsrecht, 2, 12ff) und der Vereins- und Versammlungsfreiheit (Bundesbeschluß vom 5. Juli 1832; GS. 1832, 216).

[5]) Städteordnung vom 19. November 1808, §§ 15, 84. Rev. St.-O. vom 17. März 1831, §§ 10, 50, 56.

[6]) Über die Wiederbelebung des ständischen Prinzips bei der Einrichtung der Provinzialstände und der Neuordnung der Kreisstände vgl. unten S. 151f. und 154f.

Reformen gewesen. So hatte der Adel sein wichtigstes Vorrecht, die Anwartschaft auf die Offiziersstellen im Heere, verloren[1]); dagegen waren die Bauern durch die Reformgesetze persönlich und wirtschaftlich emporgehoben worden. Völlig war der Ausgleich freilich nicht durchgeführt. Die Adligen behielten einzelne Vorrechte[2]) wie den eximierten Gerichtsstand[3]) und das Recht zur Eingehung einer Ehe zur linken Hand[4]), während die Bauern infolge der langen Dauer des Ablösungsverfahrens nur ganz allmählich zu voller wirtschaftlicher Unabhängigkeit gelangten.

4. Einer bevorrechtigten Sonderstellung erfreute sich der sog. hohe Adel[5]). Zu ihm gehörten nur die Standesherren im Sinne der deutschen Bundesakte, d. h. die im Jahre 1806 und seitdem[6]) mittelbar gewordenen ehemaligen Reichsstände[7]). Die Vorrechte der Standesherren waren untrennbar mit der hochadligen Familie verknüpft und durch den Besitz der Standesherrschaft bedingt. Sie beruhten teils auf Bundesrecht (Art. 14 der DBA., bestätigt durch Art. 63 der WSchlA.), teils auf preußischem Landesrecht[8]). Art. 14

[1]) Reglement über die Wahl zum Offizier vom 6. August 1808. GS. 1806 bis 1810, 275.

[2]) Weitergehende Vorrechte genossen die Mitglieder des ehemaligen Reichsadels gemäß § 14, vorl. Abs., der DBA.

[3]) ALR. II, 9, § 34.

[4]) ALR. II, 1, §§ 836f.

[5]) Vollgraff, Die deutschen Standesherren, 1824. Heffter, Sonderrecht der Mediatisierten, 1871. Hamann, Die deutschen Standesherren, 1888. Goldschmidt, Sonderstellung der Mediatisierten in Preußen, 1909. Hoff, Die Mediatisiertenfrage in den Jahren 1813—1815, 1913. Zorn, Die staatsrechtliche Stellung des Herzogl. Hauses Croy, 1917.

[6]) Verzeichnis in der Bktm. des Staatsministeriums vom 28. April 1832 (GS. 1832, 130).

[7]) Nicht gehörten zum hohen Adel die schon vor dem Jahre 1806 als „Standesherren" bezeichneten, erheblich bevorrechtigten Grundeigentümer in einzelnen Landesteilen (Gesetz vom 27. März 1824 [GS 1824, 62], §§ 3, 4, 7 Gesetz vom 1. Juli 1823 [GS. 1823, 130], §§ 2, 4. Verordnung vom 17. August 1825. [GS. 1825, 193], Art. II, C, I, 1), ebenso wenig die nach der Reichsauflösung durch die Landesherren zu „Standesherren" erhobenen Grundherren (Kab.-Order vom 9. Juni 1821 und vom 15. März 1825 [GS. 1825, 21]). Auch diese nicht zum hohen Adel gehörigen „Standesherren" genossen weitgehende Vorrechte, die jedoch der gesetzlichen Grundlage entbehrten und lediglich durch Herkommen und Verträge bestimmt waren.

[8]) Verordnung betr. die Verhältnisse der vormals unmittelbaren teutschen Reichsstände in den Preuß. Staaten vom 21. Juni 1815 (GS. 1815, 105) nebst der Instruktion vom 30. Mai 1820 wegen Ausführung jener Verordnung (GS. 1820, 81).

der DBA. gewährleistete den Standesherren die Zugehörigkeit zum hohen Adel und das Recht der Ebenbürtigkeit, erklärte sie samt ihren Familien für die (namentlich hinsichtlich der Besteuerung) privilegierteste Klasse im Staate, sicherte ihnen für sich, ihre Familien und Besitzungen alle Rechte und Vorzüge zu, die aus ihrem Eigentum und seinem ungestörten Genuß herrührten und nicht zu der Staatsgewalt und den höheren Regierungsrechten gehörten[1]. Die preußische Verordnung vom 21. Juni 1815[2]) garantierte den Standesherren den Besitz der Domänen, den Bezug der Domänengefälle und direkten Steuern, Freiheit von ordentlichen Personal- und Grundsteuern, Weiterbenutzung der Jagden, Berg- und Hüttenwerke, Unterhaltung militärischer Ehrenwachen, Ausübung der Gerichtsbarkeit, Vollziehung der Gesetze und polizeilichen Anordnungen.

5. Eine ungünstige Sonderstellung nahm die jüdische Bevölkerung[3]) ein. Es gab kein einheitliches Judenrecht. Für den durch den Tilsiter Frieden festgestellten Umfang der Monarchie war das Judenedikt vom 11. März 1812[4]) maßgebend. Es erklärte die in Preußen wohnhaften, mit Generalprivilegien, Naturalisationspatenten, Schutzbriefen und Konzessionen versehenen Juden und ihre Familien für Inländer und preußische Staatsbürger (§ 1), knüpfte aber die Fortdauer dieser ihrer Eigenschaft an die Verpflichtung, fest bestimmte Familiennamen zu führen und sich nicht nur bei Führung ihrer Handelsbücher, sondern auch bei Abfassung ihrer Verträge und rechtlichen Willenserklärungen der deutschen oder einer andern lebenden Sprache, und bei ihren Namensunterschriften keiner andern als deutscher oder lateinischer Schriftzüge zu bedienen (§ 2). Wer diese Vorschriften be-

---

[1]) Darunter sollten insbesondere fallen: 1. Die unbeschränkte Freiheit des Aufenthaltes in jedem Bundesstaat und jedem mit dem Bund in Frieden lebenden Staate, 2. Die Aufrechterhaltung der noch bestehenden Familienverträge und die Befugnis, über Güter und Familienverhältnisse nach Anhörung des Souveräns verbindlich zu verfügen, 3. privilegierter Gerichtsstand und Befreiung von aller Militärpflicht, 4. Ausübung der bürgerlichen und peinlichen Gerichtsbarkeit, der Ortspolizei und der Kirchen- und Schulaufsicht, jedoch nach Vorschrift der Landesgesetze.

[2]) Verordnung betr. die Verhältnisse der vormals unmittelbaren teutschen Reichsstände in den Preuß. Staaten vom 21. Juni 1815 (GS. 1815, 105) nebst der Instruktion vom 30 Mai 1820 wegen Ausführung jener Verordnung (GS. 1820, 81).

[3]) Simon u. v. Rönne, Die früheren und gegenwärtigen Verhältnisse der Juden in den sämtl. Landesteilen des Preuß. Staates, 1843. Simon, Staatsrecht, 1, 515 ff., mit eingehenden Literaturangaben. Freund, Die Emanzipation der Juden in Preußen, 2 Bde., 1912.

[4]) GS. 1812, 17.

folgte, sollte grundsätzlich gleiche bürgerliche Rechte und Freiheiten wie die Christen genießen (§ 7), insbesondere akademische Lehr- und Schul-, auch Gemeindeämter, zu welchen er sich geschickt gemacht, verwalten können (§ 8)[1]. Doch wurde letztere Bestimmung[2] durch Kabinetts-Order vom 18. August 1822[3] aufgehoben. Auf der andern Seite hatten die Juden grundsätzlich auch alle den Christen gegen Staat und Gemeinde obliegenden bürgerlichen Pflichten, namentlich die Militärpflicht (§ 16) zu erfüllen und mit Ausnahme der Stolgebühren die gleichen Lasten wie die anderen Staatsbürger zu tragen (§ 15); mit besonderen Abgaben durften sie nicht beschwert werden (§ 14). Im Gegensatz aber zu den Christen waren die Juden einer Reihe von Beschränkungen unterworfen. Der Zutritt zu Staatsämtern sollte von gesetzlicher Bestimmung abhängig sein (Judenedikt § 9). Außer den akademischen Lehr- und Schulämtern (s. o.) waren ihnen die Ämter des Bürgermeisters[4] und des Schulzen[5] verschlossen, Wahlrecht und Wählbarkeit zum Provinziallandtag[6], zum Kommunallandtag[7] und zum Kreistag[8] entzogen. Das dingliche Patronatrecht über christliche Kirchen ruhte, wenn es in die Hand eines Juden gelangte[9]. Juden ohne Staatsbürgerrecht bedurften zu Reisen innerhalb der Monarchie

[1]) Letztere Bestimmung stand (ebenso die weiteren Vorschriften des Ediktes über die bürgerliche Gleichstellung der Juden mit den Christen) unter der Garantie des Art. 16 der Bundesakte, welcher anordnete: „Die Bundesversammlung wird in Beratung ziehen, wie auf eine möglichst übereinstimmende Weise die bürgerliche Verbesserung der Bekenner des jüdischen Glaubens in Deutschland zu bewirken sei und wie insonderheit denselben der Genuß der bürgerlichen Rechte gegen die Übernahme aller Bürgerpflichten in den Bundesstaaten verschafft und gesichert werden könne. Jedoch werden den Bekennern dieses Glaubens bis dahin die denselben von den einzelnen Bundesstaaten bereits eingeräumten Rechte erhalten."

[2]) Im Widerspruch mit Art. 16 der DBA. Vgl. Anm. 1.

[3]) Bkm. des Staatsministeriums vom 4. Dezember 1822 (GS. 1822, 224).

[4]) Revidierte Städteordnung vom 17. März 1831, § 89.

[5]) Min.-Reskr. vom 4. Mai 1833 (v. Kamptz, Annalen 17 1833, 442).

[6]) Vgl. die zufolge des Gesetzes vom 5. Juni 1823 wegen Anordnung der Provinzialstände (GS. 1823, 129) ergangenen Sondergesetze für die einzelnen Provinzen (GS. 1823, 130 ff), §§ 5, 13.

[7]) Vgl. z. B. die Verordnung wegen zukünftiger Verfassung der Kommunal-Landtage der Kur- und Neumark vom 17. August 1825 (GS. 1825, 200), § 4.

[8]) Vgl. § 6 sämtlicher Kreisordnungen.

[9]) Verordnung wegen Verwaltung des Patronatrechts über christliche Kirchen auf solchen Gütern und Grundstücken, die sich im Besitztum jüdischer Glaubensgenossen befinden, vom 30. August 1816 (GS. 1816, 207).

eines Passes[1]). Die Juden durften nach der — freilich mit Art. 16 der DBA. nicht vereinbaren[2]) — Verwaltungspraxis in Provinzen mit abweichender Judenverfassung nicht übersiedeln. In diesen Provinzen (den seit 1812 neu- und wiedererworbenen Gebieten) galten nicht die Vorschriften des Judenediktes[3]), sondern die örtlichen, nach den einzelnen Gebieten recht verschiedenartig gestalteten[4]) gesetzlichen Bestimmungen[5]) weiter.

6. Für die christlichen Bekenntnisse galt nach wie vor der Grundsatz der Gleichberechtigung. Die Verschiedenheit der christlichen Religionsparteien begründete keinen Unterschied im Genusse der bürgerlichen und politischen Rechte (DBA. Art. 16, Satz 1). Die Sekten der Mennoniten und der Quäker unterstanden einem Sonderrecht, das ihnen Vorrechte gewährte, aber auch Beschränkungen auferlegte[6]).

7. Die Ausländer waren, da sie in Preußen kein Staatsbürgerrecht besaßen, nur ausnahmsweise, kraft gesetzlichen Spezialtitels, dem Staate gegenüber verpflichtet und berechtigt. Sie mußten z. B. die indirekten Steuern und die Grundsteuer mitentrichten und genossen einzelne Grund- und Freiheitsrechte, z. B. Gewerbefreiheit[7]). Hierbei war zu unterscheiden, ob sie anderen deutschen Staaten oder nichtdeutschen Staaten angehörten. So garantierte Preußen ersteren (laut Bundesakte Art. 18) das Recht, Grundeigentum in Preußen zu erwerben und zu besitzen, ohne deshalb mehreren Abgaben und Lasten unterworfen zu sein als die preußischen Untertanen. Die Ausländer unterlagen auch besonderen Beschränkungen. Fremde, die gegen preußische

[1]) Allgemeines Paßedikt vom 22. Juni 1817 (GS. 1817, 152), § 14.

[2]) Simon, Staatsrecht, 1, 593 ff.

[3]) Kab.-Order über die bürgerlichen Verhältnisse der Juden in den neuen und wieder erworbenen Provinzen vom 8. August 1830 (GS. 1830, 116).

[4]) Übersicht bei Simon, Staatsrecht, 1, 564—592.

[5]) Auch sie standen, soweit sie den Juden Rechte einräumten, unter der Garantie des Art. 16 der DBA. Auch für diese Gebiete war es nicht zu rechtfertigen, daß die spätere Verwaltungspraxis die Freizügigkeit der Juden nur innerhalb der einzelnen Sonderrechtsgebiete gestattete, ein Übersiedeln der Juden in Provinzen mit abweichender Judenverfassung aber untersagte.

[6]) Kab.-Order vom 16. Mai 1830 über die Rechtsverh. der Mennoniten in den westl. Provinzen und Brandenburg in Beziehung auf ihre Militärpflicht (GS. 1830, 82). Simon, Staatsrecht, 1, 505—513.

[7]) Jedoch mit Einschränkungen. Vgl. § 12 des Regulativs über den Gewerbsbetrieb im Umherziehen und insbesondere das Hausieren vom 28. April 1824 (GS. 1824, 125).

Untertanen Klagen erheben wollten, konnten in der Regel zur Sicherheitsleistung angehalten werden[1]). Fremde, die sich in Preußen aufhalten wollten und nicht bloß als Reisende zu betrachten waren, konnten angehalten werden, sich durch einen Heimatschein auszuweisen[2]). Auf Naturalisation hatten Ausländer keinen Anspruch; sie war in das freie Ermessen der Landespolizeibehörden[3]) gestellt und mußte sogar aus bestimmten gesetzlichen Gründen verweigert werden[4]).

IV. Das Königtum.

1. Die staatsrechtliche Stellung des Königs. Der König war nach dem unverändert fortgeltenden monarchischen Prinzip der alleinige und uneingeschränkte Träger der souveränen Staatsgewalt. Dieser Grundsatz war nicht bloß landesgesetzlich festgelegt (§ 1 ALR. II 13), sondern auch bundesrechtlich gewährleistet (WSchlA. Art. 57). Der König führte die Regierung des Staates vollständig absolut, er war bei der Ausübung der Staatsgewalt weder an eine beschließende[5]) Mitwirkung der Provinzialstände noch an die Zustimmung einer Volksvertretung gebunden. Die Errichtung der von Bundes-[6]) und von Staatswegen[7]) vorgesehenen „landständischen Verfassung" erfolgte in dieser Periode noch nicht. Als höchstes Staatsorgan war der König keiner Instanz verantwortlich, keinem Gerichtshof unterworfen. Die Souveränitätsrechte[8]) vererbten sich nach Hausgesetzen und Herkommen. Die Krone ging in agnatischer Linealfolge auf den erstgeborenen Prinzen („Kronprinzen") des königlichen Hauses über[9]). Beim Regierungsantritt fand eine Huldigung der Stände und eine Neuvereidigung des Heeres und der Beamten statt.

---

[1]) § 13 AGO. I, 21. Rheinisches Zivilgesetzbuch Art. 16.

[2]) Gesetz vom 31. Dezember 1842 über die Erwerbung und den Verlust der Eigenschaft als Preußischer Untertan, § 14.

[3]) Bei ausländischen Juden war die Genehmigung des Ministers des Innern einzuholen. Daselbst § 5.

[4]) Daselbst § 7.

[5]) Die durch das Gesetz vom 5. Juni 1823 (unten S. 151) angeordneten Provinzialstände hatten lediglich beratende Funktion.

[6]) Deutsche Bundesakte Art 13.

[7]) Über die Verfassungsverheißungen vgl. unten § 10, S. 167 ff.

[8]) Kabinettsorder betr. die genauere Beobachtung der Grenzen zwischen landeshoheitlichen und fiskalischen Rechtsverhältnissen vom 4. Dezember 1831 (GS. 1831, 255)

[9]) Edikt und Hausgesetz vom 17. Dezember 1808 bzw. 6. November 1809 § 1 (GS. 1806—1810, 604).

2. Die einzelnen Rechte des Königs.

a) Die Ehrenrechte des Königs[1]) bestanden in dem Recht auf Titel, Wappen und Hofstaat. Der König führte einen größeren, mittleren und kürzeren Titel[2]), ein größeres, mittleres und kleineres Wappen[3]). Der Hofstaat zerfiel in die großen Hofchargen in der Residenz und die Hof- und Ehrenämter in den Provinzen.

b) Die vermögensrechtlichen Bezüge des Königs waren durch die Verordnung wegen der künftigen Behandlung des gesamten Staatsschuldenwesens vom 17. Januar 1820[4]) (zu III) auf jährlich $2\frac{1}{2}$ Millionen Taler festgesetzt worden. Diese „Krondotation" diente dem Unterhalt des Königs und seiner Familie, des königlichen und der prinzlichen Hofstaaten sowie der einschlägigen Institute usw. Sie war auf die Einkünfte der wiederholt[5]) als Staatsgut bestätigten Domänen[6]) und Forsten radiziert, aus diesen jährlich an den Kronfideikommißfonds abzuführen. Der Restbetrag des Aufkommens aus Domänen und Forsten war für die gesamten Staatsschulden verpfändet.

c) Von den Regierungsfunktionen des Königs war die wichtigste die Gesetzgebung. Das Gesetzgebungsrecht[7]) war staatsrechtlich nach wie vor unbeschränkt, bundesrechtlich insofern gebunden, als die preußischen Gesetze die Zwecke des Bundes (Art. 2 der DBA. und Art. I der WSchlA.) nicht beeinträchtigen, die Erfüllung der verfassungsmäßigen (insbesondere finanziellen) Verbindlichkeiten Preußens

---

[1]) Simon, Staatsrecht, 2, 40ff

[2]) Der kürzere Titel lautete: „Wir Friedrich Wilhelm, von Gottes Gnaden, König von Preußen usw."

[3]) Vgl. die den Veränderungen des Länderbesitzes in den Jahren 1814 und 1815 Rechnung tragende Verordnung wegen des Königlichen Titels und Wappens vom 9. Januar 1817 nebst Anlagen (GS. 1817, 17) und Reglement über die Anwendung der drei Titel und der drei Wappen (GS. 1817, 26).

[4]) GS. 1820, 9.

[5]) Edikt und Hausgesetz vom 6. November 1809 (GS. 1806—1810, 604). Edikt über die Einziehung sämtlicher geistlichen Güter in der Monarchie vom 30. Oktober 1810 (GS. 1810, 32), § 1. Verordnung über die rechtl. Natur der Domänen in den neuen und wieder eroberten Provinzen vom 9. März 1819 (GS. 1819, 73), §§ 1, 4. Kab.-Order über die Erledigung einiger Zweifel bezüglich der Veräußerung von Domänen und Staatsgütern vom 17. Juni 1826 (GS. 1826, 57), zu I.

[6]) Über die Rechtsverhältnisse der Domänen Simon Staatsrecht, 2, 304—327.

[7]) Hubrich in Annalen des Deutschen Reichs 1904, 783—786, 801—807; ders. im VerwArch. 17, 43ff.

gegenüber dem Bunde nicht hindern[1]) und die den preußischen Untertanen von Bundes wegen garantierten Rechte nicht verkümmern durften. Vorschläge zu preußischen Gesetzen[2]) wurden zunächst im Staatsministerium beraten[3]), sodann vom Staatsrat gutachtlich geprüft und hierauf dem Könige zur Sanktion unterbreitet[4]). Diese Vorberatung in Staatsministerium und Staatsrat bedingte aber die Gültigkeit der vom König allein sanktionierten Gesetze nicht[5]). Gesetzentwürfe, welche allein eine Provinz angingen, Entwürfe zu allgemeinen Gesetzen betreffend Veränderungen in Personen- und Eigentumsrechten und in den Steuern sowie Gesetzentwürfe zur Abänderung provinzialständischer Vorschriften sollten den in Betracht kommenden Provinzialständen[6]) (dem Provinziallandtage) zur Beratung vorgelegt werden[7]). Die vom Könige erlassenen Gesetze wurden vom Präsidenten des Staatsrates (und einem oder mehreren Ministern) gegengezeichnet und vom Staatssekretär beglaubigt[8]). Diese Form war jedoch nicht wesentlich; sehr viele Gesetze ergingen auf ministeriellen Antrag ohne jede Gegenzeichnung in der einfachen Form der Kabinettsorder. Die Gesetze wurden in der „Gesetzsammlung für die Königlichen Preußischen Staaten[9])" veröffentlicht. In dieses offizielle Publikationsorgan waren sämtliche Gesetze aufzunehmen, welche mehr als einen einzelnen Regierungsbezirk[10]) betrafen.

---

[1]) Bundesbeschluß vom 28. Juni 1832, zu III (GS. 1832, 221).

[2]) Auch als Verordnungen, Ordnungen, Edikte, Patente, Reglements, Publikanda, Deklarationen betitelt.

[3]) Kab.-Order vom 3. November 1817 (GS. 1817, 289), Eingang und zu VIII, 1. Vgl. auch Kab.-Orders vom 30. Juni 1828 (GS. 1828, 86) und vom 1. August 1836 zu 5 (GS. 1836, 218).

[4]) Verordnung wegen Einführung des Staatsrats vom 20. März 1817 (GS. 1817, 67), zu 2, a.

[5]) Hubrich in Annalen des Deutschen Reichs 1904, 836f.; ders. im Verwaltungsarchiv 17, 58f.

[6]) Arndt, Der Anteil der Stände an der Gesetzgebung in Preußen von 1823—1848, im ArchÖffR. 17 1902, 570—588.

[7]) Gesetz wegen Anordnung der Provinzialstände vom 5. Juni 1823 (GS. 1823, 129), zu III.

[8]) Verordnung vom 20. März 1817 (GS. 1817, 67), Nr. 28 Abs. 2.

[9]) Verordnung vom 27. Oktober 1810 (GS. 1810, 1).

[10]) Für jeden Regierungsbezirk erschien ein „Amtsblatt" (Verordnung über die Einrichtung der Amtsblätter vom 28. März 1811; GS. 1811, 165). Dieses enthielt 1. Titel, Datum und Nr. der in der Gesetzsammlung veröffentlichten Gesetze, 2. alle zur allgemeinen Bekanntmachung geeigneten Verfügungen der Regierungen, Oberlandesgerichte und sonstigen öffentlichen Provinzialbehörden, die ein gemein-

In der Gesetzsammlung wurden aber auch andere Veröffentlichungen, wie Staatsverträge[1]), Korporationsstatuten und ministerielle Bekanntmachungen[2]) abgedruckt. Nach der Deklaration vom 14. Januar 1813) war jedermann verpflichtet, die in die Gesetzsammlung[3]) eingerückten Gesetze und Verfügungen zu befolgen, sobald er davon Kenntnis erhalten hatte.

V. Auch die Rechtsverhältnisse der Staatsdiener[4]) waren im Grunde unverändert geblieben. Der Staatsdienst zerfiel in den Militär-[5]) und Zivilstaatsdienst. Die Zivilstaatsbeamten gliederten sich in Justizbeamte und Verwaltungsbeamte, in unmittelbare (königliche) und mittelbare (städtische, provinzial- und kreisständische, Korporationsbeamte). Voraussetzungen der Anstellung[6]) waren Befähigung

sames Interesse für den ganzen Bezirk, einzelne Kreise, Örter oder Einwohnerklassen desselben hatten, 3. Belehrungen über öffentliche Angelegenheiten.

[1]) Die Verordnung wegen streitig gewordener Auslegung von Staatsverträgen vom 25. Januar 1823 (GS. 1823, 19) wurde durch die Verordnung vom 24. November 1813 (GS. 1843, 369) wieder aufgehoben.

[2]) Sammlung der Ministerialreskripte: v. Kamptz, Jahrbücher für die Preußische Gesetzgebung, 1820 ff. v. Kamptz, Annalen der Preußischen innern Staatsverwaltung, 1817 ff.

[3]) Und in die Amtsblätter. Das Amtsblatt galt vorbehaltlich früheren Bekanntwerdens seines Inhaltes acht Tage nach Erscheinen als an allen Orten des Bezirks bekannt. Nach der Kab.-Order vom 24. Juli 1826 (GS. 1826, 73) waren die Amtsblätter sogar die ausschlaggebenden Publikationsorgane. Ein in der Gesetzsammlung abgedrucktes Gesetz galt erst dann als publiziert, wenn sein Erscheinen nach Titel, Datum und Nr. in den Amtsblättern angezeigt war. Ein nicht in der Gesetzsammlung abgedrucktes Gesetz galt gleichwohl für hinreichend publiziert, wenn es vollständig in die Amtsblätter aufgenommen war. Erst das Gesetz betr die Publikation der Gesetze vom 3. April 1846 (GS. 1846, 151) erklärte wieder die Gesetzsammlung für das maßgebende Publikationsorgan. Es schrieb vor, daß landesherrliche Erlasse, welche Gesetzeskraft erhalten sollten, solche nur durch die Aufnahme in die Gesetzsammlung erlangten, und zwar ohne Unterschied, ob die Erlasse für die ganze Monarchie oder für einen Teil derselben bestimmt waren (Hubrich im VerwArch. 13, 471 ff., 17, 62 ff. Ders. in Annalen des DR. 1907, 84 ff.).

[4]) Grundsätzliches über rechtliche Natur, Entstehung, Rechtsverhältnisse und Beendigung des Staatsdienstes in der vortrefflichen Schrift von Perthes, Der Staatsdienst in Preußen, ein Beitrag zum Deutschen Staatsrecht, 1838 Einzelheiten bei Simon, Staatsrecht, 1, 291—350.

[5]) Über diesen vgl. Simon, Staatsrecht, 1, 167—291.

[6]) Ein Vorzugsrecht auf Anstellung genossen nach den Freiheitskriegen freiwillige Kriegsteilnehmer und invalide Militärs (Reg. Instr. vom 23. Oktober 1817 [GS. 1817, 248] § 12 Nr. 2), nicht mehr der Adel. Das Kautionswesen für die Staatskassen- und Magazinbeamten ordneten die Kab.-Orders vom 11. Februar 1832 (GS. 1832, 61) und vom 15. April 1837 (GS. 1837, 73).

und Unbescholtenheit, teilweise auch Grundbesitz. Nicht anstellungsfähig kraft Spezialvorschrift waren die Teilnehmer und Beförderer demagogischer Umtriebe [1]), die Mitglieder geheimer, insonderheit burschenschaftlicher Verbindungen [2]), sowie der auf politische Zwecke gerichteten unerlaubten Vereine [3]). Beschränkt anstellungsfähig waren die Mennoniten und Juden. Die Anstellung erfolgte meist auf Lebenszeit. Eine Vereidigung [4]) war üblich, aber nicht notwendig [5]). Hinsichtlich der Pflichten und Rechte der Beamten bewendete es mit einigen Ergänzungen bei den Bestimmungen des Allgemeinen Landrechts [6]). Was die Beendigung des Dienstverhältnisses [7]) angeht, so konnte eine Amtsentsetzung mittels unfreiwilliger Pensionierung erfolgen wegen physischer oder geistiger Untüchtigkeit, wegen mangelhafter Dienstführung und moralischer Gebrechen, wegen Bekanntwerdens von Umständen, welche die Amtswirksamkeit gefährden konnten [8]). Endlich hatten sich die Bundes-

[1]) Kab.-Order vom 12. April 1822 (GS 1822, 105), vorl. Abs.

[2]) Bundestagsbeschluß vom 20. September 1819 (GS. 1819, 220), § 3, und Kab.-Order vom 21. Mai 1824 (GS. 1824, 122), zu I.

[3]) Bundestagsbeschluß vom 5. Juli 1832 (GS. 1832, 216), zu 2.

[4]) Die Form des Diensteides der unmittelbaren und mittelbaren Zivilbeamten bestimmten die Kab.-Order wegen der Dienst- und Bürgereide vom 5. November 1833 (GS. 1833, 291) und die Kab.-Order über die Bekräftigungsformel bei den Eiden der katholischen Konfessionsverwandten vom 8. August 1835 (GS. 1835, 182).

[5]) Kab.-Order vom 11. August 1832 (GS. 1832, 204).

[6]) Titel und Rang der Beamten war durch eine Reihe von Verordnungen und Kabinettsorders gesetzlich genau festgestellt. In den Städten der beiden Städteordnungen genossen die Beamten eine teilweise Befreiung von den direkten Gemeindeabgaben hinsichtlich ihres Diensteinkommens. Gesetz v. 11. Juli 1822 GS. 1822, 184). Deklaration vom 21. Januar 1829 (GS 1829, 9). RevStO. vom 17. 3. 1831 §§ 39, 42. Kab.-Order vom 14 Mai 1832 (GS. 1832, 145). Die Ruhegehaltsansprüche der Beamten bestimmte das (nicht als Gesetz verkündete) Pensionsreglement für die Zivilstaatsdiener vom 30. April 1825 (v. Kamptz, Annalen 16 1832, 843). Die Ansprüche der Hinterbliebenen auf Gnaden- und Sterbequartal waren gesetzlich geordnet (Kab.-Orders vom 27. April 1816 [GS. 1816, 134], 27. Mai 1816 [GS. 1816, 201], 15. November 1819 [GS. 1820, 45], 22. Januar 1826 [GS. 1826, 13]). Die Witwen besaßen keinen Pensionsanspruch, waren aber gesichert durch die Verpflichtung der Beamten, der durch Patent vom 28. Dezember 1775 gegründeten „allgemeinen Witwenverpflegungsanstalt" beizutreten.

[7]) Die Kab.-Order vom 21. Februar 1823 (GS. 1823, 25) regelte das Verfahren bei Degradation und administrativer Dienstentlassung der Verwaltungsbeamten, die Städteordnungen (StO. 1808, §§ 205—207; StO. 1831, §§ 100, 103) die Amtsentsetzung von Kommunalbeamten.

[8]) Pensionsreglement vom 30. April 1825, §§ 18, 19. Kab.-Orders vom

regierungen gegenseitig verpflichtet, Universitäts- und andere öffentliche Lehrer, die durch erweisliche Abweichung von ihrer Pflicht oder Überschreitung der Grenzen ihres Berufes, durch Mißbrauch ihres rechtmäßigen Einflusses auf die Gemüter der Jugend, durch Verbreitung verderblicher, der öffentlichen Ordnung und Ruhe feindseliger oder die Grundlagen der bestehenden Staatseinrichtungen untergrabender Lehren ihre Unfähigkeit zur Verwaltung des ihnen anvertrauten wichtigen Amtes unverkennbar an den Tag gelegt hatten, von den Universitäten und sonstigen Lehranstalten zu entfernen; doch sollten solche Maßregeln nur auf begründeten Antrag des Universitätskurators[1]) oder von ihm vorher eingeforderten Bericht hin beschlossen werden; ein so ausgeschlossener Lehrer durfte in keinem andern Bundesstaate bei irgendeinem öffentlichen Lehrinstitut wieder eingestellt werden[2]).

VI. Die Verwaltungsorganisation[3]) war durch die Stein-Hardenbergische Reform und die sie ausbauende weitere Gesetzgebung von Grund auf neugestaltet worden.

A. Oberste Staatsbehörden der Monarchie waren namentlich Kabinett, Staatsrat und Ministerien[4]).

1. Aus dem königlichen Kabinett[5]) ergingen die Befehle und Entscheidungen des Königs[6]), soweit er sie nicht persönlich im Staatsrat erteilte. Alle Eingänge eröffnete der König selbst; er befahl, was etwa in einzelnen Fällen sofort verfügt werden solle; alles übrige wurde in Militärsachen und in Hof- und Zivilsachen geschieden, und beide Gruppen in den dafür bestimmten Abteilungen, dem Militär-

---

16. August 1826 (v. Kamptz, Annalen 17 1833, 588) und vom 4. September 1827 (v. Kamptz, Annalen 11 1827, 876).

[1]) Instruktion vom 18. November 1819 (GS. 1819, 233).

[2]) Bundestagsbeschlüsse vom 20. September 1819, 12. August 1824, 5. Juli 1832. Königl. Bekanntmachungen vom 18. Oktober 1819 (GS. 1819, 218), II, § 2, und vom 25. September 1832 (GS. 1832, 216) zu 5.

[3]) Simon, Staatsrecht, 1, 49—166. Bornhak, Geschichte des preußischen Verwaltungsrechts 3 1886, 14—220.

[4]) Zorn, Die staatsrechtliche Stellung des preußischen Gesamtministeriums, 1893. v. Gneist, Die verfassungsmäßige Stellung des preuß. Gesamtministeriums, im Verwaltungsarchiv 3 1895, 484 ff. Hintze, Das preuß. Staatsministerium im 19. Jahrh., in Schmoller-Festschrift, 1908, 403 ff.

[5]) Verordnung über die veränderte Verfassung aller obersten Staatsbehörden vom 27. Oktober 1810 (GS. 1810, 3).

[6]) Im Kabinett hatten beständigen Vortrag: der Staatskanzler (dieses Amt erlosch 1822), ein geheimer Kabinettsrat, sowie in Militärsachen die vom König dazu bestimmten Militärpersonen.

kabinett und dem Zivilkabinett, bearbeitet und sodann dem Könige zur Entscheidung vorgetragen.

2. Der Staatsrat[1]) war die höchste beratende Behörde, entbehrte aber jedes Anteils an der Verwaltung. Er war wiederholt (1808, 1810, 1814) vorgesehen, trat aber erst gemäß Verordnung vom 20. März 1817[2]) in Wirksamkeit. Er bestand aus den großjährigen (18. Lebensjahr) königlichen Prinzen, aus vermöge ihres Amtes berufenen höchsten Staatsbeamten[3]) und aus Mitgliedern kraft besonderen königlichen Vertrauens. Den Vorsitz führte entweder der König selbst oder der durch Kabinettsorder ernannte Präsident[4]). Zum Wirkungskreise des Staatsrats gehörte die Beratung über die Grundsätze, nach denen die Gesetze gegeben und die Verwaltungsgeschäfte geführt werden sollten[5]). Die Gutachten und Gesetzentwürfe unterlagen ausnahmslos der königlichen Bestätigung und waren für die ausübenden Behörden ohne die königliche Sanktion wirkungslos. Der Staatsrat hat in den Jahren 1817 bis 1848[6]) als „Parlament des absoluten Beamtenstaates" eine außerordentlich ersprießliche Tätigkeit entfaltet.

[1]) Sailer, Der preußische Staatsrat und seine Reaktivierung², 1884 Zorn, Gesamtministerium 34 ff. v. Gneist im VerwArch. 3, 491 ff Haake in Forsch. zur br.-pr. Gesch. 27, 247—265.

[2]) Verordnung wegen Einführung des Staatsrats. GS. 1817, 67.

[3]) Dies waren der Staatskanzler (bis 1822) und Präsident des Staatsrats, die Feldmarschälle, die die Verwaltung leitenden wirklichen Staatsminister, der Minister-Staatssekretär, der Generalpostmeister, der Chef des Obertribunals, der erste Präsident der Oberrechnungskammer, der Geheime Kabinettsrat, der in Militärsachen vortragende Offizier, die in Berlin anwesenden Kommandierenden Generale (Deklaration vom 5. April 1817; GS. 1817, 122) und Oberpräsidenten.

[4]) Den Vorsitz führte bis 1822 der Staatskanzler. In diesem Jahre erlosch das Amt

[5]) Im einzelnen gehörten zur Zuständigkeit des Staatsrats: 1. alle Gesetze, Verfassungs- und Verwaltungsnormen, Pläne über Verwaltungsgegenstände, durch welche die Verwaltungsgrundsätze abgeändert wurden, und Beratungen über allgemeine Verwaltungsmaßregeln, zu welchen die Ministerialbehörden verfassungsmäßig nicht autorisiert waren, dergestalt, daß sämtliche Vorschläge zu neuen oder zur Aufhebung, Abänderung und authentischen Deklaration von bestehenden Gesetzen und Einrichtungen durch den Staatsrat an den König zur Sanktion gelangen mußten; 2. Streitigkeiten über den Wirkungskreis der Ministerien; 3. alle Gegenstände, welche durch schon bestehende gesetzliche Bestimmungen vor den Staatsrat gehörten: 4 alle Sachen, die der König in einzelnen Fällen an den Staatsrat verwies, wie Beschwerden der Untertanen über die Entscheidung der Ministerien. Die auswärtigen Angelegenheiten sollten nur dann an den Staatsrat gebracht werden, wenn der König es in wichtigen Fällen besonders verordnete.

[6]) Verordnung betr. die Vereinfachung der Beratungen des Staatsrats vom 6. Januar 1848. GS. 1848, 15.

3. Die höchsten ausführenden Behörden des Staates waren die Ministerien. Ihre Zahl betrug zuerst fünf, später sieben.

a) Das Ministerium der auswärtigen Angelegenheiten[1]) bearbeitete alles, was die Beziehungen zu fremden Mächten und die Verhandlungen mit auswärtigen Regierungen betraf[2]).

b) Das Kriegsministerium[3]) begriff die ganze Militärverwaltung in sich; zu ihm gehörte alles, was auf das Militär, seine Verfassung, Errichtung, Erhaltung und Verwendung Bezug hatte[4]).

c) Der Geschäftskreis des Justizministeriums[5]) umfaßte die Oberaufsicht[6]) über die gesamte Rechtspflege, die Anstellung der Justizbeamten, die Lehnssachen und die Abgabe von Rechtsgutachten in Angelegenheiten des königlichen Hauses[7]).

d) Das Ministerium der Finanzen[8]) bearbeitete das gesamte Finanzwesen[9]). Seine Zuständigkeit wechselte wiederholt und erheblich[10]); sie umfaßte schließlich Kassen- und Etatswesen, Steuerwesen, Handel, Gewerbe und Bauwesen, Berg-, Hütten- und Salinenwesen[11]).

---

[1]) Verordnung vom 27. Oktober 1810. Kab.-Order wegen Ernennung des Ministerii vom 3. Juni 1814 (GS. 1814, 40).

[2]) Von ihm ressortierten die Gesandtschaften und Konsulate.

[3]) Publikandum vom 18. Februar 1809 betr. die äußeren Verhältnisse des Kriegsministeriums (GS. 1806—1810, 536).

[4]) Dem Kriegsministerium unterstanden die verschiedenen Behörden (Intendanturen) und Anstalten der Militärverwaltung sowie die Generalmilitärkasse.

[5]) Verordnung vom 27. Oktober 1810.

[6]) Die Rechtspflege selbst war natürlich ausschließlich Aufgabe der Gerichte. Kab.-Order wegen der Einwirkung des Chefs der Justiz auf die formellen Verfügungen der Gerichtsbehörden vom 6. September 1815 (GS. 1815, 198). Kab.-Order über die Befugnisse des Justizministers zur Erteilung von Geschäftsinstruktionen vom 24. August 1837 (GS. 1837, 143).

[7]) Dem Justizministerium waren Obertribunal, Kammergericht und Oberlandesgerichte, die übrigen Gerichte und die Immediatjustizexaminationskommission unterstellt. Seit dem Jahre 1832 bestand neben dem die Justizverwaltung leitenden Justizministerium noch ein besonderes Justizministerium für die Gesetzesrevision. (Kab.-Order vom 9. Februar 1832 [GS. 1832, 15]. Dazu Kab.-Order vom 17. Dezember 1838 [GS. 1839, 15]. In Verbindung damit stand die 1842 errichtete Gesetzkommission).

[8]) Verordnung vom 27. Oktober 1810. Kab.-Order vom 3. November 1817 zu I—III. Strutz, Hundert Jahre Preuß. Finanzministerium, im VerwArch. 17, 179—194.

[9]) Vorübergehend bestand ein Sonderministerium des Schatzes und für das Staatskreditwesen (1817—1823).

[10]) Simon, Staatsrecht, 1, 81—83.

[11]) Zum Geschäftsbereich des Finanzministeriums gehörten namentlich die

e) Das Ministerium des Innern[1]), vorübergehend (1835—1842) „Ministerium des Innern und der Polizei" genannt, verwaltete sämtliche Ausübungen der obersten Gewalt, soweit sie nicht ausdrücklich einem Spezialministerium oder einer andern Behörde beigelegt waren. Ursprünglich[2]) erstreckte sich sein Wirkungskreis auf die allgemeine Polizei im weitesten Sinne, Gewerbe und Handel, Kultus und öffentlichen Unterricht, Postwesen[3]).

f) Das Ministerium der geistlichen, Unterrichts- und Medizinal-Angelegenheiten[4]) war im Jahre 1817 durch Ausscheidung dieser Verwaltungszweige aus dem Ministerium des Innern entstanden[5]).

Ein besonderes Ministerium des königlichen Hauses (und der königlichen Domänen) schuf die Kabinettsorder vom 11. Januar 1819[6]). Dieses Ministerium bearbeitete die königlichen Haus-, Familien- und Hofsachen, die Angelegenheiten der Thronlehne und der Erbämter[7]) und die Verwaltung[8]) der Domänen und Forsten[9]).

Jeder Staatsminister[10]) führte die ihm anvertraute Verwaltung selbständig unter unmittelbarer Verantwortlichkeit gegen den

Generalstaatskasse, die Oberberghauptmannschaftliche Kasse, die Generallotteriedirektion, die Generaldirektion der Witwenverpflegungsanstalt, die Provinzialsteuerdirektionen und die Oberbergämter.

1) Verordnung vom 27. Oktober 1810.

2) Im einzelnen erfuhr auch seine Kompetenz vielfache Änderungen (Simon, Staatsrecht, 1, 70—80. Die wichtigsten waren die zeitweilige Errichtung eines besonderen Polizeiministeriums (1814—1819) und eines besonderen Handels- und Gewerbeministeriums (1817—1825), die Verselbständigung des Postwesens zum Postdepartement oder Generalpostamt (1814), die Abzweigung von Kultus, öffentlichem Unterricht und Medizinalwesen (1817).

3) Unter dem Ministerium des Innern standen namentlich das Landesökonomiekollegium (technische Deputation für landwirtschaftliche Interessen), das Berliner Polizeipräsidium, das Domkapitel zu Brandenburg, die Generalkommissionen, die ritterschaftlichen Kreditvereine und die Provinzialfeuersozietäten. — Von den Ministerien des Innern und der Finanzen gemeinsam ressortierten die Bezirksregierungen.

4) Gesetz wegen der Geschäftsführung bei den Oberbehörden in Berlin vom 3. November 1817 (GS. 1817, 289), zu III. Kab.-Order vom 11. Januar 1819 (GS. 1819, 2), zu VI. Bornhak, Die verwaltungsrechtliche Stellung des preuß. Ministeriums der geistl., Unterrichts- und Med.-Angeleg., im VerwArch 5, 337—352.

5) Zu seinem Bereich gehörten die verschiedenen Behörden, Veranstaltungen und Gesellschaften für Wissenschaft, Kunst, Kultus und Medizinalwesen.

6) (GS. 1819, 2), zu 4.

7) Kab.-Order vom 11. Januar 1838 (GS. 1838, 10), zu I.

8) Kab.-Order vom 26. Januar 1835 (GS 1835, 10), zu 1.

9) Ihm waren Kronfideikommißfonds und Krontresor unterstellt.

10) Verordnung vom 27. Oktober 1810.

König. Er berichtete darüber an den König und empfing von ihm die Befehle. Er mußte zu einer Reihe von Gegenständen die königliche Genehmigung einholen. Er mußte ferner, wenn ein Gegenstand seiner Verwaltung in den Wirkungskreis andrer Minister einschlug, mit diesen Rücksprache nehmen. Die Einrichtung jedes Ministeriums war streng bürokratisch. Die vortragenden Räte hatten bloß beratende, die Direktoren der Abteilungen aber in diesen eine entscheidende Stimme.

4. Sämtliche Minister waren zum Staatsministerium[1]) vereinigt. Die Kabinettsorder vom 3. Juni 1814[2]) hatte die Bildung eines solchen angeordnet und bestimmt, daß „das Ministerium" unter dem Vorsitz des Staatskanzlers aus den einzelnen Ministern bestehen und allgemeine Gegenstände, desgleichen solche, wo die Ressorts ineinander greifen und eine gemeinschaftliche Überlegung erforderlich sei, miteinander beraten sollten[3]). Später bestand das Staatsministerium aus dem Kronprinzen (seit 1820), den verwaltenden Staatsministern und einigen vortragenden Räten. Dem Staatsministerium fehlte grundsätzlich die beschließende Kompetenz[4]). Die seine Organisation be-

[1]) Zorn, Die staatsrechtliche Stellung des preuß Gesamtministeriums, 1893. v. Gneist im Verwaltungsarchiv 3, 489ff. Kuschewsky, Das preuß. Gesamtministerium, Diss 1901. Krause, Ist das preußische Staatsministerium eine kollegial eingerichtete oberste Staatsbehörde? 1902. Hintze in Schmoller-Festschrift, 1908, 428ff.

[2]) GS 1814, 40.

[3]) Nach der Kab.-Order vom 3. November 1817 (GS. 1817, 289, zu VIII) sollten im Staatsministerium insonderheit vorgetragen und beraten werden: 1. alle Entwürfe zu neuen Gesetzen und Abänderungen, ohne Ausnahme, bevor sie an den Staatsrat gelangten, desgleichen Anordnungen, die ein allgemeines Interesse betrafen oder in der bestehenden Verfassung etwas veränderten; 2. Die Verwaltungsrechenschaften der Oberpräsidenten für das abgelaufene Jahr; 3. deren Verwaltungspläne für das künftige Jahr; 4. die monatlichen sog. Zeitungsberichte der Regierungen; 5. periodische Übersichten vom Zustande der Generalkassen; 6. die Etats der General- und Provinzialhauptkassen, soweit sie die laufende Verwaltung betrafen sowie die Militäretats; 7. abweichende Ansichten zwischen den einzelnen Ministern; 8. Militäreinrichtungen, sofern sie das Land angingen; 9. die Vorschläge wegen Anstellung der Oberpräsidenten, Regierungspräsidenten und derer der oberen Justizkollegien, der Direktoren, der Oberforstmeister und mit diesen gleichen Rang habenden Beamten; 10. die Vorschläge zu vortragenden Räten bei den Departements blieben den diese leitenden Ministern überlassen, doch mußten sie sich, wenn es einen in einem andern Departement angestellten oder unter demselben stehenden Beamten traf, mit dessen Chef darüber vereinigen; endlich noch 11. allgemeine Maßregeln und Anordnungen wegen der Landgestüte und 12. Amtsentsetzungen von Beamten (Kab.-Order vom 21. Februar 1823, GS. 1823, 25).

[4]) Zorn, Gesamtministerium, 30—46.

stimmenden Gesetze sprachen nur von „Beratung“, nicht von „Beschlußfassung“. Erst das spätere Recht[1]) und die spätere Praxis[2]) weisen Fälle auf, in denen ausnahmsweise das Ministerium wirkliche „Beschlüsse“ zu fassen hatte. Diese Ausnahmefälle beeinflußten aber nicht den überwiegenden und prinzipiellen Charakter des Staatsministeriums als einer nicht beschließenden, sondern lediglich beratenden Ministerialkonferenz[3]). Höchste Verwaltungsstellen im Staate blieben daher die einzelnen Ressortministerien[4]).

B. Die Einrichtung der Provinzialbehörden war vereinfacht und verbessert[5]).

1. Staatliche Provinzialbehörden.

a) Die allgemeinen Landesangelegenheiten jeder der acht Provinzen[6]) verwaltete ein Oberpräsident[7]). Der Wirkungskreis des Oberpräsidenten umfaßte 1. die eigene Verwaltung aller Angelegenheiten, die die Gesamtheit der Provinz betrafen oder sich über den Bereich einer Regierung hinaus erstreckten[8]); 2. die Oberaufsicht über

---

[1]) So besonders bei Disziplinarentscheidungen im Verfahren gegen ihres Amtes zu entsetzende Beamte. Kab.-Order vom 21. Februar 1823 (GS. 1823, 25), Nr. 5, 6, 7.

[2]) Hintze in Schmoller-Festschrift 439 ff.

[3]) Dem Staatsministerium unmittelbar nachgeordnet waren das statistische Büro, die Archive (unter besonderer Leitung der Minister des königlichen Hauses und der auswärtigen Angelegenheiten) und die Oberexaminationskommission für den Geschäftskreis der Regierungen (unter besonderer Leitung der Minister des Innern und der Finanzen. Verordnung vom 27. Oktober 1810).

[4]) Selbständige, keinem Ministerium unterstellte, sondern ihnen nebengeordnete oberste Verwaltungsbehörden waren das Generalpostamt unter dem Generalpostmeister (1814), das Departement der Haupt- und Landgestüte unter dem Oberstallmeister, die königliche Hauptbank (selbständig seit 1817), die Seehandlung (ein seit 1820 selbständiges Geld- und Handlungsinstitut des Staates), die Hauptverwaltung der Staatsschulden (1820), das Departement des Staatsschatzes und der Münzen (1820), die Staatsbuchhalterei (1826) und die Oberrechnungskammer (Instr. vom 18 Dezember 1824; v Kamptz, Annalen, 9, 2).

[5]) Verordnung wegen verbesserter Einrichtung der Provinzialbehörden vom 30. April 1815 §§ 1—4. GS. 1815, 85.

[6]) Im Jahre 1829 wurden die Provinzen Ost- und Westpreußen zur Provinz „Preußen“, die Provinzen Jülich-Kleve-Berg und Niederrhein zur „Rheinprovinz“ vereinigt

[7]) Instruktion für die Oberpräsidenten vom 31. Dezember 1825 (GS. 1826, 1).

[8]) Hinsichtlich dieser Geschäfte bildete der Oberpräsident die unmittelbare Instanz; die betreffenden Provinzialbehörden, namentlich die Regierungen, waren seine Organe (Instr. § 2). Dazu Kab.-Order vom 26. Januar 1834 (v. Kamptz, Annalen 18 1834, 167).

die Verwaltung der Regierungen, Provinzialsteuerdirektionen und Generalkommissionen[1]); 3. die Stellvertretung der obersten Staatsbehörden in besonderem Auftrage und bei außerordentlicher Veranlassung (Instr. § 1)[2]). Der Oberpräsident war dem Staatsministerium und jedem einzelnen Staatsminister für seinen Wirkungskreis untergeordnet und verpflichtet, deren besondere Aufträge zu vollziehen (Instr. § 12).

b) Besondere Provinzialbehörden waren die Provinzialkonsistorien, die Medizinalkollegien, die Provinzialsteuerdirektionen, die Generalkommissionen, die Oberbergämter, die Intendanturen und vor allem die Bezirksregierungen.

Das Provinzialkonsistorium[3]) gliederte sich in zwei kollegialisch verfaßte Abteilungen: Konsistorium und Provinzialschulkollegium. Das Konsistorium[4]) führte in den evangelisch-kirchlichen Angelegenheiten die provinzielle Verwaltung; es war in Ansehung der iura circa sacra der römisch-katholischen Kirche[5]) nur vorübergehend (1817

[1]) Bei der Oberaufsicht über die Verwaltung dieser Behörden sollten sie nicht an deren Einzelverwaltung teilnehmen, sondern die Administration im ganzen beobachten, ihren Gang kennen lernen, auf Übereinstimmung der Verwaltungsgrundsätze und Konsequenz der Ausführungsmaßregeln hinwirken, auf Mängel und Unregelmäßigkeiten im Geschäftsgang aufmerksam machen (Instr. § 4 ff.).

[2]) Als Vertreter der obersten Staatsbehörden traten die Oberpräsidenten bei Konflikten der Regierungen, bei außerordentlichen Ereignissen und Gefahr im Verzuge sowie bei Krieg und Kriegsgefahr in Tätigkeit.

[3]) Verordnung vom 30. April 1815, §§ 15, 16. Dienstinstruktion vom 23. Oktober 1817 (GS. 1817, 237) Kab.-Order betr. eine Abänderung in der bisherigen Organisation der Provinzialverwaltungsbehörden vom 31. Dezember 1825 (GS. 1826, 5) zu B. Verordnung betr. die Anstellung der Direktoren und Lehrer der Gymnasien usw. vom 9. Dezember 1842 (GS. 1843, 1). v. Rönne-Zorn, Staatsrecht[5], 3, 1, 187 ff.

[4]) Dem Konsistorium war der Generalsuperintendent angegliedert. Kab.-Orders vom 7. Februar 1828 und 29. August 1828 (Annalen 13 1829, 67). Instruktion vom 14. Mai 1829 (Annalen 13 1829, 279). Nicolovius, Die bischöfl. Würde in Preußens evangel. Kirche, 1834.

[5]) Gegenüber der katholischen Kirche konnte das Territorialsystem des ALR., das die kirchliche Verwaltung als Zweig der Staatsverwaltung betrachtete, nicht mehr aufrecht erhalten werden Vgl. zum folgd. Friedberg, Der Staat und die Bischofswahlen in Deutschland, 1874, 43—63. Mejer, Zur Gesch. der römisch-deutschen Frage, 3 1885, 88 ff. v. Rönne-Zorn, Staatsrecht[5] 3, 1, 221 f. Die Verhandlungen des Staates mit dem päpstlichen Stuhle zur Wiederherstellung der durch die Säkularisationen zerrütteten Kirchenverfassung beruhten auf dem Prinzip der Anerkennung der Kirche als selbständigen Verbandes. Ihr Ergebnis ist niedergelegt in der päpstlichen Bulle De salute animarum vom 16. Juli 1821, die durch die Kab.-Order vom 23 August 1821 (GS. 1821, 113) die staatliche Bestätigung

bis 1825) zuständig und bloß als beratende Behörde des zur Wahrnehmung dieser iura berufenen[1]) Oberpräsidenten; alle übrigen Religionsparteien waren der Aufsicht des Konsistoriums unterworfen (§ 5). Das Provinzialschulkollegium hatte die obere Leitung des niederen und Privatschulwesens und die Sorge für die Ausbildung der Elementarlehrer sowie die unmittelbare Verwaltung des höheren (gelehrten) Schulwesens. Im weiteren Verlaufe der Entwicklung haben sich beide Abteilungen — Konsistorium und Provinzialschulkollegium — organisch voneinander getrennt[2]), so daß nunmehr die Konsistorien reine Kirchenbehörden des Staates darstellen, ohne jedoch ihren staatlichen Charakter zu verlieren. Immerhin sind in dieser Entwicklung die ersten Anfänge einer Verselbständigung der kirchlichen Verwaltung, freilich ganz im Rahmen der Staatsverwaltung, zu erblicken. Das Medizinalkollegium[3]) stellte eine rein wissenschaftliche und technisch-ratgebende Behörde für die Regierungen und Gerichte im Fache der polizeilichen und gerichtlichen Medizin dar. Der Provinzialsteuerdirektion[4]) lag die Verwaltung der indirekten Steuern in der Provinz ob. Die Generalkommission[5]) war für die Aufsicht und Leitung derjenigen Geschäfte bestellt, welche zur Durchführung der Regulierung der gutsherrlichen

---

empfing und in der Gesetzsammlung abgedruckt wurde (GS. 1821, 114). Diese Bulle sowie das sie ergänzende Breve Quod de fidelium vom 16. Juli 1821 Friedberg a. a. O. Aktenstücke, 244) regeln die Neubegründung und Abgrenzung der katholischen Diözesen und Erzdiözesen sowie ihre und der Kapitel Besetzung und Unterhaltung.

[1]) Instr. f. d. Oberpräsidenten vom 31. Dezember 1825 (GS. 1826, 1), § 2 Nr. 6. Verordnung vom 27. Juni 1845 (GS. 1845, 443).

[2]) Die Trennung beider Abteilungen vollzog erst die Verordnung betr. die Ressortverhältnisse der Provinzialbehörden für das evangelische Kirchenwesen vom 27. Juni 1845 (GS. 1845, 440).

[3]) Verordnung vom 30. April 1815, § 20. Dienstanweisung für die Medizinalkollegien vom 23. Oktober 1817 (GS. 1817, 245).

[4]) Kab.-Orders vom 5. Juli 1823 (Annalen 8 1824, 23), 3. Oktober 1824 (das. 1005), 12. September 1825 (das. 9 1825, 887), 19. Oktober 1825 (das. 888), 3. Dezember 1825 (das. 889) und 30. Juni 1827 (das. 11 1827, 634).

[5]) Edikt zur Beförderung der Land-Kultur vom 14. September 1811 (GS. 1811, 300), § 41. Verordnung wegen Organisation der Generalkommissionen usw. vom 20 Juni 1817 (GS. 1817, 161). Gesetz über die Ausführungen der Gemeinheitsteilungs- und Ablösungsordnungen vom 7. Juni 1821 (GS. 1821, 83). Verordnung wegen des Geschäftsbetriebes in den Angelegenheiten der Gemeinheitsteilungen, Ablösungen und Regulierung der gutsherrlich-bäuerlichen Verhältnisse vom 30. Juni 1834 (GS. 1834, 96), nebst Deklaration vom 30. Juli 1842 (GS. 1842, 245).

und bäuerlichen Verhältnisse, der Gemeinheitsteilungen und der Ablösungen erforderlich waren. Das Oberbergamt[1]) bildete die provinzielle Aufsichts- und Verwaltungsbehörde für Bergbau und Hüttenwesen, die mit dem Armeekorps verbundene Intendantur[2]) diejenige für die gesamte Militärökonomie.

c) Die wichtigste Provinzialbehörde[3]) unter dem Oberpräsidenten war die Provinzial-Regierung[4]). Ihr Geschäftskreis erstreckte sich auf alle Gegenstände der innern Landesverwaltung, die von den einzelnen Ministerien abhingen und nicht besonderen Verwaltungsbehörden zugewiesen waren[5]). Die Amtsgeschäfte der Regierung wurden kollegialisch in der Plenarversammlung[6]) oder in den drei[7]) Abtei-

---

[1]) Solche bestanden in (Berlin), Breslau, Halle, Dortmund und Bonn.

[2]) Kab.-Order vom 1. November 1820 (Annalen 4 1820, 904).

[3]) Jede Provinz war in Regierungsbezirke eingeteilt. Verordnung vom 30. April 1815, § 1.

[4]) Verordnung vom 30. April 1815 (GS. 1815, 85), §§ 1, 9ff. Instruktion zur Geschäftsführung der Regierungen vom 23. Oktober 1817 (GS 1817, 248). Kab.-Order vom 31. Dezember 1825 (GS. 1826, 5) zu D. Geschäftsanweisung für die Regierungen vom 31. Dezember 1825 (v. Kamptz, Annalen 9 1825, 821). Verordnung vom 9. Dezember 1842 (GS. 1843, 1), §§ 2—4. Chr. Fr. Wegener, Dienstinstruktion vom 23. Oktober 1817 für die Königl Preuß. Regierungen, mit den wichtigsten spätern Gesetzen und Verordnungen, 1843.

[5]) Reg.-Instr. § 1. Kab.-Order vom 9. Juni 1821 (GS. 1821, 52). Kab.-Order vom 26. Januar 1835 (GS 1835, 10).

[6]) In der Plenarversammlung wurden folgende Gegenstände (Reg.-Instr. § 5) vorgetragen und beraten: 1. alle vorzuschlagenden Gesetzentwürfe und allgemeinen neuen Einrichtungen; 2. neue Grundsätze über Ausschreibung und Aufbringung allgemeiner Auflagen und Landeskosten; 3. Berichte an die Ministerien über Vorschlag allgemeiner Verwaltungsgrundsätze oder neuer allgemeiner Einrichtungen; 4. Ausführungsmaßnahmen zu neuen Gesetzen, Verwaltungsgrundsätzen und Normen; 5. Abweichungen und Ausnahmen von bestimmten Vorschriften, wenn dazu wegen Gefahr im Verzuge nicht mehr höhere Genehmigung eingeholt werden kann; 6. Suspensionen und unfreiwillige Entlassungen von höheren Beamten; 7. Anstellungen und Beförderungen der Unterbeamten der Regierung; 8. mehrere Abteilungen interessierende Gegenstände, über die keine Einigung erzielt ist; 9. die vom Präsidenten oder einem Abteilungsdirigenten dem Plenum überwiesenen Sachen; 10 die die Verwaltung der Regierung oder die Dienstdisziplin im allgemeinen angehenden Verfügungen des Oberpräsidenten; 11. bedeutende Landesmeliorationen; 12. Ausdehnung des Exekutionsrechts bis zur persönlichen Haft des Schuldners; 13. Vorschläge wegen Ernennung und Bestätigung der Bürgermeister in den großen Städten.

[7]) Bei den Regierungen zu Königsberg, Marienwerder und Frankfurt bestand eine besondere Abteilung für die Landeskultur, bei den Regierungen zu Potsdam und Frankfurt eine weitere besondere Abteilung für die Verwaltung der indirekt Steuern.

lungen [1]) der Regierung bearbeitet. An der Spitze der Regierung stand der Regierungspräsident [2]), an der Spitze jeder Abteilung [3]) ein Oberregierungsrat [4]). Der Regierungspräsident war der Mittelpunkt der ganzen Verwaltung der Regierung und mit besonderen Vollmachten ausgestattet. Er konnte die Ausführung eines vom Plenum der Regierung gefaßten Beschlusses auf seine Verantwortung beanstanden und die Entscheidung des Oberpräsidenten einholen [5]). In den Abteilungen konnte in ähnlicher Weise der Vorsitzende den wider seine Ansicht gefaßten Beschluß durch Provokation auf den Präsidenten suspendieren; dieser entschied sodann, nach welcher Ansicht verfahren oder ob die Sache an das Plenum verwiesen werden sollte [6]). Im übrigen waren Obliegenheiten und Geschäftsführung der Regierung in der Regierungsinstruktion aufs genaueste geordnet.

2. Ständische Provinzialorgane.

Im Gegensatz zu den königlichen Behörden der Provinz als eines staatlichen Verwaltungsbezirks standen die ständischen Organe der

---

[1]) Bei der (I) „Abteilung des Innern" wurden bearbeitet: Die inneren Angelegenheiten der Landeshoheit, die gesamte Sicherheits- und Ordnungspolizei, die Medizinal- und Gesundheitspolizei, die (in der Hauptsache auf die Generalkommissionen übergegangene) landwirtschaftliche Polizei, das gesamte Kommunalwesen, die Aufsicht über alle Korporationen, Gesellschaften, öffentliche Institute und Anstalten, das Mennoniten- und Judenwesen, alle Militärsachen, statistische Angelegenheiten, Aufsicht und Verwaltung der Regierungskasse, sowie Gewerbe-, Verkehrs- und baupolizeiliche Angelegenheiten. Die (II.) „Abteilung für die Kirchenverwaltung und das Schulwesen" erledigte die nicht dem Konsistorium und Provinzial-Schul-Kollegium vorbehaltenen kirchlichen und Schulangelegenheiten. Zum Geschäftskreise der (III.) „Abteilung für die Verwaltung der direkten Steuern und der Domänen und Forsten" gehörte alles, was sich bezog auf das Staatseinkommen aus den Grund- und Personalsteuern oder auf die Verwaltung der Domänen und Forsten und solcher Regalien, die bisher mit der Domänen- und Forstverwaltung verbunden waren, insbesondere auch die landesherrliche Jagd- und Forstpolizei.

[2]) Reg.-Instr. §§ 39, 40. Kab.-Order vom 31. Dezember 1825, D I. Da die Oberpräsidenten in der Regel zugleich die Präsidenten bei der an ihrem Wohnort befindlichen Regierung waren, wurde bei diesen Regierungen ein Vizepräsident bestellt. Kab.-Order 1825, D IV.

[3]) Kab.-Order 1825, D III. Mitdirigent der 3. Abteilung war der Oberforstmeister.

[4]) Weitere Mitglieder der Regierung waren die Regierungsräte, die technischen Räte (geistliche, Schul-, Medizinal-, Bau- und Forsträte, Oberforstmeister, Justitiare, Kassenräte) sowie die Regierungsassessoren. Ständische Mitglieder waren nicht vorgesehen.

[5]) Reg.-Instr. §§ 5, 39 Nr 3. Kab.-Order 1825, D V, VI, VIII Abs. 1

[6]) Kab.-Order 1825, D VII, VIII Abs. 1.

Provinz als eines ständischen körperschaftlichen Verbandes. Dies waren die zu Provinziallandtagen zusammentretenden Provinzialstände[1]). Das „allgemeine Gesetz wegen Anordnung der Provinzialstände" vom 5. Juni 1823[2]) hatte das Inslebentreten von „Provinzialständen im Geiste der älteren deutschen Verfassung" verfügt; Form und Grenzen des provinzialständischen Verbandes waren durch acht inhaltlich übereinstimmende Provinzialgesetze bestimmt worden[3]). Die Stände setzten sich in Brandenburg, Preußen, Pommern und Posen aus 1. dem Herren- und Ritterstande, 2. dem Stande der Städte, 3. dem bäuerlichen Stande, in Schlesien, Sachsen, Westfalen und der Rheinprovinz aus 1. dem Herrenstande, 2. dem Stande der Ritterschaft, 3. dem Stande der Städte, 4. dem bäuerlichen Stande zusammen. Grundbedingung der Standschaft war das Grundeigentum[4]). Die Stände erschienen auf dem Provinziallandtage teils (so diejenigen Angehörigen des ersten Standes, welche eine Virilstimme führten) persönlich bzw. durch Bevollmächtigte, teils durch gewählte Abgeordnete. Die Wählbarkeit der Abgeordneten aller Stände war bedingt durch: 1. zehnjährigen, ununterbrochenen Grundbesitz, 2. Gemeinschaft mit einer der christlichen Kirchen, 3. Vollendung des 30. Lebensjahres, 4. unbescholtenen Ruf[5]). Besondere Voraussetzungen der Wählbarkeit waren beim ersten Stande der Besitz eines Rittergutes in der Provinz, beim zweiten Stande städtischer Grundbesitz sowie entweder Mitgliedschaft im Magistrat oder Betrieb eines bürgerlichen Gewerbes, beim dritten Stande der Besitz eines als Hauptgewerbe selbst bewirtschafteten Landgutes von bestimmter Größe. Wahlberechtigt waren alle wählbaren Personen, doch genügte bei den Wählern und Wahlmännern die Vollendung des 24. Lebensjahres und eigentümlicher Besitz; bei

[1]) Ältere Literatur bei Simon, Staatsrecht, 2, 114ff. v. Lancizolle, Über Königtum und Landstände in Preußen, 1846. Ders., Rechtsquellen für die gegenwärtige landständische Verfassung in Preußen, 1847. Rauer, Die ständische Gesetzgebung der Preußischen Staaten, 1853.

[2]) GS. 1823, 129.

[3]) Für Brandenburg, Preußen und Pommern: Gesetze vom 1. Juli 1823 (GS. 1823, 130, 138, 146); für Schlesien, Sachsen, Rheinprovinz, Westfalen und Posen: Gesetze vom 27. März 1824 (GS. 1824, 62, 70, 101, 108, 141). Der provinzialständische Verband der Mark Brandenburg ging über die Grenzen der Provinz Brandenburg hinaus. Gesetz vom 1. Juli 1823 (GS. 1823, 130), § 1.

[4]) Gesetz vom 5. Juni 1823, zu II.

[5]) Gesetz über die persönliche Fähigkeit zur Ausübung der Rechte der Standschaft usw. vom 8. Mai 1837 (GS. 1837, 99).

denn Städte stand das Wahlrecht den Magistratswählern zu. Die Wahlen vollzogen sich beim 1. Stande auf Kreistagen. Städte mit Virilstimmen wählten eine jede ihren Abgeordneten in sich; die übrigen Städte wählten in sich Wähler, welche bezirksweise zu Wahlversammlungen zusammentretend die Abgeordneten wählten. Die Dorfgemeinden wählten jede einen Wähler, diese sodann bezirksweise je einen Bezirkswähler, diese endlich den bäuerlichen Abgeordneten[1]). Das Organ des provinzialständischen Verbandes war der Provinziallandtag. Der König berief ihn alle zwei Jahre und ernannte seinen Vorsitzenden (Landtagsmarschall). Die Staatsregierung vertrat der königliche Kommissar (in der Regel der Oberpräsident), welcher den Landtag eröffnete und schloß, den Ständen den Landtagsabschied mitteilte und Mittelsperson für alle Verhandlungen war. Der Landtag hatte lediglich beratende Funktionen. Ihm wurden zur Beratung vorgelegt[2]): die allein die Provinz angehenden Gesetzentwürfe, die Entwürfe allgemeiner, diese Provinz betreffender Gesetze über Veränderungen in Personen- und Eigentumsrechten und in den Steuern[3]), die Entwürfe zu Abänderungen der provinzialständischen Verfassungsgesetze; ferner faßte er vorbehaltlich königlicher Genehmigung und Aufsicht Beschlüsse über die Kommunalangelegenheiten[4]) der Provinz; endlich konnte er Bitten und Beschwerden, die sich auf das spezielle Wohl und Interesse der Provinz bezogen, an den König richten, welcher sie prüfte und beantwortete[5]).

[1]) Reglement über das Verfahren bei den ständischen Wahlen vom 22. Juni 1842 (GS 1842, 213).

[2]) Gesetz vom 5. Juni 1823, zu III.

[3]) Vgl. oben S. 138 Anm. 6, 7.

[4]) Dazu gehörte z. B. die Verwaltung von Landarmen-, Invaliden-, Irren- und Blindenanstalten, sowie von Feuersozietäten.

[5]) Unberührt blieben die in einzelnen Landesteilen der Provinzen bestehenden besonderen ständischen Kommunalverfassungen (v. Lancizolle, Rechtsquellen f. d. gegenwärtige landständ. Verf, 169—186). Solcher kommunalständischer Verbände gab es je einen für die Altmark, für die übrige Kurmark, für die Neumark, (Verordnung vom 17. August 1825, GS. 1825, 200), für die Ober- und Niederlausitz (Verordnung vom 18. November 1826, GS. 1826, 110), für Hinter- und Altvorpommern, für Neuvorpommern und Rügen (Verordnung vom 17. August 1825, GS. 1825, 215) sowie für die Oberlausitz (Landtagsabschied vom 2. Juni 1827, Annalen **11**, 1827, 293 bzw. 299). Jeder dieser Verbände hatte das Recht zur Haltung eines eigenen „Kommunal-Landtags“. Dieser bestand aus den Rittergutsbesitzern und den Abgeordneten der Städte und des Bauernstandes. Er trat jährlich unter Leitung eines gewählten Vorsitzenden zusammen. Seine Aufgaben bestanden in der Verwaltung der Schulden, von Armen-, Irren- und Taubstummenanstalten, sowie von Feuersozietäten.

C. Auch bei der **Kreisverfassung** sind die königlichen Behörden und die ständischen Organe genau zu unterscheiden.

1. An der Spitze des Kreises als staatlichen Verwaltungsbezirks stand der königliche **Landrat**[1]). Die Landräte wurden in einigen Kreisen der älteren Provinzen von den Rittergutsbesitzern[2]), im übrigen von den Kreisständen[3]) auf der Kreisversammlung, und zwar aus den Rittergutsbesitzern des Kreises gewählt[4]). Von den drei durch die Kreisstände vorgeschlagenen Kandidaten wurde einer vom Könige ernannt. Vor Antritt des Amtes mußte er sich einer Prüfung[5]) vor einer Kommission der Regierung unterwerfen. Der König konnte von dieser Prüfung dispensieren; außerdem war von ihr befreit, wer durch eine bei einer Oberexaminationskommission[6]) bestandene Prüfung die Befähigung als Mitglied einer Regierung oder eines Obergerichts nachgewiesen, ferner wer nach vollendetem Regierungsreferendariat das Zeugnis der vollständigen Vorbereitung zur Prüfung bei der Oberexaminationskommission für höhere Verwaltungsbeamte erworben hatte[7]). Für die Obliegenheiten des Landrats war der in der Praxis befolgte vorläufige Entwurf einer Instruktion für die Landräte vom 31. Dezember 1816[8]) maßgebend. Die Landräte, welche zu den Sitzungen der Regierung zugelassen werden konnten[9]), waren im übrigen der Regierung unmittelbar untergeordnet. Sie waren einerseits die Exekutivorgane der Regierung. Anderseits führten sie selbständig die Aufsicht und Verwaltung im ganzen Bereich des Kreises mit Ausnahme der größeren (der Regierung unmittelbar unterstehenden) Städte; sie verwalteten das Polizei-, Finanz- Militär- und Sanitätswesen sowie die

---

[1]) Verordnung vom 30. April 1815 (GS. 1815, 85), §§ 34—40. Gelpke, Die geschichtliche Entwickelung des Landratsamtes, 1902, 70ff.

[2]) Reglement vom 22. August 1826. Gelpke a. a. O. 120. v. Kamptz, Annalen **10** 1826, 593; **16** 1832, 25.

[3]) Die dieses Recht der Kreisstände regelnden gesetzlichen Bestimmungen waren provinziell verschieden. v. Lancizolle, Rechtsquellen f. d. gegenwärtige landständ. Verf., 188—196.

[4]) Im Großherzogtum Posen ruhte das Wahlrecht der Kreisstände gemäß Kab.-Order vom 2. Februar 1833 (v. Kamptz, Annalen **17** 1833, 33).

[5]) Das Regulativ über die Prüfung der Landratsamtskandidaten vom 13. Mai 1838 wurde durch Kab.-Order vom 10. Juli 1838 bestätigt. GS. 1838, 423.

[6]) Für Verwaltungs- oder Justizbeamte.

[7]) Kab.-Order vom 23. März 1839 (GS. 1839, 154).

[8]) v. Kamptz, Annalen **6** 1822, 929.

[9]) Kab.-Order vom 31. Dezember 1825, zu D V

Wirtschaftspflege und beaufsichtigten die örtliche Polizei- und Kommunalverwaltung [1]).

2. Die landrätlichen Kreise bildeten zugleich ständische Verbände. Ihre Organe waren die zu Kreistagen versammelten Kreisstände [2]). Einrichtung und Funktionen der Kreistage waren durch sieben inhaltlich einander entsprechende, provinzweise erlassene Kreisordnungen [3]) geregelt. Die Kreisstände verkörperten den überlebten ständischen Gedanken. Sie setzten sich aus den Rittergutsbesitzern [4]) des Kreises (welche teils persönlich erschienen, teils Vertreter entsandten), den Abgeordneten der Städte und den Abgeordneten der Landgemeinden zusammen. Die persönliche Ausübung des Stimmrechts auf den Kreistagen war bei allen Ständen durch Vollendung des 24. Lebensjahres, Gemeinschaft mit einer der christlichen Kirchen und unbescholtenen Ruf bedingt. Ferner mußten die städtischen Deputierten Magistratsmitglieder [5]), die Deputierten der Landgemeinden Schulzen oder Dorfrichter [6]) mit bestimmtem Grundeigentum sein. In Städten, die Virilstimmen besaßen, wählte der Magistrat [7]) den Abgeordneten aus seiner Mitte; in den übrigen Städten ernannten die Magistrate Wähler, welche zur kollektiven oder alternativen Wahl der Abgeordneten zusammentraten. Die Wahl der bäuerlichen Abgeordneten vollzog sich wie die der

[1]) Weitere Kreisbeamte waren Kreissteuereinnehmer, Kreisphysikus, Kreiswundarzt, Kreistierarzt. Exekutivbeamte waren die Gendarmen. Verordnung über die anderweitige Organisation der Gendarmerie vom 30. Dezember 1820 (GS. 1821, 1). Dienstinstruktion für die Gendarmerie vom 30. Dezember 1820 (GS. 1821, 10).

[2]) Literatur S. 151 Anm. 1.

[3]) Kreisordnung für Brandenburg vom 17. August 1825 (GS. 1825, 203; dazu Verordnung vom 18 November 1826, GS 1826, 110, zu II), für Pommern vom 17. August 1825 (GS. 1825, 217), für Sachsen vom 17. Mai 1827 (GS. 1827, 54), für Schlesien vom 2. Juni 1827 (GS. 1827, 71), für Rheinprovinz und Westfalen vom 13. Juli 1827 (GS. 1827, 117; dazu Verordnung vom 26. März 1839, GS 1839, 102), für Preußen vom 17. März 1828 (GS. 1828, 34), für Posen vom 20. Dezember 1828 (GS. 1829, 3). v. Lancizolle, Rechtsquellen für die gegenwärtige landständische Verfassung in Preußen, 1847, 144 ff.

[4]) Weitere Mitglieder des 1. Standes waren in Sachsen, Posen, Westfalen und der Rheinprovinz vorhanden.

[5]) In Preußen, Posen und der Rheinprovinz Magistratsmitglieder oder Stadtverordnete.

[6]) In den westlichen Provinzen Administrationsbeamte oder Vertreter der Samtgemeinden, in Posen provinziallandtagsfähige Grundbesitzer.

[7]) In den westlichen Provinzen und Posen Magistrat und Stadtverordnete gemeinsam.

Bezirkswähler[1]). Die Wahlen der kollektiv wählenden Städte und des Bauernstandes fanden unter Aufsicht des Landrates statt[2]). Der Landrat berief die Stände alljährlich zum Kreistag. Er führte den Vorsitz, leitete die Geschäfte, (ohne eigenes Stimmrecht, sofern er nicht Kreisstand war) und führte die Beschlüsse aus. Er war nicht mehr, wie früher, persönlich Vertreter des Kreisverbandes, sondern diese Funktion war auf die Kreisstände selbst übergegangen. Sie vertraten den Kreisverband in allen kommunalen Angelegenheiten und hatten im Namen des Verbandes verbindende Erklärungen abzugeben. Den Gegenstand der Beratungen und Beschlüsse der Kreistage bildete die Kommunalverwaltung des Kreises innerhalb der bestehenden Gesetzgebung. Die Kreistage hatten das Recht, die zu dieser Verwaltung erforderlichen Beamten zu wählen. Sie erhielten später vorübergehend[3]) auch das Recht, zu gemeinnützigen Einrichtungen und Anlagen im Interesse des Kreises und zur Beseitigung von Notständen Ausgaben zu beschließen, durch welche die Kreiseingesessenen verpflichtet wurden. Die Kreisstände nahmen aber auch an der staatlichen Kreisverwaltung des Landrates beratend Teil. So sollten sie bei allen Abgaben, Leistungen und Naturaldiensten zu den Kreisbedürfnissen zuvor mit ihrem Gutachten gehört werden; von allen dahin verwendeten Geldern sollten ihnen jährlich die Rechnungen zur Abnahme vorgelegt werden; endlich wurde eine gutachtliche Beteiligung der Stände an der Veranlagung der Klassensteuer und an der Prüfung der dagegen erhobenen Beschwerden angeordnet[4]).

D. War also auf dem Lande das alte ständische Prinzip wieder erweckt und zur Grundlage der Kreisverfassung gemacht worden, so war in den Städten[5]) das moderne System kommunaler Selbst-

---

[1]) In den westlichen Provinzen wählten die Administrationsbehörden und Repräsentanten der ländlichen Samtgemeinden.

[2]) Das Wahlverfahren richtete sich nach dem Reglement vom 22. Juni 1842 Vgl. S. 152, Anm. 1.

[3]) Verordnungen vom 25. März 1841 für Brandenburg, Pommern, Posen, Sachsen und Westfalen (GS. 1841, 53ff; dazu für Brandenburg Verordnung vom 7. März 1845, GS. 1845, 159), vom 7. Januar 1842 für Schlesien (GS. 1842, 33), vom 22. Juni 1842 für Preußen (GS. 1842, 211), vom 9. April 1846 für die Rheinprovinz (GS. 1846, 161) Diese Verordnungen wurden durch das Gesetz vom 24. Juli 1848 (GS. 1848, 192) wieder aufgehoben.

[4]) Kab.-Order vom 17. Januar 1830 (GS. 1830, 19).

[5]) Vgl. die Literaturangaben S. 110 Anm. 9. v. Streckfuß, Die beiden preußischen Städteordnungen, 1841.

verwaltung verwirklicht worden. Die Städte bildeten genossenschaftlich organisierte Verbände zur Verwaltung ihrer kommunalen und der ihnen zugewiesenen staatlichen Angelegenheiten. Die preußische Städteverfassung entbehrte aber der Einheitlichkeit. Mehrere Städteordnungen standen nebeneinander in Kraft. Ein Teil der Städte war nach der Steinschen Städteordnung von 1808 organisiert. In anderen war die revidierte Städteordnung von 1831 eingeführt[1]). In einigen kleineren westfälischen Städten galt die Landgemeindeordnung für Westfalen von 1841, in den rheinischen Städten die rheinische Gemeindeordnung von 1845, in Neuvorpommern und Rügen das nicht einheitlich kodifizierte ältere Stadtrecht.

Die „Ordnung für sämtliche Städte der preußischen Monarchie" vom 19. November 1808[2]) war in den Städten der nach dem Tilsiter Frieden zu Preußen gehörigen Landesteile, ferner in Danzig, Thorn und den Städten des Kulm- und Michelauschen Kreises[3]), sowie in den der Provinz Schlesien einverleibten vormals sächsischen Gebietsteilen[4]) in Geltung[5]). Die Verfassung dieser

---

[1]) GS. 1831, 9. v. Roenne-Simon, Die preußischen Städteordnungen vom 19. November 1808 und vom 17. März 1831 mit ihren Ergänzungen und Erläuterungen, 1843. v. Raumer, Über die preußische Städteordnung, 1828. v. Savigny, Die preuß. Städteordnung, in (Rankes) Histor.-polit. Zeitschrift 1 1832, 389 ff. v. Strckfuß, Die beiden preuß. Städteordnungen, 1841. Schoen, Das Recht der Kommunalverbände in Preußen, 1897, 28—32. Preuß, Entwicklungsgeschichte der deutschen Städteverfassung, 1906, 302—323. Die revidierte StO. beseitigte eine Reihe von Mängeln der Steinschen StO., hob namentlich die Stellung des Magistrats und verschärfte das staatliche Aufsichtsrecht über die städtische Verwaltung. Die rev. StO. trat jedoch nicht an Stelle der Steinschen, sondern beide bestanden örtlich nebeneinander; sie ließen überdies noch anderweitigem Städterecht Raum, so daß die Rechtszersplitterung groß war.

[2]) GS. 1806—1810, 324. Dazu Kab.-Order, die die StO. ergänzenden und erläuternden Bestimmungen betr., vom 4. Juli 1832, GS. 1832, 181.

[3]) Kab.-Order vom 13. April 1831 (GS. 1832, 115).

[4]) Kab.-Order vom 26. April 1831 (GS. 1832, 115).

[5]) Die Revidierte StO. für die Preußische Monarchie vom 17. März 1831 — GS. 1831, 10; dazu Verordnung über die Einführung der StO. in den mit der Monarchie wieder und neu vereinigten Provinzen und Landesteilen vom 31. März 1831 (GS. 1831, 37), Kab.-Order vom 5. November 1833 (GS. 1833, 291), Kab.-Order vom 7. April 1838 (GS. 1838, 255), Verordnung vom 28. Juli 1838 (das. 444) — sollte in denjenigen Städten der Monarchie, in denen die StO von 1808 keine verbindliche Kraft hatte, provinzweise nach und nach auf Grund besonderer königlicher Verleihungen eingeführt werden. Sie wurde zunächst (1831) den zum provinzialständischen Verbande der Mark Brandenburg und des Markgraftums Niederlausitz

Städte[1]) bestimmte sich außer nach der Städteordnung nach den städtischen Privilegien, Konzessionen und älteren Beschlüssen; letztere durften aber der Städteordnung nicht widersprechen und sollten für jede Stadt in einem staatlich zu genehmigenden Statut zusammengefaßt werden[2]). Die Städte zerfielen in große (mit 10000 und mehr Seelen), mittlere (mit 3500 und mehr Seelen) und kleine (mit weniger als 3500 Seelen). Zwischen unmittelbaren und mittelbaren Städten gab es nach dieser Städteordnung[3])

---

gehörigen Städten, in denen die StO. von 1808 nicht galt (Kab.=Order vom 17. März 1831 wegen Einf. der StO; GS 1831, 9), ferner (1831) in den Städten der Provinz Sachsen, bei denen die gleiche Voraussetzung zutraf (Kab.=Order vom 24. April 1831; GS. 1831, 52), verliehen. Später (1835, 1841) erhielten sie auch die größeren Städte der Provinz Westfalen (Kab.=Order vom 18. März 1835; GS. 1835, 40. Verordnung vom 31. Oktober 1841; GS. 1841, 322), nach und nach auch der Provinz Posen, in der Rheinprovinz hingegen nur die Städte Wetzlar, Essen und Mülheim a. R. Von dem Recht der nach der alten StO. organisierten Städte, um die Verleihung der RevStO nachzusuchen, hatten nur Königsberg i. N., Wendisch Buchholz und Kremmen Gebrauch gemacht. Für diejenigen westfälischen Städte, in denen die RevStO. nicht eingeführt war, galt gemäß Verordnung vom 31. Oktober 1841 (GS. 1841, 322) die westfälische Landgemeindeordnung vom 31. Oktober 1841 (GS. 1841, 297). In den Städten der Rheinprovinz galt die für Stadt und Land gemeinsam erlassene rheinische Gemeindeordnung vom 23 Juli 1845 (GS. 1845, 523). Beide Stadtrechte trugen unverkennbare Spuren des französischen Gemeinderechts Die kommunale Selbständigkeit war äußerst gering bemessen. Die öffentliche Gewalt vereinigte sich in der Hand des Bürgermeisters, der einseitig vom Staate bestellt und gleich dem französischen Maire Staatsbeamter war, während die Gemeindevertretung in Wirklichkeit nicht mehr als den Charakter einer Notabelnversammlung trug (Bornhak, Gesch. des Verwaltungsrechts 3, 49f.) In den Städten Neuvorpommerns und Rügens hatte es bei der althergebrachten, auf Statuten, städtischen Reglements und Gewohnheitsrecht beruhenden Gemeindeverfassung sein Bewenden. Jede Stadt hatte hiernach ihr eigenes Stadtrecht. Eine gemeinsame Eigentümlichkeit bestand darin, daß Polizeiverwaltung und Gerichtsbarkeit noch eigene Funktionen der Stadtgemeinde bildeten.

[1]) Die Verfassung der Städte der RevStO. beruhte auf der StO. und auf besonderen Statuten; jede Stadt besaß ein Statut, das alle in ihr außer der StO. geltenden Vorschriften enthielt, ausnahmsweise auch Abweichungen von der StO. enthalten konnte. Im letzteren Falle bedurfte das Statut königlicher, sonst ministerieller Bestätigung (§§ 1—4).

[2]) Vgl. auch Kab.=Order vom 28 Februar 1832 (GS. 1832, 116), §§ 17, 18.

[3]) Die RevStO. unterschied wieder zwischen unmittelbaren und mittelbaren Städten. Letztere waren einem Standes= oder andern Grundherrn untergeben. Die Städteordnung galt auch in ihnen, jedoch vorbehaltlich der Rechte der Stadtherren, denen sie dazu noch eine gewisse Einwirkung auf die städtischen Angelegenheiten garantierte. Diese rückschrittliche Wiederherstellung der patrimonialherrlichen Rechte gegenüber den Mediatstädten ist kennzeichnend für die Tendenz der RevStO.

keinen Unterschied mehr. Das Stadtgebiet [1]) umfaßte auch die Vorstädte [2]). Die Einwohner [3]) zerfielen in Bürger und Schutzverwandte. Das Bürgerrecht gewährte die Befugnis zum Gewerbebetrieb und Grundbesitz in der Stadt [4]), zur Teilnahme an den Stadtverordnetenwahlen und zur Bekleidung öffentlicher Stadtämter. Auf das Bürgerrecht hatte ohne Rücksicht auf Geschlecht, Stand, Geburt, Religion und persönliche Verhältnisse Anspruch, wer in der Stadt Wohnsitz genommen hatte und unbescholten [5]) war; Beschränkungen bestanden für Kantonisten, Soldaten, Minderjährige und Juden, Ausnahmen bei Verbrechen, Kriminaluntersuchung, Konkurs und Kuratel. Verpflichtet zum Erwerb des Bürgerrechts war, wer städtische Gewerbe betrieb oder bewohnte Grundstücke im Stadtgebiet besaß oder in den Magistrat gewählt war. Das Bürgerrecht wurde vom Magistrat nach Anhörung der Stadtverordneten und nach Leistung des Bürgereides erteilt [6]). Die städtischen Behörden konnten auch das Ehrenbürgerrecht verleihen. Die Bürger (nicht die Ehrenbürger) waren verpflichtet zur Tragung der städtischen Lasten, zur Übernahme unbesoldeter Stadtämter, in gewissem Umfang auch zur Leistung persönlicher Dienste. Befreiungen von allgemeinen persönlichen Leistungen und Lasten fanden nicht statt [7]). Auch die Schutzverwandten waren der Ortspolizei und dem Magistrat unterworfen. Sie besaßen nicht die politischen Rechte der Bürger, hatten aber in geringerem Maße zu den städtischen Gemeindelasten beizutragen [8]). Alle in die Bürgerrolle eingetragenen

[1]) Über Veränderung des Stadtgebietes der schlesischen Städte vgl. die Verordnung vom 20. November 1838 (GS. 1839, 3).

[2]) RevStO.: Das Stadtgebiet umfaßte auch die städtische Feldmark. Außerhalb des Gemeindeverbandes blieben die Grundstücke der Standesherren, der Domanialbesitz von Besitzern mittelbarer Städte, selbständige königliche Grundstücke und Rittergüter (§§ 5—9).

[3]) Rehm in Annalen des Deutschen Reichs, 1892, 261 ff.

[4]) Die Lösung der Verknüpfung dieser privatrechtlichen Befugnisse mit dem Bürgerrecht ist eine wesentliche Neuerung der RevStO.

[5]) Verordnung wegen der bürgerlichen Rechte und Verpflichtungen bescholtener Personen vom 24. November 1843 (GS. 1843, 368)

[6]) Kab.-Order wegen der Dienst- und Bürgereide vom 5. November 1833 (GS. 1833, 291). Über die Abgaben bei Erwerb des Bürgerrechts vgl. Verordnung vom 28. Juli 1838 (GS. 1838, 444). Unbemittelten Kriegsteilnehmern wurde das Bürgerrecht unentgeltlich erteilt. Kab.-Order vom 7. April 1838 (GS. 1838, 255).

[7]) Ausnahmen: Kommunalsteuerprivileg der Beamten (Gesetz vom 11. Juli 1822, GS. 1822, 184, u. Kab.-Order vom 14. Mai 1832, GS. 1832, 145) und mehrjährige Abgabenfreiheit Neuanbauender.

[8]) Deklaration vom 11. Dezember 1809 (GS. 1806—1810, 623).

Bürger bildeten die Stadtgemeinde oder Bürgerschaft. Vorstand der Stadt war der Magistrat. Er bestand in kleinen und mittleren Städten aus dem Bürgermeister, einem besoldeten und 4—6 (in mittleren 7—12) unbesoldeten Ratsmännern, in großen Städten aus dem Oberbürgermeister, 1—2 besoldeten gelehrten Stadträten (deren ältester als Bürgermeister den Oberbürgermeister vertrat), je einem besoldeten Stadtrat für Baufach, als Syndikus und als Kämmerer, sowie 12—15 unbesoldeten Stadträten. Die Magistratsmitglieder wurden von den Stadtverordneten gewählt und staatlich bestätigt. Sie mußten das Amt annehmen. Der Oberbürgermeister wurde vom König aus drei ihm vorgeschlagenen Kandidaten ernannt. Der Magistrat bestellte die städtischen Unterbeamten unter Bevorzugung der versorgungsberechtigten Militärinvaliden [1]). Die Bürgerschaft wurde durch von ihr gewählte Stadtverordnete vertreten. Ihre Zahl betrug in kleinen Städten 9—36, in mittleren Städten 36—60, in großen Städten 60—102. Sie wurden bezirksweise gewählt, aber nicht nach Ordnungen, Zünften und Korporationen, sondern von der Gesamtheit der stimmfähigen Bürger mit gewissen gesetzlichen Ausnahmen. Es bestand die Pflicht, in der Wahlversammlung zu erscheinen. Wählbar war jeder stimmfähige Bürger in seinem Bezirk; zwei Drittel der zu Wählenden mußten Hausbesitzer sein. Die Wahl erfolgte direkt und geheim. Prüfung und Bestätigung der Wahl lag dem Magistrat ob. Die Stellung der Stadtverordneten war eine sehr machtvolle [2]). Sie waren kraft Gesetzes und durch die Wahl bevollmächtigt, die Bürgergemeinde in allen Sachen des städtischen Gemeinwesens zu vertreten, die Gemeindeangelegenheiten für sie zu besorgen und im Namen der Stadt und der Bürgerschaft sie verbindende Erklärungen abzugeben. Ihre Stellung war eine ehrenamtliche. Sie wählten aus ihrer Mitte einen Vorsteher. In die Kommunalverwaltung der Stadt teilten sich Stadtverordnete und Magistrat in der Weise [3]), daß die Stadtverordneten die entscheidenden Beschlüsse (namentlich über die Erhebung der öffentlichen Abgaben) [4]) faßten und die städtische Verwaltung in allen

---

[1]) Deklaration vom 29. Mai 1820 (GS. 1820, 79) Kab.-Order vom 28. Dezember 1837 (GS. 1838, 7). Gesetz vom 11. Mai 1839 (GS. 1839, 174).

[2]) Diese Allmacht schränkte die RevStO. erheblich ein unter Vermehrung der Rechte des Magistrats.

[3]) Etwa wie Generalversammlung und Vorstand einer Aktiengesellschaft. So Bornhak, Gesch. des Verw.-Rechts 3, 24.

[4]) Das unbeschränkte Steuerbewilligungsrecht der Stadtverordneten wurde jedoch später erheblich beschränkt. Gesetz über die Einrichtung des Abgabenwesens

Zweigen kontrollierten, während der Magistrat die laufenden Geschäfte besorgte und die Beschlüsse ausführte. Er hatte jedoch nur die allgemeine Leitung der Verwaltung und solche Geschäftszweige, bei denen es nicht auf eigene Administration oder fortwährende Lokalaufsicht, sondern hauptsächlich auf Gesetzes- und Verfassungskunde ankam, z. B. Ämterbesetzung, Beschwerdesachen, Kassen- und Rechnungswesen; dagegen wurden alle Sachen, mit denen Administration verbunden, oder die wenigstens anhaltender Aufsicht und Kontrolle oder Mitwirkung an Ort und Stelle bedurften (z. B. Kirchen-, Schul- und Armenwesen, Verwaltung besonderer Anstalten und Institute), durch Deputationen und Kommissionen besorgt. Diese bestanden zum Teil aus Magistratsmitgliedern, vornehmlich aber aus Stadtverordneten und Bürgern. Die Stadt hatte auch staatliche Aufgaben zu erfüllen, nämlich die Sicherheitspolizei zu verwalten. Soweit nicht eigene Polizeibehörden (Polizeipräsidium, Polizeidirektionen) in den Städten errichtet waren[1]), übte der Magistrat[2]) die Sicherheitspolizei als staatliche Funktion, vermöge Auftrags und in Unterordnung unter die oberen Polizeibehörden, ganz unabhängig von der Stadtgemeinde aus. Der Magistrat wurde insofern als Behörde des Staates betrachtet. Die in der Städteordnung nicht erwähnte „städtische" Gerichtsbarkeit war durch die Kabinettsorder vom 16. April 1809[3]) beseitigt worden. Alle Stadtgerichte waren seitdem königliche Gerichte[4]). Der Staat übte über die gesamte städtische Verfassung und Verwaltung ein gewisses, aber schwaches[5]) Aufsichtsrecht[6]) aus. In der Hauptsache besorgte der Magistrat mit

---

vom 30. Mai 1820 (GS. 1820, 134), § 13. Gesetz, die Heranziehung der Staatsdiener zu den Gemeindelasten betr., vom 11 Juli 1822 (GS. 1822, 184); Kab.-Order betr die Anwendung dieses Gesetzes auf städtische, landschaftliche und andere als mittelbare Staatsdiener zu betrachtende Beamte, vom 14. Mai 1832 (GS. 1832, 145).

[1]) Ihre Kosten trug der Staat. Gesetz vom 30. Mai 1820, § 10 zu c.

[2]) Nach der RevStO. war der Vorsitzende des Magistrats mangels besonderer staatlicher Polizeibehörden zur Übernahme der staatlichen Polizeiverwaltung verpflichtet.

[3]) Oben S. 112 Anm. 1.

[4]) Die Kosten trug der Staat. Gesetz vom 30. Mai 1820, § 10 zu c.

[5]) Die Aufsicht bestand in der Einsicht der gedruckten Rechnungsauszüge oder der öffentlich darzulegenden Rechnungen über die Vermögensverwaltung, in Entscheidung von Beschwerden der Bürger über das Gemeinwesen, in Entgegennahme von Anzeigen der Stadtverordneten über Pflichtwidrigkeiten des Magistrats und seiner Deputationen oder Kommissionen, in Bestätigung neuer Statuten und in Genehmigung der Wahlen der Magistratsmitglieder; auch mußte der Magistrat jederzeit auf Verlangen Auskunft erteilen und erforderte Berichte erstatten.

[6]) Die RevStO. unterschied sich von der Steinschen StO. hauptsächlich durch

der Bürgerschaft unter Kontrolle der Stadtverordneten die ganze Stadtverwaltung, ohne daß in den einzelnen Fällen eine staatliche Genehmigung erforderlich gewesen wäre. Das Organ der geringfügigen Staatsaufsicht war gegenüber größeren Städten die Regierung, im übrigen der Landrat.

E. Die Versuche einer Reform der Behördenorganisation des flachen Landes waren erfolglos verlaufen. So entbehrte das Landgemeinderecht bei dem großen Gegensatz zwischen Osten und Westen der einheitlichen Gestaltung. Für die Landgemeinden der östlichen Provinzen[1]) blieb das Landgemeinderecht des Allgemeinen Landrechts in Geltung; es wurde auch in den Provinzen Sachsen[2]) und Posen[3]) eingeführt. Die Polizeiverwaltung[4]) lag in der Hand der Gutsherren, der Standesherren[5]) und der Domänenamtspächter. In den beiden westlichen Provinzen fand die Entwicklung in der westfälischen Landgemeindeordnung vom 31. Oktober 1841[6]) und in der

---

schärfere Anziehung der Staatsaufsicht. Sie wurde von der Regierung ausgeübt. Diese hatte sich davon zu überzeugen, ob die Verwaltung nach Gesetz und StO. eingerichtet war, hatte dafür zu sorgen, daß die Verwaltung im vorgeschriebenen Gange blieb, über Beschwerden zu entscheiden, die Stadte zur Pflichterfüllung anzuhalten und in den in der StO. vermerkten Fällen die Entscheidung zu treffen. Falls eine Stadtverordnetenversammlung fortgesetzt ihre Pflichten vernachlässigte und in Unordnung und Parteiung verfiel, konnte der König sie auflösen, die Bildung einer neuen Versammlung nach Befinden wieder anordnen und die Schuldigen für unfähig zu einer neuen Wahl erklären. Für den Fall, daß die Mehrzahl der Bürgerschaft sich einer ganz besonderen Pflichtverletzung schuldig machen sollte, hatte der König sich vorbehalten, der Stadt die durch die StO. verliehene Verfassung zu entziehen.

[1]) Keil, Die Landgemeinde in den östlichen Provinzen Preußens, 1890, 147—165.

[2]) Verordnung, die Einführung des ALR. in Beziehung auf die Verwaltungsangelegenheiten der Landgemeinden in den zum Verwaltungsverbande der Provinz Sachsen gehörigen, der westfälischen Zwischenregierung unterworfen gewesenen Landesteilen betr., vom 31. März 1833 (GS. 1833, 61).

[3]) Kab.-Order vom 16 April 1823 und vom 9. März 1833 (Annalen 7 1823, 317; 17 1833, 119).

[4]) In der Provinz Posen waren besondere örtliche Polizeibehörden in Gestalt zunächst der Woytämter, später der Distriktskommissare (als Hilfsorgane des Landrats) geschaffen worden (Kab.-Order vom 9. März 1833; Annalen 17 1833, 119. Kab.-Order vom 10. Dezember 1836; das. 20 1836, 943).

[5]) Instruktion wegen Ausführung des Edikts vom 21. Juni 1815, die Verhältnisse der vormals unmittelbaren deutschen Reichsstände in der Preuß. Monarchie betr., vom 30. Mai 1820 (GS. 1820, 81), §§ 45—51.

[6]) GS. 1841, 297.

rheinischen Gemeindeordnung (für Stadt und Land) vom 23. Juli 1845[1]) ihren gesetzgeberischen Abschluß. Beide Gesetze verewigten die in diesen Landesteilen verwirklichten französischen Rechtsgedanken. Sie begründeten Ortsgemeinden unter einem Gemeindevorsteher, ferner aus einer oder mehreren Ortsgemeinden zusammengesetzte Samtgemeinden, die in Westfalen als Ämter von einem Amtmann, im Rheinland als Bürgermeistereien von einem Bürgermeister verwaltet wurden. Diese Samtgemeinden waren zunächst staatliche Verwaltungsbezirke, konnten aber zugleich für gemeinsame Angelegenheiten der beteiligten Ortsgemeinden Kommunalverbände bilden. In den Ortsgemeinden führte der Gemeindevorsteher die laufende Verwaltung, während die Gemeindeversammlung oder die gewählten Gemeindeverordneten die wichtigeren Beschlüsse faßten und die Verwaltung kontrollierten. Wahlberechtigt waren außer den besonders Beliehenen nur die sog. Meistbeerbten, d. h. die mit einem Hause angesessenen und einen Mindestbetrag an Grundsteuer entrichtenden Gemeindemitglieder. Im Rheinland erfolgte die Wahl zum Gemeinderat nach dem Dreiklassensystem. In den Samtgemeinden stand dem von der Regierung ernannten Amtmann bzw. Bürgermeister, einem Staatsbeamten, die Verwaltung sowohl der Polizei und der sonstigen in Landesangelegenheiten vorkommenden örtlichen Geschäfte als auch der Kommunalangelegenheiten zu; in letzteren wurde die Samtgemeinde durch die aus Rittergutsbesitzern, Vorstehern der Ortsgemeinden und gewählten Abgeordneten der Gemeinden gebildete Amtsversammlung bzw. Bürgermeistereiversammlung vertreten. Die staatliche Oberaufsicht führten die Landräte.

VII. Das Justizwesen.

1. Die im vorigen Zeitabschnitt vollendete Justizeinheit[2]) war durch den Untergang des Reiches und den Zusammenbruch des Staates nicht berührt worden, dagegen durch die territorialen Neu- und Wiedererwerbungen wieder verloren gegangen[3]). Der preußische Staat zerfiel hinsichtlich des Landesrechts seit dem Jahre 1815 in drei verschiedene

---

[1]) GS. 1845, 523.

[2]) Starke, Beiträge zur Kenntnis der bestehenden Gerichtsverfassung, 4 Teile in 5 Bdn., 1839. Stölzel, Br.-Pr. Rechtsverwaltung 2 1888, 351 ff., 439 ff. Holtze, Gesch. des Kammergerichts 4 1904, 10 ff., 79 ff. Bornhak, Gesch. des Verw.-R. 3, 122—142.

[3]) Eine erschöpfende Übersicht über das in den verschiedenen Landesteilen geltende Recht gibt v. Kamptz, Die Provinzial- und statutarischen Rechte in der Preuß. Monarchie, 3 Teile, 1826—1828.

Rechtsgebiete; das Gebiet des französischen Rechts[1]) umfaßte das linke Rheinufer und das Herzogtum Berg, das Gebiet des gemeinen Rechts Neuvorpommern mit Rügen und den rechtsrheinischen Teil des Regierungsbezirks Koblenz (Ehrenbreitstein), das Gebiet des preußischen Rechts die übrigen Provinzen des Staates. Die beabsichtigte alsbaldige Ausdehnung des Allgemeinen Landrechts auf die Rheinlande mißlang ebenso wie die Herstellung einer neuen materiellen Rechtseinheit der ganzen Monarchie durch eine revidierte Gesetzgebung; man verlor sich in einer unfruchtbaren Gesetzesrevision, „die zwar eine Fülle des schätzbarsten Stoffes aufhäufte, aber doch schließlich im Sande verlief"[2]).

2. Für die Gerichtsverfassung[3]) ergab sich außer der Dreiteilung in das französisch-, gemein- und landrechtliche Gebiet eine weitere Gliederung aus der Sonderung der beiden gemeinrechtlichen Gebiete und aus der Sonderstellung der preußisch-rechtlichen Provinz Posen. Die Zersplitterung der Gerichtsorganisation trat außer bei den Untergerichten namentlich in dem Nebeneinanderbestehen mehrerer oberster Gerichtshöfe zutage.

a) Oberste Gerichtshöfe des Staates waren 1. der rheinische Revisions- und Kassationshof zu Berlin für das französische Rechtsgebiet[4]); 2. der Revisionshof zu Berlin für das gemeinrechtliche Gebiet des rechtsrheinischen Teiles des Regierungsbezirks Koblenz[5]); 3. das Oberappellationsgericht zu Greifswald für das gemeinrechtliche Gebiet Neuvorpommern[6]); 4. das Oberappellationsgericht zu Posen für die preußisch-rechtliche Provinz Großherzogtum Posen[7]);

---

[1]) Wie das deutsche, bildete auch das französische Recht einen Ausgleich germanischer und französischer Rechtsanschauungen. Die stark in ihm fortlebenden germanischen Rechtsgedanken erleichterten seinen Eingang in Deutschland. Quellenwerk: Maurenbrecher, Die Rheinpreußischen Landrechte, 2 Bde, 1830/31.

[2]) Bornhak, Staats- und Rechtsgeschichte, 451 ff., 455. Ergebnisse daselbst 455 ff.

[3]) Neben den (im Text verzeichneten) allgemeinen Gerichten bestanden als besondere Gerichte die Militärgerichte (Instruktion für die Militärgerichte vom 15. September 1809; GS. 1806—1810, 581. Verordnung wegen der Militärstrafen vom 3. August 1808; GS. 1806—1810, 265) und die Universitätsgerichte (Reglement wegen Einrichtung der akademischen Gerichtsbarkeit vom 28. Dezember 1810 [GS. 1810, 142] und für die künftige Verwaltung der akademischen Disziplin und Polizeigewalt bei den Universitäten vom 18. November 1819 [GS. 1819, 238]).

[4]) Verordnung vom 21 Juni 1819 (GS. 1819, 162).

[5]) Kab.-Order vom 4 Mai 1820.

[6]) Aus schwedischer Zeit übernommen, seit 1810 „Ober-Appellationsgericht und höchstes Gericht". Schwedische „Neueste Justizverordnung" vom 8. Oktober 1810 (v. Kamptz, Jahrb. 35, 308).

[7]) Verordnung betr. die Justizverwaltung im Großherzogtum Posen vom

5. das Geheime Obertribunal zu Berlin für die sonstigen preußischrechtlichen Gebiete, d. h. die übrigen Provinzen des Staates[1]). Das Geheime Obertribunal nahm jedoch seit 1833 gegenüber den vier anderen obersten Gerichtshöfen eine überragende Stellung als Revisionsinstanz ein[2]).

b) In den Provinzen bestanden als Obergerichte die Oberlandesgerichte[3]). Sie waren an Stelle der früheren „Regierungen" getreten, hatten aber auch die Ausübung der bisherigen Verwaltungsgerichtsbarkeit erhalten. Das Oberlandesgericht in Berlin führte die alte Bezeichnung „Kammergericht" weiter[4]). In Königsberg[5]) bestand neben dem Oberlandesgericht das anfänglich (bis 1832) mit ihm verbundene „Tribunal des Königreichs Preußen"[6]).

c) Die Untergerichte waren nach den fünf Gerichtsgebieten verschieden gestaltet. Im Gebiet des Berliner Obertribunals[7]) gab es

---

9. Februar 1817 (GS 1817, 37). Verordnung über die Einrichtung der Justizbehörden im Großherzogtum Posen vom 16. Juni 1834 (GS. 1834, 75).

[1]) Sonnenschmidt, Geschichte des Königl Obertribunals zu Berlin, 1879, 140—287. Über den Geschäftsbetrieb: Kab.-Orders vom 19. Juli 1832 (GS. 1832, 192) und 1. August 1836 (GS. 1836, 218).

[2]) Verordnung über das Rechtsmittel der Revision und der Nichtigkeitsbeschwerde vom 14. Dezember 1833 (GS. 1833, 302), § 26.

[3]) Verordnung wegen verbesserter Einrichtung der Provinzial- Polizei- und Finanzbehörden vom 26 Dezember 1808 (GS. 1806—1810, 464), § 53. Verordnung wegen verbesserter Einrichtung der Provinzialbehörden vom 30. April 1815 (GS. 1815, 85), §§ 5—8, 14.

[4]) Holtze, Geschichte des Kammergerichts in Br.-Pr., 4 1904, 1—143; ders., 500 Jahre Geschichte des KG, 1913, 185—213. Das Kammergericht zerfiel seit 1809 in den Oberappellations-, Instruktions- und Kriminalsenat. Durch Kab.-Order vom 25. April 1835 wurde das Kammergericht zum ausschließlichen Gerichtshof der Monarchie für alle Verbrechen und Vergehen wider Verfassung, öffentliche Ordnung und Ruhe Preußens und der übrigen Bundesstaaten bestellt (GS. 1835, 47).

[5]) Conrad, Geschichte der Königsberger Obergerichte, 1907, 303—375. Regulativ v. 11. August 1832 (GS. 1832, 208). Kab.-Order v. 22. Dezember 1838 (GS 1839, 26).

[6]) Weitere königliche Obergerichte waren der Appellationsgerichtshof in Cöln (Verordnung vom 21. Juni 1819; GS. 1819, 209), der Justizsenat zu Ehrenbreitstein (Kab.-Order vom 4. Mai 1820), das Hofgericht für Neuvorpommern zu Greifswald. Dazu traten noch die standesherrlichen Obergerichte (Verordnung vom 21. Juni 1815 [GS. 1815, 105], Nr. 7. Instruktion vom 30. Mai 1820 [GS. 1820, 81], §§ 39 ff).

[7]) In der Provinz Posen bestanden Land- und Stadtgerichte, im Bezirk des Justizsenats zu Ehrenbreitstein teils staatliche (das Stadtgericht zu Wetzlar und mehrere Justizämter), teils standesherrliche Gerichte, in Neuvorpommern Kreisgerichte und wirkliche „städtische" Gerichte, im Gebiete des rheinischen Rechts

teils königliche Gerichte, teils Patrimonialgerichte, dagegen keine städtischen Gerichte mehr. Königliche Gerichte waren Domänenjustizämter und (königl.) Stadtgerichte, beide teilweise zu Land- und Stadtgerichten vereinigt [1]).

3. Verwaltungsgerichte [2]) waren die Generalkommissionen für die Regulierung der gutsherrlich-bäuerlichen Verhältnisse [3]) und die Rhein-, Weser- und Elbzollgerichte [4]). Die „Kammerjustizdeputationen" [5]) waren zufolge Übertragung der sog. „Attributivjustiz" an die ordentlichen Gerichte fortgefallen [6]). Der Grundsatz der Trennung von Justiz und Verwaltung war damit in der Provinzialinstanz durchgeführt. Zur Entscheidung von Konflikten [7]) zwischen Gerichten und Verwaltungsbehörden über ihre Zuständigkeit fehlten sowohl Behörden als auch Verfahrensvorschriften. Die Kabinettsorder vom 30. Juni 1828 [8]) bestimmte lediglich, daß das Staatsministerium, wenn ein Kompetenzkonflikt durch Vereinigung zwischen dem Justiz- und dem Ressortminister nicht zu erledigen sei, den Fall nach vollständiger und gründlicher Prüfung dem Könige vorlegen solle. Erst das Gesetz vom 8. April 1847 [9]) schloß die Entwicklung ab, indem es den „Gerichtshof zur Entscheidung der Kompetenzkonflikte" begründete und das hierbei zu beobachtende Verfahren ordnete.

Friedensgerichte, Landgerichte, Assisengerichte und Handelsgerichte; zur Wahrnehmung der öffentlichen Interessen in Straf- und Zivilsachen war bei den rheinischen Gerichten eine Art Staatsanwaltschaft (öffentliches Ministerium) eingerichtet.

[1]) So in den immer bei Preußen verbliebenen Provinzen. Königliche Gerichte waren ferner in den wiedergewonnenen Gebieten jenseits der Elbe und im Kulm- und Michelauschen Kreise Land- und Stadtgerichte, in den vordem sächsischen Gebieten Gerichtsämter und Landgerichte, im vormals kurkölnischen Herzogtum Westfalen Justizämter, seit 1839 Land- und Stadtgerichte.

[2]) Loening, Gerichte und Verwaltungsbehörden in Br.-Pr., 1914, 129ff.

[3]) Siehe S. 148f. Anm. 5.

[4]) Elbschiffahrtsakte vom 23. Juni 1821 (GS. 1822, 9); Weserschiffahrtsakte vom 10. September 1823 (GS. 1824, 25); Rheinschiffahrtsübereinkunft vom 31. März 1831 (GS. 1831, 73).

[5]) Nebst den höheren Instanzen (Oberrevisionskollegium, Revisionsdeputation). Vgl. oben S. 100.

[6]) Verordnung vom 26. Dezember 1808 (GS. 1806–1810, 464), §§ 14, 54.

[7]) Loening a. a. O. 213ff.

[8]) Über das Verfahren bei Kompetenzkonflikten zwischen den Gerichten und den Verwaltungsbehörden (GS. 1828, 86).

[9]) Über das Verfahren bei Kompetenzkonflikten zwischen den Gerichten und Verwaltungsbehörden (GS. 1847, 170).

Fünfter Zeitabschnitt.

Preußen als Verfassungsstaat[1].

§ 10. A. Die Entstehung der Verfassungs-Urkunde[2].

Eine „Verfassung“ im Sinne einer rechtlichen Ordnung der Staatsgewalt besitzt jedes Staatswesen, besaß auch Preußen von Anbeginn seiner staatlichen Existenz. Eine „Verfassung“ im Sinne einer konstitutionell beschränkten Regierungsweise ist ein besonderes Merkmal des modernen Staates. Später als die meisten übrigen deutschen Staaten[3] ist Preußen „Verfassungsstaat“ in diesem Sinne geworden. Erst mußte die in einzelnen Kreisen des Volkes tief eingewurzelte, namentlich aber vom Könige zäh festgehaltene Vorstellung überwunden

---

[1]) Quellen: Gesetz-Sammlung für die Königlichen Preußischen Staaten, Jahrgang 1806 bis 1867. Kretschmann, Preuß. Gesetze u. Verordnungen, 1913. Altmann, Ausgewählte Urkunden 2 1, 2. A., 1915.

[2]) v. Treitschke, Deutsche Geschichte im 19. Jahrh., 2, 278 ff., 588 ff.; 3, 198 ff.; 5, 258 ff., 591 ff. Hintze, Die Hohenzollern und ihr Werk, 516--546. Anschütz, Die Verfassungsurkunde für den Preußischen Staat. Vom 31. Januar 1850. Ein Kommentar für Wissenschaft und Praxis 1 1912, 1—60. Schwartz, Die Verfassungsurkunde für den Preuß. Staat² 1898, Einleitung 3—31. Arndt, Die Verfassungsurkunde für den Preuß. Staat⁷ 1911, Einleitung 8—33. v. Roenne-Zorn, Staatsrecht,⁵ 1, 38—70, 135 f. Schulze, Das preuß. Staatsrecht,² 1, 97—118 Hubrich, Deutsches Verfassungsrecht in geschichtl. Entwicklung,² 1913, 68—84, 103—121. Ältere Schriften bei v. Roenne-Zorn a. a. O.

[3]) Über die Verfassungsentwicklung in den deutschen Staaten v. Treitschke, Deutsche Geschichte im 19. Jahrh, Band 2—5. Übersicht bei Meyer-Anschütz, Lehrbuch des Deutschen Staatsrechts⁷ 1 1914, § 56. Quellen bei Stoerk-v. Rauchhaupt, Handbuch der Deutschen Verfassungen² 1913. Verfassungen erhielten (vor Preußen): Nassau (1814), Sachsen-Weimar, Schwarzburg-Rudolstadt, Schaumburg-Lippe, Waldeck (1816), Bayern, Baden, Sachsen-Hildburghausen (1818), Württemberg (1819), Hessen-Darmstadt (1820), Sachsen-Koburg (1821), Sachsen-Meiningen (1824), Königreich Sachsen, Sachsen-Altenburg, Kurhessen (1831), Braunschweig (1832), Hannover, Hohenzollern-Sigmaringen (1833), Lippe (1836), Schwarzburg-Sondershausen (1841), Schleswig-Holstein und Anhalt (1848).

sein, daß die sog. „Volksvertretung“ auf alter, feudalständischer Grundlage zu errichten sei; dann erst konnte der Wunsch der entschiedenen Mehrheit des Volkes nach einer wirklichen Volksvertretung, die das gesamte Staatsvolk repräsentierte, die nicht der Stände Individual-, sondern des Volkes Universalinteressen wahrte, in Erfüllung gehen. Der Erlaß der Verfassungsurkunde bedeutete keine Beeinträchtigung der monarchischen Staatsform Preußens. Träger der souveränen Staatsgewalt blieb nach wie vor ausschließlich und allein der König. Die Verfassung begründete nur eine gewisse Veränderung in der Ausübung der königlichen Regierungsfunktionen. Sie beschränkte den bis dahin absolut regierenden König in der Ausübung der gesetzgebenden Gewalt (durch Mitwirkung der Kammern bei der Feststellung des Gesetzestextes) und in der Ausübung der vollziehenden Gewalt (durch Bindung der Regierungsakte an die Mitwirkung eines dafür den Kammern verantwortlichen Ministers).

Die Entstehungsgeschichte der Verfassungsurkunde können wir in die Vorgeschichte ihres Erlasses und in die unmittelbar zu ihrem Erlaß selbst führenden Vorgänge gliedern.

I. Die Vorgeschichte der Verfassungs-Urkunde [1]).

Die Vorgeschichte fällt hauptsächlich in die Zeit König Friedrich Wilhelms III. (1797—1840), erfüllt aber auch noch die ersten Regierungsjahre König Friedrich Wilhelms IV. (1840—1861). In ihr lassen sich zwei zeitlich aufeinander folgende Entwicklungsgänge unterscheiden: die ergebnislosen Bemühungen leitender Staatsmänner um die Errichtung einer aus dem Volke hervorgehenden preußischen Nationalrepräsentation und die ebenso vergeblichen Versuche der Lösung der Verfassungsfrage auf dem Wege der Neubelebung und des Ausbaues des feudalständischen Verfassungswesens.

A. Die ersten Bemühungen um eine preußische Nationalrepräsentation verknüpfen sich mit der Stein-Hardenberg-

[1]) Hierzu außer den S. 166 Anm. 2 vermerkten Schriften Bergius, Preußen in staatsrechtlicher Beziehung[2] 1843, 191—233. v. Kamptz, Abhandlungen aus dem Deutschen und Preußischen Staatsrecht, 1: Landstände, Allgemeine Stände, Preußische Konstitution, 1846, 193—264, 327—532, 541—592). v. Lancizolle, Über Königtum und Landstände in Preußen, 1846. Ders., Rechtsquellen für die gegenwärtige landständische Verfassung in Preußen, 1847. v. Treitschke in Preuß. Jahrbücher 29, 313—360, 409—473; 52 201—267. Ders. in Forsch. zur br.-pr. Gesch. 1, 587—598. Stern in Histor. Zeitschrift 48, 236—304.

schen Reformbewegung. Beide Staatsmänner vertraten mit ihrer Auffassung, daß das Interesse des Volkes am Staate durch eine gewisse Anteilnahme an Verwaltung und Regierung zu wecken sei, Grundideen konstitutioneller Regierungsweise.

1. Schon in Steins Denkschrift[1]) vom 27. April 1806 findet sich neben der Forderung der Beseitigung des Kabinetts und der Herstellung einer vollen persönlichen Ministerverantwortlichkeit die bemerkenswerte Äußerung: „Der preußische Staat hat keine Staatsverfassung, denn die oberste Gewalt ist nicht zwischen dem Oberhaupt und der Vertretung der Nation geteilt." In seinem „Politischen Testament" vom 24. November 1808[2]) bezeichnet der zurücktretende Staatsmann als eine der wichtigsten, noch unverwirklichten Reformen die Einführung einer allgemeinen Nationalrepräsentation. Er kennzeichnet deren Wesen mit den treffenden Worten:

„Das nächste Beförderungsmittel scheint eine allgemeine Nationalrepräsentation Heilig war mir und bleibe uns das Recht und die Gewalt unsers Königs. Aber damit dieses Recht und diese unumschränkte Gewalt das Gute wirken kann, was in ihr liegt, schien es mir notwendig, der höchsten Gewalt ein Mittel zu geben, wodurch sie die Wünsche des Volks kennen lernen und ihren Bestimmungen Leben geben kann Wenn dem Volke alle Teilnahme an den Operationen des Staats entzogen wird, wenn man ihm sogar die Verwaltung seiner Kommunal-Angelegenheiten entzieht, kommt es bald dahin, die Regierung teils gleichgültig, teils in einzelnen Fällen in Opposition mit sich zu betrachten. Daher ist der Widerstreit oder wenigstens Mangel an gutem Willen bei Aufopferung für die Existenz des Staats. Wo Repräsentation des Volks unter uns bisher stattfand, war sie höchst unvollkommen eingerichtet. Mein Plan war daher, jeder aktive Staatsbürger, er besitze 100 Hufen oder Eine, er treibe Landwirtschaft oder Fabrikation oder Handel, er habe ein bürgerliches Gewerbe, oder sei durch geistige Bande an den Staat geknüpft, habe ein Recht zur Repräsentation. Mehrere, mir eingereichte Pläne, sind von mir vorgelegt. Von der Ausführung oder Beseitigung eines Plans hängt Wohl und Wehe unsers Staats ab; denn auf diesem Wege allein kann der Nationalgeist positiv erweckt und belebt werden."

2. Der Staatskanzler Hardenberg[3]) nahm Steins Pläne auf. Das Edikt über die Finanzen des Staats usw. vom 27. Oktober 1810[4]) enthält am Schluß die erste königliche Verheißung einer Nationalrepräsentation:

---

[1]) Lehmann, Freiherr vom Stein, 1, 401—414.

[2]) Pertz, Das Leben des Ministers Freiherrn vom Stein, 2 1850, 309 bis 314 (311).

[3]) Haake in Forsch. zur br.-pr. Gesch. 26, 523 ff., 28, 175 ff., 29, 305 ff., 30, 317 ff

[4]) GS. 1810, 25.

„... so wie Wir Uns vorbehalten, der Nation eine zweckmäßig eingerichtete Repräsentation, sowohl in den Provinzen als für das Ganze zu geben, deren Rat Wir gern benutzen und in der Wir nach unsern landesväterlichen Gesinnungen, gern unsern getreuen Untertanen die Überzeugung fortwährend geben werden, daß der Zustand des Staats und der Finanzen sich bessere, und daß die Opfer, welche zu dem Ende gebracht werden, nicht vergeblich sind."

Die „Nationalrepräsentation" sollte demnach nur beratende Funktion haben, so daß es recht zweifelhaft erscheint, ob man ihr überhaupt Repräsentationscharakter beimessen konnte. Daraufhin wurde Anfang 1811 eine aus höheren Beamten, ritterschaftlichen, städtischen und bäuerlichen Vertretern bestehende „Landesdeputiertenversammlung" zur Beratung der Steuerreform nach Berlin berufen, deren Tätigkeit aber ergebnislos verlief. In dem „Fernerweiten Edikt über die Finanzen des Staats" vom 7. September 1811 (§ 14)[1]) wiederholte der König seine Absicht,

„der Nation eine zweckmäßig eingerichtete Repräsentation zu geben. Da die dazu erforderlichen Vorbereitungen indessen noch Zeit erfordern, und Wir sehr wünschen, Uns früher und besonders in der gegenwärtigen Epoche, wo wechselseitiges Vertrauen und patriotisches Zusammenwirken im höchsten Grade notwendig ist, mit achtbaren Männern aus allen Ständen Unserer Provinzen zu umgeben, die das Vertrauen ihrer Mitbürger haben, und das Unserige verdienen; so wollen Wir, daß diejenigen Mitglieder, welche jene (d. h. im Edikt vom 27. Oktober 1810 angekündigte) General-Kommission (zur Regulierung der Kriegsschulden) ausmachen werden (d. h. 18 Rittergutsbesitzer, 12 bürgerliche und 9 bäuerliche Vertreter), auch vorerst die Nationalrepräsentation konstituieren, und hiezu von den Wählenden mit bevollmächtigt werden sollen."

Auch diese interimistische Nationalrepräsentation, die von 1812—1815 in Berlin versammelt war, verlief unfruchtbar. Schließlich behielt sich der König in der Kabinettsorder wegen Ernennung des Ministerii vom 3. Juni 1814[2]) vor, nach seiner Rückkehr über die Anordnung der ständischen Verfassung und Repräsentation einen Beschluß zu fassen.

3. Auf dem Wiener Kongreß[3]) trat die preußische Regierung entschieden für die bundesmäßige Verpflichtung der deutschen Staaten zur Einführung landständischer Verfassungen ein. Ihre Vorschläge lauteten auf Verfassungen mit starker repräsentativer Färbung[4]). Erreicht wurde jedoch — namentlich infolge des Widerstrebens von

---

[1]) GS. 1811, 253.

[2]) GS. 1814, 40.

[3]) Klüber, Akten des Wiener Kongresses, 2 Bde., 1815. v. Kaltenborn, Geschichte der deutschen Bundesverhältnisse und Einheitsbestrebungen, 2 Bde., 1857.

[4]) Protokolle der Deutschen Bundesversammlung 4, 230; 15, 291, 386, 515.

Bayern und Württemberg, die eine Verpflichtung zum Erlaß einer Verfassung als Eingriff in ihre Souveränität betrachteten — lediglich die kurze Verheißung des Artikel 13 der Deutschen Bundes-Akte vom 8. Juni 1815: „In allen Bundesstaaten wird eine landständische[1]) Verfassung stattfinden." Einige teilweise einschränkende Zusätze hierzu schuf die Wiener Schlußakte vom 15. Mai 1820. Die Bundesversammlung sollte die Erfüllung des Artikel 13 überwachen; im übrigen blieb die Ordnung dieser inneren Landesangelegenheit den souveränen Fürsten überlassen (Art. 54, 55). Die in anerkannter Wirksamkeit bestehenden landständischen Verfassungen sollten nur auf verfassungsmäßigem Wege abgeändert werden können (Art. 56). Ausdrücklich wurde vermerkt, daß die gesamte Staatsgewalt im souveränen Staatsoberhaupte vereinigt bleiben müsse, das durch eine landständische Verfassung nur in der Ausübung bestimmter Rechte an die Mitwirkung der Stände gebunden werden könne (Art. 57)[2]). Auch durften die Fürsten durch keine landständische Verfassung in der Erfüllung ihrer bundesmäßigen Verpflichtungen gehindert oder beschränkt werden (Art. 58)[2]).

4. Inzwischen hatte der König die berühmte Verordnung[3]) über die zu bildende Repräsentation des Volks vom 22. Mai 1815[4]) erlassen. Damit der preußischen Nation ein Pfand königlichen Vertrauens gegeben und der Nachkommenschaft die Grundsätze, nach denen seine Vorfahren und er selbst die Regierung geführt habe, treu überliefert und durch eine schriftliche Urkunde als Verfassung des preußischen Reichs dauerhaft bewahrt würden, ordnete der König an: Es soll eine Repräsentation des Volks gebildet werden (§ 1). Die Versammlung der Landesrepräsentanten sollte aus den Provinzialstanden gewählt werden (§§ 2, 3) und zuständig sein zur Beratung über alle Gegenstände der Gesetzgebung, welche die persönlichen und Eigentumsrechte der Staatsbürger einschließlich der Besteuerung betrafen (§ 4)[5]). Eine aus einsichtsvollen Staatsbeamten und Ein-

---

[1]) Ob diese Verfassung repräsentativen oder feudalständischen Charakter tragen solle, ging aus dem Wortlaut des Artikels nicht hervor.

[2]) Hierzu Beschluß der Bundesversammlung vom 28. Juni 1832, in Preußen publiziert am 15. Oktober 1832 (GS. 1832, 221), zu I u. II.

[3]) v. Kamptz a. a. O. 212 ff. bringt es fertig, den Gesetzescharakter dieser Verordnung zu leugnen. Dagegen Hubrich, Deutsches Verfassungsrecht², 80 f.

[4]) GS. 1815, 103.

[5]) Hierin erblickt Anschütz, Die gegenwärtigen Theorien über den Begriff der gesetzgebenden Gewalt² 1901, 167—169, eine Definition des Gesetzesbegriffes. Dagegen Hubrich im VerwArch. 17, 48 ff.

gesessenen der Provinz bestehende Kommission sollte am 1. September 1815 in Berlin zusammentreten, um sich mit der Organisation der Provinzialstände und der Landesrepräsentanten sowie der Ausarbeitung einer Verfassungsurkunde nach den aufgestellten Grundsätzen zu beschäftigen (§§ 5—7)[1]. Die hier vorgesehene „Repräsentation" des Volks war ein eigenartiges Gebilde; sie trug trotz ihres verlockenden Namens nach Bildung und Zuständigkeit durchaus feudalständischen Charakter, entsprach daher dem Verlangen nach einer wirklichen Repräsentation des Volks keineswegs[2]. Die Verfassungsverheißung wurde in der nächsten Zeit noch mehrfach, so in den Besitzergreifungspatenten der neuen Landesteile[3] und bei Einführung des Staatsrats[4], wiederholt, doch ließ die Ausführung auf sich warten. Zwar wurde die in der Verordnung vom 22. Mai 1815 vorgesehene Kommission nach zwei Jahren (nur aus Staatsbeamten) einberufen, aber alsbald wieder entlassen; einige Kommissare wurden in die Provinzen entsandt, um sich über die ständischen Einrichtungen und Meinungen zu informieren. Beim Könige reifte immer mehr der Entschluß, vorerst keine „Reichsstände", sondern Provinzialstände und zwar im feudalen Sinne ins Leben zu rufen. Eifrige Bekenner des repäsentativen Gedankens im Ministerium, wie v. Humboldt, der für die Errichtung einer beschließenden Volksvertretung auf Grund der Selbstverwaltung und direkter Wahlen eintrat (1819)[5], vermochten ihre Vorschläge nicht durchzusetzen. Auch der dem Könige vom Staatskanzler Hardenberg vorgelegte Entwurf zu einer auf der Selbstverwaltung der Gemeinden und höherer Kommunalverbände aufbauenden landständischen Verfassung (1819)[6] fand keinen Beifall. Daß gleichwohl der Gedanke der Bildung von „Reichsständen"

[1] §§ 5 ff. enthalten nach Hubrich, Deutsches Verfassungsrecht, 80 f., nur eine — formlos von ihm abänderbare — Dienstanweisung des Königs an den Staatskanzler

[2] Vgl. auch die allerdings im einzelnen sehr anfechtbaren Ausführungen von v. Kamptz, Abhandlungen, 220 ff., 362 ff., 557 ff.

[3] „Bildung einer Repräsentation", „Teilnahme an der Konstitution". v. Lancizolle, Rechtsquellen f. d. gegenwärtige landständische Verfassung, 1847, 5 f.

[4] Verordnung vom 20. März 1817 (GS. 1817, 67), Nr. 2 Abs. 2 zu a.

[5] Denkschrift vom 4. Februar 1819, mitgeteilt in: Wilhelm von Humboldts Gesammelte Schriften, 12, 2. Abteilung: Politische Denkschriften, 3 1, 1904, 225—296. Haym, Wilhelm v. Humboldt, 1856. Gebhardt, Wilhelm v. Humboldt als Staatsmann, 2 Bde., 1896—1899. Lenel, Wilhelm v. Humboldt und die Anfänge der preußischen Verfassung, (Deutschrechtliche Beiträge 9, 3), 1913.

[6] „Ideen zu einer landständischen Verfassung in Preußen", mitgeteilt bei v. Treitschke, Deutsche Geschichte, 2, 635 ff.

immer noch nicht aufgegeben war, beweist die Bestimmung der Verordnung über das Staatsschuldenwesen vom 17. Januar 1820[1]): Wenn der Staat künftighin sich zur Aufnahme einer neuen Anleihe veranlaßt sehen sollte, so könne solches nur mit Zuziehung und unter Mitgarantie einer reichsständischen Versammlung geschehen (II). Ihr sollte ferner das Recht der Präsentation der Mitglieder der „Hauptverwaltung der Staatsschulden" zustehen (IX); diese Behörde sollte ihr alljährlich Rechnung legen (XIII). Im nächsten Jahre aber entschied der König, der inzwischen ganz auf die Seite der Verfassungsgegner getreten war, daß der Erlaß einer Verfassungsurkunde aufzugeben, hingegen die Einrichtung von Provinzialständen ins Werk zu setzen sei. Das Weitere wegen Zusammenberufung der allgemeinen Landstände solle „der Zeit, der Erfahrung, der Entwicklung der Sache und seiner landesväterlichen Fürsorge" anheimgestellt bleiben (Kabinettsorder vom 11. Juni 1821).

B. Der Ausbau des feudalständischen Verfassungswesens sollte also der Weg zur Lösung der Verfassungsfrage sein.

1. Das allgemeine Gesetz wegen Anordnung der Provinzialstände erging am 5. Juni 1823[2]). Sein Erlaß bedeutete eine teilweise Erfüllung der königlichen Verheißung vom 22. Mai 1815; denn die Organisation der Provinzialstände war die Voraussetzung der in jener Verordnung vorgesehenen sog. „Landesrepräsentanten" im ständischen Sinne. Errichtet wurden Provinzialstände „im Geiste der älteren deutschen Verfassung, wie solche die Eigentümlichkeit des Staates und das wahre Bedürfnis der Zeit erfordern"[3]). Wann eine Zusammenberufung der allgemeinen Landstände erforderlich sein werde, und wie sie dann aus den Provinzialständen hervorgehen sollten, darüber blieben die weiteren Bestimmungen der landesväterlichen Fürsorge des Königs vorbehalten. Solche Bestimmungen hat Friedrich Wilhelm III. selbst nicht mehr getroffen. Die weitere Erfüllung der Verheißung von 1815 übernahm sein Nachfolger.

2. Auch Friedrich Wilhelm IV.[4]) verhielt sich allen repräsentativen

---

[1]) GS. 1820, 9.

[2]) GS. 1823, 129. Über die zu diesem allgemeinen Gesetz erlassenen provinziellen Ausführungsgesetze s. oben S. 151 Anm. 3.

[3]) Wegen der Einzelheiten vgl. oben S. 151f..

[4]) v. Petersdorff, König Friedrich Wilhelm IV., 1900. v. Poschinger, Unter Friedrich IV., Denkwürdigkeiten des Ministers Otto Freiherrn v. Manteuffel, 3 Bde 1901. Ludwig, Über Friedrich Wilhelms IV. Stellung zur preußischen Verfassungsfrage, 1907.

Anträgen und Wünschen gegenüber ablehnend[1]). Sein Programm ging dahin: Ausbau der Provinzialstände, Bildung von Ausschüssen der Provinzialstände, periodischer Zusammentritt dieser Ausschüsse zur Vorbereitung der Reichsständischen Versammlung. Im Jahre 1842 ergingen acht Provinzialverordnungen[2]) gleichen Inhaltes über die Bildung der Ausschüsse der Provinzialstände. Diese Ausschüsse sollten zunächst dazu dienen, in der Zwischenzeit zwischen zwei Landtagen den König in wichtigen Landesangelegenheiten gutachtlich zu beraten; sie sollten insbesondere dann in Wirksamkeit treten, wenn die Ansichten der Landtage verschiedener Provinzen über einen Gesetzentwurf bedeutend voneinander abwichen oder wenn in der weiteren Beratung der Gesetze in den höheren Instanzen der Legislation neue Momente hervorträten und der König es angemessen fände, durch ständische Organe eine Ausgleichung der verschiedenen Ansichten herbeizuführen; endlich sollten sie ein ständiges Organ darbieten, mit dem der König auch Gegenstände, die bisher in der Regel nicht an die Provinzialstände gelangt waren, einer Besprechung unterziehen konnte. Die acht Ausschüsse wurden durch Kabinettsorder vom 19. August 1842[3]) zur ersten vereinigten Tagung nach Berlin berufen, doch verliefen die Beratungen ergebnislos[4]).

3. Die Verfassungsbewegung schien abermals zu stocken. Da erschien ganz unerwartet am 3. Februar 1847 in weiterer Ausführung des Provinzialstände-Gesetzes vom 5. Juni 1823 das königliche Patent über die ständischen Einrichtungen[5]). Dieser nicht gegengezeichnete, also den persönlichen Willen des Königs bekundende Erlaß enthielt folgendes Programm: So oft die Staatsbedürfnisse neue Anleihen und neue oder höhere Steuern erforderten, sollten die Provinzialstände zu einem „Vereinigten Landtage" zusammenberufen werden, um zu den Steuern und Anleihen zuzustimmen und die Mitgarantie[6]) für letztere

---

[1]) Preußischer Landtagsabschied vom 9. September 1840 und Kab.-Order vom 4. Oktober 1840 (Staatsanzeiger 1840, Nr. 277).

[2]) Verordnungen vom 21. Juni 1842. GS. 1842, 215ff.

[3]) Nebst Geschäftsordnung. v. Lancizolle, Rechtsquellen f. d. gegenwärtige landständische Verfassung, 229—234.

[4]) Vgl.: Die Wirksamkeit der ständischen Ausschußversammlung des Jahres 1842, 1843.

[5]) GS. 1847, 33. Rauer, Die ständische Gesetzgebung der preußischen Staaten, 1853.

[6]) Gemäß Verordnung über das Staatsschuldenwesen vom 17. Januar 1820 (GS. 1820, 9), II.

zu übernehmen. Der Vereinigte Ständische Ausschuß sollte fortan periodisch einberufen werden. Dem Vereinigten Landtag (in seiner Vertretung dem Vereinigten Ständischen Ausschuß) übertrug das Patent: a) den ständischen Beirat zu den Gesetzentwürfen über Veränderungen in Personen- und Eigentumsrechten und in den Steuern[1]), b) die ständische Mitwirkung bei Verzinsung und Tilgung der Staatsschulden; c) das Petitionsrecht über innere, nicht bloß provinzielle Angelegenheiten. Das Nähere bestimmten die gleichfalls am 3. Februar 1847 erlassenen Verordnungen[2]) 1. über die Bildung des Vereinigten Landtages, 2. über die periodische Zusammenberufung des Vereinigten Ständischen Ausschusses und dessen Befugnisse, 3. über die Bildung einer Ständischen Deputation für das Staatsschuldenwesen.

a) Der Vereinigte Landtag bestand aus zwei Kurien: der Versammlung des Herrenstandes und der Versammlung der Abgeordneten der Ritter, Städte und Landgemeinden. Zum Herrenstande gehörten die großjährigen königlichen Prinzen, die zu den Provinziallandtagen berufenen vormaligen deutschen Reichsstände (Fürsten und Grafen), die schlesischen Fürsten und Standesherren, sowie alle mit Virilstimmen begabten oder an Kollektivstimmen beteiligten Stifter, Fürsten, Grafen und Herren der Provinziallandtage. Die Abgeordneten der Ritter, Städte und Landgemeinden erschienen in gleicher Zahl wie auf den Provinziallandtagen. Beide Kurien tagten in der Regel gesondert unter je einem Marschall, traten aber zu Beschlußfassungen (über Anleihen und Steuern) vereinigt zusammen. Zum Vereinigten Landtage wurden die Provinziallandtage einberufen, so oft dazu nach dem Patent vom 3. Februar 1847 ein Bedürfnis eintrat oder der König es wegen besonders wichtiger Landesangelegenheiten angemessen fand. Über Ort und Dauer der Tagung behielt sich der König für den Einzelfall besondere Bestimmung vor. Bei den Beratungen konnten die Minister und die vom König beauftragten Beamten anwesend sein und jederzeit das Wort verlangen. An Abstimmungen nahmen sie aber nur Teil, wenn sie Mitglieder des Landtages waren. Zuständig war der Landtag zur Zustimmung und Übernahme der Mitgarantie bei Anleihen, zum Vorschlag der Mitglieder der Hauptverwaltung der Staatsschulden, zur Abnahme der Rechnungen dieser Behörde und Vorlage an den König zur Decharge[3]),

[1]) Provinzialständegesetz vom 5. Juni 1823, III, 2. Vgl. oben S. 170 Anm. 5.
[2]) GS. 1847, 34, 40, 43.
[3]) Verordnung vom 17. Januar 1820, II, IX, XIII.

zur Zustimmung zu neuen oder höheren Steuern (mit Ausnahmen), zur Erteilung des ständischen Beirates zu Gesetzen betreffend Veränderungen in Personen- und Eigentumsrechten und in den Steuern, sowie zu den über eine einzelne Provinz hinausgehenden Änderungen der ständischen Verfassung, endlich zu Petitionen hinsichtlich innerer Angelegenheiten des ganzen Staates oder mehrerer Provinzen.

b) Der Vereinigte Ständische Ausschuß wurde durch Vereinigung der ständischen Ausschüsse der Provinziallandtage gebildet; doch traten noch Vertreter der rheinisch-westfälischen Standesherren und der zu Viril- oder Kollektivstimmen berechtigten Mitglieder des ersten Standes hinzu. Der Ausschuß sollte im Bedarfsfalle, aber längstens vier Jahre nach Schluß seiner letzten Versammlung (bzw. der letzten Versammlung eines Vereinigten Landtages) berufen werden. Von ihm sollte der gutachtliche Beirat zu den sonst den Provinzialständen vorzulegenden Gesetzen, wenn sie die ganze Monarchie oder mehrere Provinzen betrafen, erfordert werden; doch blieb die alternative Vorlage an die Provinzialstände als Ausnahme vorbehalten. Der Ausschuß hatte ein Petitionsrecht wie der Landtag, ausgenommen über Veränderungen der ständischen Verfassung.

Damit hatte der König die Verheißungen[1]) vom 22. Mai 1815 und vom 17. Januar 1820 eingelöst, ja noch übertroffen[2]). Nicht repräsentativen, sondern feudalständischen Charakter, nicht beschließende, sondern nur beratende Kompetenz — außer bei Anleihen — sollte nach jenen Verordnungen die zu errichtende „Versammlung der Landesrepräsentanten" besitzen. Darüber hinausgehend war dem Vereinigten Landtag, der allerdings seinem Wesen nach keinen repräsentativen, sondern durchaus altständischen Charakter trug, der grundsätzlich keine beschließende, sondern nur beratende Stimme hatte, in mehreren Einzelpunkten das Recht bindender Beschlußfassung beigelegt worden. Staatsrechtlich hatten die königlichen Versprechungen in vollem Umfange ihre Erfüllung gefunden. Ob freilich politisch diese Erfüllung den Forderungen der Zeit entsprach, kann juristisch dahingestellt bleiben.

4. Der Vereinigte Landtag[3]) trat erstmalig am 11. April

---

[1]) Die Verheißungen in den Edikten vom 27. Oktober 1810 und vom 7. September 1811 waren nach dem Satze lex posterior derogat priori durch die Verordnung vom 22. Mai 1815 beseitigt und ersetzt worden.

[2]) v. Kamptz, Abhandlungen aus dem Deutschen und Preußischen Staatsrecht, 1: Landstände, Allgemeine Stände, Preußische Konstitution, 1846.

[3]) Bleich; Der erste Vereinigte Landtag in Berlin, 4 Teile, 1847. Bieder-

1847 zusammen[1]). In der Thronrede[2]) gab der König seiner Abneigung gegen eine repräsentative Verfassung sehr deutlichen Ausdruck durch die berühmten Worte:

„Es drängt mich zu der feierlichen Erklärung: daß es keiner Macht der Erde je gelingen soll, Mich zu bewegen, das natürliche, gerade bei uns durch seine innere Wahrheit so mächtig machende Verhältnis zwischen Fürst und Volk in ein konventionelles, konstitutionelles zu wandeln, und daß Ich es nun und nimmermehr zugeben werde, daß sich zwischen Unseren Herr Gott im Himmel und dieses Land ein beschriebenes Blatt, gleichsam als eine zweite Vorsehung eindränge, um uns mit seinen Paragraphen zu regieren und durch sie die alte, heilige Treue zu ersetzen."

Der König glaubte sich dabei eins mit seinem Volke:

„Mein Volk will nicht das Mitregieren von Repräsentanten, die Schwächung der Hoheit, die Teilung der Souveränität, das Brechen der Vollgewalt seiner Könige, die ihm seine Geschichte, seine Freiheit, seinen Wohlstand begründet."

Er erblickte in der Versammlung kein repräsentatives Organ des preußischen Volkes, sondern bezeichnete sie ausdrücklich als

„deutsche Stände im althergebrachten Wortsinn, d. h. vor allem und wesentlich ‚Vertreter und Wahrer der eigenen Rechte', der Rechte der Stände, deren Vertrauen den bei weitem größten Teil dieser Versammlung entsendet Nächstdem aber haben Sie die Rechte zu üben, welche Ihnen die Krone zuerkannt hat. Sie haben ferner der Krone den Rat gewissenhaft zu erteilen, den dieselbe von Ihnen fordert. Endlich steht es Ihnen frei, Bitten und Beschwerden, Ihrem Wirkungskreise, Ihrem Gesichtskreise entnommen, aber nach reiflicher Prüfung, an den Thron zu bringen. Das sind die Rechte, das die Pflichten germanischer Stände, das Ihr herrlicher Beruf. Das aber ist ihr Beruf nicht: ‚Meinungen zu repräsentieren', Zeit- und Schulmeinungen zur Geltung bringen zu sollen. Das ist vollkommen undeutsch und obenein vollkommen unpraktisch für das Wohl des Ganzen, denn es führt notwendig zu unlösbaren Verwickelungen mit der Krone, welche nach dem Gesetze Gottes und des Landes und nach eigener freier Bestimmung herrschen soll, aber nicht nach dem Willen von Majoritäten regieren kann und darf, wenn ‚Preußen' nicht bald ein leerer Klang in Europa werden soll!" — „Ich gebe Ihnen hier nun mein königliches Wort, daß Ich Sie nicht hierher gerufen haben würde, wenn Ich den geringsten Zweifel hegte, daß Sie Ihren Beruf anders deuten wollten und ein Gelüst hätten nach der Rolle sogenannter Volksrepräsentanten."

---

mann, Geschichte des ersten preußischen Reichstags, 1847. Koser in Schmoller-Festschrift, 1908, 287—331. Ältere Literatur bei v. Roenne-Zorn 1, 56³, 57².

[1]) Die Verhandlungen des am 11. April 1847 in Berlin eröffneten Vereinigten Landtages, 3 Teile in 4 Bänden, Königsberg 1847. Rauer, Verhandlungen des Vereinigten Landtages von 1847/48, 1848.

[2]) Die Verhandlungen usw., 1, 1, S. XXXV ff. Allg. Preuß. Zeitung vom 11. April 1847.

Und doch fühlten sich die Mitglieder des Vereinigten Landtages als solche[1]). Sie machten auch aus dieser Auffassung in der Erwiderung auf die Thronrede und in ihren Verhandlungen kein Hehl. In Überschätzung des staatsrechtlichen Inhaltes der Verordnung vom 22. Mai 1815 erblickten sie in ihrer Organisation und Zuständigkeit keine Erfüllung der dem Volke verheißenen Rechte. Vor allem verlangten sie vom Könige die Garantie periodisch wiederkehrender Tagungen. Da der König diesen und andere Wünsche unerfüllt ließ und der Landtag bei seinen Ansichten und Forderungen beharrte, erwies sich ein Weiterverhandeln als völlig unfruchtbar. Der Landtag wurde daher am 26. Juni 1847 geschlossen. Erst im März 1848 wurde durch eine an den Vereinigten Ständischen Ausschuß gerichtete königliche Botschaft dem Verlangen nach „Periodizität" des Vereinigten Landtages entsprochen und eine demgemäße Änderung der Verfassungsgesetze vom 3. Februar 1847 zugesagt. Aber nun war es bereits zu spät. Die Ereignisse beschleunigten die Entschließung des Königs zu Zugeständnissen, welche über die Forderungen des Vereinigten Landtages erheblich hinausgingen.

II. Der Erlaß der Verfassungs-Urkunde[2]).

1. Die tieferen Gründe, die König Friedrich Wilhelm IV. geneigt machten, dem allgemeinen Verlangen nach Gewährung einer repräsentativen Verfassung zu entsprechen, sind nicht in dem Eindruck des Berliner Märzaufstandes[3]) zu suchen. Mochte auch die revolutionäre Bewegung, die am 18. März ausbrach, die Entschließungen des Königs

---

[1]) Politisch angeschaut, war der erste Vereinigte Landtag schon der Übergang Preußens zum konstitutionellen System. Anschütz, Verf.-Urk. 1, 26.

[2]) Hierzu außer den S. 166 Anm. 2 angeführten Schriften: Rachfahl, Deutschland, König Friedrich Wilhelm IV. und die Berliner Märzrevolution, 1901. Mähl, Die Überleitung Preußens in das konstitutionelle System durch den 2. Vereinigten Landtag, 1909. Heinemann, Die Politik des Grafen Brandenburg, 1909. Seitz, Entstehung und Entwicklung der preuß. Verf.-Urk. im Jahre 1848, 1909. Rachfahl in Preuß. Jahrb. 110, 264—309, 413—462. Ders. in Histor. Vierteljahrschrift 5 1902, 196—229; 6 1903, 357—386, 503—530. Ders. in Forsch. zur br.-pr. Gesch 17, 193—236. Thimme daselbst 16, 545—582. Oncken daselbst 13, 123—152. v. Sybel in Histor. Zeitschrift 63, 428—453. Koser daselbst 83, 43—84. Meinecke daselbst 89, 17—53; 109, 149—160.

[3]) Steinmann, Geschichte der Revolution in Preußen, 1849. Stahr, Die preußische Revolution², 1850. Wolff, Berliner Revolutionschronik, 1854. Dazu Kaeber in Forsch. zur br.-pr. Gesch. 27, 566—572.

beschleunigt haben, die treibenden Kräfte beruhen letzten Endes in der veränderten gesamtdeutschen Politik der preußischen Regierung. Nachdem die Versuche, die Reform des Deutschen Bundes in Gemeinschaft mit Österreich durchzuführen, gescheitert waren, reifte bei der preußischen Regierung der Entschluß die deutsche Frage ohne Österreich, gestützt auf die deutschen Mittelstaaten und auf die öffentliche Meinung, zu lösen. Um aber letztere Kräfte für seinen Plan zu gewinnen und auf seine Seite zu bringen, mußte Preußen zu einer modernen Regierungsweise übergehen und Verfassungsstaat werden. Der König ließ sich von der Richtigkeit dieser Ideen überzeugen. Er erklärte sich seinem Minister gegenüber bereits am 8. März 1848 um Deutschlands Willen mit der Annahme des konstitutionellen Systems einverstanden. Diese Entschließung des Königs war also kein Zurückweichen vor der revolutionären Gefahr, sondern eine freie Maßnahme im Dienste eines höheren Zweckes, nämlich der Einigung Deutschlands unter Preußens Führung[1]). Ihre Kundgabe erfolgte alsbald durch die sog. Märzverheißungen. Durch Patent vom 14. März wurde zur Wahrung der rechtlichen Kontinuität der Vereinigte Landtag zum 27. April — durch Proklamation vom 18. März[2]) schon auf den 2. April — einberufen, „um zu den Maßregeln mitzuwirken, welche im Verein mit den deutschen Bundesgenossen unter den gegenwärtigen schwierigen und gefahrvollen Verhältnissen zum Wohle des deutschen Vaterlandes zu ergreifen sind". In der Proklamation wurde zur Verwandlung Deutschlands aus einem Staatenbund in einen Bundesstaat und zur dahingehenden Reorganisation der Bundesverfassung die Bildung einer Bundesrepräsentation aus den Ständen aller deutschen Länder verlangt, damit also die Notwendigkeit einer Verfassung dieser Länder selbst anerkannt. Im Aufrufe an das Volk und die deutsche Nation vom 21. März[3]) wurden die Gründung eines neuen Deutschland und die Einführung wahrer konstitutioneller Verfassungen mit Verantwortlichkeit der Minister in allen Einzelstaaten, öffentliche und mündliche Rechtspflege, in Strafsachen auf Geschworenengerichte gestützt[4]), gleiche politische und bürgerliche Rechte für alle religiösen Glaubensbekenntnisse[5])

---

[1]) Anschütz, Verf.-Urk. 1, 32.

[2]) MinBl. f. d. innere Verw. 1848, 81.

[3]) MinBl. f. d. innere Verw. 1848, 82.

[4]) Erfüllt durch § 5 der Verordnung über einige Grundlagen der künftigen preußischen Verfassung vom 6. April 1848 (GS. 1848, 87).

[5]) Erfüllt durch die Notverordnung über die Einführung des mündlichen und

und eine wahrhaft volkstümliche, freisinnige Verwaltung verheißen. Darin lag auch das Versprechen einer Niederschrift dieser Verfassung, einer Verfassungs urkunde[1]).

2. Den Märzverheißungen folgte rasch die Tat. Der Plan der Regierung war die Vereinbarung der Verfassungsurkunde mit einer eigens hierfür zu bildenden Volksvertretung. Das Wahlgesetz zur Bildung dieser Volksvertretung sollte nach Beratung mit dem Vereinigten Landtag erlassen werden. Dieser trat am 2. April zusammen und erledigte schnell die beiden Regierungsvorlagen: den Entwurf eines Wahlgesetzes für die zur Vereinbarung der preußischen Staatsverfassung zu berufende Versammlung, und einer Verordnung über einige Grundlagen der künftigen preußischen Verfassung. Diese Verordnung wurde am 6. April, das Wahlgesetz am 8. April 1848 erlassen[2]). Die Verordnung enthielt vor allem die wichtige Bestimmung, daß den künftigen Vertretern des Volkes jedenfalls (d. h. mindestens) die Zustimmung zu allen Gesetzen und zur Feststellung des Staatshaushaltsetats sowie das Steuerbewilligungsrecht zustehen solle (§ 6)[3]). Das Wahlgesetz führte ein allgemeines, gleiches, indirektes, geheimes Wahlrecht ein. Stimmberechtigter Urwähler war jeder Preuße, der das 24. Lebensjahr vollendet hatte. Die Urwähler wählten Wahlmänner, diese die Abgeordneten, und zwar durch Stimmzettel nach absoluter Mehrheit. Zum Abgeordneten war jeder wahlberechtigte Preuße wählbar, der das 30. Lebensjahr vollendet hatte. Die Abgeordneten[4]) sollten nach ihrer eigenen unabhängigen Überzeugung stimmen[5]) und an Aufträge oder Instruktionen nicht ge-

---

öffentlichen Verfahrens mit Geschworenen in Untersuchungssachen vom 3. Januar 1849 (GS. 1849, 14).

[1]) Anschütz, Verf.-Urk. 1, 32—34.

[2]) GS. 1848, 87, 89.

[3]) Ferner erweiterte die Verordnung die durch Gesetz über die Presse vom 17. März 1848 (GS 1848, 69) verliehene Preßfreiheit, hob den besonderen Gerichtsstand für Staatsverbrechen auf, setzte die Disziplinarstrafbestimmungen gegen Beamte für den Richterstand außer Kraft (Verordnungen vom 29. März 1844; GS. 1844, 77 u. 90), sicherte das freie Versammlungs- und Vereinigungsrecht sowie die Unabhängigkeit staatsbürgerlicher Rechte vom religiösen Glaubensbekenntnis zu.

[4]) Verlust der Mitgliedschaft bei Anstellung oder Beförderung im Staatsdienst verordnete das Gesetz vom 6. Juli 1848 (GS. 1848, 168).

[5]) Das Gesetz betr. den Schutz der zur Vereinbarung der Preuß. Verfassung berufenen Versammlung vom 23. Juni 1848 (GS. 1848, 157) bestimmte, daß kein Mitglied 1. für seine Abstimmungen oder für die von ihm als Abgeordneter ausgesprochenen Worte und Meinungen irgendwie zur Rechenschaft gezogen, 2. während

bunden sein. Die Versammlung der Abgeordneten sollte dazu berufen sein, die künftige Staatsverfassung durch „Vereinbarung“ mit der Krone festzustellen und die seitherigen reichsständischen Befugnisse, namentlich Bewilligung von Steuern und Anleihen, für die Dauer ihrer Versammlung interimistisch auszuüben.

So unverkennbar groß die Fortschritte sind, welche nach diesen Bestimmungen die zur Vereinbarung der Verfassung zu berufende Versammlung bezüglich Wesen und Bildung gegenüber dem Vereinigten Landtage aufzuweisen hatte, so muß man sich anderseits vor einer Überschätzung ihrer Kompetenz hüten. Ihre Aufgabe war, abgesehen von der interimistischen Wahrnehmung der früheren, grundsätzlich nur gutachtlichen Funktionen, die „Vereinbarung“ der Verfassung mit der Krone. Der König hatte sich durch seine Zusage der alleinigen Trägerschaft der Staatsgewalt, insbesondere der gesetzgebenden Gewalt, keineswegs begeben. Er hatte sich lediglich in der Verfassungsfrage (sowie für Anleihen und Steuern) an die Zustimmung der Volksvertretung gebunden. „Andererseits war es für die Feststellung der künftigen preußischen Staatsverfassung durch Vereinbarung zwischen der Krone und der Nationalversammlung eine sich von selbst verstehende rechtliche Bedingung, daß eine derartige Vereinbarung nach dem durchaus freien Willen beider Teile wirklich zustande komme. Das Gesetz erteilte das Mandat zur Verfassungsvereinbarung mit der Krone nur der einen auf Grund seiner Bestimmungen gewählten Volksvertretung. Ergab sich nach den Umständen die vollkommene Gewißheit, daß es der Krone unmöglich sei und sein werde, mit der Nationalversammlung die Staatsverfassung frei zu vereinbaren, so entfiel die selbstverständliche Voraussetzung der Wirksamkeit des Gesetzes vom 8. April, und die Krone erlangte wiederum die rechtliche Freiheit, allein in der Verfassungsangelegenheit zu entscheiden“ [1]).

Die Wahlen fanden am 1. und 8. Mai statt. Der am 22. Mai vom Könige mit einer Thronrede eröffneten „Nationalversammlung“ [2]) wurde der „Entwurf eines Verfassungsgesetzes für den

der Dauer der Versammlung ohne ihre Genehmigung wegen einer mit Strafe bedrohten Handlung zur Verantwortung gezogen oder verhaftet, 3. wegen Schulden verhaftet werden könne; daß 4. jedes Strafverfahren und jede Haft auf Verlangen der Versammlung für die Dauer der Sitzung aufgehoben werde.

[1]) Hubrich, Deutsches Verfassungsrecht², 115.

[2]) Stenogr. Berichte über die Verhandlungen der zur Vereinbarung der preußischen Staatsverfassung berufenen Versammlung, 3 Bde., 1848. Rauer, Proto-

Preußischen Staat" zur „Erklärung" vorgelegt[1]). Der Urentwurf war von einer besonderen Kommission des Staatsministeriums nach dem Muster der constitution belge von 1831[2]) ausgearbeitet, sodann nach der Kritik des Königs vom Staatsministerium in einigen Punkten überarbeitet worden. Eine aus 24 Mitgliedern bestehende Kommission der Nationalversammlung unter dem Vorsitz des Abgeordneten Waldeck beriet den Entwurf, nahm viele und radikale Änderungen an ihm vor und überreichte der Nationalversammlung als Ergebnis der Kommissionsberatungen den später als „Charte Waldeck" bezeichneten „Entwurf der Verfassungsurkunde für den Preußischen Staat"[3]). Die Plenarverhandlungen über den Kommissionsentwurf zeitigten sehr radikale Beschlüsse, wie Abschaffung des Adels und Beseitigung der Formel „Von Gottes Gnaden". Dies führte sehr bald zum Konflikt mit der Regierung, der sich immer mehr verschärfte und ein gedeihliches Zusammenarbeiten von Regierung und Nationalversammlung schließlich ganz ausgeschlossen erscheinen ließ. Auf Grund königlicher Botschaft[4]) vom 8. November wurde die Versammlung vom 9. November 1848 nach Brandenburg verlegt und gleichzeitig bis zum 27. November vertagt. Die Versuche des größeren Teiles der Abgeordneten, die Sitzungen in Berlin fortzusetzen, wurden mit militärischer Hilfe unterdrückt. Das Staatsministerium erklärte die Beschlüsse der in Berlin weitertagenden Mitglieder für wirkungslos[5]). Die in Brandenburg versammelte Minderheit der Abgeordneten war nicht beschlußfähig. Durch Verordnung vom 5. Dezember 1848 wurde die Nationalversammlung aufgelöst[6]). Am selben Tage erließ der König, dem Drängen

---

lle der von der Versammlung . . . ernannt gewesenen Verfassungs-Kommission, 1849. Ulmann in Forsch. zur br.-pr. Gesch. 18, 585—595. Vgl. die Literaturangaben bei v. Roenne-Zorn[5] 1, 62ff. in den Anm.

[1]) Über die Entstehung dieses Entwurfs Anschütz, Verf.-Urk., 36—40. Der Urentwurf der Verf.-Urk., dem König vom Staatsministerium mit Bericht vom 15. Mai 1848 vorgelegt, mit den Bemerkungen des Königs, ist mitgeteilt bei Anschütz 596ff., der Text der Regierungsvorlage vom 20. Mai 1848 das. 608ff.

[2]) Smend, Die Preuß. Verfassungsurkunde im Vergleich mit der Belgischen, 1904. v. Seydel, Die belgische Verfassung, in Staatsr. u. polit. Abh., Neue Folge, 1902, 59—76.

[3]) Mitgeteilt bei Anschütz a. a. O. 614ff.

[4]) MinBl. f. d. innere Verw. 1848, 333.

[5]) Bktm. vom 11. November 1848. MinBl. f. d. innere Verw. 1848, 334

[6]) GS. 1848, 371.

seiner Minister nachgebend[1]), einseitig von sich aus auf der Grundlage der Regierungsvorlage vom 20. Mai 1848, aber „in möglichster Berücksichtigung der von den gewählten Vertretern des Volkes ausgegangenen, umfassenden Vorarbeiten“[2]) die „Verfassungsurkunde für den Preußischen Staat“[3]).

Der Erlaß der sog. „oktroyierten Verfassung[4])“ vom 5. Dezember 1848 bedeutet den Eintritt Preußens in die Reihe der konstitutionellen Staaten. Die Tatsache der „Oktroyierung“, d. h. der einseitigen Verleihung der Verfassung durch den König ohne Mitwirkung der Nationalversammlung war staatsrechtlich ohne Einfluß auf ihre Rechtsgültigkeit. Zwar sollte die Verfassung gemäß § 13 des Wahlgesetzes vom 8. April 1848 zwischen Krone und Nationalversammlung „vereinbart“ werden. Diese Vereinbarung war ernstlich versucht worden, aber mißlungen. Damit war jene gesetzliche Bindung entfallen und der König hatte wieder freie Hand bekommen. Frei von jeder Beschränkung, kraft seines alleinigen, unverminderten Gesetzgebungsrechtes erließ er die Verfassungsurkunde völlig einwandfrei nach dem geltenden Rechte des absoluten Staates in der vorgeschriebenen Form ministerieller Gegenzeichnung und ordnungsmäßiger Verkündigung in der Gesetzsammlung[5]).

3. Nur politisch war der „Oktroyierung“ der Verfassung eine Bedeutung beizumessen. Es lag daher nahe, die unterbliebene „Vereinbarung“ der Verfassung mit der Volksvertretung nachzuholen, d. h. eine Revision der „oktroyierten“ Verfassung durch die von ihr begründeten Kammern (Titel V der Verf.Urk.) in die Wege zu leiten. In diesem Sinne bestimmte Art. 112 Abs. 1 der Verfassungsurkunde: „Die gegenwärtige Verfassung soll sofort nach dem ersten Zusammentritt der Kammern einer Revision auf dem Wege der Gesetzgebung (Art. 60 und 106)[6]) unterworfen werden.“

---

[1]) Immediatbericht des Staatsministeriums vom 5. Dezember 1848 (GS. 1848, 372).

[2]) Vgl. den Eingang der Verf.-Urk. vom 5. Dezember 1848 und den Eingang des Patents betr. die Zusammenberufung der Volksvertreter vom gleichen Tage (GS. 1848, 392).

[3]) GS. 1818, 375.

[4]) Über Entstehung des Oktroyierungsgedankens und Beweggründe der Oktroyierung: Meinecke, Weltbürgertum und Nationalstaat², 1911, 399 ff. Goldschmidt in Preuß. Jahrb. 125, 197—216. Hintze das. 144, 392—394. Anschütz, Verf.-Urk. 1, 44—52.

[5]) Hubrich, Deutsches Verfassungsrecht², 118 f.

[6]) Art. 60: Die gesetzgebende Gewalt wird gemeinschaftlich durch den König

Noch am 5. Dezember 1848[1]) war das Patent betreffend die Zusammenberufung der Volksvertreter ergangen. Die Wahlen sollten nach dem interimistischen[2]) Wahlgesetz für die erste Kammer und nach dem Wahlgesetz für die zweite Kammer, beide vom 6. Dezember 1848[3]), stattfinden. Die erste Kammer sollte aus 180, die zweite aus 350 Mitgliedern bestehen. Das Wahlrecht war ein allgemeines, gleiches, indirektes und geheimes. Stimmberechtigter Urwähler zur ersten Kammer war jeder Preuße, der das 30. Lebensjahr vollendet hatte und einen jährlichen Klassensteuersatz von mindestens acht Talern zahlte oder einen Grundbesitz im Werte von mindestens 5000 Talern oder ein reines Jahreseinkommen von 500 Talern nachwies. Stimmberechtigter Urwähler zur zweiten Kammer war jeder selbständige Preuße ohne Rücksicht auf den Zensus. Wählbar zum Mitglied der ersten Kammer war jeder Preuße, der das 40. Jahr vollendet hatte und fünf Jahre lang Preuße war, zum Mitglied der zweiten Kammer jeder Preuße, der das 30. Jahr vollendet hatte und ein Jahr lang Preuße war. Die Urwähler wählten die Wahlmänner, diese die Abgeordneten.

Nachdem die Wahlen auf Grund der beiden Wahlgesetze vollzogen waren, trat die aus beiden Kammern bestehende Volksvertretung am 26. Februar 1849 in Berlin zusammen[4]). Diese „Revisions-Kammern" prüften die Rechtsgültigkeit der „oktroyierten" Verfassung und erkannten sie als das zu Recht bestehende Staatsgrundgesetz der preußischen Monarchie an. Sie schritten sodann zu der ihnen obliegenden Totalrevision der Verfassungsurkunde und bestellten Kommissionen zur Vorberatung. Ehe diese aber ihre Arbeit vollendet hatten, erfolgte eine mehrmonatige Unterbrechung. Infolge unausgleichbarer Gegensätze zwischen der Regierung und der zweiten Kammer wurde diese durch königliche Verordnung vom 27. April 1849[5]) unter gleichzeitiger Vertagung der ersten Kammer aufgelöst.

---

und durch zwei Kammern ausgeübt. Die Übereinstimmung des Königs und beider Kammern ist zu jedem Gesetze erforderlich. Art. 106: Die Verfassung kann auf dem ordentlichen Wege der Gesetzgebung abgeändert werden, wobei in jeder Kammer die gewöhnliche absolute Stimmenmehrheit genügt

[1]) GS. 1848, 392.

[2]) Mit Rücksicht auf Art. 63 und 104 der Verf.-Urk.

[3]) GS. 1848, 395, 399. v. Roenne-Zorn[6] 1, 65[2].

[4]) MinBl. f. d. innere Verw. 1849, 33. Stenogr. Berichte über die Verhandlungen der durch das Allerhöchste Patent vom 5. Dezember 1848 einberufenen Kammern, 1849. F. Fischer, Geschichte der preußischen Kammern, 1849. Ders., Preußen am Abschluß der 1. Hälfte des 19. Jahrh., 1876.

[5]) GS. 1849, 159.

Die Neuwahlen zur zweiten Kammer vollzogen sich nach einem ganz neuen Wahlrecht. Die auf Grund des Art. 105 Abs. 2 [1]) der Verfassungsurkunde erlassene „Notverordnung" über die Ausführung der Wahl der Abgeordneten zur zweiten Kammer vom 30. Mai 1849 [2]) ersetzte das gleiche und geheime Wahlrecht des Gesetzes vom 6. Dezember 1848 durch ein nach der Steuerleistung abgestuftes, das sog. „Dreiklassen-Wahlrecht" mit öffentlich-mündlicher Abstimmung. Der König hatte sich auf den Bericht des Staatsministeriums vom 29. Mai 1849 [3]) zu diesem einschränkenden Schritt entschlossen, „um endlich zu geordneten Zuständen und vor allem zu einer Volksvertretung zu gelangen, die auch innerhalb des Kreises der zweiten Kammer den einzelnen Volksschichten denjenigen Einfluß gestattet, welcher zu ihrer wirklichen Bedeutung im Staatsleben im richtigen Verhältnis steht". Die (350) Abgeordneten der zweiten Kammer wurden von Wahlmännern in den Wahlbezirken, die Wahlmänner von den Urwählern in den Urwahlbezirken gewählt. Die Wahlbezirke wurden nach der Bevölkerungsziffer durch die Regierungen so gebildet, daß in jedem mindestens zwei Abgeordnete zu wählen waren. Auf je 250 Seelen entfiel ein Wahlmann. Gemeinden mit weniger als 750 Seelen wurden vom Landrat mit einer benachbarten Gemeinde zu einem Urwahlbezirk vereinigt, Gemeinden mit 1750 oder mehr Seelen von der Gemeindebehörde in mehrere Urwahlbezirke dergestalt zerlegt, daß höchstens sechs Wahlmänner darin zu wählen waren. Die Urwahlbezirke mußten tunlichst so gebildet werden, daß die Zahl der in jedem Bezirk zu wählenden Wahlmänner durch drei teilbar war. Stimmberechtigter Urwähler war jeder selbständige Preuße, der das 24. Lebensjahr vollendet, nicht durch Richterspruch die bürgerlichen Rechte verloren hatte und keine öffentliche Armenunterstützung erhielt; er war in der Gemeinde wahlberechtigt, in der er seit sechs Monaten Wohnsitz oder Aufenthalt hatte. Die Urwähler wurden nach den von ihnen zu entrichtenden direkten Staatssteuern dergestalt in drei Abteilungen geteilt, daß auf jede Abteilung ein Drittel der Gesamtsumme

---

[1]) Art. 105 Abs. 2: Wenn die Kammern nicht versammelt sind, können in dringenden Fällen, unter Verantwortlichkeit des gesamten Staatsministeriums, Verordnungen mit Gesetzeskraft erlassen werden, dieselben sind aber den Kammern bei ihrem nächsten Zusammentritt zur Genehmigung sofort vorzulegen.

[2]) GS. 1849, 205. v. Gneist, Die nationale Rechtsidee von den Ständen und das Dreiklassenwahlsystem, 1894, 17—29, 184—193.

[3]) MinBl. f. d. innere Verw. 1849, 86.

der Steuerbeträge dieser Urwähler fiel; die Gesamtsumme wurde gemeindeweise, bei aus Gemeinden zusammengesetzten Urwahlbezirken bezirksweise berechnet. Die erste Abteilung bestand aus denjenigen, Urwählern, auf welche die höchsten Steuerbeträge bis zu einem Drittel der Gesamtsteuerbeträge fielen, die zweite Abteilung aus denjenigen, auf welche die nächst niedrigeren Steuerbeträge bis zur Grenze des zweiten Drittels der Gesamtsteuerbeträge fielen, die dritte Abteilung aus den am niedrigsten Besteuerten, auf welche das dritte Drittel der Gesamtsteuerbeträge fiel, sowie aus den keine Steuer zahlenden Urwählern. Jede Abteilung wählte ein Drittel der Wahlmänner. War die Zahl der Wahlmänner nicht durch drei teilbar, so wurden zwei übrig bleibende je von der ersten und dritten Abteilung, ein übrig bleibender Wahlmann von der zweiten Abteilung gewählt. In jeder Gemeinde wurde die Urwählerliste nach Vorschrift des Gesetzes aufgestellt und geführt. Die Wahltage bestimmte der Minister des Innern. Die Wahlmänner wurden in jeder Abteilung aus der Zahl der stimmberechtigten Urwähler des Urwahlbezirks ohne Rücksicht auf die Abteilung gewählt. Die Wahlen erfolgten in der Wahlversammlung abteilungsweise durch vorbehaltlose Stimmabgabe zu Protokoll nach absoluter Mehrheit. Wurde keine absolute Mehrheit erreicht, so fand eine engere Wahl statt. Die gewählten Wahlmänner wurden vom Wahlkommissar des Wahlbezirks zur Wahlversammlung zwecks Wahl der Abgeordneten schriftlich berufen. Zum Abgeordneten war jeder Preuße wählbar, der das 30. Lebensjahr vollendet, nicht durch Richterspruch die bürgerlichen Rechte verloren hatte und bereits ein Jahr lang Preuße war. Die Wahlen erfolgten durch vorbehaltlose Stimmabgabe zu Protokoll nach absoluter Stimmenmehrheit, mangels solcher in engerer Wahl.

Nach Vollziehung der Wahlen zur zweiten Kammer auf Grund dieses neuen Wahlrechts wurden die Kammern am 7. August 1849[1]) zwecks Fortsetzung der Verfassungsrevision wieder eröffnet. Sie erteilten der Notverordnung vom 30. Mai 1849 die verfassungsmäßige Genehmigung[2]). Über die weitaus meisten Artikel der Verfassungsurkunde kam eine Einigung zwischen beiden Kammern zustande. Wo eine solche mißlang, bewendete es bei der Fassung der oktroyierten Verfassungsurkunde. Im Dezember lagen die überein-

[1]) Erst an diesem Tage, entgegen Artikel 49 der oktr. Verf.-Urk., wonach im Falle der Auflösung einer Kammer innerhalb 40 Tagen nach Auflösung die Wähler und innerhalb 60 Tagen nach Auflösung die Kammern versammelt werden mußten.

[2]) Bktm. vom 22. Dezember 1849 (GS. 1850, 5).

stimmenden Beschlüsse beider Kammern vor. Nun bedurfte es noch der Übereinstimmung zwischen den Kammern und der Krone. Durch königliche Botschaft vom 7. Januar 1850 wurden den Kammern 15 Propositionen mitgeteilt, welche die Bedingungen darstellten, unter denen der König die revidierte Verfassung zu sanktionieren bereit war[1]). Sie wurden von den Kammern mit einzelnen Abweichungen angenommen. Daraufhin teilte eine königliche Botschaft vom 31. Januar 1850[2]) den Kammern mit, daß der König die in der Verfassungsurkunde vom 5. Dezember 1848 vorbehaltene Revision derselben jetzt als beendigt ansehe, daß er die Verfassung mit sämtlichen von beiden Kammern übereinstimmend beschlossenen Zusätzen und Abänderungen[3]) vollzogen, auch deren Publikation durch die Gesetzsammlung angeordnet habe, und daß er nunmehr das in der Verfassung (Art. 119) vorgeschriebene eidliche Gelöbnis in Gegenwart der vereinigten Kammern (am 6. Februar)[4]) ablegen und zugleich den Eid der Minister und der Mitglieder beider Kammern entgegennehmen werde.

In Nr. 3 der Gesetzsammlung von 1850 wurde die am 31. Januar 1850 vom Könige unterzeichnete „Verfassungs-Urkunde für den Preußischen Staat[5])" als Staatsgrundgesetz veröffentlicht. Die Verfassungsurkunde trat für den ganzen Umfang der Monarchie in Kraft[6]). Sie umfaßte 119 Artikel. Sie zerfiel in die

---

[1]) v. Roenne-Zorn 1, 69[1].

[2]) Stenogr. Berichte der I. K., 5, 2417.

[3]) Über die Abänderungen, welche die Verf.-Urk. später erfahren hat, vgl Binding, Textausgabe in „Deutsche Staatsgrundgesetze", 4[3] 1908, 3—8.

[4]) Staatsanzeiger vom 6. Februar 1850.

[5]) GS. 1850, 17—35 Die Eingangsworte lauten: Wir Friedrich Wilhelm, von Gottes Gnaden, König von Preußen usw. usw. tun kund und fügen zu wissen, daß Wir, nachdem die von Uns unterm 5. Dezember 1848 vorbehaltlich der Revision im ordentlichen Wege der Gesetzgebung verkündigte und von beiden Kammern Unseres Königreichs anerkannte Verfassung des preußischen Staats der darin angeordneten Revision unterworfen ist, die Verfassung in Übereinstimmung mit beiden Kammern endgültig festgestellt haben. Wir verkündigen demnach dieselbe als Staatsgrundgesetz, wie folgt: (dazu Anschütz, Verf.-Urk 1, 61—66).

[6]) Sie muß in neuen Landesteilen auch dann, wenn sie nicht besonders eingeführt ist, als geltend erachtet werden. Hubrich, Die reichsgerichtliche Judikatur und das Prinzip der Einheit des inneren preuß. Staatsrechts, in Annalen des D. R. 1908, 662ff., 725ff. Ders., Staatsrecht, 76f., 105—107. Giese, Staatsrecht und Staatsgebiet, in Zeitschr. für Völkerrecht, 1920. — In den später erworbenen Gebieten ist die Verf.-Urk. ausdrücklich in Kraft gesetzt worden. Vgl. für Hohenzollern das Patent vom 12. März 1850 (GS. 1850, 295), für das Jadegebiet das Patent vom 5. November 1854 (GS. 1854, 593), für Hannover, Hessen, Nassau

Titel: I. Vom Staatsgebiete (Art. 1—2), II. Von den Rechten der Preußen (3—42), III. Vom Könige (43—59), IV. Von den Ministern (60—61), V. Von den Kammern (62—85), VI. Von der richterlichen Gewalt (86—97), VII. Von den nicht zum Richterstande gehörigen Staatsbeamten (98), VIII. Von den Finanzen (99—104), IX. Von den Gemeinden, Kreis-, Bezirks- und Provinzialverbänden (105), und schloß mit Allgemeinen Bestimmungen (106—111) und Übergangsbestimmungen (112—119)[1]. Gesetzestechnisch war die Verfassungsurkunde infolge der Kopie des auf preußische Verhältnisse garnicht passenden Vorbildes der belgischen Verfassung[2]) von 1831 und infolge der zahlreichen in ihr enthaltenen Kompromisse zwischen radikal-demokratischen Bestrebungen und reaktionär-absolutistischen Tendenzen nach Inhalt und Form wahrlich kein Meisterwerk. Aber das seit Jahrzehnten erstrebte Ziel war nun endlich erreicht.

B. Die Ergebnisse der Verfassungs-Urkunde[3]). § 11

Der Übergang zur konstitutionellen Regierungsform war für die Entwicklung des preußischen Staates von größter Tragweite. Wenn

---

und Frankfurt a. M. das Gesetz vom 20. September 1866 (GS. 1866, 555), für Holstein und Schleswig das Gesetz vom 24. Dezember 1866 (das. 875), für die von Bayern und dem Großherzogtum Hessen abgetretenen Gebietsteile das Gesetz vom 24. Dezember 1866 (das. 876), für Lauenburg das Gesetz vom 23. Juni 1876 (GS. 1876, 169), für Helgoland das Gesetz vom 18. Februar 1891 (GS. 1891, 11). Die in den erworbenen Landesteilen früher geltenden Verfassungen (Zachariä, Die deutschen Verfassungsgesetze der Gegenwart, 1855, mit Nachträgen von 1857 und 1862) sind infolge Einführung der preußischen Verfassung insoweit als erloschen zu betrachten, als sie durch Bestimmungen der preußischen Verf.-Urk. ersetzt sind; nur solche Gegenstände der früheren Verfassungen, welche von der preuß. Verf.-Urk. nicht berührt werden, können noch weiter gelten; sie haben alsdann aber nur die Kraft einfacher Gesetze (v. Roenne-Zorn[5] 1, 72)

[1]) Textausgabe von Binding in „Deutsche Staatsgrundgesetze", 4[3] 1908, Kommentare von v. Roenne[3] 1859, Manßen 1863, Arndt[7] 1911, Schwartz[2] 1898. Anschütz 1 1912.

[2]) Smend, Die Preuß. Verf.-Urk. im Vergleich mit der Belgischen, 1904.

[3]) Quelle. Gesetz-Sammlung für die Königlichen Preußischen Staaten, 1848 bis 1867. Rotteck, Art. „Constitution" in v. Rotteck-Welckers Staatslexikon[2] 3 1846, 519—543. Held, System des Verfassungsrechts der monarchischen Staaten Deutschlands 2 1857. Stahl, Staatslehre, im Auszug neu herausgegeben, 1910, 182—252, 304—323. Hubrich, Staatsrecht, 82—108. Ders., Deutsches Verfassungsrecht[2], 43—68, 137—146 Hintze in Preuß. Jahrbücher 144, 381—412

man die Wirkungen dieses Ereignisses richtig ermessen will, muß man seine politische und seine rechtliche Bedeutung auseinanderhalten. Politisch war aus den Stürmen der Verfassungskämpfe ein ganz neues Preußen hervorgegangen. Nicht in ruhiger organischer Fortbildung, sondern ziemlich unvermittelt hatte sich der Wechsel vom schärfsten monarchischen Absolutismus zum vollendeten monarchischen Konstitutionalismus vollzogen; er hatte das öffentliche Leben von Grund auf erfaßt und dem ganzen Staatswesen ein anderes, modernes Gepräge verliehen. Rechtlich dagegen ist der Gegensatz zwischen dem vorkonstitutionellen und dem konstitutionellen Preußen kein ebenso fundamentaler. Staatsrechtlich stellte der Erlaß der Verfassungsurkunde durch den König einen Gesetzgebungsakt dar, der den König kraft seines freien Entschlusses in der Ausübung der Regierungsgewalt recht erheblichen Einschränkungen unterwarf, aber den staatsrechtlichen Grundsatz der Vereinigung der gesamten Staatsgewalt in der Person des Monarchen [1]) unberührt ließ. Es war damit ein außerordentlich wichtiges neues Glied in den Bau des Staates eingefügt worden, seine monarchische Grundform aber unverändert geblieben. Daher besteht zwischen dem Staatsrecht des absoluten und des konstitutionellen Preußen eine rechtliche Kontinuität. Das frühere Staatsrecht ist nicht durch ein neues ersetzt, sondern lediglich, allerdings sehr stark, modifiziert worden.

I. Allgemeiner Charakter der Verfassungsurkunde.

1. Die preußische Verfassungsurkunde stellt keine Kodifikation des preußischen Staatsrechts dar. Sie enthält trotz ihrer Bezeichnung als „Staatsgrundgesetz“ [2]) keine erschöpfende Aufzeichnung der Grundsätze des preußischen Verfassungsrechts. Sie beschäftigt sich vorwiegend mit solchen Fragen, welche damals dem Gesetzgeber besonders wichtig, namentlich zur Durchführung des konstitutionellen Systems der ausdrücklichen Formulierung bedürftig erschienen. Sie behandelt demgemäß mit besonderer Ausführlichkeit Gegenstände wie die Einrichtung der Kammern und die „Rechte der Preußen“, während anderseits die Rechte des Königs nur lückenhaft skizziert und grundlegende Fragen wie die nach dem Träger der Staatsgewalt ganz übergangen werden. Die Verfassungsurkunde bedarf daher in einer Reihe von Punkten, soweit nicht spätere Spezialgesetze die Lücken ausgefüllt haben, der

[1]) ALR. II 13 § 1.

[2]) Dieser in den Eingangsworten der Verf.Urk. sich findende Ausdruck hat bloß formelle Bedeutung; er weist namentlich auf die erschwerte Abänderungsform der Verf.Urk. hin (Art. 107).

Ergänzung durch vorkonstitutionelles Staatsrecht. An einzelnen Stellen, wie bei der Thronfolge (Art. 53) und beim Kronfideikommißfonds (Art. 59), verweist die Verfassungsurkunde selbst auf bestimmte Vorschriften des vorkonstitutionellen Rechtes. Aber auch da, wo solches nicht der Fall ist, muß die ergänzungsweise Fortgeltung des früheren Verfassungsrechtes angenommen werden. Überdies erhält Art. 109 der Verfassungsurkunde ausdrücklich alle Bestimmungen der bestehenden Gesetzbücher, einzelnen Gesetze und Verordnungen, welche der Verfassung nicht zuwiderlaufen, in Kraft, bis sie durch ein Gesetz abgeändert werden. Solche die Verfassungsurkunde ergänzenden verfassungsrechtlichen Normen des älteren Rechtes finden wir vor allem im ALR. II, 13. § 1 dieses Titels: „Alle Rechte und Pflichten des Staats gegen seine Bürger und Schutzverwandten vereinigen sich in dem Oberhaupte desselben" — war nach wie vor die maßgebende Norm für die Frage, wer die preußische Staatsgewalt als Träger verkörpere, und die folgenden Paragraphen dieses Titels bildeten fortdauernd die Rechtsgrundlage für die wichtigsten Regierungsrechte des Königs. Diese verfassungergänzenden Vorschriften des vorkonstitutionellen Rechtes, insbesondere des Allgemeinen Landrechts galten, wie die Verfassungsurkunde selbst, im ganzen Bereiche der Monarchie[1]). Aus dem Umstande, daß sie nur in dem früheren, kleineren Umfange des Staates publiziert waren, dürfen keine Bedenken hergeleitet werden. Nach ständiger Regierungs- und Verwaltungspraxis[2]) wie nach der Theorie von der notwendigen Einheit des Verfassungsrechts waren jene Bestimmungen auch in den später erworbenen Landesteilen, wo sie nicht besondes publiziert waren, in Kraft getreten; denn eine solche Publikation durfte und mußte nach richtiger Konstruktion als in der Publikation der Einverleibungspatente jener Landesteile mitenthalten erachtet werden. Die Verfassungsurkunde[3]) trägt somit keinen kodi-

---

[1]) Hubrich in Annalen des Deutschen Reichs, 1908, 728ff., 750ff. Giese in Festgabe für Paul Krüger, 1911, 439ff. Ders. in Zeitschrift für Völkerrecht 1920.

[2]) Hubrich a. a. O. 731f., 750ff. weist auf den interessanten § 16 des von v. Kamptz ausgearbeiteten „Bürgerlichen Gesetzbuchs für die Preußischen Staaten" hin: „Die das innere Staatsrecht der Monarchie und insonderheit die landeshoheitlichen Rechte betreffenden Gesetze und Vorschriften bedürfen in neuerworbenen Landesteilen keiner besonderen Publikation, sondern sind in denselben durch deren Vereinigung mit dem Staate eingeführt."

[3]) Ebenso der Reg.-Entw. vom 20. Mai 1848; anders dagegen der Komm.-Entw. der Nationalversammlung.

fikatorischen Charakter; sie wahrt die Kontinuität mit dem früheren Verfassungsrecht; sie ist, soweit sie nicht selbst verfassungsrechtliche Vorschriften aufstellt, aus den im ganzen Staatsgebiete geltenden Bestimmungen des vorkonstitutionellen Verfassungsrechts, namentlich des ALR. II 13, zu ergänzen [1]).

2. Bei der Auslegung der einzelnen Artikel der Verfassungsurkunde spielte das vorkonstitutionelle Recht infolgedessen eine große Rolle. Von gewissem Wert hierfür ist auch das Recht ihres Vorbildes [2]), der constitution belge vom 7. Februar 1831 [3]). Doch ist bei einer solchen Verwertung der belgischen Verfassung größte Vorsicht geboten. Denn die (schon in der Regierungsvorlage an die Nationalversammlung wahrzunehmende) Nachahmung der belgischen Konstitution, die sich nicht bloß auf die Kopie der äußeren Anlage beschränkte, sondern auf die einzelnen Artikel erstreckte und vielfach bis zu wortgetreuer Übersetzung des belgischen Textes übertrieben war, beruhte auf einer völligen Verkennung des fundamentalen Unterschiedes zwischen dem belgischen und dem preußischen Staatsrecht. Schon die großen politischen, wirtschaftlichen und sozialen Gegensätze zwischen beiden Staaten hätten von einer Übertragung belgischen Verfassungsrechtes auf Preußen abmahnen sollen. Vor allem aber haben die Abschreiber der belgischen Vorlage nicht berücksichtigt, daß der belgische Staat trotz seines Scheinkönigtums ein auf demokratischer Grundlage, auf dem Prinzip der Volkssouveränität aufgebautes Staatswesen ist [4]), während es ihnen doch fernlag, die Staatsform der preußischen Monarchie durch die zu erlassende Verfassungsurkunde im demokratischen Sinne zu ändern. Sie glaubten jener Verschiedenheit dadurch genügend Rechnung zu tragen, daß sie die den republikanischen Staatscharakter Belgiens kennzeichnenden Vorschriften — Art. 25, der das Prinzip der Volkssouveränität aufstellt [5]), und Art. 78, der daraus die Folgerung für die Rechte des Königs zieht [6]) — nicht mitübernahmen; sie vergaßen dabei aber, daß die demokratische Staatsform Belgiens sich auch in

---

[1]) Anschütz, Die gegenwärtigen Theorien über den Begriff der gesetzgebenden Gewalt² 1901, 2f. Hubrich in Zeitschrift f. Politik 1 1908, 193—218

[2]) Vgl. oben S. 181 Anm. 2.

[3]) Thonissen, La Constitution belge annotee³, 1879

[4]) Errera, Das Staatsrecht des Königreichs Belgien, 1909.

[5]) Tous les pouvoirs émanent de la nation.

[6]) Le Roi n'a d'autres pouvoirs que ceux que lui attribuent formellement la constitution et les lois particulières portées en vertu de la constitution même

den übrigen Bestimmungen der constitution belge mehr oder minder deutlich ausprägt und deren wortgetreue Übertragung füglich der monarchischen Staatsform Preußens nicht immer gerecht werden konnte, sondern zu Mißverständnissen Anlaß geben mußte. So können an sich gleichlautende Artikel beider Verfassungen eine für Belgien und für Preußen ganz verschiedene Bedeutung haben, weil die zugrundeliegenden verfassungsrechtlichen Begriffe in beiden Ländern verschieden gestaltet sind und in Preußen mangels Erläuterung in der Verfassungsurkunde nicht dem belgischen Recht, sondern dem vorkonstitutionellen preußischen Recht entnommen werden müssen. Übersieht man diese Tatsache, wenn man zur Auslegung preußischer Verfassungsartikel auf das belgische Recht zurückgreift, so läuft man Gefahr, die wirkliche Bedeutung der preußischen Verfassungsvorschriften durch unrichtige Schlüsse zu entstellen.

II. Die Staatsform Preußens war durch die Verfassungsurkunde nicht geändert worden. Preußen bildete nach wie vor einen monarchisch verfaßten Einheitsstaat[1]). Die Fülle der Staatsgewalt ruhte ausschließlich in der Person des Königs, sie war weder auf das preußische Volk übergegangen, noch zwischen Krone und Volksvertretung geteilt worden. Die Auffassung, die Staatsgewalt sei auf das Volk übergegangen, war allerdings im Jahre 1848 weit verbreitet; sie fand eine Stütze in einer falsch verstandenen Märzverheißung des Königs, wurde auch in der Nationalversammlung vertreten und dem Kommissionsentwurf der Nationalversammlung zugrunde gelegt[2]). Dagegen ist der oktroyierten und ebenso der revidierten Verfassungsurkunde eine Verwirklichung der Volkssouveränität gänzlich fremd. Dies folgt aus der bewußten Nichtübernahme des Art. 25 der constitution belge, der den Grundsatz der belgischen Volkssouveränität dahin formulierte: Tous les pouvoirs émanent de la nation; ferner findet sich in der ganzen Verfassungsurkunde kein Artikel, der erkennbar auf jenem Prinzip aufgebaut wäre. Die Staatsgewalt war aber auch nicht zwischen Krone und Volksvertretung geteilt worden. Die Thronrede Friedrich Wilhelms IV. vor dem ersten Vereinigten Landtag hatte „das Mitregieren von Repräsentanten, die Schwächung der Hoheit, die Teilung der Souveränität, das Brechen der Vollgewalt der Könige" als dem Willen des Volkes zuwider abgelehnt. Das Vereinbarungsprinzip des

[1]) Der einheitliche Charakter des Staates ergibt sich aus Art. 1 der VerfUrk.

[2]) Hubrich, Staatsrecht, 93—95.

Gesetzes vom 8. April 1848 bedingte keine Teilhaberschaft des Volkes an der Staatsgewalt. Ebensowenig bestimmte Art. 62 der Verfassungsurkunde, wonach die gesetzgebende Gewalt durch den König und durch zwei Kammern gemeinschaftlich ausgeübt werden sollte, etwas über die Trägerschaft dieses Rechtes. Er sprach nur vom exercitium, nicht vom ius der Legislative. Quoad ius bewendete es also beim bestehenden Recht, und nach diesem stand die Gesetzgebungsgewalt dem Könige zu. Die Staatsgewalt war vielmehr völlig beim Könige ververblieben. Er betrachtete und bezeichnete sich nach wie vor als König „von Gottes Gnaden", der seine Rechte nicht vom Volke [1]) erhalten hatte, sondern aus der Entwicklung und dem Wirken seiner Dynastie herleitete. Eine ausdrückliche Feststellung des monarchischen Prinzips fand sich freilich in der Verfassungsurkunde nicht. Folglich war auf das vorkonstitutionelle Recht zurückzugehen [2]). Nach der von der Verfassungsurkunde weder aufgehobenen noch veränderten Vorschrift des ALR. II 13, § 1 vereinigte der König die gesamte Staatsgewalt quoad ius in seiner Person. „Die plenitudo potestatis ruht nach preußischem Staatsrechte im König; der König ist Grund und Quelle alles Rechtes in Preußen. An diesem Fundamentalsatze hat auch die Verfassungsurkunde nichts geändert" [3]). Das monarchische Prinzip war unerschüttert.

III. Dagegen war die Regierungsform Preußens, d. h. die Art der Ausübung der dem König zustehenden Staatsgewalt, durch die Verfassungsurkunde gründlich verändert worden. Das ius der Staatsgewalt besaß nach wie vor allein der König, in das exercitium aber mußte er sich fortan nach den auch ihn gesetzlich bindenden Bestimmungen der Verfassungsurkunde mit anderen Organen des Staates teilen. Solche Einschränkungen der Krone verordnete die Verfassungsurkunde für die drei wichtigen aus der Staatsgewalt fließenden Funktionen: die Rechtsbildung, die Vollziehung und die Gerichtsbarkeit.

1. Die Verfassungsurkunde spricht hier nach dem Vorbilde der const. belge von der gesetzgebenden (Art. 62), der vollziehenden (Art. 45) und der richterlichen (Art. 86) Gewalt. Sie scheint also Gesetzgebung, Vollziehung und Justiz nicht als Funktionen der einheit-

[1]) Wie der König der Belgier. Über die Stellung des Königs nach der Verf.-Urk. und der const. belge vgl. die sehr anfechtbaren, die Bedeutung des monarchischen Prinzip verkennenden Ausführungen von Smend a. a. O. 10—21, 44—52, 78—85.

[2]) Vgl. oben S. 190 Anm. 1.

[3]) Treffend Zorn in v. Roenne-Zorn [5] 1, Vorwort, S. X.

lichen Staatsgewalt, sondern als drei selbständige Staatsgewalten zu betrachten. Diese Schlußfolgerung ist jedoch abzulehnen.

a) In der belgischen Verfassung finden wir die konstitutionelle Forderung der Trennung der Gewalten[1]), d. h. das Postulat, daß in jedem Staate drei voneinander gesonderte, mit einem wesentlich verschiedenen Inhalt erfüllte, verschiedenen Organen des Staates zustehende Gewalten zu unterscheiden seien, ziemlich scharf durchgeführt. Quelle der drei Gewalten ist das souveräne Staatsvolk: Tous les pouvoirs émanent de la nation. Ils sont exercés de la manière établie par la Constitution (Art. 25). Die gesetzgebende Gewalt wird gemeinschaftlich von König und Parlament ausgeübt: Le pouvoir législatif s'exerce collectivement par le Roi, la Chambre des représentants et le Sénat (Art. 26). Träger der vollziehenden Gewalt ist der König: Au Roi appartient le pouvoir exécutif, tel qu'il est réglé par la Constitution (Art. 29). Seine Funktionen sind einzeln in der Verfassung aufgezählt; andere als diese stehen ihm nicht zu: Le Roi n'a d'autres pouvoirs que ceux que lui attribuent formellement la Constitution et les lois portées en vertu de la Constitution même (Art. 78). Die richterliche Gewalt wird durch die Gerichte ausgeübt: Le pouvoir judiciaire est exercé par les cours et tribunaux; aber les arrêts et jugements sont exécutées au nom du roi (Art. 30).

b) Diesen Sätzen der const. belge entsprechen fast wörtlich die Vorschriften der Artikel 62, 45, 86 der preußischen Verfassung. Ein oberflächlicher Vergleich könnte also die Annahme begründen, daß auch in der preußischen Verfassungsurkunde die Theorie der drei Gewalten verwirklicht sei[2]). Dieser Schluß wäre aber übereilt. Im vorkonstitutionellen Staatsrecht (§ 1 ALR. II 13) war der Begriff der Staatsgewalt ein einheitlicher. Hat die Verfassungsurkunde diese Einheit durch eine Dreiheit ersetzt? Hiergegen spricht zunächst der Wortlaut der angeführten Artikel. In den Artikeln 62 und 86 ist lediglich von der Ausübung der gesetzgebenden und der richterlichen Gewalt die Rede[3]), während das ALR. II 13 § 1 nicht vom exercitium,

---

[1]) Errera im Jahrb. der internat. Vereinigung für vergl. Rechtswissenschaft 1903, 89. Hubrich, Staatsrecht, 114—148.

[2]) So vor allem Otto Mayer, Deutsches Verwaltungsrecht[2] 1 1914 57ff. Anschütz, Die gegenwärtigen Theorien über den Begriff der gesetzgeb. Gewalt[2] 1901, 9ff.

[3]) Auch die constitution belge spricht von der Ausübung der Staatsgewalt; doch wird bei ihr die an sich mögliche und für Preußen richtige Annahme,

sondern vom ius selbst handelt. Artikel 45 scheint freilich nach seinem Wortlaut[1]) das ius der vollziehenden Gewalt zu treffen. Aus dieser einzeln dastehenden Bezeichnung ergibt sich aber noch kein notwendiger Schluß auf die Dreiteilung der Staatsgewalt. Ein solcher Schluß wäre nur dann zwingend, wenn die die beiden anderen Gewalten regelnden Verfassungsartikel ebenfalls das ius dieser Gewalten zum Gegenstande hätten. Ferner aber spricht gegen die Annahme, daß die Verfassungsurkunde aus der constitution belge die Dreiteilung der Gewalten übernommen habe, die Tatsache, daß die Verfassungsurkunde einen die drei Gewaltenbegriffe umfassenden Oberbegriff kennt und verwertet, nämlich den Begriff der Regierungsgewalt. Aus dem Verfassungstext (z. B. Art. 44, 54, 56—58) ergibt sich deutlich, daß die Begriffe gesetzgebende, vollziehende und richterliche Gewalt die Elemente des sie alle umfassenden Oberbegriffes der „Regierung" (im weiteren Sinne) sind[2]). Die Verfassungsurkunde beruht also auf dem Prinzip der Einheit der Staats- oder Regierungsgewalt. Sie steht in völliger Kontinuität mit dem weder beseitigten noch veränderten Grundsatz des ALR. II 13 § 1, der nur eine einheitliche preußische Staatsgewalt kennt.

2. Hat die Verfassungsurkunde demnach den § 1 des ALR. II 13 unberührt gelassen, so hat sie ihn anderseits ergänzt, dahin nämlich, daß unbeschadet des dem Könige verbleibenden ius der Regierungsgewalt hinsichtlich ihres exercitium fortan die in der Verfassungsurkunde (Art. 62, 86, 45) ausgesprochenen Beschränkungen des Königs stattfinden sollen[3]). Durch den Erlaß der Verfassungsurkunde hat sich der König, ohne sein Recht auf die Staatsgewalt aufzugeben bezüglich ihrer Ausübung nach verschiedenen Richtungen beschränkt.

a) Eine allgemeine Beschränkung des Königs bei sämtlichen Regierungshandlungen bestand darin, daß er keine solche rechtsgültig vornehmen konnte, ohne daß sie von einem Minister gebilligt und, wenn schriftlich erlassen, gegengezeichnet[4]) wurde

---

daß es sich dabei um verschiedene Funktionen einer einheitlichen Staatsgewalt handele, durch den unzweideutigen Wortlaut des Artikel 25 ausgeschlossen.

[1]) Aber nicht nach seinem Inhalt; nach diesem betrifft er gleichfalls nur das exercitium. Hubrich, Deutsches Verfassungsrecht[2] 143; Ders., Staatsrecht, 101 f. Ders. in Annalen des D. R. 1908, 751.

[2]) Hubrich, Staatsrecht, 124.

[3]) Vgl. auch Entsch. des OVG. **33**, 2; **47**, 33.

[4]) Über das Wesen der Gegenzeichnung und ihre Beziehungen zu Gültigkeit des Regierungsaktes und Verantwortlichkeit des Ministers besonders Frhr. Marschall

(Art. 44 Satz 2); ausgenommen waren jedoch die Akte der militärischen Befehlsgewalt (Art. 46), welche ganz der Einflußnahme der Volksvertretung entzogen war und zur absoluten Verfügung des Königs blieb[1]), und die von ihm als summus episcopus der evangelischen Landeskirche vollzogenen kirchenregimentlichen Regierungsakte. Da der König im Interesse der Wahrung der staatlichen und königlichen Autorität persönlich unverletzlich (Art. 43) und rechtlich unverantwortlich war, anderseits aber im konstitutionell regierten Staate kein Staatsakt ohne Verantwortlichkeit vorgenommen werden konnte, wurde der Ausgleich zwischen diesen beiden Grundsätzen dadurch hergestellt, daß jede Regierungshandlung des unverantwortlichen Königs unlösbar verknüpft wurde mit einer sie rechtsnotwendig begleitenden Willenserklärung eines verantwortlichen Ministers, welche inhaltlich die Billigung des königlichen Regierungsaktes enthielt, formell in der Gegenzeichnung der königlichen Erklärung sich äußerte, ihrer Wirkung nach einerseits die volle Rechtsgültigkeit der königlichen Erklärung, anderseits die Verantwortlichkeit des Ministers für die Regierungshandlung anstelle des Monarchen begründete. Der König konnte also fortan den Staat durch seine Regierungshandlungen nur noch verpflichten, wenn ein Minister zur Mitwirkung in der bezeichneten Form bereit war. War der Minister mit dem Inhalt der Regierungshandlung einverstanden und bekundete er dies durch Gegenzeichnung des königlichen Erlasses, so übernahm er anstelle des Königs die volle staatsrechtliche Verantwortung gegenüber der Volksvertretung. Vermochte er die königliche Regierungshandlung nicht zu verantworten, so stand es ihm frei, seine Mitwirkung zu versagen und seine Entlassung zu erbitten. Die so begründete konstitutionelle Ministerverantwortlichkeit fand jedoch eine nur unvollkommene Durchführung. Die Vorschriften darüber blieben lex imperfecta, da das Gesetz, welchem die näheren Bestimmungen über die Fälle der Verantwortlichkeit, über das Verfahren und über die Strafen vorbehalten wurden (Art. 61 Abs. 2), trotz mehrfacher Anläufe[2]) nicht zustande kam.

b) Die besonderen Beschränkungen des Königs bei den einzelnen aus der Regierungsgewalt fließenden Funktionen.

---

von Bieberstein, Verantwortlichkeit und Gegenzeichnung bei Anordnungen des Obersten Kriegsherrn, 1911, 470—551, 551—587.

[1]) Handbillet des Königs vom 1. Juli 1849, Deutsche Revue 1907, 154 bis 158. v. Marschall a. a. O. 29—31.

[2]) In den Jahren 1850/51, 1862, 1863.

α) Von diesen Beschränkungen lag die wichtigste auf dem Gebiete der **Gesetzgebung**[1]). Bisher war der König die alleinige Quelle des Rechtes gewesen. Gemäß ALR. II 13 § 6 stand ihm das Recht der Gesetzgebung sowohl quoad ius wie quoad exercitium zu. Hieran hat die Verfassungsurkunde nur bezüglich des exercitium etwas geändert. Nach Art. 62 Abs. 1 wird die „gesetzgebende Gewalt" gemeinschaftlich durch den König und durch zwei Kammern ausgeübt. Das ius steht unverändert dem Könige zu; nur bei der Ausübung wird er an die Mitwirkung der Kammern gebunden, und zwar (wie Art. 62 weiter bestimmt) dergestalt, daß zu jedem Gesetz die Übereinstimmung des Königs und beider Kammern erforderlich ist. Der König mußte sich fortan bei jedem Akt der Gesetzgebung der Zustimmung beider Kammern zu dem Text des zu erlassenden Gesetzes vergewissern; umgekehrt mußten von den Kammern ausgehende Gesetzesvorschläge (Art. 64) den Beifall des Königs finden. Weder gegen den Willen der Kammern noch gegen den Willen des Königs konnte ein Gesetz zustande kommen. Beider Wille hinsichtlich dessen, was Gesetz werden sollte, mußte übereinstimmen. Diese Willensübereinstimmung war erforderlich, aber nicht ausreichend. Lag sie vor, so war und blieb es königliche Prärogative, dem vereinbarten Gesetzestext den Gesetzesbefehl zu erteilen, die belebende Kraft einzuflößen. Diese sog. Sanktion zu geben oder zu verweigern, war der völlig freien Entschließung des Königs anheimgestellt. Er allein **gab** das inhaltlich mit den Kammern vereinbarte Gesetz — oder verwarf es.

Die beiden **Kammern** (Titel V) bildeten eine wirkliche Volksvertretung im modernen, repräsentativen Sinne. Sie stellten ein neues, unmittelbares Organ des Staates dar. Sie unterschieden sich nach Wesen und Zuständigkeit scharf von den ständischen Körperschaften des absoluten Preußen. Ihre Zuständigkeit war keine bloß beratende, wie die der alten Stände, sondern eine beschließende (Art. 62_1, 78, 81), Sie vertraten nicht, wie jene, eigene Interessen, sondern die Interessen des preußischen Volkes, das sie repräsentierten, und zwar waren die einzelnen Abgeordneten[7]) dazu berufen, die Interessen des ganzen preußischen Volkes wahrzunehmen und nach freier Überzeugung zu

[1]) Schon hier sei auf den großen Gegensatz der Lehrmeinungen über den konstitutionellen Gesetzesbegriff hingewiesen. Vgl. statt vieler Anschütz, Die gegenwärtigen Theorien[2] 1901, 8ff. Hubrich in Annalen des DR. 1904, 808ff., 911ff.

[2]) Auch Minister und Beamte konnten Abgeordnete sein. Art. 60 Abs. 3, Art. 78 Abs. 2,

stimmen (Art. 83), mochten sie aus Wahlen[1]) hervorgegangen oder, wie es bei einigen Abgeordneten der Ersten Kammer der Fall war, vom König in ihre Stellung berufen worden sein. Alle Abgeordneten genossen die sog. parlamentarische Immunität (Art. 84).

Das Verhältnis der Kammern zur Krone war beherrscht vom monarchischen Prinzip[2]). Die Fülle der Staatsgewalt ruhte beim Könige[3]). Eine Einschränkung hatte seine Stellung nur soweit erlitten, als sich dies ausdrücklich aus der Verfassungsurkunde ergab. Im Zweifel sprach die rechtliche Vermutung für die Zuständigkeit des Trägers der Staatsgewalt. Die Kammern besaßen nur diejenigen einzelnen Rechte, die ihnen die Verfassungsurkunde verbriefte. Sie mußten ihre Zuständigkeit allemal auf einen speziellen Rechtstitel stützen können. Das staatsrechtliche Schwergewicht ruhte demnach nicht bei den Kammern, sondern beim Könige. Insbesondere war den Kammern keinerlei rechtlicher Einfluß auf die Besetzung der Ministerstellen eingeräumt, die Minister wurden allein vom Könige nach freiem Ermessen ernannt und entlassen[4]) (Art. 45 Satz 2). Preußen war kein parlamentarisch-konstitutioneller Staat geworden, es hatte eine durchaus monarchisch-konstitutionelle Regierungsform erhalten.

β) Auch die Gerichtsbarkeit ruhte wie die übrigen Funktionen der Regierungsgewalt quoad ius in der Hand des Königs (ALR. II 17 § 18). Er übte sie jedoch (abgesehen von Begnadigung [Art. 49] und von Bestätigung der Todesurteile) nicht selbst aus und enthielt sich auch jeder Einmischung in die Rechtsprechung. Keine grundsätzliche Neuerung, sondern nur die verfassungsmäßige Aufzeichnung dieser schon längst Rechtens gewordenen Selbstbeschränkung des Königs war daher der Satz der Verfassungsurkunde, daß die richterliche Gewalt im Namen des Königs durch unabhängige, keiner anderen Autorität als der des Gesetzes unterworfene Gerichte auszuüben sei (Art. 86).

γ) Die vollziehende Gewalt endlich steht nach der Verfassungsurkunde nicht nur dem Rechte (ALR. II 13 §§ 2, 3), sondern auch der Ausübung nach allein dem Könige zu (Art. 45). Er war also in der Handhabung der Exekutive nicht, wie bei Gesetzgebung und Justiz

---

1) Art. 65, 68, 115, Notverordnung vom 30. Mai 1849.

2) Zorn bei v. Roenne-Zorn⁵ 1, S. VI, XI.

3) Ganz anders das belgische Königtum; es verfügte nur über die einzeln in der Verfassung und in Spezialgesetzen ihm beigelegten Rechte. Const. belge Art. 78.

4) Dies hinderte natürlich den König nicht, Abgeordnete zu Ministern zu berufen, was in der Tat anfänglich mehrfach vorkam.

in der Weise beschränkt, daß er die Ausübung entweder anderen Staatsorganen überlassen oder sie mit solchen teilen mußte. Dagegen unterlag die gesamte vollziehende Gewalt, mochte sie vom König selbst oder von seinen nachgeordneten Organen ausgeübt werden, einer anderweitigen Einschränkung, nämlich der Bindung an gewisse, zum Schutz der einzelnen Staatsangehörigen gegenüber der Exekutive verfassungsmäßig festgesetzte Sondervorschriften. Der Verfassungsstaat wies bereits namhafte Kennzeichen des beginnenden Rechtsstaates auf. War dieser auch noch nicht soweit durchgeführt, daß dem einzelnen Staatsangehörigen wirksame Rechtsbehelfe und wirkliche Rechtsmittel gegen Übergriffe der Verwaltung zu Gebote gestanden hätten, so waren doch schon der Verwaltung durch die bestehende Rechtsordnung feste Schranken gegenüber dem ihrem Zugriff verschlossenen Individualbereich der Untertanen gezogen. Dem Brauche der Zeit folgend hatte auch die Verfassungsurkunde eine genau abgegrenzte staatfreie Sphäre der Staatsangehörigen dadurch festgelegt, daß sie einen Katalog allgemeiner Grundsätze aufgenommen hatte, die äußerlich in die Form subjektiver Rechte der Staatsbürger eingekleidet waren, mangels ausgebauter Rechtsschutzmittel aber noch nicht als wirkliche subjektive Rechte angesprochen werden konnten. Diese Grundsätze nannte man die sog. Freiheits- und Grundrechte[1]; in der preußischen Verfassungsurkunde tragen sie die Bezeichnung „die Rechte der Preußen" (Art. 3—42, 111)[2]. Der Zweck dieser sog. Rechte war ein doppelter; sie sollten den einzelnen Preußen[3] teils gegen direkte oder indirekte Beeinträchtigung durch die vollziehende Staatsgewalt schützen, teils ihm eine bestimmte Bewegungsfreiheit und ungestörte Betätigungsmöglichkeit sichern. Man kann hiernach Schutzrechte und Freiheitsrechte unterscheiden. Von „Schutzrechten" gewährte die Verfassungsurkunde Unverletzlichkeit der Person, der Wohnung, des Briefgeheimnisses, des Eigentums, sowie Gleichheit vor dem Gesetz und vor dem Richter. Zu den „Freiheitsrechten" zählten Freizügigkeit, Gewerbefreiheit, Freiheit der Wissenschaft, des religiösen Bekenntnisses, der Meinungsäußerung, Vereins- und Versammlungsfreiheit, Freiheit der Religionsgesellschaften. Diese sog.

[1]) Giese, Die Grundrechte, 1905, 94 ff. Eckhardt, Die Grundrechte vom Wiener Kongreß bis zur Gegenwart, 1913, 161—195. Anschütz, Verf.-Urk. 1, 91 ff.

[2]) Das Indigenatrecht überließ die Verf-Urk. gesetzlicher Bestimmung (Art. 3). Maßgebend blieb das Gesetz vom 31. Dezember 1842 (GS. 1843, 15).

[3]) Über die Frage, ob diese Rechte auch Nichtpreußen zugute kamen, siehe Bentner, Die Rechtsstellung der Ausländer nach Titel II der preuß. Verf-Urk., 1913.

Grundrechte begründeten also Schranken für die vollziehende Staatsgewalt. Ihr praktischer Wert war nicht sonderlich groß. Sie waren zunächst viel zu allgemein formuliert, als daß sie den Staatsangehörigen wirksamen Schutz hätten bieten können. Dazu bedurfte es erst des sorgfältigen Ausbaues dieser allgemeinen Grundsätze durch die Spezialgesetzgebung. Ferner war ihre Innehaltung ganz in den Willen der Staatsorgane gestellt; der einzelne Bürger konnte zu ihrer Durchsetzung kaum etwas tun. Hierzu bedurfte es erst der Schaffung von Rechtsbehelfen, mittels deren die Staatsbürger den ihnen verheißenen Schutz und die ihnen zugesicherte Freiheit im Falle der Verletzung durch die Behörden diesen gegenüber in einem geordneten Verfahren erfolgreich geltend machen konnten. —

Mit der Begründung und gesetzlichen Regelung der konstitutionellen Beschränkungen der Krone hatte die Verfassungsurkunde ihren Zweck erfüllt Andere Vorschriften über die Einrichtung der Monarchie zu treffen, gehörte nicht zu ihrer eigentlichen Aufgabe. Gleichwohl nahm sie noch anderweitige Bestimmungen über die Organisation des Staates auf, die jedoch die Gegenstände keiner umfassenden Neuordnung unterzogen, sondern nur singulären oder programmartigen Charakter trugen.

IV. In seinen Grundlagen unverändert blieb das Recht der Staatsbeamten. Die Beamten wurden vom König ernannt (Art. 47). Sie hatten ihm den Eid der Treue und des Gehorsams zu leisten und die gewissenhafte Beobachtung der Verfassung zu beschwören (Art. 108). Für die Richter wurden die Grundsätze der lebenslänglichen Ernennung, der Unabsetzbarkeit und Unversetzbarkeit (es sei denn durch richterliche Entscheidung und aus gesetzlichen Gründen) (Art. 87), der Anstellung nur dazu nach dem Gesetz befähigter Personen (Art. 90) und der Nichtübertragung anderer besoldeter Staatsämter (Art. 88)[1]) verfassungsmäßig festgelegt. Die besonderen Rechtsverhältnisse der nicht zum Richterstande gehörigen Beamten einschließlich der Staatsanwälte sollten durch ein Gesetz geordnet werden, das den Beamten angemessenen Schutz gegen willkürliche Entziehung von Amt und Einkommen gewährte (Art. 98)[2]). Desgleichen sollten die Bedingungen für die gerichtliche Inanspruchnahme von öffentlichen Zivil- und Militärbeamten wegen durch Überschreitung ihre Amtsbefugnisse verübter Rechtsverletzungen gesetzlich geregelt werden (Art. 97).

---

[1]) Aufgehoben durch Gesetz vom 30. April 1856 (GS. 1856, 297).

[2]) Nur vorübergehende Bedeutung hatte Art. 117 zugunsten der schon vor der Verf.-Urk. angestellten Staatsbeamten.

V. Unverändert blieb in der Hauptsache auch die Verwaltungsorganisation.

1. Die Mitwirkung der Kammern bei der Gesetzgebung konnte jedoch auf die Funktionen des Staatsrates[1]) nicht ohne Rückwirkung bleiben. Seine Zustimmnng zu den Gesetzen[2]) war im konstitutionellen Staate gegenstandslos geworden Der Staatsrat wurde zwar nicht aufgelöst, seine Beratungen aber vereinfacht[3]). Der König behielt sich vor, für jeden Gesetz- oder Verordnungsentwurf besonders zu bestimmen, ob er darüber den Staatsrat mit seinem Gutachten vernehmen wolle.

2. Das Staatsministerium erfuhr durch die Verfassungsurkunde keine direkte organische Veränderung, aber wichtige Kompetenzerweiterungen[4]). Es hatte im Falle eines Interregnums die Kammern zwecks Wahl eines Regenten zu berufen und bis zum Antritt des Regenten als Kollegium die Regierung zu führen (Art. 57); bis zur Eidesleistung des Regenten blieb das bestehende Gesamtstaatsministerium für alle Regierungshandlungen verantwortlich (Art. 58). Es trug auch beim Erlaß einer Notverordnung des Königs in seiner Gesamtheit die ministerielle Verantwortlichkeit (Art. 63).

3. Über die Einrichtung der Verwaltungsbehörden bestimmte die Verfassungsurkunde nichts. Alle gesetzlich angeordneten Behörden blieben unverändert in Tätigkeit (Art. 110). Die Vertretung und Verwaltung der Gemeinden, Kreise, Bezirke und Provinzen des Staates sollte durch besondere Gesetze geordnet werden, und zwar unter Einhaltung folgender Grundsätze: 1. Über die kommunalen Angelegenheiten der Provinzen, Bezirke, Kreise und Gemeinden sollten gewählte Vertreterversammlungen beschließen; 2. die Vorsteher der Provinzen, Bezirke und Kreise sollte der König ernennen; 3. den Gemeinden insbesondere sollte die selbständige Verwaltung ihrer Gemeindeangelegenheiten unter gesetzlich geordneter Oberaufsicht des Staates zustehen; 4. die Beratungen der Provinzial-, Kreis- und Gemeindevertretungen sollten grundsätzlich öffentlich sein. Über höhere Genehmigung der Beschlüsse der kommunalen Vertretungen, über staatliche Beteiligung bei Anstellung der Gemeindevorsteher, über Ausübung des gemeindlichen

[1]) Sailer, Der preuß. Staatsrat, 1884, 17f., 134ff.

[2]) Verordnung vom 20. März 1817 (GS. 1817, 67).

[3]) Verordnung vom 6. Januar 1848 (GS. 1848, 15; Sailer a. a. O. 134).

[4]) Zorn, Gesamtministerium, 1893, 46ff. Hintze in Schmoller-Festschrift 1908, 403—493.

Wahlrechts, über Beteiligung der Gemeinden an der Ortspolizei[1]) und über Errichtung von Gemeindeschutz- oder Bürgerwehren sollten gesetzliche Bestimmungen ergehen (Art. 105)[2]).

4. Auch über die Einrichtung der ordentlichen Gerichtsbehörden enthielt die Verfassungsurkunde keine konkreten Vorschriften. Sie äußerte sich hierüber nur in folgenden programmatischen Sätzen. Die Gerichte waren unabhängig, keiner anderen Autorität als der des Gesetzes unterworfen (Art. 86). Ihre Organisation erfolgte im Gesetzeswege (Art. 89). Insbesondere sah die Verfassungsurkunde Handels- und Gewerbegerichte (Art. 91), allgemeine Geschworenengerichte zur Aburteilung von schweren Verbrechen, politischen Verbrechen und Preßvergehen (Art. 94)[3]) und einen besonderen Schwurgerichtshof zur Aburteilung von Hoch- und Landesverrat (Art. 95)[4]) vor. Die 1849 beseitigte[5]) Patrimonialgerichtsbarkeit blieb aufgehoben (Art. 42)[6]). Nur ein oberster Gerichtshof sollte in Preußen bestehen (Art. 92), die beiden zur Zeit vorhandenen (Obertribunal und Rheinischer Revisions- und Kassationshof) miteinander vereinigt werden (Art. 116). Die Verhandlungen vor den erkennenden Gerichten sollten öffentlich sein, die Öffentlichkeit aber bei Gefährdung der Ordnung oder der guten Sitten ausgeschlossen werden können (Art. 93).

5. Die Kompetenzabgrenzung zwischen den Gerichten und den Verwaltungsbehörden und die Bezeichnung des über Kompetenzkonflikte entscheidenden Gerichtshofes war Aufgabe des Gesetzes (Art. 96).

C. Der Ausbau der Verfassungs-Urkunde[7]). § 12.

I. Die Verfassungsurkunde bezeichnete sich als das Staatsgrundgesetz der preußischen Monarchie. Ihr Inhalt umfaßte aber keineswegs

[1]) Die gutsherrliche Polizei war durch Verf.-Urk. Art. 42 aufgehoben, wurde aber später wiederhergestellt. Gesetz vom 14. April 1856 betr. die ländlichen Ortsobrigkeiten (GS. 1856, 354), § 1.

[2]) Abgeändert durch Gesetz vom 24. Mai 1853 (GS. 1853, 228).

[3]) Abgeändert durch Gesetz vom 21. Mai 1852 (GS. 1852, 249), Art. 2: Ausschluß der politischen Verbrechen und der Preßvergehen.

[4]) Abgeändert durch Gesetz vom 21. Mai 1852 (GS. 1852, 249), Art. 3: Wegfall der Geschworenen.

[5]) Notverordnung über die Aufhebung der Privatgerichtsbarkeit usw. vom 2. Januar 1849 (GS. 1849, 1).

[6]) Spätere Fassung des Art. 42 gemäß Gesetz vom 14. April 1856 (GS. 1856, 353).

[7]) Lasker, Zur Verfassungsgeschichte Preußens, 1874. Bornhak, Gesch. des

das gesamte preußische Verfassungsrecht, sondern nur einen Ausschnitt daraus. Zur Ergänzung der Verfassungsurkunde mußten einerseits Vorschriften des älteren preußischen Staatsrechts herangezogen werden[1]), anderseits war an zahlreichen Stellen der Verfassungsurkunde selbst ihr Ausbau im Sinne des konstitutionellen Systems durch spätere Gesetze vorgesehen. Die Ausarbeitung dieser Gesetze war die wichtigste Aufgabe der Folgezeit. Dabei bewendete es aber nicht immer bei der bloßen Ausfüllung des von der Verfassungsurkunde gesteckten Rahmens; nicht selten erfuhr das in der Verfassungsurkunde selbst bereits niedergeschriebene Recht Erweiterungen, ja stellenweise Abänderungen. Solche Änderungen des Verfassungstextes mußten als verfassungändernde Gesetze unter Beobachtung der Form des Artikels 107 der Verfassungsurkunde vorgenommen werden; es bedurfte einer zweimaligen Abstimmung in jeder Kammer mit einer Zwischenfrist von 21 Tagen. Der Charakter dieser nachkonstitutionellen Gesetzgebung, welche die weitere Regierungszeit Friedrich Wilhelms IV. (bis 1861) und die ersten Regierungsjahre König Wilhelms I. (1861—1888) erfüllte, war nicht einheitlich. Während in den ersten Jahren die Gesetze vom Geiste des Liberalismus erfüllt waren und vorwiegend den Interessen des Kapitalismus dienstbar gemacht wurden, führte die bald scharf einsetzende Reaktion[2]) das Gesetzgebungswerk im Sinne und zu Nutzen des Großgrundbesitzes fort, um erst nach der Thronbesteigung Wilhelms I. durch die vom persönlichen Einfluß des Königs getragene sog. Neue Ära abgelöst zu werden. Der Geist der zur Ausgestaltung des Verfassungswerkes erlassenen gesetzlichen Bestimmungen ist daher ein recht verschiedener. Die Änderungen beschränkten sich auf relativ minder wichtige Einzelfragen, die großen Grundlagen des Verfassungswerkes blieben unberührt.

II. Unverändert blieb vor allem die monarchische Staatsform und die konstitutionell-monarchische Regierungsweise des preußischen Einheitsstaates[3]).

---

preuß. Verwaltungsrechts 3, 221—272. Ders., Staats- und Rechtsgeschichte, 469—480. Schulze, Staatsrecht² 1, 118—127.

[1]) Vgl. oben S. 202.

[2]) W. Schmidt, Die Partei Bethmann Hollweg und die Reaktion in Preußen 1850—1858, 1910.

[3]) Ein Anachronismus war daher der unveränderte Titel der „Gesetz-Sammlung für die Königlichen Preußischen Staaten" und derjenige des „Allgemeinen Berggesetzes für die Preußischen Staaten" vom 24. Juni 1865 (GS. 1865, 705).

1. Gegen Ende der Regierung Friedrich Wilhelms IV. wurde der in der Verfassungsurkunde vorgesehene Fall der Regentschaft praktisch (Art. 56, 58). Da der König infolge schwerer Erkrankung verhindert war, selbst zu regieren, übernahm auf seine Aufforderung vom 7. Oktober 1858[1]) sein Bruder Prinz Wilhelm als der der Krone am nächsten stehende Agnat am 9. Oktober 1858[2]) die Regentschaft. Er berief am selben Tage die Kammern[3]), die in vereinigter Sitzung die Regentschaft als notwendig anerkannten, worauf der Regent den vorgeschriebenen Verfassungseid leistete[4]). Schon vorher hatte der erkrankte König wiederholt den Prinzen Wilhelm mit seiner Stellvertretung in den Regierungsgeschäften beauftragt[5]). Diese Anordnung einer Regierungsstellvertretung, die in der Verfassungsurkunde nicht geregelt war, erfolgte durch königlichen Regierungsakt in Fortbildung des geschriebenen Verfassungsrechtes. Der Unterschied von der Regentschaft bestand darin, daß der Regent kraft des Auftrages, „die Regierung selbst zu führen", die Regierungsrechte nach eigenem Willen ausübte, der Regierungsstellvertreter dagegen „nach den ihm bekannten Intentionen Seiner Majestät", also nach fremdem Willen.

2. Mehrfache Änderungen erfuhr die Einrichtung der beiden Kammern. Anstelle der Bezeichnungen Erste und Zweite Kammer traten 1855 die Namen: Das Herrenhaus und das Haus der Abgeordneten[6]). Die Einberufung beider Häuser erfolgte seit 1857[7]) regelmäßig zwischen Anfang November und Mitte Januar, außerdem bei Bedarf.

a) Die Vorschriften der Verfassungsurkunde (Art. 65—68) über die Zusammensetzung des Herrenhauses teils kraft Gesetzes, teils durch königliche Ernennung, teils durch Wahl ersetzte das Gesetz betreffend die Bildung der Ersten Kammer vom 7. Mai 1853[8]) durch die Bestimmung, daß die Erste Kammer durch eine nur im Wege der Gesetzgebung abänderbare königliche Anordnung gebildet werden und aus teils mit erblicher Berechtigung, teils auf Lebenszeit vom Könige

[1]) GS. 1858, 537.

[2]) Daselbst 538.

[3]) Daselbst 539.

[4]) Materialien zur Geschichte der Regentschaft in Preußen, 1859.

[5]) GS. 1857, 807; 1858, 1, 101, 317.

[6]) Gesetz vom 30. Mai 1855 (GS. 1855, 316), § 1.

[7]) Gesetz vom 18. Mai 1857 (GS. 1857, 369). Vgl Verf.-Urk. Art. 76.

[8]) GS. 1853, 181. Jordan, Friedrich Wilhelm IV. und der preuß. Adel bei Umwandlung der Ersten Kammer in das Herrenhaus, 1909.

berufenen Mitgliedern bestehen solle. Auf Grund dieses Gesetzes erging die Verordnung wegen Bildung der Ersten Kammer vom 12. Oktober 1854[1]). Danach bestand die Erste Kammer 1. aus den vom Könige berufenen großjährigen königlichen Prinzen, 2. aus erblich berechtigten Mitgliedern, 3. aus auf Lebenszeit berufenen Mitgliedern. Erblich berechtigt waren die Häupter der beiden fürstlichen Häuser von Hohenzollern, die nach der Deutschen Bundesakte zur Standschaft berechtigten Häupter der vormaligen deutschen reichsständischen Häuser in Preußen, die sonst zur Herrenkurie des Vereinigten Landtages berufenen Fürsten, Grafen und Herren, sowie die besonders mit erblichem Recht beliehenen Personen. Als lebenslängliche Mitglieder wurden berufen: die dem Könige präsentierten Personen, die Inhaber der vier großen Landesämter im Königreich Preußen, einzelne aus besonderem Vertrauen ausersehene Personen. Präsentationsrecht hatten die zur Herrenkurie des Vereinigten Landtages berufenen Stifter, die Provinzialverbände der Grafen, die Verbände der durch ausgebreiteten Familienbesitz ausgezeichneten Geschlechter, die Verbände des alten und des befestigten Grundbesitzes[2]), jede Landesuniversität und die mit dem Präsentationsrecht beliehenen Städte. Zur Beschlußfähigkeit des Herrenhauses mußten 60 Mitglieder anwesend sein[3]).

b) Für das Haus der Abgeordneten wurden die Wahlbezirke, die Wahlorte und die Zahl der in jedem Bezirk zu wählenden Abgeordneten durch das Gesetz vom 27. Juni 1860[4]) festgestellt. Die Zahl der Abgeordneten betrug nach der Verfassungsurkunde (Art. 69) 350, nach dem Gesetz vom 30. April 1851[5]): 352, nach dem Gesetz vom 17. Mai 1867[6]): 432.

3. Das Verhältnis der Krone zu den Kammern empfing durch den im übrigen sehr unerquicklichen sog. „Verfassungskonflikt" der Jahre 1862—1866[7]) eine förderliche Klärung im Sinne der konstitutionell-monarchischen Regierungsweise.

---

[1]) GS. 1854, 541.

[2]) Dazu Verordnung wegen Wahl der seitens dieser Verbände und der Provinzialverbände der Grafen zu präsentierenden Mitglieder des Herrenhauses vom 10. November 1865 (GS. 1865, 1077).

[3]) Gesetz vom 30. Mai 1855 (GS. 1855, 316), § 2.

[4]) GS. 1860, 357.

[5]) GS. 1851, 213.

[6]) GS. 1867, 1481.

[7]) Löwenthal, Der preußische Verfassungsstreit 1862—1866, 1914. Wahl,

a) Den Anlaß zum Konflikt bot die Heeresreform König Wilhelms I. In Verfolg der preußischen Mobilmachung wegen des italienischen Krieges (1859) wurde eine Reihe wichtiger Veränderungen in der Heeresorganisation (Erhöhung der Präsenzstärke und der Kadres des Heeres, Änderung der Reserve- und Landwehrdienstzeit) getroffen. Die hierzu erforderlichen Kredite bewilligte der Landtag 1860 provisorisch im Extraordinarium „zur Aufrechterhaltung und Vervollständigung derjenigen Maßnahmen, welche für die Kriegsbereitschaft und erhöhte Streitbarkeit des Heeres erforderlich und auf den bisherigen gesetzlichen Grundlagen tunlich" seien. Er erblickte also in der Heeresvermehrung eine vorübergehende Maßnahme und genehmigte demgemäß die dazu notwendige Summe als einmaligen, später fortfallenden Betrag. Die Staatsregierung dagegen betrachtete und behandelte die Heeresvermehrung als dauernde Reform und führte sie dementsprechend auch tatsächlich durch. In der Thronrede des 1861 eröffneten Landtages gedachte der König der Reform als einer fertigen Schöpfung. Im Etatsgesetzentwurf waren die Kosten der neuen Heereseinrichtung ungesondert von den Gesamtkosten des Heeres im Ordinarium aufgeführt. Das Abgeordnetenhaus aber betonte demgegenüber scharf den vorübergehenden Charakter der auf Grund des Provisoriums vorgenommenen Heereserweiterung. Es bewilligte die Beträge wieder nur als außerordentliche und forderte von der Regierung die Vorlage eines Gesetzentwurfes zur Abänderung des Dienstpflichtgesetzes. Gleichwohl erachtete die Regierung die Heeresreform als endgültig gesichert. Aber das nach Ablauf der Legislaturperiode neu gewählte Abgeordnetenhaus bestand noch schärfer auf seinem Budgetrecht; es forderte eine genaue Spezialisierung des Etats und wurde am 11. März 1862 aufgelöst. Das neue Abgeordnetenhaus berief sich wiederum entschieden auf sein verfassungsmäßig gewährleistetetes Budgetrecht und lehnte sogar die außerordentliche Bewilligung der von der Regierung abermals ins Ordinarium gesetzten Heereskredite ab. Da wurde Bismarck zum Ministerpräsidenten berufen. Das Herrenhaus, an welches der Etat mit jener Streichung inzwischen gelangt war, lehnte den Etat in dieser Form ab, nahm ihn dagegen in der Form der Regierungsvorlage an. Das Abgeordnetenhaus erklärte diesen Beschluß für verfassungswidrig [1]). Da keine Aussicht bestand, ein verfassungsmäßiges Staatshaushalts-

Beiträge zur Geschichte der Konfliktszeit, 1914. Hintze, Die Hohenzollern und ihr Werk, 565 ff.

[1]) Mit Recht. Vgl. Art. 62 Abs. 3 der Verf.-Urk.

gesetz zustande zu bringen, wurde der Landtag geschlossen. Die Regierung erklärte, sie werde die Ausgaben auf eigene Verantwortung bestreiten. Auch in den Jahren 1863, 1864, 1865 und 1866 verliefen alle Versuche, den Staatshaushalt zustande zu bringen, ergebnislos; der Landtag wurde jedesmal geschlossen[1]) und die Staatsverwaltung ohne Budgetgesetz geführt.

b) Bei diesem Verfassungsstreit handelte es sich zunächst um die Rechtsfrage, ob die Krone befugt sei, die militärischen Reformmaßnahmen im Verordnungswege zu treffen, oder ob es hierzu eines Gesetzes bedürfe, weil dem Landtage ein unbeschränktes Ausgabenbewilligungsrecht zustehe. Beide Parteien konnten gute Gründe für die Richtigkeit ihrer Auffassung ins Feld zu führen. Eine bestimmte Antwort auf die Rechtsfrage war der Verfassungsurkunde nicht zu entnehmen. Es fragt sich daher, ob zur Ausfüllung dieser Lücke auf das vorkonstitutionelle preußische Staatsrecht zurückzugreifen oder eine Ergänzung durch die Grundsätze des allgemeinen konstitutionellen Staatsrechts erforderlich und statthaft sei. Ersteres war die Meinung der Regierung und des Herrenhauses, letzteres die Meinung der ständig wachsenden Opposition im Abgeordnetenhause. Mit Recht verfochten Regierung[2]) und Herrenhaus den Standpunkt, daß auch unter der Herrschaft der Verfassungsurkunde dem Könige die Fülle der Staatsgewalt verblieben war und im Zweifel die Vermutung für die Zuständigkeit der Krone sprach, während dem Landtage nur diejenigen Funktionen zustanden, die er auf einen ausdrücklichen Rechtstitel in der Verfassungsurkunde zu gründen vermochte. Mit Unrecht vertrat dagegen die Mehrheit des Abgeordnetenhauses in ihrem Bestreben, den Parlamentarismus in Preußen durchzusetzen, das konstitutionell-parlamentarische Prinzip. So wurde der Konflikt — darin lag seine tiefere Bedeutung — zu einem Kampfe zwischen der konstitutionell-monarchischen und der konstitutionell-parlamentarischen Staatsauffassung. Gesiegt hat in diesem Kampfe schließlich die Krone. Die in der Ver-

---

[1]) Das Abgeordnetenhaus wurde 1863 aufgelöst (GS. 1863, 533)

[2]) Vgl. z. B. Bismarcks treffenden Ausspruch in der Sitzung vom 3. Februar 1866: „Der Art. 78 der belgischen Verfassung ... fehlt in der preußischen Verfassung, und deshalb hat S. M. der König bei uns alle diejenigen früheren Rechte der Krone, welche nicht durch den ausdrücklichen Inhalt der Verfassung oder durch ein auf Grund der Verfassung zustande gekommenes Gesetz auf andere Faktoren übertragen worden sind." Kohl, Die politischen Reden des Fürsten Bismarck 3 1892, 19.

fassungsurkunde offen gelassene Frage, ob Preußen konstitutionell-monarchisch oder konstitutionell-parlamentarisch regiert werden solle, wurde für absehbare Zeit zugunsten des Königtums entschieden. Mit Recht konnte Bismarck, dessen klare Erkenntnis der tieferen Absichten des Abgeordnetenhauses und dessen zäher Verteidigung der Königlichen Rechte das Königtum diesen Sieg verdankte, dem Abgeordnetenhause auf seine Neigungen, einen Einfluß auf die Besetzung der Ministerstellen auszuüben, erwidern: „Das preußische Königtum hat seine Mission noch nicht erfüllt, es ist noch nicht reif dazu, einen rein ornamentalen Schmuck Ihres Verfassungsgebäudes zu bilden, noch nicht reif, als ein toter Maschinenteil dem Mechanismus des parlamentarischen Regiments eingefügt zu werden“ [1]).

c) Die Lösung des Konfliktes erfolgte nach den kriegerischen Ereignissen des Jahres 1866. Nachdem diese die Notwendigkeit der Heeresreorganisation sachlich überzeugend gerechtfertigt hatten, lag es nahe, auch formell die Grundlage einer verfassungsmäßigen Regierung wiederherzustellen. In der Thronrede vom 5. August 1866 erkannte die Regierung an, daß die Staatsausgaben der letzten Zeit der gesetzlichen Grundlage des Art. 99 der Verfassungsurkunde entbehrten; die Fortführung der Verwaltung sei aber im Interesse des Landes notwendig gewesen; um die unerläßliche Verständigung zu erzielen, solle nunmehr die Landesvertretung um Indemnität für die ohne Etatsgesetz geführte Verwaltung angegangen werden. Es wurde die Erwartung ausgesprochen, daß die Landesvertretung diese Indemnität erteilen, also die gemachten Ausgaben nachträglich genehmigen werde. Der Landtag nahm die Indemnitätsvorlage der Regierung an und erteilte der Staatsregierung für die seit Beginn des Jahres 1862 ohne gesetzlich festgestellten Staatshaushaltsetat geführte Verwaltung Indemnität dergestalt, daß es rücksichtlich der Verantwortlichkeit der Regierung so gehalten werden solle, wie wenn die Verwaltung in der erwähnten Zeit auf Grund gesetzlich festgestellter und rechtzeitig publizierter Staatshaushalte geführt worden wäre [2]). Damit war der Konflikt zwischen Krone und Parlament beigelegt.

4. Von dem Erfordernis der ministeriellen Gegenzeichnung (Art. 44) waren von Anfang an solche Regierungsakte des Königs ausgenommen, die aus der königlichen Kommandogewalt

[1]) Kohl a. a. O. 2 1892, 86.

[2]) Gesetz betr. die Erteilung der Indemnität vom 14. September 1866, Art. 2. GS 1866, 563.

flossen (Art. 46)[1]. Über die Form, in der militärische Erlasse bekannt zu machen seien, äußerte sich ein Allerhöchster Erlaß vom 18. Januar 1861[2]. Danach sollten königliche Armeebefehle sowie königliche Orders in Militärdienstsachen und in Personalangelegenheiten ohne Gegenzeichnung expediert werden. Enthielten diese Orders aber Bestimmungen, welche auf den Militäretat von Einfluß waren oder andere Zweige der Militärverwaltung berührten, so sollten sie vom Kriegsminister eine geheime Gegenzeichnung erhalten. Doch war dabei zu unterscheiden: Waren diese Orders nicht an den Kriegsminister selbst gerichtet, so gingen ihm jene Bestimmungen durch besondere, alsdann mit seiner Gegenzeichnung zu versehende Order zu; waren die Orders an den Kriegsminister zur weiteren Veranlassung gerichtet, so hatte er die Urschrift für die Akten gegenzuzeichnen, ihre Ausfertigung aber als Militärbefehl ohne Gegenzeichnung bekannt zu machen. Alle übrigen Orders (d. h. die, welche die Militärverwaltung betrafen oder die Etats berührten oder einen Regierungsakt enthielten) wurden wie bisher unter Gegenzeichnung des Kriegsministers ausgefertigt. Von ministerieller Verantwortlichkeit ist in diesen Vorschriften keine Rede; Zuständigkeit und Verantwortlichkeit des Kriegsministers blieben unberührt.

5. Die Schranken, welche die „Rechte der Preußen" der vollziehenden Gewalt zugunsten der Staatsangehörigen gezogen hatten, wurden durch eine ausgedehnte Spezialgesetzgebung ausgebaut und dadurch praktisch wirksam gemacht. Anderseits empfingen aber auch ihre Durchbrechungen zugunsten der Exekutive die erforderliche gesetzliche Regelung[3]. Die Gleichheit vor dem Gesetz wurde durch das

---

[1] Vgl. oben S. 195 Anm. 1.

[2] MinBl. f. d. innere Verw. 1861, 73. Frhr. Marschall v. Bieberstein, Verantwortlichkeit und Gegenzeichnung, 1911, 67—73, 225—290, 570—573.

[3] Hervorzuheben sind das Gesetz zum Schutze der persönlichen Freiheit vom 12. Februar 1850 (GS. 1850, 45), das Gesetz betr die Stellung unter Polizeiaufsicht vom gleichen Tage (GS. 1850, 49), das Gesetz über die Polizeiverwaltung vom 11. März 1850 (GS. 1850, 265), das Gesetz vom 5. Juni 1852 betr. Lehenverbot und Auflösung des Lehensverbandes (GS. 1852, 319), das Gesetz vom 14. April 1856 betr Aufhebung der mit dem Grundeigentum verbundenen richterlichen Gewalt und der aus dem gerichts- und schutzherrlichen Verbande stammenden Verpflichtungen (GS. 1856, 353), die Verordnung über die Verhütung eines die gesetzliche Freiheit und Ordnung gefährdenden Mißbrauchs des Versammlungs- und Vereinigungsrechtes vom 11. März 1850 (GS. 1850, 277), das Gesetz über die Presse vom 12. Mai 1851 (GS. 1851, 273). Bei Erklärung des Belagerungszustandes konnte eine Reihe von Grundrechten (Art. 5—7, 27—30, 36) zeit- und

Gesetz vom 10. Juni 1854 zugunsten der Standesherren modifiziert[1]). Kraft Bundesrechtes[2]) war Preußen verpflichtet, den Standesherren einen gleichförmigen privilegierten Rechtszustand zu sichern. Es hatte dieser Pflicht durch die Verordnung vom 21. Juni 1815 und die Instruktion vom 30. Mai 1820 entsprochen[3]). Unter Verletzung dieser bundesrechtlichen Pflicht hatte Artikel 4 der Verfassungsurkunde die Standesvorrechte aufgehoben, somit die Privilegien der standesherrlichen Häuser grundsätzlich beseitigt. Zur Ausmerzung dieser Rechtsverletzung behob zunächst das Gesetz vom 10. Juni 1854 das verfassungsmäßige Hindernis der Wiederherstellung der standesherrlichen Vorrechte, worauf der König dieselben 1854 und 1855 im Verordnungswege[4]) neu begründete. Zur weiteren Ausgestaltung schloß die Regierung eine Reihe von Rezessen mit den einzelnen standesherrlichen Häusern ab.

III. Das in der Verfassungsurkunde zur Regelung des **Beamtenrechts** in Aussicht gestellte Staatsdienergesetz (Art. 117) erging nicht[5]). Es fand aber wenigstens das Disziplinarrecht der Beamten eine umfassende Regelung durch das Gesetz über die Dienstvergehen der Richter und ihre unfreiwillige Versetzung oder Pensionierung von 1851[6]) und durch ein entsprechendes Gesetz für die nichtrichterlichen Beamten von 1852[7]). Einen besonderen Schutz empfingen die Staatsdiener durch eine Erschwerung ihrer gerichtlichen Inanspruchnahme. Wenn gegen einen Verwaltungsbeamten wegen einer in Ausübung seines Amtes vorgenommenen Handlung oder wegen Unterlassung einer Amtshandlung eine zivil- oder strafgerichtliche Verfolgung eingeleitet war, so stand der vorgesetzten Provinzial- oder Zentralbehörde des Beamten, falls sie ihn für nicht verantwortlich hielt, die Befugnis zu,

---

distriktsweise außer Kraft gesetzt werden gemäß dem Gesetz über den Belagerungszustand vom 4 Juni 1851 (GS. 1851, 451)

[1]) GS. 1854, 363. Frhr. v Bülow, Die Standesherren und die Grundrechte, 1850. Loening, Das Preußische Gesetz vom 10. Juni 1854 betr. die Deklaration der Verfassungsurkunde, in Festgabe für v. Brünneck. 1913.

[2]) Bundesakte, Art. 14; Wiener Schlußakte, Art. 63.

[3]) Siehe oben S 133 Anm 2.

[4]) Verordnungen vom 9. Oktober 1854 (GS. 1854; 540) und (2) vom 12. November 1855 (GS. 1855, 686, 688).

[5]) Nur Einzelheiten wurden geordnet. So bestimmte die Formel des Diensteides die Verordnung vom 6. Mai 1867 (GS. 1867, 715)

[6]) Gesetz vom 7. Mai 1851. GS. 1851, 218. Novelle vom 26. März 1856 (GS. 1856, 201).

[7]) Gesetz vom 21. Juli 1852. GS. 1852, 465.

den sog. „Konflikt“ zu erheben, worauf der Gerichtshof zur Entscheidung der Kompetenzkonflikte darüber entschied, ob der Rechtsweg gegen den Beamten zulässig sei[1]).

IV. Die Behördenorganisation.

1. Zentralbehörden.

a) Der durch den Übergang Preußens zum Konstitutionalismus eigentlich gegenstandslos gewordene Staatsrat[2]) wurde gleichwohl 1852[3]) erneut in Wirksamkeit gesetzt und 1854[4]) wieder eröffnet, vermochte sich aber naturgemäß nicht wieder zu seiner früheren Bedeutung zu erheben.

b) Das Staatsministerium[5]) wandelte sich allmählich teils im Sinne einer bürokratischen Unterstellung der Minister unter einen Premierminister, teils im Sinne eines kollegialen Zusammenschlusses.

Durch eine zwar nicht publizierte, aber immerhin für die Praxis der Geschäftsführung maßgebliche Kabinettsorder (1852)[6]) erhielt der Ministerpräsident gewisse Leitungs- und Kontrollbefugnisse über die einzelnen Minister. Diese sollten sich über alle wichtigeren Verwaltungsmaßregeln vorher mit dem Ministerpräsidenten verständigen, dem es dann frei stand, entweder eine Beratung der Sache im Staatsministerium oder eine Berichterstattung darüber an den König zu veranlassen. Aber diese Kabinettsorder vermochte trotzdem dem Ministerpräsidenten rechtlich keine führende Rolle zu verschaffen. Erst Bismarcks Persönlichkeit schuf faktisch eine Premierminister-Diktatur.

Anderseits erhielt das Staatsministerium eine Ausgestaltung im kollegialen Sinne, indem es als Ganzes verschiedene Funktionen auszuüben hatte, die eine kollegiale Beschlußfassung voraussetzten. Dahin gehörten die Verhängung des sog. kleinen Belagerungszustandes mittels Suspension von Grundrechten[7]), die oberste Disziplinarentscheidung im

[1]) Näheres in den Gesetzen vom 13. Februar 1854 (GS. 1854, 86) und vom 8. April 1847 (GS. 1847, 170). Gravenhorst, Der sog. Konflikt bei gerichtlicher Verfolgung von Beamten, 1908. Loening, Gerichte und Verwaltungsbehörden in Br.-Pr., 1914, 233 ff.

[2]) Sailer, Staatsrat, 18—35, 137—140.

[3]) Königl. Erlaß vom 12. Januar 1852. MinBl. f. d. innere Verw. 1852, 21.

[4]) Allerh. Order vom 27. Juni 1854.

[5]) Zorn, Gesamtministerium, 46—59. v. Gneist im VerwArch. 3, 504—509 Hintze in Schmoller-Festschrift 1908, 403—493.

[6]) Kab.-Order vom 8. September 1852.

[7]) Gesetz vom 4. Juni 1851 (GS. 1851, 451), § 16.

Verfahren gegen nichtrichterliche Beamte [1]), Vorschläge für die Besetzung gewisser Beamtenstellen und die Auflösung kommunaler Vertretungskörper. Eine genauere rechtliche Fixierung dieser beschließenden Kompetenz des Staatsministeriums erfolgte aber nicht. Und de facto verhinderte die starke persönliche Regierungsgewalt des Königs die Ausbildung eines festeren kollegialischen Zusammenschlusses des Staatsministeriums [2]).

c) Eine selbständige Zentralbehörde bildete die 1850 errichtete „Staatsschuldenkommission" zur fortlaufenden parlamentarischen Kontrolle über alle der „Hauptverwaltung der Staatsschulden" unter eigener Verantwortlichkeit übertragenen Geschäfte. Sie bestand aus je drei Abgeordneten jeder Kammer und dem Präsidenten der Oberrechnungskammer [3]).

d) Eine weitere selbständige Zentralbehörde wurde für die evangelische Kirchenverwaltung (des Staates) im Oberkirchenrat geschaffen [4]). Die Verfassungsurkunde hatte in Artikel 15 den Grundsatz der kirchlichen Selbständigkeit ausgesprochen: „Die evangelische und die römisch-katholische Kirche, so wie jede andere Religionsgesellschaft ordnet und verwaltet ihre Angelegenheiten selbständig und bleibt im Besitz und Genuß der für ihre Kultus-, Unterrichts- und Wohltätigkeitszwecke bestimmten Anstalten, Stiftungen und Fonds." Die Ausführung dieses Satzes bedingte vor allem die Beschränkung der (nach wie vor

[1]) Gesetz vom 21. Juli 1852, §§ 41, 45, 46.

[2]) In den einzelnen Ministerien sind folgende wesentliche Änderungen zu verzeichnen. Durch Kab.-Order vom 27. März 1848 und Allerh. Erlaß vom 17. April 1848 (GS. 1848, 109) wurde ein besonderes Ministerium für Handel, Gewerbe und öffentliche Arbeiten gebildet; gleichzeitig wurde die vom Ministerium des königlichen Hauses geführte Verwaltung der Domänen und Forsten dem Finanzministerium überwiesen; auch die Thronlehen (vorübergehend [1848—1854] auch die Standessachen; Allerh. Erlaß vom 16. August 1854, GS. 1854, 516) wurden dem Hausministerium entzogen und dem Ministerium der Justiz und des Innern gemeinschaftlich übertragen (Allerh Erlaß vom 3. Oktober 1848. GS. 1848, 269) Noch im selben Jahre (1848) wurde von dem neuen Handelsministerium ein besonderes Ministerium für landwirtschaftliche Angelegenheiten abgezweigt (Allerh. Erlaß vom 25 Juni 1848. GS. 1848, 159, Nr. 5). Die im Jahre 1853 errichtete Admiralität (Allerh. Erlaß vom 14. November 1853. GS. 1853, 908) wurde 1859 in „Marineverwaltung" und „Oberkommando der Marine" zerlegt (Allerh. Erlaß vom 14. März 1859. GS. 1859, 127) und erstere 1861 in ein Marineministerium verwandelt (Allerh. Erlaß vom 16. April 1861. GS. 1861, 205).

[3]) Gesetz vom 24 Februar 1850 (GS. 1850, 57).

[4]) Giese in v. Rönne-Zorn, Staatsrecht[5] 3, 191 ff.

staatlichen) Kirchenbehörden auf rein kirchliche Angelegenheiten. In der Provinzialinstanz war dies bereits durch die Auseinandersetzung zwischen Konsistorium und Regierung (1825, 1845)[1]) geschehen. In der Zentralinstanz, wo der Kultusminister noch die Staatsaufsicht über die Kirche und die kirchliche Verwaltung vereinigte, erfolgte nunmehr die Trennung. Im Jahre 1849 wurde die oberste evangelische Kirchenverwaltung einer dem Kultusministerium gegenüber unabhängigen Behörde, der „Abteilung des Ministeriums der geistlichen Angelegenheiten für die inneren evangelischen Kirchensachen", überwiesen[2]). Im Jahre 1850[3]) erhielt diese Abteilung ohne Änderung ihres staatlichen Charakters und ihrer Kompetenz die Bezeichnung „Evangelischer Oberkirchenrat[4])".

2. Die Versuche einer Reform der Kreis-, Bezirks- und Provinzialbehörden[5]) verliefen erfolglos. Auf der Grundlage des Artikel 105 der Verfassungsurkunde erging zwar die Kreis-, Bezirks- und Provinzialordnung für das ganze preußische Staatsgebiet vom 11. März 1850[6]). Sie sicherte nicht nur den Kreisen und Provinzen, sondern auch den Regierungsbezirken die Selbstverwaltung ihrer Angelegenheiten zu. Organe der Regierung waren die vom König ernannten Landräte, Regierungs- und Oberpräsidenten, Selbstverwaltungsorgane waren in den Kreisen die Kreisversammlung und der Kreisausschuß, in den Bezirken der Bezirksrat, in den Provinzen die Provinzialversammlung (der Provinziallandtag). Kreis- und Provinzialversammlungen wurden nicht mehr nach dem ständischen System der Grundbesitzvertretung gebildet, sondern gingen nach dem Repräsentativ-

---

[1]) Vgl. oben S. 147f.

[2]) Allerh. Erlaß vom 26 Januar 1849, die künftige Verwaltung der ev. Kirchenangelegenheiten betr. (GS. 1849, 125).

[3]) Allerh. Erlaß vom 29. Juni 1850. GS. 1850, 343. Ressortreglement für die ev. Kirchenverwaltung. GS. 1850, 344.

[4]) Unberührt blieb das landesherrliche Kirchenregiment; doch übte der König es nicht als Staatsoberhaupt, sondern als vornehmstes Mitglied der Kirche aus. Demnach unterlagen auch seine kirchlichen Regierungsakte keiner ministeriellen Gegenzeichnung. Schwarzlose, Die Neugestaltung der ev. Landeskirche in Preußen nach Fortfall des landesherrlichen Kirchenregiments, Frankfurt a. M. 1920.

[5]) v. Stengel, Die Organisation der preuß. Verwaltung nach den neuen Reformgesetzen, 1884, 107—143.

[6]) GS 1850, 251. v. Rönne, Die Gemeindeordnung, die Kreis-, Bezirks- und Provinzialordnung für den preuß. Staat nebst dem Gesetze über die Polizeiverwaltung, 1850.

system aus Wahlen der Gemeindevertretungen bzw. Kreisversammlungen hervor. Dieser umfassenden Neugestaltung war aber nur ganz kurze Dauer beschieden. Die Bildung der neuen Kreis- und Provinzialvertretungen wurde schon 1852 sistiert[1]); 1853 wurde die ganze Kreis- usw. Ordnung aufgehoben[2]) und die früheren Gesetze und Verordnungen über die kreis- und provinzialständischen Verfassungen in sämtlichen Provinzen der Monarchie wieder in Kraft gesetzt. Zur Fortbildung dieser Verfassungen sollten besondere provinzielle Gesetze ergehen. Auch die gleichzeitig[3]) erfolgte Neufassung des Artikel 105 der Verfassungsurkunde überwies die nähere Bestimmung der Vertretung und Verwaltung der Gemeinden, Kreise und Provinzen besonderen Gesetzen. Da diese nicht zustande kamen, bewendete es bei dem früheren, auf ständischer Grundlage und Herrschaft des Großgrundbesitzes beruhenden Rechte.

3. Ebenso mißlang die Durchführung der für alle Landesteile und für Stadt und Land einheitlichen Gemeindeordnung[4]) vom 11. März 1850[5]). Sie beseitigte den Unterschied zwischen Bürgern und Schutzverwandten, erklärte alle Einwohner der gemeindlichen Rechte und Pflichten teilhaftig, knüpfte aber politische Rechte an den Besitz (irgendwelcher Art) an. Der Gemeinderat wurde nach dem Dreiklassen-Wahlsystem gewählt. Er faßte über die Gemeindeangelegenheiten Beschluß, während dem Gemeindevorstand die laufende Verwaltung und die Ausführung der Beschlüsse oblag. Diese Gemeindeordnung beseitigte insbesondere den Einfluß des Grundbesitzes auf die Verwaltung der Landgemeinden. Das Oberaufsichtsrecht des Staates war sehr bedenklich abgeschwächt. Das gleichfalls am 11. März 1850 erlassene Gesetz über die Polizeiverwaltung[6]) übertrug die Ortspolizei als staatliche Funktion den nach der Gemeindeordnung dazu bestimmten Gemeindebeamten. Doch sollte in Gemeinden, in denen sich eine Bezirksregierung, ein Land-, Stadt- oder Kreisgericht befand, sowie in Festungen und in Gemeinden mit mehr als 10000 Einwohnern die örtliche Polizeiverwaltung durch Beschluß des Ministers des Innern besonderen

[1]) Allerh. Erlaß vom 19. Juni 1852 (GS. 1852, 388).

[2]) Gesetz vom 24. Mai 1853. GS. 1853, 238.

[3]) Durch ein weiteres Gesetz vom 24. Mai 1853 (GS. 1853, 228).

[4]) Keil, Die Landgemeinde in den östl. Prov. Preußens, 1890, 166—194.

[5]) GS. 1850, 213. F. Fischer, Hilfsbuch für Bürgermeister . . . oder die Gemeindeordnung vom 11. März 1850, ergänzt, 1850.

[6]) GS. 1850, 265.

Staatsbeamten übertragen werden können. Auch hier folgte bald die Reaktion. Die Gemeindeordnung wurde 1852 suspendiert[1]) und im nächsten Jahre unter Abänderung des Artikel 105 der Verfassungsurkunde[2]) aufgehoben[3]). Das frühere Landgemeinde- und Städteverfassungsrecht wurde wieder in Kraft gesetzt, aber durch provinzielle Gesetze fortgebildet. In den sechs östlichen Provinzen wurde das Landgemeinderecht des ALR. II 7 wieder hergestellt[4]) und die polizeiobrigkeitliche Gewalt der Gutsbesitzer neugeordnet[5]), für die Städte[6]) die neue Städteordnung vom 30. Mai 1853[7]) erlassen. In den beiden westlichen Provinzen (Westfalen und Rheinprovinz) empfing das Landgemeinde- und das Städterecht eine gesonderte gesetzliche Regelung[8]). Die neuen (östlichen und westlichen) Städteordnungen beruhten im allgemeinen auf den Grundsätzen der Gemeindeordnung von 1850, sahen aber ein viel weiter gehendes staatliches Aufsichtsrecht vor. Die westlichen Landgemeindeordnungen folgten dem bisher dort geltenden Landgemeinderecht. Dagegen war im östlichen Landgemeinderecht der Rückschritt groß.

V. Justizwesen.

1. In der Gerichtsverfassung unterschieden sich die landrechtlichen und gemeinrechtlichen Landesteile einerseits vom Gebiete des französischen Rechts andererseits. Für die land- und gemeinrechtlichen Gebiete der Monarchie waren von grundlegender Bedeutung die beiden Reform-Notverordnungen des Jahres 1849, deren eine die Privatgerichtsbarkeit und den eximierten Gerichtsstand aufhob und deren andere in Strafsachen das mündliche und öffentliche Verfahren mit Geschworenen einführte[9]).

---

1) Kgl. Erlaß vom 19. Juni 1852. GS. 1852, 388

2) Gesetz vom 24. Mai 1853. GS. 1853, 228.

3) Gesetz vom 24. Mai 1853. GS. 1853, 238.

4) Gesetz vom 14. April 1856. GS. 1856, 359.

5) Gesetz vom 14. April 1856. GS. 1856, 354.

6) Für die Städte in Neuvorpommern und Rügen erging ein besonderes Gesetz am 31. Mai 1853 (GS 1853, 291).

7) GS. 1853, 261; dazu Novelle vom 25. Februar 1856 (GS. 1856, 129)

8) Durch die Städteordnung für die Provinz Westfalen vom 19. März 1856 (GS. 1856, 237), die Landgemeindeordnung für die Provinz Westfalen vom 19. März 1856 (GS. 1856, 265), die Städteordnung für die Rheinprovinz vom 15. Mai 1856 (GS. 1856, 406) und das Gesetz betr. die Gemeindeverfassung in der Rheinprovinz vom 15. Mai 1856 (GS. 1856, 435).

9) Verordnung vom 2. Januar 1849 (GS. 1819, 1 und 1851, 180). Gesetz betr. die Zusätze zu der Verordnung vom 2. Januar 1849, vom 26. April 1851

Höchste Instanz war das Ober-Tribunal (bisher: Geheimes Ober-Tribunal) zu Berlin [1]). Die Oberlandesgerichte [2]) hießen jetzt wieder „Appellationsgerichte" [3]). Gerichte erster Instanz waren kollegiale Kreisgerichte und Stadtgerichte in Verbindung mit Einzelrichtern. An Orten, wo sich dazu ein Bedürfnis ergab, sollten besondere Handels- und Gewerbegerichte [4]) eingesetzt werden. Die standesherrliche, städtische [5]) und patrimoniale Gerichtsbarkeit jeder Art wurde ohne Entschädigung aufgehoben. Auch die geistliche Gerichtsbarkeit in allen weltlichen Angelegenheiten (namentlich Ehesachen) wurde beseitigt. Fortan wurde jegliche Gerichtsbarkeit nur durch vom Staate bestellte Gerichtsbehörden im Namen des Königs ausgeübt. Da im Gebiete des französischen Rechts bereits vorher Schwurgerichte und keine Patrimonialgerichte mehr bestanden, so wies die Gerichtsverfassung beider Rechtsgebiete keine erheblichen Verschiedenheiten mehr auf. Den dem Art. 92 der Verfassungsurkunde widersprechenden Dualismus der beiden obersten Gerichtshöfe beseitigte das Gesetz vom 17. März 1852 [6]), indem es das Obertribunal und den rheinischen Revisions- und Kassationshof zu einem einheitlichen höchsten Gerichtshof für die ganze Monarchie unter dem Namen Obertribunal vereinigte.

2. Es gab keine Verwaltungsgerichte [7]) in Preußen. Die

(GS. 1851, 181). Verordnung vom 3. Januar 1849 (GS 1849, 14 und 1852, 208). Diese Verordnung regelte auch die Einrichtung der Staatsanwaltschaft. Dazu Gesetz betr. die Zusätze zu der V. v. 3. Jan. 1849 vom 3. Mai 1852 (GS. 1852, 209).

[1]) Sonnenschmidt, Geschichte des Königlichen Obertribunals zu Berlin, 1879, 287—356. Maßnahmen zur Wahrung der Einheit in der Judikatur des Obertribunals traf das Gesetz vom 7. Mai 1856, GS. 1856, 293.

[2]) Das Oberappellationsgericht zu Posen, das Tribunal zu Königsberg und das Hofgericht nebst Konsistorium zu Greifswald wurden aufgehoben.

[3]) Auch das Berliner Kammergericht: es erhielt diesen Namen aber durch Allerh. Erlaß vom 21. Mai 1850 (GS. 1850, 333) wieder. Eine besondere Kompetenz des K. war die Untersuchung und Entscheidung der Staatsverbrechen. Gesetze vom 21. Mai 1852 (GS. 1852, 249) und vom 25. April 1853 (GS. 1853 162) Holtze, Geschichte des K. 4 1904, 181—248; ders., 500 Jahre Geschichte des K, 1913, 213—223. Dem Appellationsgericht zu Königsberg wurde durch Allerh. Erlaß vom 25. Oktober 1856 (GS. 1856, 943) der Name Ostpreußisches Tribunal beigelegt. Conrad, Gesch. der Königsberger Obergerichte, 1907, 376—406.

[4]) Notverordnung über die Errichtung von Gewerbegerichten vom 9. Februar 1849 (GS. 1849, 110; 1850, 16).

[5]) Solche bestand noch in Neuvorpommern und Rügen.

[6]) GS. 1852, 73.

[7]) Hobrecht, Die Kompetenz der Verwaltungsbehörden neben der Verfassung in Preußen, 1859. Hartmann, Das Verfahren bei Kompetenzkonflikten zwischen

Kontrolle über die Verwaltung übten in gewissem Umfange die ordentlichen Gerichte aus. Sie wurde teils verringert, teils erweitert. Eine gewisse Einschränkung brachte das oben erwähnte Gesetz über die Erhebung des Konflikts bei gerichtlicher Verfolgung von Beamten (1854)[1]), einen Ausbau dagegen das Gesetz über die Erweiterung des Rechtsweges vom 24. Mai 1861[2]); der Rechtsweg wurde unter gewissen gesetzlichen Voraussetzungen für zulässig erklärt über vermögensrechtliche Ansprüche der Staatsbeamten aus ihrem Dienstverhältnis, über Rückerstattungsansprüche privatrechtlicher Färbung bei öffentlichen Abgaben, über die Rückerstattung von Stempelsteuerbeträgen, sowie bezüglich der Kirchen-Pfarr- und Schulabgaben[3]). Der Versuch, eine gewisse gerichtliche Kontrolle über die Polizeiverwaltung zu begründen, schlug fehl.

3. Die Entwicklung des preußischen Justizrechts[4]) zeitigte vor allem im materiellen Recht bedeutende Ergebnisse. An der allgemeinen deutschen Rechtseinheit auf dem Gebiete des Handels- und Wechselrechts nahm auch Preußen teil. Die von der provisorischen Reichsgewalt am 26. November 1848 als „Reichsgesetz" erlassene allgemeine deutsche Wechselordnung wurde als preußisches Landesgesetz vorläufig im Jahre 1849[5]), endgültig im Jahre 1850[6]) in Kraft gesetzt. Ebenso fand das auf dem Bundestagsbeschluß vom 31. Mai 1861 beruhende Allgemeine Deutsche Handelsgesetzbuch in Preußen als Landesgesetz Eingang[7]). Eine wichtige Abänderung erfuhr das Familienrecht der Provinz Westfalen und der landrechtlichen Teile der Rheinprovinz durch Einführung der allgemeinen Gütergemeinschaft (1860)[8]). Die Rechtseinheit im Strafrecht brachte nach langen Vorarbeiten für den ganzen Bereich der Monarchie das an das französische Vorbild des code pénal sich anlehnende, es aber etwas mildernde preußische Straf-

---

den Gerichten und Verwaltungsbehörden in Preußen, 1860. Sydow, Die Zulässigkeit des Rechtsweges und die Kompetenzkonflikte in Preußen, 1860. Primker, Die Kompetenzkonflikte in Preußen, 1861. Löning, Gerichte und Verw.-Behörden in Br.-Pr., 1914, 233—286.

1) GS. 1854, 86. Vgl. oben S. 210 Anm. 1.

2) GS. 1861, 241.

3) Bezüglich dieser hatte die Allerh. Order vom 19. Juni 1836 (GS. 1836, 198) den Rechtsweg eingeschränkt.

4) Bornhak, Staats- und Rechtsgeschichte, 470ff.

5) Verordnung vom 6. Januar 1849 (GS. 1849, 49).

6) Gesetz vom 15. Februar 1850 betr. die Einführung der allgemeinen Wechselordnung für Deutschland (GS. 1850, 53).

7) Preuß. Einführungsgesetz vom 24. Juni 1861 (GS. 1861, 449).

8) Gesetz vom 16. April 1860 (GS. 1860, 165).

gesetzbuch vom 14. April 1851. Das Strafverfahren richtete sich, von der Einführung des öffentlichen und mündlichen Anklageprozesses (1849)[1]) abgesehen, nach wie vor nach der Kriminalordnung von 1805. Im Zivilprozeßrecht kam eine einheitliche gesetzgeberische Kodifikation nicht zustande. Nur das Konkursrecht der landrechtlichen Gebiete fand auf französischrechtlicher Grundlage durch die Konkursordnung vom 8. Mai 1855[2]) seine neue Gestaltung, deren besondere Eigenart die Unterscheidung des kaufmännischen und des nichtkaufmännischen Konkurses war. —

VI. Die großen politischen Ereignisse des Jahres 1866 waren auch für das Verfassungsrecht von erheblicher Bedeutung[3]).

1. Das Staatsgebiet, das sich seit Erlaß der Verfassungsurkunde nur um die beiden Hohenzollernschen Fürstentümer Hechingen und Sigmaringen (1849)[4]) und um das Jadegebiet (1853)[5]) erweitert[6])

---

[1]) Verordnung vom 3. Januar 1849 (GS. 1849, 14); vgl. oben S. 214 Anm. 1.

[2]) GS. 1855, 317.

[3]) v. Sybel, Die Begründung des deutschen Reiches durch Wilhelm I., Bd. 3—5. v. Rönne-Zorn, Staatsrecht[5] 1, 70—72, 77—82, 104f.

[4]) Staatsvertrag mit beiden Fürsten vom 7. Dezember 1849 (GS. 1850, 289). Gesetz betr. die Vereinigung der Fürstentümer mit dem preußischen Staatsgebiete vom 12. März 1850 (GS. 1850, 289). Besitznahmepatent vom selben Tage (GS. 1850, 295). Schulze, Hausgesetze, 3, 638—643, 754—782. Denkschrift des Ministeriums in Sten.-Ber. der II. K. 1849/50 4 1923ff. v. Sallwürk, Die Vereinigung der Fürstentümer Hohenzollern mit dem Königreiche Preußen, 1850. Schubert, Abhandlung über die Einverleibung der Hohenzollernschen Fürstentümer, 1853. Über die Geltung der Verf.-Urk. vgl. Hubrich in Annalen des DR. 1908, 755ff. In H.-S. blieb die Gemeindeordnung vom 7. Mai 1840, in H.-H. die Stadtordnung vom 15. Januar 1833 und die Landgemeindeordnung vom 19. Oktober 1833 in Kraft. Die allgemeine Landesverwaltung der Fürstentümer wurde durch Verordnung vom 7. Januar 1852 (GS. 1852, 35) und Allerh. Erlaß vom 18. Januar 1854 (GS. 1854, 47) geordnet.

[5]) Dieses Gebiet wurde von Oldenburg zur Anlegung eines Kriegshafens abgetreten durch Verträge vom 20. Juli und 1. Dezember 1853 (GS. 1854, 65, 75), die nicht in Gesetzesform publiziert sind. Besitznahmepatent vom 5. November 1854 (GS. 1854, 593). Verordnung betr. die provisorische Verwaltung der Jadegebiete vom 5. November 1854 (das. 595). Verordnung betr. die Gerichtsorganisation in den Jadegebieten vom 6. Oktober 1858 (GS. 1858, 543). Erweiterungsverträge vom 16. Februar 1864 (GS. 1865, 301) und vom 20. Januar bzw. 12. Februar 1873 (GS. 1873, 119).

[6]) Das in der Gasteiner Konvention vom 14. August 1865 (Staatsarchiv 9, 288, Nr. 2011) erworbene Herzogtum Lauenburg wurde dem preußischen Staate

hatte, erfuhr eine außerordentliche Vergrößerung. Aus dem teils durch Eroberung[1]), teils durch vertragliche Abtretung[2]) gewonnenen Neuland wurden die Provinzen Hannover, Schleswig-Holstein[3]) und Hessen-Nassau gebildet. Der äußeren Einverleibung der Länder durch die Gesetze vom 24. Dezember 1866[4]) mußte ihre innere Eingliederung und Verschmelzung mit dem Stammlande folgen[5]). Verfassungsrechtlich erhielten die neuen Provinzen die gleiche Stellung wie die alten. Die Verfassungsurkunde wurde anstelle der bisherigen Verfassungen der Länder überall ausdrücklich eingeführt.[6]). Aber auch das vorkonstitu-

---

nur in Personalunion angegliedert und erst durch Gesetz vom 23. Juni 1876 förmlich einverleibt (GS. 1876, 169).

[1]) Kraft des völkerrechtlichen Titels der Eroberung gelangten unter die preußische Herrschaft das Königreich Hannover, das Kurfürstentum Hessen, das Herzogtum Nassau und die Freie Stadt Frankfurt a. M. (Michel, Die Einverleibung F.' in den preußischen Staat, 1910). Sie wurden durch das Gesetz vom 20. September 1866 (GS. 1866, 555) dem preußischen Staate einverleibt (Einverleibungspatente vom 3. Oktober 1866. GS. 1866, 591, 594, 597, 600).

[2]) Kraft völkerrechtlichen Abtretungsvertrages gelangten an Preußen die im Wiener Frieden vom 30. Oktober 1864, Art. III, (Staatsarchiv 7, 322) von Dänemark an Preußen und Österreich gemeinsam, von Österreich im Prager Frieden vom 23. August 1866, Art. V, (Staatsarchiv 11, 176 Nr. 2369) an Preußen abgetretenen (GS. 1867, 129) Herzogtümer Schleswig und Holstein (von denen durch Vertrag vom 27. September 1866 ein kleines Stück an Oldenburg abgegeben wurde), ferner die im preußisch-bayerischen Friedensvertrage vom 22. Aug. 1866, Art. XIV, (Staatsarchiv 11, 184, Nr. 2373) abgetretenen, bisher bayerischen Gebiete Gersfeld, Orb und Kaulsdorf (GS. 1867, 173), endlich die im preußisch-hessischen Friedensvertrage vom 3. September 1866 (Staatsarchiv 11, 190, Nr. 2375) abgetretenen, bisher hessischen Gebiete Hessen-Homburg mit Meisenheim, Biedenkopf, Vöhl, ein Teil des Kreises Gießen, Rödelheim, Niederursel (GS. 1867, 137).

[3]) Der in Art. V des Prager Friedens vom 23. August 1866 gemachte Vorbehalt, daß die Bevölkerung der nördlichen Distrikte von Schleswig, wenn sie durch freie Abstimmung den Wunsch zu erkennen gäbe, mit Dänemark vereinigt zu werden, an D. abgetreten werden sollte, ist durch den preußisch-österreichischen Staatsvertrag vom 11. Oktober 1878 (Staatsanzeiger 1878, Nr. 30) aufgehoben worden.

[4]) GS. 1866, 875, 876.

[5]) Bornhak, Staats- und Rechtsgeschichte, 483—490. Ders., Gesch. des preuß. Verw.-R. 3, 282—296.

[6]) Vgl. die Gesetze vom 20. September 1866 und 24. Dezember 1866, §§ 2. Die Verf.-Urk. wäre aber auch ohne dies dort in Kraft getreten. Hubrich in Annalen des DR. 1908, 758 ff. Zu den Mitgliedern des Abgeordnetenhauses traten 80 Abgeordnete aus den neuen Provinzen hinzu. Gesetz vom 17. Mai 1867 (GS. 1867, 1481).

tionelle Verfassungsrecht der Monarchie war grundsätzlich als miteingeführt zu erachten[1]). Eine Sonderstellung behielten die neuen Provinzen dagegen im Verwaltungs-[2]) und Justizrecht[3]) sowie in kirchlicher Beziehung[4]).

2. Zugleich hatte das Jahr 1866 (am 14. Juni) zur Auflösung des Deutschen Bundes geführt[5]). Diese Tatsache war nicht nur bundesrechtlich, sondern auch staatsrechtlich von größter Bedeutung. Sie bewirkte zunächst, daß Preußen[6]) von der völkerrechtlichen Bindung

---

[1]) Vgl. oben S. 189 Anm 1 u. 2.

[2]) Was die Verwaltungsbehörden angeht, so wurden in Hannover die Provinzial- und Kreisbehörden nach altpreußischem Muster organisiert (GS. 1867, 1349, 1497, 1570). Anstelle der Regierungen blieben die Landdrosteien bestehen. Unberührt blieben die revidierte Amtsordnung (ein Amt umfaßte mehrere Landgemeinden und kleinere Städte) vom 10. Mai 1859, die revidierte Städteordnung vom 24. Juni 1858 und die Landgemeindeordnung vom 28. April 1859 (v. Meier, Hannoversche Verfassungs- und Verwaltungsgeschichte 1680—1866, 2 Bde. 1898/99). — In Schleswig-Holstein wurde ebenfalls die altpreußische Provinzial- und Kreisverfassung eingeführt (GS. 1867, 1570, 1587); ferner wurden eine Regierung (GS. 1868, 620) und ein Konsistorium (GS. 1867, 1669) begründet, eine neue Städteordnung (am 14. April 1869; GS. 1869, 589) erlassen und die Landgemeindeverfassungen gesetzlich fortgebildet (GS. 1867, 1603). — Auch in Hessen-Nassau wurden die Provinzial-, Bezirks- und Kreisbehörden wie in Altpreußen eingerichtet, doch bildete die Provinz in kommunaler Beziehung nicht, wie anderswo, einen Verband, sondern zwei: die Kommunalverbände Cassel und Wiesbaden (GS. 1867, 273, 1473, 1537, 1570, 1653, 1659). Auch hier wurde ein Konsistorium eingerichtet (GS. 1867, 1569). Unberührt blieben einige nassauische Ämter (GS. 1867, 273) und die verschiedenen Gemeindeverfassungen. Frankfurt a. M. erhielt ein besonderes Gemeindeverfassungsgesetz am 25. März 1867 (GS. 1867, 401).

[3]) Für alle drei Provinzen mit Ausnahme der Gebiete Frankfurt a. M. (GS. 1866, 740), Meisenheim und Kaulsdorf wurde als höchster Gerichtshof ein besonderes Oberappellationsgericht geschaffen (GS. 1867, 1103), das erst 1874 (GS. 1874, 19) mit dem Obertribunal vereinigt wurde. In höherer Instanz erkannten die Appellationsgerichte. Niedere Gerichte waren in Hannover Amtsgerichte und Obergerichte (GS. 1867, 1444), in Schleswig-Holstein (GS. 1867, 1073) und in Hessen-Nassau (GS. 1867, 490, 495, 1085, 1094) Amtsgerichte und Kreisgerichte, in Frankfurt a. M. das Stadtamt (GS. 1867, 516), das Landjustizamt und das Stadtgericht.

[4]) Siehe in v. Rönne-Zorn Staatsrecht[5] 3, 208ff.

[5]) Vgl. Prager Frieden vom 23. August 1866, Art. IV.

[6]) Preußen gehörte dem Deutschen Bunde mit allen Landesteilen außer den Provinzen Preußen (Ost- und Westpreußen) und Posen an. Vgl. jedoch v. Rönne-Zorn, Staatsrecht[5] 1, 120 Anm. 2.

durch die Bundesakte und die Bundesbeschlüsse frei wurde; allerdings trat dadurch in dem von Preußen zum preußischen Landesrecht erhobenen Bundesrecht keine unmittelbare Veränderung ein, doch war Preußen jetzt in der Abänderung dieses Rechtes völlig frei. Noch wertvoller war die weitere Folge der Bundesauflösung, daß Preußen nunmehr freie Hand hatte, um die tatkräftige Initiative zur Lösung der gesamtdeutschen Frage zu ergreifen. An dieses große Problem wurde denn auch unverzüglich herangetreten.

Sechster Zeitabschnitt.

Preußen als deutscher Gliedstaat[1].

Die Lösung der deutschen Frage, die Neugestaltung der staatlichen Verhältnisse Deutschlands in bundesstaatlicher Form, war politisch das Werk Preußens. Preußischer Initiative und Tatkraft ist der Zusammenschluß der norddeutschen Staaten zum Norddeutschen Bunde, preußischer Führung auch der Zusammenschluß aller deutschen Staaten zum Deutschen Reiche zu verdanken. Rechtlich auf der Grundlage eines Zusammenwirkens gleichstehender Kontrahenten, politisch aber als Schöpfung preußischer Staatskunst ist der deutsche Gesamtstaat ins Leben getreten. Erheblich waren die rechtlichen Einbußen, mit denen, wie die übrigen Bundesstaaten, so auch Preußen den Preis für die Gewinnung der Reichseinheit zahlte. Doch durfte Preußen auch wiederum manchen Fortschritt seiner eigenen Rechtsentwicklung zufolge der Errichtung und unter dem Schirm des neuen Oberstaates verzeichnen.

A. Preußens Eintritt in den deutschen Gesamtstaat[2]. § 13.

1. An den Bemühungen um eine Reform der Verfassung des Deutschen Bundes im Sinne einer festeren, staatsrechtlichen Organisation Deutschlands hat Preußen stets regen Anteil genommen.

---

[9]) Quellen: Gesetz Sammlung für die Königlichen Preußischen Staaten, 1848—1918. Bundes-Gesetzblatt des Norddeutschen Bundes, 1867–1870; Bundes-Gesetzblatt des Deutschen Bundes, 1871; Reichs-Gesetzblatt, 1871—1918.

[1]) v. Zwiedineck-Südenhorst, Deutsche Geschichte von der Auflösung des alten bis zur Gründung des neuen Reiches, Bd. 2 u. 3, 1903/05. Kloeppel, Dreißig Jahre Deutscher Verfassungsgeschichte, 1 1900. Klüpfel, Die deutschen Einheitsbestrebungen in ihrem geschichtlichen Zusammenhange dargestellt, 1853. Ders., Geschichte der deutschen Einheitsbestrebungen bis zu ihrer Erfüllung 1848—1871, 2 Bde. 1872/73. v. Kaltenborn, Geschichte der deutschen Bundesverhältnisse und Einheitsbestrebungen, 2 Bde., 1857. v. Sybel, Die Begründung des Deutschen

1. So bildeten auch die **Verfassungsbestrebungen der Frankfurter Paulskirche** (1848/49)[1]) zunächst den Gegenstand seines lebhaften Interesses und seiner fördernden Mitarbeit. Ihr Ziel, den deutschen Staatenbund zu einem deutschen Bundesstaate auszubauen und diesen neuen staatsrechtlichen Verband mit einem Parlamente auszustatten, entsprach den preußischen Plänen. Preußen hatte, wie aus dem Patent wegen beschleunigter Einberufung des Vereinigten Landtages vom 18. März 1848 hervorgeht[2]), nach dem ergebnislosen Ver-

---

Reiches durch Wilhelm I., 7 Bde, 1889—1894. v. Sybel, Neue Mitteilungen und Erläuterungen zur Begründung des Deutschen Reiches, 1895. Weicker, Vom Staatenbund zum Bundesstaat, 2 Teile, 1911. Brandenburg, Die Reichsgründung, 2 Bde, 1916. Ders., Untersuchungen und Aktenstücke zur Geschichte der Reichsgründung, 1916. Hintze, Die Hohenzollern und ihr Werk, 587 ff., bes. 615 ff. v. Bismarck, Gedanken und Erinnerungen, 2 Bde., Neue Ausgabe, 1913. Bezold, Materialien der Deutschen Reichs-Verfassung, 3 Bde., 1873. Bergsträsser, Geschichte der Reichsverfassung, 1914. Mejer, Einleitung in das Deutsche Staatsrecht[2] 1884, 203—335. H. Schulze, Einleitung in das Deutsche Staatsrecht[2] 1867, 314—341, 365—474. Ders., Lehrbuch des Deutschen Staatsrechtes 1 1881, 123—176. Laband, Das Staatsrecht des Deutschen Reiches[5] 1 1911, 4—52. Haenel, Deutsches Staatsrecht 1 1892, 3—61. Zorn, Das Staatsrecht des Deutschen Reiches[2] 1 1895, 1—60. v. Rönne-Zorn, Das Staatsrecht der Preuß. Monarchie[5] 1 94—118. Meyer-Anschütz, Lehrbuch des Deutschen Staatsrechts[7] 1 1914, 168—209. Anschütz, Deutsches Staatsrecht in v. Holtzendorff-Kohlers Enzyklopädie der Rechtswissenschaft[7] 4 1914, 47—63. Hubrich, Deutsches Verfassungsrecht in geschichtl. Entwicklung[2] 1913, 84—102, 121—137.

[1]) v. Meyer-Zoepfl, Corpus Juris Confoederationis Germanicae[3] 3 Bde., 1858—1865 Weil, Quellen und Aktenstücke zur deutschen Verfassungsgeschichte, 1850. Roth-Merck, Quellensammlung zum deutschen öffentl. Recht seit 1848, 2 Bde., 1850/52. Künßberg, Das deutsche Verfassungswerk im Jahre 1848, 1849. Jürgens, Zur Geschichte des deutschen Verfassungswerkes 1848/49, 2 Abtlg.[2], 1856/57. Wentzcke, Kritische Bibliographie der Flugschriften zur deutschen Verfassungsfrage 1848—1851, 1911. Blum, Die deutsche Revolution 1848/49, 1897. Brandenburg, Die Revolution 1848, 1912. Meinecke, Radowitz und die deutsche Revolution, 1913. Duncker, Zur Geschichte der deutschen Reichsversammlung in Frankfurt, 1849. Laube, Das erste deutsche Parlament, 3 Bde., 1849. Haym, Die deutsche Nationalversammlung, 3 Teile, 1849/50. Biedermann, Erinnerungen aus der Paulskirche, 1849. Vogel, Studien zur Geschichte des Frankfurter Parlaments bis zum März 1849, 1881. Wichmann, Denkwürdigkeiten aus der Paulskirche, 1888. Binding, Der Versuch der Reichsgründung durch die Paulskirche, 1892. Biedermann, Das erste deutsche Parlament, 1898. Bergsträsser in Zeitschr für Politik 6, 1913, 594—620. Perthes, Bundestag und deutsche Nationalversammlung im Jahre 1848, 1913. Ilse, Geschichte der deutschen Bundesversammlung, 3 Bde, 1861/62. v. Radowitz, Deutschland und Friedrich Wilhelm IV., 1848.

[2]) Vgl. oben S 178 Anm. 2.

such des Bundestages den Entschluß gefaßt, selbst die Initiative zur Umwandlung des Staatenbundes in einen Bundesstaat und zur Einberufung einer vorläufigen, an der Reorganisation der Bundesverfassung mitwirkenden Bundesrepräsentation zu ergreifen. Inzwischen aber trat in Frankfurt a. M. neben dem Bundestage, völlig unbhängig von ihm, eine unmittelbar aus dem Volke hervorgegangene freie, private Versammlung von Vertrauensmännern zur Förderung des deutschen Verfassungswerkes zusammen. Der Zusammentritt dieses sog. „Vorparlamentes" [1]) veranlaßte den Bundestag, ebenfalls in der nationalen Frage Schritte zu tun; er forderte die deutschen Regierungen auf [2]), in ihren sämtlichen deutschen Provinzen auf verfassungsmäßig bestehendem oder alsbald einzuführendem Wege unmittelbare Wahlen von Nationalvertretern anzuordnen, die in Frankfurt das deutsche Verfassungswerk zwischen den Regierungen und dem Volke zustande bringen sollten. In Preußen erfolgten die Wahlen zu dieser Nationalvertretung nach der im Einverständnis mit dem Vereinigten Landtage erlassenen Verordnung vom 11. April 1848 [3]). Die deutsche konstituierende Nationalversammlung trat am 18. Mai 1848 in der Frankfurter Paulskirche zusammen [4]). Sie betrachtete sich als Organ des souveränen deutschen Volkes. Sie setzte eine provisorische vollziehende Zentralgewalt für die gemeinsamen Angelegenheiten der deutschen Nation ein [5]) und übertrug diese bis zur endgültigen Begründung der Regierungsgewalt dem Erzherzog Johann von Österreich, der als „Reichsverweser" die Anerkennung der deutschen Regierungen fand und den Bundestag in der Ausübung seiner verfassungsmäßigen Rechte und Pflichten ablöste. Sie schuf das „Gesetz betr. die Grundrechte des deutschen Volks" vom 27. Dezember 1848 [6]) und die „Verfassung des deutschen Reichs" vom

---

[1]) Jucho, Verhandlungen des deutschen Parlaments, offizielle Ausgabe, 1848.

[2]) Auf Grund Beschlusses vom 30. März 1848, sog. „Bundesgesetzes" über die Wahlen zur deutschen Nationalversammlung.

[3]) GS. 1848, 94.

[4]) Wigard, Stenogr. Bericht über die Verhandlungen der deutschen konstituierenden Nationalversammlung zu Frankfurt a. M., 9 Bde. nebst Inh.-Verz., 1848/50. Haßler, Verhandlungen der deutschen verfassunggebenden Reichsversammlung, 6 Bde., 1848/49.

[5]) „Gesetz" vom 28. Juni 1848, „Reichs-Gesetzblatt" Nr. 1.

[6]) RGBl. vom 28 Dezember 1848, S. 49, später Abschnitt VI (§§ 130—189) der RV. Ottow, Die Grundrechte des deutschen Volkes, 1849. Eckhardt, Die Grundrechte vom Wiener Kongreß bis zur Gegenwart, 1913, 30—111. In Preußen sind die Grundrechte nicht verkündet worden.

28. März 1849 [1]) nebst dem Wahlgesetz für die Wahlen zum Volkshause vom 12. April 1849 [2]) und wählte König Friedrich Wilhelm IV. von Preußen zum erblichen „Kaiser der Deutschen". Dieser lehnte jedoch die ihm vom Volke angebotene Kaiserkrone ab [3]). Er erklärte, die Stimme der Nation gebe ihm zwar ein Anrecht, doch werde er ohne Zustimmung der anderen deutschen Fürsten keinen Entschluß fassen. Dieses Verhalten des Königs war vom Standpunkt des preußischen Königtums das allein mögliche. Nur von seinesgleichen, von den deutschen Fürsten, konnte er eine Krone empfangen [4]). Ihre Annahme aus der Hand des Volkes hätte das Prinzip der Volkssouveränität und die konstituierende Gewalt der Nationalversammlung sanktioniert, hätte ihn zum Oberhaupte eines demokratischen deutschen Staatswesens gemacht. Die Nationalversammlung löste sich daraufhin allmählich auf [5]). Die weitere Förderung der deutschen Frage lag wieder bei den einzelnen Regierungen.

2. Unverzüglich nahm Preußen seinen Initiativplan wieder auf. Es vereinigte sich mit Sachsen und Hannover am 26. Mai 1849 zum sog. Dreikönigsbündnis [6]). Der Zweck dieses für ein Jahr abgeschlossenen völkerrechtlichen Vertrages war die Begründung eines engeren staatsrechtlichen Bundes der Teilnehmer unter der Oberleitung Preußens; der Beitritt der übrigen deutschen Staaten und die Anbahnung eines völkerrechtlichen Unionsverhältnisses zu Österreich waren vorgesehen; die Entwürfe einer Verfassung und eines auf dem indirekten und Dreiklassen-Wahlrecht beruhenden Wahlgesetzes sollten einem hierzu einzuberufenden „Parlamente" vorgelegt werden. Die meisten deutschen Regierungen folgten dem Rufe Preußens zum Beitritt. Das Unions-

---

1) RGBl. 1849, 101. Stahl, Die deutsche RV nach den Beschlüssen der Nat.-Vers, 1849. Binding, Deutsche Staatsgrundgesetze 2⁴ 1911, 1—42. Bergsträsser, Die Verf. des Deutschen Reiches vom Jahre 1849, 1913. Ders, Gesch. der RV., 30—70.

2) RGBl 1849, 79. Binding, Staatsgrundgesetze 2, 43—48.

3) v Ranke, Aus dem Briefwechsel Friedrich Wilhelms IV. mit Bunsen, 1873, 199ff.

4) Bergsträsser, Geschichte der RV., 58.

5) Den preußischen Abgeordneten zur Nationalversammlung verbot die königliche Order vom 14. Mai 1849 die weitere Teilnahme. MinBl. f. d. innere Verw. 1849, 90.

6) Aktenstücke betr. das Bündnis vom 26. Mai und die deutsche Verfassungs-Angelegenheit, 2 Bde., 1849. v. Bülow, Die rechtliche Stellung der Deutschen Union im Deutschen Bunde, 1850 v Wangenheim, Das Dreikönigsbündnis vom 26. Mai 1849 und die Radowitzsche Politik, 1851.

parlament[1]) trat in Erfurt zusammen[2]) und nahm den Entwurf der Unionsverfassung an[3]). Zu ihrem Vollzuge berief Preußen den Fürstenkongreß nach Berlin. Aber das Unionswerk gelangte nicht zum Abschluß. Schon vor dem Zusammentritt des „Parlamentes“ waren Sachsen und Hannover aus dem Bündnis ausgetreten. Österreich betrieb mit Erfolg die Wiederherstellung des Bundestages zu Frankfurt, d. h. des alten Bundesverhältnisses unter dem österreichischen Präsidium[4]). Die deutschen Regierungen fügten sich und beschickten wieder die Bundesversammlung. Schließlich sah sich auch Preußen genötigt, dem österreichischen Drucke nachzugeben; es mußte in der mit Österreich abgeschlossenen Olmützer Konvention vom 29. November 1850 auf die Fortsetzung seines Unionswerkes verzichten und in ein gemeinsames Vorgehen mit Österreich zur Reform der Bundesverfassung einwilligen. Diese Reformversuche[5]) verliefen jedoch ergebnislos. Die später von Österreich eingeleitete Bewegung des deutschen Fürstentages zu Frankfurt (1863) scheiterte namentlich an dem Fernbleiben und dem Widerspruch Preußens. So bewendete es bei der alten Bundesverfassung der Jahre 1815 und 1820[6]). Eine Reform auf friedlichem Wege erschien ausgeschlossen.

II. Der deutsche Krieg des Jahres 1866 brachte die Lösung. Er vernichtete den Deutschen Bund[7]) und schuf die feste und klare Grundlage für die staatliche Neuordnung Deuschlands ohne Österreich unter Preußens Führung. Im Friedensvorvertrage zu Nikolsburg vom 26. Juli

---

[1]) Das Wahlgesetz (Entwurf) vom 26. Mai 1849 wurde in Preußen am 26. November 1849 publiziert (GS. 1849, 419).

[2]) Stenogr. Bericht über die Verhandlungen des Deutschen Parlaments zu Erfurt, 2 Bde., 1850 v. Rochau und Oelsner-Monmerqué, Das Erfurter Parlament und der Berliner Fürsten-Congreß, 1850. Brünnert, Das Erfurter Unionsparlament 1850, 1913.

[3]) Hansemann, Die deutsche Verfassung vom 26. Mai 1849, mit Anm., 1849. Binding, Staatsgrundgesetze 2, 54—85, 86—88.

[4]) Zachariä, Die Rechtswidrigkeit der versuchten Reaktivierung der deutschen Bundesversammlung, 1850.

[5]) Die Dresdener Konferenzen, mit Urkunden, 1851.

[6]) v. Poschinger, Preußen im Bundestag 1851—1859, 4 Bde, 1882—1884 (Publikationen aus den preuß. Staatsarchiven Bd. 12, 14, 15, 23). Ders., Preußens auswärtige Politik 1850 bis 1858, 3 Bde., 1902. Friedjung, Der Kampf um die Vorherrschaft in Deutschland 1859 bis 1866, 2 Bde.[8], 1910.

[7]) Preußen schied am 14. Juni 1866 aus dem Bunde aus. Die letzte Sitzung des Bundestages fand am 24. August 1866 statt.

1866[1]) (Art. 2) und im Prager Frieden vom 23. August 1866[2]) (Art. IV) erkannte Österreich die Auflösung des bisherigen Deutschen Bundes an, stimmte einer Neugestaltung Deutschlands ohne Beteiligung des österreichischen Kaiserstaates zu und versprach, das von Preußen nördlich der Mainlinie zu gründende engere staatsrechtliche Bundesverhältnis anzuerkennen[3]). Damit erlangte Preußen freie Hand zur Errichtung des Norddeutschen Bundes[4]). Schon vor Ausbruch des Krieges hatte Preußen durch gleichlautende Zirkularnote vom 10. August 1866 allen Staaten außer Österreich die „Grundzüge zu einer neuen Bundesverfassung“[5]) mit der Bitte vorgelegt, sich über die Frage schlüssig zu machen, ob sie etwa, wenn in der Zwischenzeit bei der drohenden Kriegsgefahr die bisherigen Bundesverhältnisse sich lösen sollten, einem auf der Grundlage dieser Modifikationen des alten Bundesvertrages neu zu errichtenden Bunde beizutreten geneigt sein würden. Am 16. Juni forderte Preußen alle norddeutschen Staaten außer Hannover, Sachsen und den beiden Hessen auf, mit ihm ein Bündnis auf den Grundlagen einzugehen, welche mit einem baldigst zu berufenden „Parlamente“ zu vereinbaren seien. Nur Sachsen-Meiningen und Reuß ä. L. lehnten ab. Mit den übrigen Staaten kam der völkerrechtliche Vertrag vom 18. August 1866, das sog. „Augustbündnis“, zustande[6]). Dieser Vertrag begründete zunächst

---

[1]) Staatsarchiv **11** 1866, Nr. 2364.

[2]) Staatsarchiv **11** 1866, Nr. 2369.

[3]) Über den Beitritt der übrigen gegnerischen Staaten in ihren Friedensschlüssen Laband, Staatsrecht[5] **1**, 6f.

[4]) Hierzu besonders Aegidi-Klauhold, Staatsarchiv, **10**ff., 1866ff. Glaser, Archiv des Norddeutschen Bundes, 1867. Hahn, Zwei Jahre preußisch-deutscher Politik 1866—1867, 1868. Maurenbrecher, Gründung des Deutschen Reiches 1859—1871, 1892. Busch in Histor. Zeitschr. **103**, 1909, 52—78. Triepel, Zur Vorgeschichte der norddeutschen Bundesverfassung, in Gierke-Festschrift, 1911, 589—644. Binding, Die Gründung des Norddeutschen Bundes, 1889. Haenel, Die vertragsmäßigen Elemente der deutschen RV., Studien **1**, 1873. Bornhak im ArchÖffR., 7 1892, 329—364. Pohl, Die Entstehung des belgischen Staates und des Norddeutschen Bundes, 1905. Ders. in ArchÖffR. **20**, 173—192. Wenzel, Zur Lehre der vertragsmäßigen Elemente der RV., 1909. Coenders in Zeitschr. f. Völkerrecht u. Bundesstaatsrecht, **3** 1909, 221—324. Grosch in ArchÖffR. **29** 1912, 126—163, 176—182. Jellinek, Allgemeine Staatslehre[3] 1914, 266—283, 769—787. Über die Frage der rechtlichen Konstruktion des deutschen Bundesstaates vgl. außerdem die Lehrbücher des Reichsstaatsrechts, insbesondere die Literaturangaben bei Laband[5] **1**, §§ 2, 4; Meyer-Anschütz[7] **1**, §§ 61—64, 67, 68.

[5]) Binding, Staatsgrundgesetze **1**, (größere Ausgabe)[6] 1912, 73—77.

[6]) GS. 1866, 626. Binding a. a. O. **1**, 77—79.

ein Offensiv- und Defensivbündnis aller beteiligten 22 souveränen norddeutschen Staaten[1]) zur Erhaltung ihrer Unabhängigkeit und Integrität sowie ihrer äußeren und inneren Sicherheit und stellte die Truppen dieser Staaten unter den Oberbefehl des Königs von Preußen. Der Vertrag enthielt weiterhin die Vereinbarung, die Zwecke des Bündnisses endgültig durch eine Bundesverfassung sicherzustellen, d. h. das völkerrechtliche Bündnis durch einen staatsrechtlichen Bund zu ersetzen, und zwar auf der Basis der preußischen Grundzüge vom 10. Juni 1866 unter Mitwirkung eines gemeinschaftlich zu berufenden „Parlamentes". Letzteres sollte auf Grund des Reichswahlgesetzes vom 12. April 1849 gebildet, die Wahlen gleichzeitig von den verbündeten Regierungen angeordnet, das „Parlament" gemeinschaftlich von ihnen einberufen werden; der Entwurf der Bundesverfassung sollte in Berlin durch Bevollmächtigte der Regierungen nach Maßgabe der „Grundzüge" festgestellt und dem „Parlament" zur Beratung und Vereinbarung vorgelegt werden. Die Dauer des Bündnisvertrages wurde bis zum Zustandekommen des neuen Bundes, längstens auf ein Jahr, bemessen. Durch diesen Vertrag war die Gründung des Bundes völkerrechtlich festgelegt. Zur Erfüllung ihrer völkerrechtlichen Vertragspflichten hatten die verbündeten Staaten zunächst die Wahlen anzuordnen und Bevollmächtigte zur Feststellung des Verfassungsentwurfes zu entsenden. Zu ersterem Zwecke wurde das Wahlgesetz vom 12. April 1849 in allen Staaten[2]) — in Preußen durch Gesetz vom 15. Oktober 1866[3]) — in Kraft gesetzt, d. h. zum Landesgesetz erhoben[4]); eine Konferenz von Bevollmächtigten einigte sich über den dem „Parlament" vorzulegenden Entwurf der „Verfassung des Norddeutschen Bundes"[5]). Nachdem die Wahlen vollzogen waren, berief der König von Preußen durch Patent vom 13. Februar 1867[6]) kraft

[1]) Einige Staaten traten erst etwas später bei: beide Mecklenburg, das Großherzogtum Hessen für sein Gebiet nördlich des Main, Reuß ä. L., Sachsen-Meiningen, das Königreich Sachsen. Binding a. a. O. 1, 79f.

[2]) Glasers Archiv des Nordd. Bundes 1 2, 19—98.

[3]) GS. 1866, 623. Dieses Gesetz erkannte dem „Parlament" nur beratende Funktion zu.

[4]) Über die Notwendigkeit dieser Maßnahme gehen die Meinungen auseinander. Dagegen namentlich Binding, Gründung des Nordd. Bundes, 20—29; dafür mit Recht z. B. Zorn, Staatsrecht 1, 22.

[5]) Preußischer Entw. vom 15. Dezember 1866 bei Binding a. a. O. 1 81—114. Triepel in der Gierke-Festschrift 1911, 589ff.

[6]) GS. 1867, 205.

der ihm erteilten Ermächtigung den „konstituierenden Reichstag"[1]). Dieser billigte den Verfassungsentwurf[2]) mit mehreren Änderungen, zu denen die Kommissare der verbündeten Regierungen ihre Zustimmung erklärten. Da der „konstituierende Reichstag" nur auf völkerrechtlicher Grundlage beruhte, also kein wirkliches Parlament, sondern lediglich eine Notabelnversammlung darstellte, so konnte er zwar den Inhalt, d. h. den Entwurf der Verfassung des zu gründenden Neustaates feststellen, diesem Verfassungsentwurf aber zu keiner gesetzlichen Kraft verhelfen. Ebensowenig vermochte dies die nun folgende Zustimmung der einzelnen Volksvertretungen der verbündeten Staaten[3]). „Das zustimmende Votum der Landtage galt der Verfassung nicht als Gesetzentwurf, sondern als Vertragsbestandteil, als Zubehör und Anlage des auf Gründung des Norddeutschen Bundes zielenden Staatsvertrages der deutschen Regierungen, des Augustbündnisses. Mit diesem Votum wollte der preußische, sächsische usw. Landtag seiner Regierung nicht die Ermächtigung erteilen, die Verfassung als (Landes-) Gesetz zu sanktionieren und zu publizieren, sondern er wollte sein — bis zu dieser Stunde noch vorbehaltenes — Jawort dazu geben, daß sein Staat gemeinsam mit den anderen 21 Staaten den durch die Verfassung definierten Bundesstaat gründe und ihm beitrete."[4]) Diese gemeinsame Gründung des Neustaates unter Beitritt aller Staaten zu ihm sollte nach der in den Publikationspatenten[5]) des Bundesverfassungsentwurfes niedergelegten völkerrechtlichen Vereinbarung am 1. Juli 1867 vollzogen werden. Dieser Vollzug des Augustbündnisses hat dann auch mit dem 1. Juli 1867 nach Maßgabe des Bundesverfassungsentwurfes tatsächlich stattgefunden. Er geschah durch schlüssige Handlungen der Organe sowohl der verbündeten Einzelstaaten als auch — dies ist das Entscheidende — des neuen Gesamtstaates. Die Einzelstaaten betätigten sich durch ihre Organe als Gliedstaaten des neuen Gesamtstaates, dieser betätigte sich durch seine eigenen Organe, als deren erstes das Bundespräsidium Wilhelm I. handelnd auftrat[6]), als zwar völkerrechtlich

---

[1]) Stenogr. Berichte über die Verhandlungen des Reichstages des Nordd. Bundes im Jahre 1867.

[2]) Binding a. a. O. 1, 81—114.

[3]) Im preußischen Landtage wurde über den Entwurf in jeder Kammer gemäß Art. 107 der Verf.-Urk. zweimal abgestimmt; die Publikation der Bundesverfassung in der GS. erfolgte durch Patent vom 24. Juni 1867 (GS. 1867, 817).

[4]) Anschütz in der Enzyklopädie[7] 4, 1914, 57.

[5]) Glasers Archiv des Nordd. Bundes, 1 4, 117 ff.

[6]) Als weitere Organe des neuen Bundesstaates berief das Bundespräsidium

vorbereitetes, aber rein faktisch in Wirksamkeit getretenes neues Staatswesen; den ersten, ebenfalls nicht ausdrücklich vorgenommenen, sondern lediglich aus schlüssigen Handlungen erkennbaren Staatsakt des Neustaates bildete die Anerkennung, genauer der Erlaß der inhaltlich vorbereiteten, aber jetzt erst Gesetzescharakter und Gesetzeskraft erlangenden Bundesverfassung. Nichts weiter als die deklaratorische Feststellung des Geschehenen enthielt das Publikandum vom 26. Juli 1867[1]); in ihm brachte Wilhelm I. als Präsidium und im Namen des Norddeutschen Bundes zur öffentlichen Kenntnis, daß die von den norddeutschen Fürsten und von den Senaten der freien Städte mit dem konstituierenden „Reichstage" vereinbarte Verfassung des Norddeutschen Bundes[2]) im ganzen Umfange des Bundesgebietes unter dem 25. Juni 1867 verkündet worden sei und am 1. Juli d. J. Gesetzeskraft erlangt habe. Am 1. Juli 1867 war der norddeutsche Bundesstaat ins Leben getreten[3]). Das Augustbündnis war durch Erfüllung gegenstandslos geworden.

III. Die Ausgestaltung[4]) dieses norddeutschen zum gesamtdeutschen Bundesstaate, die Errichtung des Deutschen Reiches[5]) veränderte die staatsrechtliche Stellung der norddeutschen Gliedstaaten, also auch Preußens, kaum. Der Eintritt der süddeutschen Staaten in den deutschen Bundesstaat war in der Verfassungsurkunde des Norddeutschen Bundes vorgesehen. Art. 79 verwies dafür auf den Weg der Bundesgesetzgebung, für die vorläufigen Beziehungen des Nord-

---

nach Maßgabe der Bundesverfassung den Bundeskanzler (BGBl. 1867, 23), den Bundesrat (das. 25) und den Reichstag (das. 31).

[1]) Bundesgesetzblatt 1867, 1.

[2]) BGBl. 1867, 2. Binding a. a. O. 1, 2—72.

[3]) Hiersemenzel, Die Verfassung des Nordd. Bundes, 1867. v. Martitz, Betrachtungen über die Verfassung des Nordd. Bundes, 1868. G. Meyer, Grundzüge des Nordd. Bundesrechtes, 1868. Thudichum, Verfassungsrecht des Nordd. Bundes und des Deutschen Zollvereins, 1870.

[4]) Die Streitfrage, ob in der Reichsgründung eine Erweiterung des Norddeutschen Bundesstaates (Laband, Haenel, Anschütz) oder eine staatliche Neugründung (Zorn) zu erblicken ist, gehört in das Reichsstaatsrecht.

[5]) Hierzu besonders: Kollers Archiv des Nordd. Bundes und Zollvereins. Hahn, Der Krieg Deutschlands gegen Frankreich und die Gründung des Deutschen Kaiserreiches, 1871. Lorenz, Kaiser Wilhelm und die Begründung des Reichs 1866—1871, 1902. Busch, Die Kämpfe um RV. und Kaisertum 1870/71, 1906. Brandenburg, Der Eintritt der Süddeutschen Staaten in den Norddeutschen Bund, 1910. Stolze, Die Gründung des Deutschen Reiches im Jahre 1870, 1912. Haenel, Bornhak, Wenzel, Coenders, Grosch in den S. 226 Anm. 4 angeführten Schriften

deutschen Bundes zu den Südstaaten auf besondere, dem Reichstage zur Genehmigung vorzulegende (völkerrechtliche) Verträge. Diese bestanden in einem gegenseitigen Schutz- und Trutzbündnis[1]) und in einem den preußisch-deutschen Zollverein fortsetzenden und erweiternden Zoll- und Handelsverein mit gemeinsamen Organen (Zollpräsidium, Zollbundesrat, Zollparlament)[2]). Die völkerrechtliche Grundlage zur Aufrichtung des gesamtdeutschen Bundesstaates bildeten die während des deutsch-französischen Krieges zwischen dem Norddeutschen Bunde und den süddeutschen Staaten abgeschlossenen sog. Novemberverträge[3]), ein Gegenstück zu den Augustverträgen des Jahres 1866. Sie begründeten die völkerrechtliche Verpflichtung zur Mitwirkung bei der Schaffung des Deutschen Bundes und stellten den Inhalt der für diesen Bund maßgebenden Bundesverfassung fest. Sie wurden samt dem Entwurfe der neuen Bundesverfassung von den gesetzgebenden Faktoren der kontrahierenden Staaten gutgeheißen[4]). Am 1. Januar 1871, dem vorgesehenen Zeitpunkt, trat die neue Bundesstaatsgewalt, die Reichsgewalt, kraft schlüssiger Handlungen der Organe sowohl der Gliedstaaten als vor allem des neuen Oberstaates ins Leben. Der erste Staatsakt der neuen Reichsgewalt war die Anerkennung (der Erlaß) des für den Neustaat vorgemerkten Verfassungsentwurfs als Verfassungsgesetz. Die Novemberverträge waren damit insoweit, als sie auf die Aufrichtung des neuen Bundesstaates lauteten, durch Erfüllung erloschen[5]). Der feierliche Akt der Kaiserproklamation zu Versailles am 18. Januar 1871 war lediglich die Bekundung des bereis geschehenen tatsächlichen Vorganges der Reichsgründung[6]). Eine Neuredaktion der Verfassung erfolgte durch das Gesetz betr. die Verfassung des Deutschen Reichs vom

[1]) Diese Bündnisse waren schon im Jahre 1866 (mit Hessen erst 1868) von Preußen abgeschlossen; sie wurden vom Nordd. Bunde übernommen.

[2]) Vertrag zwischen dem Nordd. Bunde, Bayern, Württemberg, Baden und Hessen, die Fortdauer des Zoll- und Handelsvereins betr., vom 8. Juli 1867 (BGBl. 1867, 81. Binding a. a. O. 1, 116—148). Vereinszollgesetz vom 1. Juli 1869 (BGBl. 1869, 317). v. Festenberg-Packisch, Geschichte des Zollvereins, 1869. Fränzinger, Der deutsche Zollbund, 1868.

[3]) Sten Ber. der Verhandlungen des Nordd. Reichstages 1870, Anlagen Nr. 6, 9, 12. BGBl. 1870, 627, 650, 654, 657; 1871, 9. Binding a. a. O. 1, 148—207.

[4]) Für den Nordd. Bund vgl. BGBl. 1870, 627; 1871, 10.

[5]) Die Frage nach dem späteren Rechtstitel der fortgeltenden Bestandteile der Novemberverträge gehört dem Reichsstaatsrecht an. Vgl. darüber die S. 226 Anm. 4 angeführten Schriften von Haenel und Wenzel.

[6]) Töche-Mittler, Die Kaiserproklamation in Versailles, 1896.

16. April 1871[1]). Die diesem Gesetz beigefügte Verfassungsurkunde für das Deutsche Reich trat an die Stelle der zwischen dem Norddeutschen Bunde, Baden und Hessen vereinbarten Verfassung des Deutschen Bundes sowie der mit Bayern und Württemberg über den Beitritt zu dieser Verfassung geschlossenen Novemberverträge[2]). Die späteren ausdrücklichen und stillschweigenden Änderungen der Reichsverfassung[3]) haben ihre wesentlichen Grundlagen nicht berührt[4]).

B. Die Rückwirkung der Bundes- (Reichs-) Gründung[5]) auf Preußen[6]). § 14.

I. Die Abänderung des preußischen Verfassungsrechts. Aufgabe der deutschen Bundes- (Reichs-) Verfassung[5]) war die staatsrechtliche Grundeinrichtung des neuen Gesamtstaatswesens, nicht seiner Glieder. Ihr Inhalt erstreckte sich natürlich auch auf das Verhältnis der Einzelstaaten zum Gesamtstaat; sie war nicht berufen, in das innerstaatliche Verfassungsleben der Einzelstaaten einzugreifen. Enthielt sie sich demgemäß der unmittelbaren Einmischung in die gliedstaatlichen Verfassungsnormen, so wurde doch mittelbar das Verfassungsrecht der Gliedstaaten durch die Errichtung und Organisation des Oberstaates sehr empfindlich getroffen. Auch das preußische Verfassungsrecht erfuhr auf diese Weise einschneidende Änderungen sowohl im einzelnen wie in seinen Grundlagen. Diesem Umstande haben die

1) BGBl. 1871, 63. Kommentare zur RV. verfaßten: v. Seydel ([2] 1897), Arndt ([5] 1913), Dambitsch (1910), Posener (1903), v. Proebst-Oeschey ([4] 1913), Rauchalles (1907), Reincke (1906), v. Rönne ([9] 1904), Zorn (1895). Kuhlenbeck, Otto von Bismarck, Reden und Aussprüche zur Deutsch. RV, 1901. Literatur zum Reichsstaatsrecht bei Meyer-Anschütz[7] 1, 216 f.

2) BGBl. 1871, 64. Binding a. a. O. 1, 148—207.

3) Übersicht bei Binding a. a. O. 1, S. XII—XIV. Laband im Jahrbuch des ÖffR. der Gegenwart 1, 1907, 1—46. Bornhak im ArchÖffR. 26, 1910, 373 bis 400. Frede, die an der RV. vorgenommenen Änderungen, 1912.

4) Eine grundstürzende Änderung (Übergang zur parlamentarischen Regierungsweise) brachten erst die beiden Reichsgesetze vom 28. Oktober 1918 (RGBl. 1918, 1273, 1274). Giese, Die Verf. des Deutschen Reiches vom 11. August 1919 (Taschenausgabe)[2], 1920, 3 ff.

5) In diesem Paragraphen umfaßt die Bezeichnung „Reich" gleichzeitig den „Norddeutschen Bund".

6) Diese wichtige Frage wird in den Lehrbüchern des preußischen Staatsrechts äußerst stiefmütterlich, in den Darstellungen des Reichsstaatsrechts vom Standpunkt des Reiches aus behandelt; eine monographische Bearbeitung fehlt.

preußischen Kammern bei der parlamentarischen Behandlung des Entwurfes zum preußischen Publikationspatent über die Verfassung des Norddeutschen Bundes durch Beobachtung des Artikels 107 der Preußischen Verfassungsurkunde über Verfassungsänderungen, nämlich durch zweimalige Abstimmung mit 21 tägiger Zwischenfrist, Rechnung getragen. Das Publikationspatent vom 24. Juni 1867 erging also als verfassungänderndes Gesetz[1]). In ihm verkündete der König die Bundesverfassung mit dem Bemerken, daß sie im ganzen Umfange der Monarchie am 1. Juli 1867 in Kraft treten werde. Dieser Akt der preußischen Legislative bedeutete jedoch nichts anderes, als die in Gesetzesform erteilte Zustimmung des preußischen Staates zur gemeinsamen Errichtung des seiner Organisation nach in dem Verfassungsentwurf beschriebenen neuen Bundesstaates[2]). Mehr konnte er nicht bedeuten, weil sein Inhalt den Rahmen eines preußischen Gesetzes sprengte[3]). Staatsrechtlich erfolgten daher die Änderungen des preußischen Verfassungsrechts weder durch das genannte noch durch sonst ein preußisches Gesetz, vielmehr durch die Bundesverfassung als Gesetz des neuen Bundesstaates kraft der Überordnung der Bundesstaatsgewalt über die preußische Gliedstaatsgewalt, kraft des Satzes: Bundesrecht bricht Landesrecht[4]). Da die Änderungen im Wortlaut des bestehenden preußischen Verfassungsrechts und so auch der Verfassungsurkunde nicht ausdrücklich vermerkt wurden, entsprach ihr Wortlaut nicht mehr dem nunmehr maßgebenden Rechtszustande. Die Wissenschaft hat daher diesen Rechtszustand, wie er unter dem Einfluß der Bundesverfassung gestaltet worden ist, festzustellen.

II. Die Staatsform der preußischen Monarchie.

1. Am folgenschwersten war die Beeinträchtigung der äußeren Staatsform Preußens[5]).

a) Bis dahin souveräner Einheitsstaat, wurde Preußen jetzt nichtsouveräner Gliedstaat. Als souveräner Staat hatte es bei der Er-

---

1) GS. 1867, 817.

2) Vgl. oben S. 228.

3) Treffend Haenel, Studien 1, 53 ff., 75 ff.; Staatsrecht 1 1892, 29 f. Laband, Staatsrecht des Deutschen Reiches[5] 1, 25 ff. Zorn, Staatsrecht[2] 1, 27 f. Abweichend Arndt, Reichsverfassung[5] 1913, 13 ff.

4) Laband a. a. O. 1, 31: „Der Eintritt in den Norddeutschen Bund ist das Frühere, ist Grund und Ursache, die Abänderung der damit unvereinbaren Bestimmungen der Landesverfassungen das Spätere, die Folge und Wirkung.“

5) Laband a. a. O. 1, §§ 9—11. v. Rönne-Zorn, Staatsrecht[5] 1, 118 bis 131. Jacobi, Der Rechtsbestand der deutschen Bundesstaaten, 1917.

richtung des Bundesstaates mitgewirkt, als nicht mehr souverän gehörte es dem entstandenen Bundesstaate an. Es hatte sich durch den Beitritt zum deutschen Gesamtstaate seiner Souveränität, und zwar für immer, begeben. Erblickt man das Wesen der Souveränität[1]) in der Eigenschaft einer vollkommenen Staatsgewalt, daß sie die durch keine andere irdische Macht gegen den eigenen Willen rechtlich beschränkbare, mit der ausschließlichen Fähigkeit rechtlicher Selbstbestimmung und Selbstbindung ausgestattete Gewalt darstellt[2]), so konnte man die Staatsgewalt des Gliedstaates Preußen nicht mehr als souveräne Gewalt bezeichnen. Denn über die Staatsgewalten der Gliedstaaten trat, sie gegen ihren Willen rechtlich zu beschränken befähigt und ihnen die alleinige Fähigkeit rechtlicher Selbstbestimmung und Selbstbindung raubend, die Staatsgewalt des deutschen Bundesstaates. Zwar aus einer Reihe einzelner Staaten bestehend, bildete das Reich dennoch keinen bloß völkerrechtlichen, sondern einen staatsrechtlichen Verband, keinen Staatenbund[3]), wie es der Deutsche Bund gewesen war, sondern einen Bundesstaat mit eigener zentraler Staatsgewalt, eigenem[4]) Wirkungskreis, eigenen Organen, eigenen Funktionen. Diese Oberstaatsgewalt war selbst eine souveräne Gewalt. Das Verhältnis der Gliedstaatsgewalten zu ihr beruhte auf dem Grundsatze nicht der Nebenordnung, sondern der Unterordnung. Die Gliedstaaten behielten zwar innerhalb ihres Wirkungskreises volle Selbständigkeit, aber über die Abgrenzung seines und damit ihres Wirkungskreises verfügte bindend allein der Oberstaat. Er besaß die verfassungsmäßige Fähigkeit, die Kompetenzgrenze jederzeit zu seinen Gunsten zu verschieben (Art. 78), in Verfassung und Rechtsordnung der Gliedstaaten gegen ihren Willen ändernd einzugreifen (Art. 2)[5]), die Wirksamkeit der Gliedstaaten (ins-

---

[1]) Mit der enschieden herrschenden Lehrmeinung; vgl. vor allem Jellinek, Allgemeine Staatslehre³ 1914, 453 ff., 474 ff. Abweichend Affolter, Allgemeines Staatsrecht, 11; Preuß, Gemeinde, Staat, Reich als Gebietskörperschaften 1889, 92 ff.

[2]) So Jellinek a. a. O. 481 f.

[3]) Äußerlich wird diese von Max v. Seydel und seiner Schule vertretene Auffassung pietätvoll beibehalten in der Neubearbeitung des Seydelschen Bayerischen Staatsrechts durch Piloty, 1, 1913, 71 ff. Vgl. Pilotys abweichende Meinung daselbst 71 ¹.

[4]) Der zwar in der Bundesverfassung (Art. 4) abgegrenzt, aber vom Bundesstaate selbst bestimmbar, d. h. gegen den Willen der Gliedstaaten erweiterbar (Art. 78) war.

[5]) Posener, Das Deutsche Reichsrecht im Verhältnis zum Landesrechte, 1900. Jacobi, Rechtsbestand, 1917.

besondere die Ausführung der Reichsgesetze durch sie) kontrollierend zu überwachen (Art. 4, 17)[1]), ihnen Abgaben (Matrikularbeiträge) aufzuerlegen (Art. 70), die Erfüllung ihrer verfassungsmäßigen Bundespflichten gegebenenfalls zu erzwingen (Art. 19)[2]). Diese Rechtslage rechtfertigt die Feststellung, daß nur die Staatsgewalt des Oberstaates eine souveräne, diejenige der Gliedstaaten, also auch Preußens, keine souveräne mehr war[3]). Die Annahme, es habe sich bei ihnen um eine auf freiem Willen beruhende bloße „Beschränkung" der Souveränität gehandelt, ist abzulehnen. Auf Preußens und der übrigen Gliedstaaten freiem Willen beruhte der Eintritt in den Bund und die Unterordnung unter die Bundesgewalt allerdings; dies bedeutete aber keine vorübergehende, widerrufliche Selbstbeschränkung, sondern eine dauernde Unterwerfung unter einen höheren Willen, die Begründung eines ständigen Abhängigkeitsverhältnisses, bei dem die übergeordnete Gewalt des Oberstaates nicht auf dem Willen des Gliedstaates, sondern auf dem eigenen Willen des Oberstaates beruhte. Ein solches Verhältnis bewirkte notwendig einen dauernden Verlust der Souveränität. Die fernere Annahme, daß im Gegensatz zu den anderen Gliedstaaten wenigstens Preußen vermöge seiner privilegierten Sonderstellung im Organismus des Reiches[4]) noch eine souveräne Staatsgewalt behalten habe, ist gleichfalls abzulehnen[5]). Dieser Umstand wäre vielleicht von Bedeutung gewesen, wenn Preußen infolgedessen seine eigene Staatsverfassung der Einwirkung der souveränen Reichsgewalt zu entziehen vermocht hätte. Preußen war nun allerdings dank seiner 17 Stimmen im Bundesrate befähigt, eine solche Einwirkung zu verhindern, wenn

[1]) Kiefer, Das Aufsichtsrecht des Reiches über die Einzelstaaten, 1909.

[2]) Allerdings war die Bundesexekution Preußen gegenüber undurchführbar, weil das mit ihrer Vollstreckung betraute Reichsorgan zugleich König von Preußen war. Fleischer, Die Zuständigkeit des BR. für Erledigung von öffentlichen Streitigkeiten, 1904, 69—78.

[3]) Daß die Gliedstaaten nicht mehr souverän sind, ist herrschende Meinung des Reichsstaatsrechts. Vgl. statt vieler Laband a. a. O. **1**, 72—77. Zusammenstellung bei Arndt, Reichsverfassung[5], 23. Unhaltbar ist die Lehre von der geteilten Souveränität (vertreten von Waitz, Das Wesen des Bundesstaates, in „Grundzüge der Politik" 1862, 153 ff., wieder aufgetaucht bei Hausmann im ArchÖffR. **33** 1915, 82—114), ebenso diejenige von der Doppelsouveränität (Mode, Doppelsouveränität im Deutschen Reiche, 1900, bes. 52 ff.). Unanfechtbar Jellinek, Allgemeine Staatslehre[3] 1914, 485 f. 502 ff.

[4]) Die jedoch keine Hegemonie darstellt, wie Kittel (die preußische Hegemonie, 1896) annimmt.

[5]) A. M. Bornhak, Staatsrecht[2] 1, 71 f. Richtig Hubrich, Staatsrecht, 111 f.

sie durch eine Kompetenzerweiterung der Reichsgewalt vorbereitet werden mußte, nicht aber auch dann, wenn sie innerhalb der bestehenden Reichskompetenz durch einfaches Reichsgesetz vollzogen werden konnte. Jene Vorzugsstellung Preußens äußerte ihre Wirkung also nicht auf dem Gebiete der preußischen Landesverfassung, die sie nur in einzelnen Fällen rückwirkend zu schützen vermochte[1]), sondern auf dem des bundesstaatlichen Verfassungsorganismus. Preußen konnte zwar mit seinen 17 Bundesratsstimmen (Art. 6) jede Änderung der Reichsverfassung, wozu schon 14 Stimmen hinreichten, zu Fall bringen (Art. 78), seine eigene Verfassung aber stand zur Disposition der einfachen Reichsgesetzgebung (Art. 2); Preußen hatte ein Vetorecht gegenüber Gesetzesvorschlägen über Militärwesen, Kriegsmarine und gewisse indirekte Steuern (Art. 5 Abs. 2, 35) sowie gegen Ausführungsmaßnahmen über Zölle und Verbrauchssteuern (Art. 37), konnte aber Eingriffe des Reichsgesetzgebers in sein eigenes Steuerrecht nicht verhindern. Somit war die Vorzugsstellung Preußens vor anderen Gliedstaaten auf dem Gebiete der Reichsorganisation nicht geeignet, es auch hinsichtlich seiner eigenen Verfassung derart bevorrechtigt erscheinen zu lassen, daß die Unterordnung seiner Staatsgewalt unter diejenige des Reichs negiert werden konnte. Vollends ist es mit dem Begriff der Souveränität gänzlich unvereinbar, daß, wenn der Oberstaat souveräne Gewalt hat, solche auch dem Gliedstaate zustehe[2]).

b) Verloren hatte Preußen aber nur die Souveränität, nicht auch den Staatscharakter. Die Frage, ob es nichtsouveräne Staaten geben könne, ist mit der herrschenden Lehrmeinung[3]) zu bejahen. Die Souveränität ist kein wesentliches Merkmal der Staatsgewalt. Auch eine dieses Merkmals entbehrende, daher unvollkommene Staatsgewalt ist immerhin noch Staatsgewalt. Die Gliedstaatsgewalt ist eine ursprüngliche Herrschergewalt, die ihre Kraft nicht von der Oberstaatsgewalt ableitet, die kraft eigenen (nicht des Oberstaates) Willens wirkt, die nach eigenen (nicht nur des Oberstaates) Gesetzen ausgeübt, deren Organisation[4]) von ihr selbst (nicht vom Oberstaate) geschaffen wird.

---

[1]) So stellte das der Krone Preußen zustehende Bundespräsidium (Art. 11) eine bundesmäßige Garantie des preußischen Königtums dar.

[2]) Abweichend die S. 234 Anm. 3 angeführten Schriften von Waitz, Mode und Hausmann.

[3]) Jellinek, Staatslehre, 486—489.

[4]) Elsaß-Lothringen war vor allem deshalb kein Staat, weil ihm die Fähigkeit der Selbstverfügung über seine Verfassung abging. Gesetz über die Verfassung Elsaß-Lothringens vom 31. Mai 1911, Art. III Satz 2.

Hierdurch unterscheidet sich zugleich die nichtsouveräne Staatsgewalt von der öffentlichrechtlichen Gewalt eines kommunalen Selbstverwaltungskörpers. Letztere ist eine vom Staate abgeleitete, auf staatlicher Delegation beruhende Gewalt, die nicht kraft eigenen, sondern kraft fremden (des Staates) Willens wirkt, nicht nach eigenen, sondern nach fremden (des Staates) Gesetzen ausgeübt wird, ihre Organisation nicht selbst bestimmt, sondern vom Staate empfängt[1]). Wie alle Gliedstaaten, bildete auch Preußen trotz Einbuße des souveränen Charakters seiner Staatsgewalt noch einen wirklichen Staat.

2. Unverändert durch den Beitritt zum Bundesstaat blieb die innere Staatsform der preußischen Monarchie. Unberührt galt weiterhin das monarchische Prinzip, das die Fülle der Staatsgewalt in der Person des Königs vereinigte. Die gegenständliche Verringerung des Tätigkeitsbereiches der preußischen Staatsgewalt zugunsten der Reichsgewalt brachte natürlich eine entsprechende Verringerung der Rechte des preußischen Königtums mit sich. Der König führte nicht mehr den Oberbefehl über Heer und Marine, entschied nicht mehr über Krieg und Frieden, übte nicht mehr die Münzhoheit aus; diese und einige andere Funktionen waren auf das Bundespräsidium (den Kaiser) übergegangen[2]). Soweit aber weiterhin im preußischen Staate Hoheitsrechte welcher Art auch immer auszuüben waren, standen sie nach wie vor dem Könige als dem Träger der preußischen Staatsgewalt zu. Ja, das monarchische Prinzip hatte sogar eine reichsrechtliche Garantie dadurch empfangen, daß die Reichsverfassung die Kaiserwürde dem jeweiligen Träger der preußischen Krone zuwies, das preußische Königtum somit als notwendige Grundlage und als wesentlichen Bestandteil des Reichsorganismus hinstellte. Ein Wegfall oder eine wesentliche Änderung des preußischen Königtums mußte demnach als grundstürzende Änderung des Reichsorganismus nicht nur die preußische, sondern auch die Reichsverfassung berühren, war also von der Zustimmung nicht nur

---

[1]) Vgl. insbesondere Jellinek, Über Staatsfragmente, 1896, 12ff.; ders., Staatslehre, 489ff., 644ff. Rosin in Annalen des Deutschen Reichs 1883, 283ff. Rosenberg im ArchÖffR. **14** 1899, 328—370. Laband, Staatsrecht[5] **1**, 72, 105 Gegen diese herrschende Lehre mit beachtenswerten, aber abzulehnenden Ausführungen Preuß, Gemeinde, Staat, Reich als Gebietskörperschaften, 1889, bes. 174ff, 218ff., 366ff.; ders., Das Städtische Amtsrecht in Preußen, 1902, 131ff., 151ff.

[2]) Die organische Stellung des Königs als Präsidium im Oberstaate und der darauf beruhende Zuwachs an Funktionen gehört nicht in die Darstellung des preußischen Staatsrechts; die tatsächliche und politische Rückwirkung auf die Stellung des preußischen Königs ist staatsrechtlich ohne Belang.

des preußischen, sondern auch des Reichsgesetzgebers abhängig und konnte insbesondere in der Reichsgesetzgebung als Verfassungsänderung gemäß Artikel 78 nicht ohne Einverständnis der preußischen Staatsregierung erfolgen. Im übrigen aber und in seinen Einzelheiten war das Königtum ein Bestandteil lediglich des preußischen Verfassungsrechtes geblieben. So wichtig für den Bundesstaat z. B. die Vorschriften über Thronfolgeordnung und Stellvertretung in den Kronrechten waren, blieb doch für die Verfügung hierüber nach wie vor allein die preußische Gesetzgebung zuständig.

III. Das preußische Staatsgebiet wurde in seinem ganzen Umfange[1]) Bundes (-Reichs-) Gebiet. Es stand fortan unter der Gebietshoheit sowohl des preußischen Gliedstaates als auch des deutschen Oberstaates. Die Folge davon war einerseits die reichsrechtliche Garantie des in Art. 1 der Reichsverfassung mitverzeichneten preußischen Territorialbestandes, andrerseits die Beschränkung Preußens in der Verfügung über sein Gebiet[2]). Jede Änderung der preußischen Auslandgrenze bedeutete nunmehr zugleich eine Änderung der Reichsgrenze, unterlag daher der Entscheidung der gesetzgebenden Faktoren nicht nur Preußens, sondern auch des Reiches. Anderen Gliedstaaten gegenüber stand Preußen die Vornahme von Grenzveränderungen nur insoweit noch frei, als dadurch nicht Einrichtungen und Bestimmungen des Reiches unmittelbar oder mittelbar betroffen wurden. Die Bestimmungen des preußischen Verfassungsrechtes über Einheit und Unteilbarkeit des Staatsgebietes blieben unberührt, ja sie erhielten durch die die Staatseinheit Preußens verbürgende Formulierung in Art. 1 der Reichsverfassung[3]) noch die erhöhte reichsverfassungsmäßige Gewährleistung.

IV. Die preußische Staatsangehörigkeit erweiterte sich zur Staats- und Reichsangehörigkeit. Beide waren dergestalt untrennbar miteinander verknüpft, daß jeder Preuße als solcher zugleich Deutscher und mit dem Reiche durch ein unmittelbares, nicht etwa erst durch das Medium seines Gliedstaates vermitteltes Band von Pflichten und Rechten verbunden war. Die Angehörigkeit zum Reiche war die notwendige Folge derjenigen zum Gliedstaat. Die Gesetzgebung über

[1]) Anders im alten Reich und im Deutschen Bunde. Siehe oben S. 127 und v. Rönne-Zorn, Staatsrecht 1, 120, Anm. 2.

[2]) Giese, „Verfügungen" über deutsches Staatsgebiet, im ArchÖffR. 37 1917, 165 ff., bes. 194—196. Jacobi, Rechtsbestand, 1917, 21 ff.

[3]) Der Wortlaut des Art. 1 trug allerdings noch der erst 1876 (Gesetz vom 23. Juni 1876) durch Verschmelzung beider Länder fortgefallenen Personalunion Preußens mit Lauenburg Rechnung.

das „Staatsbürgerrecht" wurde zur Kompetenz des Reiches gezogen (Art. 4 Nr. 1). Die Voraussetzungen für Erwerb und Verlust der Staats- und Reichsangehörigkeit bestimmte fortan nicht mehr der Gliedstaat, sondern allein das Reich[1]). Preußen war jede Regelung dieses Gegenstandes entzogen und es war auch bei den die Staatsangehörigkeit betreffenden Verwaltungsakten (Einbürgerung, Aufnahme, Entlassung, Aberkennung der Angehörigkeit) an die reichsgesetzlichen Vorschriften gebunden. Dagegen erfuhr der Inhalt der preußischen Staatsangehörigkeit (zwar nicht seinem Wesen, wohl aber) seinem Bestande nach große Veränderungen. Die Pflichten und Rechte der Staatsangehörigen gegenüber dem Staate beruhten nicht mehr ausschließlich auf preußischem Landesrecht, sondern auf deutschem Reichsrecht. In der Hauptsache ordnete natürlich Preußen die Pflichten und Rechte der Preußen wie früher selbst. Wichtige Bestimmungen der Preußischen Verfassungsurkunde hierüber empfingen aber die bundesgesetzliche Bestätigung, Ergänzung oder Abänderung. Namentlich das Verzeichnis der sog. Grundrechte wurde durch die Reichsgesetzgebung nach vielen Richtungen ausgeführt und dadurch wirksamer gestaltet[2]). Andere Pflichten und Rechte der Preußen gegenüber dem preußischen Staat wurden durch das Reichsrecht neu begründet. Noch andere wurden aus solchen der preußischen Staatsangehörigen gegenüber dem preußischen Staate zu unmittelbaren Pflichten und Rechten der Deutschen gegenüber dem Deutschen Reich. Dahin gehörte vor allem die allgemeine Wehrpflicht, die fortan jeder Preuße in seiner Eigenschaft als Deutscher dem Deutschen Reich und seinem militärischen Oberhaupte schuldete (Art. 57), sowie der ausdrücklich (Art. 3 Abs. 6) verliehene Anspruch auf Reichsschutz gegenüber dem Auslande. Dazu traten wichtige neue, unmittelbare Pflichten und Rechte der Preußen in ihrer Eigenschaft als Deutsche gegenüber dem Reiche, wie z. B. die bundesstaatliche Steuerpflicht und das allgemeine Wahlrecht zum Reichstage. Endlich wurde auch die Stellung der Gliedstaatsangehörigen untereinander kraft des reichsverfassungsmäßigen Indigenates des Art. 3 eine rechtlich gesicherte; die Angehörigen Preußens durften in den übrigen deutschen Gliedstaaten hinsichtlich des Genusses der bürgerlichen Rechte den dortigen Angehörigen gegenüber nicht zurückgestellt werden, unterschieden sich von jenen daher nur noch durch den Nichtgenuß der staatsbürger-

[1]) Bundesgesetz über die Erwerbung und den Verlust der Bundes- und Staatsangehörigkeit vom 1. Juni 1870.

[2]) So z. B. die Art. 5, 6, 9, 33.

lichen Rechte; entsprechend durfte auch Preußen die Angehörigen der übrigen deutschen Staaten im Genuß der bürgerlichen Rechte nicht hinter die Preußen zurückstellen[1]), brauchte ihnen dagegen die staatsbürgerlichen Rechte nicht einzuräumen.

V. Die Regierungsform Preußens blieb von der Reichsverfassung gänzlich unberührt. Der Bundesstaat erhielt nicht die Zuständigkeit[2]), sich in die Frage der Einrichtung und der Funkionen der gliedstaatlichen Volksvertretungen einzumischen[3]). Auch das Verhältnis von Krone und Landtag ging die Reichsgewalt grundsätzlich nichts an. Anders nur im Streitfalle. Nach Art. 76 Abs. 2 war der Bundesrat berechtigt nnd verpflichtet, Verfassungsstreitigkeiten in solchen Gliedstaaten, in deren Verfassung nicht eine Behörde zur Entscheidung solcher Streitigkeiten bestimmt war, auf Anrufen eines Teiles gütlich auszugleichen oder, wenn das nicht gelang, im Wege der Reichsgesetzgebung zur Erledigung zu bringen[4]). Es handelte sich hier um Streitigkeiten zwischen Krone und Volksvertretung über Rechtmäßigkeit, Auslegung und Ausführung der Verfassung. Da in Preußen eine solche verfassungsmäßige Instanz nicht bestand, konnte Art. 76 Abs. 2 hier praktische Bedeutung erlangen. Der Bundesrat war nicht verpflichtet, die Entscheidung selbst zu treffen, sondern befugt, die Sache zur (nach

---

[1]) Die Angehörigen der übrigen Staaten waren in Preußen zum festen Wohnsitz, zum Gewerbebetrieb, zu öffentlichen Ämtern, zur Erwerbung von Grundstücken, zur Erlangung des Staatsbürgerrechtes und zum Genusse aller sonstigen bürgerlichen Rechte unter denselben Voraussetzungen wie der Einheimische zuzulassen, auch in betreff der Rechtsverfolgung und des Rechtsschutzes denselben gleich zu behandeln (Bundes- bzw. Reichsverfassung Art. 3 Abs. 1).

[2]) Anders die deutsche Bundesakte, welche die Einführung einer landständischen Verfassung in den Staaten des Deutschen Bundes (allerdings nur) verheißen hatte.

[3]) Die Frage, ob der Oberstaat nach vorgenommener Kompetenzerweiterung einzelne Angelegenheiten des Verfassungslebens, wie z. B. das preußische Wahlrecht ändern konnte, war praktisch gegenstandslos, weil Preußen, wie jede andere, so auch diese Kompetenzerweiterung des Oberstaates mit seinen 17 Stimmen verhindern konnte (Art. 78 Abs. 2). Keine Einmischung, sondern nur den Schutz der parlamentarischen Tätigkeit der gliedstaatlichen Volksvertretungen bezweckten die strafrechtlichen Vorschriften des Reiches über die Immunität der Landtagsmitglieder (StrGB. § 11), über die Verantwortungsfreiheit wahrheitsgetreuer Kammerberichte (§ 12) und über strafbare Handlungen gegen Bestand und Bildung gesetzgebender Versammlungen (§§ 105—109).

[4]) Fleischer, Die Zuständigkeit des BR. für Erledigung von öffentlich-rechtlichen Streitigkeiten, 1904, 30—45.

richterlichen Grundsätzen zu treffenden) Entscheidung einer geeigneten Stelle, etwa dem Reichsgericht, zu unterbreiten.

VI. In die staatlichen Funktionen teilten sich hinfort Gliedstaaten und Oberstaat. Die Grenzziehung wurde von den Gliedstaaten durch Verzicht auf bestimmte Funktionen vorbereitet, konnte aber staatsrechtlich nur von der souveränen Reichsgewalt vorgenommen werden. Sie ergibt sich also aus der Reichsverfassung. Die in den Bereich des Reichs fallenden Angelegenheiten wurden in ihr einzeln verzeichnet. Der unaufzählbare Rest staatlicher Funktionen verblieb den Gliedstaaten, für deren Zuständigkeit also die rechtliche Vermutung spricht. Doch wurde die Reichsgewalt verfassungsmäßig in die Lage versetzt, im Wege der Verfassungsänderung ihre Zuständigkeit auf Kosten der Gliedstaaten zu erweitern, jedoch nicht gegen den Willen Preußens, das mit seinen 14 Stimmen jede Verfassungsänderung zu Fall bringen konnte (Art. 78).

1. Für die Gesetzgebung[1]) waren nunmehr drei Gruppen von Materien zu unterscheiden. Neu entstanden war eine Gruppe, die der preußischen Gesetzgebung völlig verschlossen war, weil ihre Regelung zur ausschließlichen Zuständigkeit des Oberstaates gehörte. In diese Gruppe fielen die Organisation des Reiches und seine nachstehenden Funktionen: Reichsabgabenwesen, Militär- und Marinewesen, Post- und Telegraphenwesen, Reichs-Gesandtschafts- und Konsularwesen, Schutz von Handel und Schiffahrt im Auslande[2]). Auf diesen Gebieten durfte sich das preußische Landesrecht selbst dann nicht betätigen, wenn die Reichsgewalt von ihrer Kompetenz noch keinen Gebrauch gemacht hatte, ausgenommen die Fälle der Verweisung[3]) und der Ermächtigung seitens des Reichsgesetzgebers. Eine zweite Gruppe enthielt solche Gegenstände, deren Regelung zwar der Zuständigkeit des Reiches (Art. 4 der RV.) unterworfen wurde, die aber der Gliedstaat Preußen so lange und insoweit von sich aus, mit der reichsrechtlichen Regelung konkurrierend, ordnen durfte[4]), als die Gesetzgebung des Reiches von ihrer Zuständigkeit noch keinen Gebrauch gemacht hatte. Machte sie aber davon Gebrauch, so fiel das preußische Landesrecht nach dem Grundsatz „Reichs-

[1]) Der Beginn der verbindlichen Kraft der preußischen Gesetze und sonstigen durch die GS verkündeten Erlasse wurde durch das preuß. Gesetz vom 16. Februar 1874 (GS. 1874, 23) entsprechend dem Reichsrecht (RV. Art. 2) geregelt.

[2]) Später auch Kolonialwesen.

[3]) Wie z. B. in Art. 61 und 68 RV.

[4]) Z. B. das Vereinswesen (Art. 4 Nr. 16 RV.).

recht bricht Landesrecht" (Art. 2) fort[1]). Eine dritte Gruppe endlich umfaßte die Materien, deren Regelung (umgekehrt wie bei der ersten Gruppe) der Zuständigkeit des Reiches entzogen und die alleinige Domäne des Gliedstaates Preußen geblieben war. Doch konnten die Materien dieser Gruppe vom Reich — aber nur im Wege der Kompetenzerweiterung, also nicht ohne Preußens Zustimmung — in den Bereich seiner Regelung gezogen werden (Art. 78)[2]).

2. Recht erheblich war die Rückwirkung der Reichsverfassung auf Einrichtung und Zuständigkeit der preußischen Verwaltungsbehörden. In die gesamten bis dahin den Gliedstaaten obliegenden Verwaltungsgeschäfte teilten sich fortan Reich und Gliedstaaten, und zwar entweder so, daß beide den gleichen Verwaltungszweig, aber jeder innerhalb seines Wirkungsbereiches selbständig, wahrnahmen[3]), oder so, daß beide Staaten je ganze Verwaltungszweige zu gegenseitig ausschließender Besorgung übernahmen bzw. behielten[4]). Die Gliedstaaten führten die ihnen hiernach verbliebenen Verwaltungsgeschäfte grundsätzlich nach eigenem Recht und durch eigene Organe[5]). Das Reich dagegen erledigte die von ihm übernommenen Verwaltungsgeschäfte zwar stets nach eigenem Recht, aber nicht immer durch eigene Organe, sondern nahm zu diesem Zweck vielfach die Mitwirkung der gliedstaatlichen Verwaltungsorgane in Anspruch (ähnlich wie ein Staat seinen Selbstverwaltungskörperschaften staatliche Aufgaben zur Erledigung überweist). Hieraus ergaben sich wichtige Änderungen in der Organisation der preußischen Verwaltungsbehörden.

a) Preußische Verwaltungsbehörden fielen fort, soweit das Reich die ihm verfassungsmäßig zustehenden Verwaltungsgeschäfte in „eigener und unmittelbarer Verwaltung" durch seine neugeschaffenen Behörden selbst führte. Die Gliedstaaten bildeten hierbei lediglich Verwaltungsbezirke des Reiches[6]). So beim Post- und Telegraphenwesen, Marine-

[1]) Z. B. Das preußische Vereinsrecht zufolge Erlasses des Reichsvereinsgesetzes 1908.

[2]) Z. B. Erlaß des Reichsjesuitengesetzes vom 4 Juli 1872. Giese, Das kathol. Ordenswesen nach dem geltenden preußischen Staatskirchenrecht, in Annalen des Deutschen Reichs 1908, 177 f.

[3]) Z. B. Finanzverwaltung, Justizverwaltung, auswärtige Verwaltung.

[4]) So z. B. das Reich das Kolonialwesen, die Gliedstaaten die Kultus- und Unterrichtsverwaltung.

[5]) Eine Ausnahme bildete die Verwaltung der auswärtigen Angelegenheiten Preußens, die vom Auswärtigen Amte des Reichs geführt wurde.

[6]) Laband, Staatsrecht, 1, 104.

wesen, Konsularwesen[1]). Die nur teilweise Übernahme eines Verwaltungszweiges durch das Reich bewirkte natürlich nur einen teilweisen Fortfall oder eine Kompetenzverringerung der preußischen Verwaltungsbehörden. So bei der auswärtigen, Finanz- und Justizverwaltung.

b) Preußische Verwaltungsbehörden blieben bestehen, behielten ihre Zuständigkeit aber auf veränderter, nämlich teilweise reichsrechtlicher Grundlage, soweit das Reich ihm verfassungsmäßig zustehende und reichsrechtlich geregelte Verwaltungsgeschäfte nicht durch eigene Behörden führte, sondern nach seinen reichsgesetzlichen Bestimmungen und unter seiner ständigen Aufsicht[2]) durch Landesbehörden wahrnehmen ließ. Die Gliedstaaten nahmen hier eine ähnliche Stellung wie Selbstverwaltungskörper ein[3]). Die in dieser Weise mit Bundesverwaltungsgeschäften betrauten preußischen Behörden verloren dadurch ihren Charakter als Landesbehörden keineswegs, sie wurden nicht etwa, weil sie Reichsangelegenheiten verwalteten, zu Reichsbehörden; ebensowenig verloren die ihnen zugewiesenen Verwaltungsgeschäfte den Charakter als solche des Reiches. In diese Gruppe fiel insbesondere das Militärwesen.

c) Völlig unberührt blieb die preußische Verwaltungsorganisation auf dem großen Gebiete der Preußen vorbehaltenen und von ihm allein geregelten Landesverwaltungsgeschäfte[4]). Zu diesem Gebiete gehörten namentlich Polizeiverwaltung, Kirchenaufsicht, Unterrichtsverwaltung und wirtschaftliche Verwaltung, ferner auswärtige, Finanz- und Justizverwaltung, soweit nicht Stücke dieser letzteren Verwaltungszweige auf das Reich übergegangen waren (siehe zu a), das aber auch in diesem Falle die Führung von Geschäften dieser Verwaltungszweige preußischen Landesbehörden zuweisen konnte (siehe zu b)[5]).

3. Auch die Organisation und Zuständigkeit der preußischen Gerichtsbehörden wurde durch die Reichsgründung getroffen[6]). Zunächst wurde die ganze deutsche Gerichtsverfassung der Beaufsichtigung und Gesetzgebung des Reiches unterstellt (Art. 4 Nr. 13) und später

[1]) Später auch Kolonialwesen.

[2]) Triepel, Die Reichsaufsicht, 1917.

[3]) Laband, Staatsrecht, 1, 102ff.

[4]) Vorbehaltlich der indessen nicht ohne Preußens Zustimmung möglichen Erweiterung der Bundeskompetenz (Art. 78).

[5]) Beispiel für letzteres: Zoll- und Steuerwesen, ausgenommen dessen Zentralverwaltung.

[6]) Laband, Staatsrecht[5] 1 1911, 411ff.; 3 1913, 361ff.

von ihm eingehend geordnet[1]). Sodann wurde die höchste Instanz für die ordentliche Gerichtsbarkeit anfänglich nur in Handelssachen, später[2]) in allen Zivil- sowie in Strafsachen als eigene Gerichtsbehörde des Oberstaates eingerichtet; so entstand das Reichsoberhandelsgericht[3]), seit 1. Oktober 1879 das Reichsgericht[4]). Neben diesem ordentlichen Reichsgerichtshof wurden im Laufe der weiteren Entwicklung noch einige besondere Gerichte von Reichs wegen bestellt[5]). Als preußische Gerichtsbehörden blieben die nachgeordneten Instanzen der ordentlichen Gerichtsbarkeit (Oberlandesgerichte, Landgerichte, Amtsgerichte) bestehen und wurden kraft reichsrechtlicher Zulassung demnächst verschiedene besondere Gerichte errichtet[6]). Auch die Verwaltungsgerichte wurden später, abgesehen von einigen höchsten Instanzen[7]), als preußische Landesgerichtsbehörden ins Leben gerufen. Die Aufsicht über das Justizwesen wurde von Preußen und dem Reiche je selbständig innerhalb jedes Bereiches ausgeübt, doch erstreckte sich die Aufsicht des Reiches auch auf das Landesjustizwesen im Ganzen (Art. 4). Diese Aufsicht erfuhr noch eine spezielle Ausgestaltung durch Artikel 77 der Bundesverfassung, der für den Fall, daß in einem Gliedstaat eine Justizverweigerung vorkomme

---

[1]) Gerichtsverfassungsgesetz vom 27. Januar 1877 (RGBl. 1877, 41).

[2]) Gesetz vom 20. Dezember 1873 betr. die Abänderung der Nr. 13 des Art. 4 der Verfassung des Deutschen Reichs (RGBl. 1873, 379).

[3]) Gesetz vom 12. Juni 1869 betr. die Errichtung eines obersten Gerichtshofes für Handelssachen (BGBl. 1869, 201). Hirths Annalen des Deutschen Reichs 1869, 1057—1070.

[4]) Gerichtsverfassungsgesetz vom 27. Januar 1877, §§ 12, 125—141. Gesetz über den Sitz des Reichsgerichts vom 11. April 1877 (RGBl. 1877, 415).

[5]) Diese Gerichte dienen der Entscheidung von bürgerlichen Rechtsstreitigkeiten und Strafsachen (die Konsulargerichte, die Schutzgebietsgerichte, die Marinestrafgerichte, das Reichsmilitärgericht, die Prisengerichte), von Disziplinarsachen (insbes. die Disziplinarkammern und der Disziplinarhof) und von Verwaltungsstreitsachen (das Bundesamt für das Heimatwesen, das verstärkte Reichseisenbahnamt, die Reichsrayonkommission, das Patentamt, das Oberseeamt, das Reichsversicherungsamt, das Aufsichtsamt für Privatversicherungen). Laband, Staatsrecht[5], 1, 411—429; 3, 411—414.

[6]) Besondere Gerichte waren in Preußen der Geheime Justizrat, die Militärgerichte, die Rheinschiffahrtsgerichte, die Elbzollgerichte, die Auseinandersetzungsbehörden, die Gewerbe- und Kaufmannsgerichte, die besonderen Gerichte für Angelegenheiten der freiwilligen Gerichtsbarkeit. Dazu traten noch die Disziplinarbehörden für richterliche Beamte, für nichtrichterliche Beamte, für Rechtsanwälte und die akademischen Disziplinarbehörden.

[7]) Vgl. Anm. 5.

und auf gesetzlichen Wegen ausreichende Hilfe nicht erlangt werden könne, dem Bundesrat das Recht und die Pflicht beilegte, nach der Verfassung und den Gesetzen des betreffenden Staates zu beurteilende Beschwerden über verweigerte oder gehemmte Rechtspflege anzunehmen und darauf die gerichtliche Hilfe bei der Bundesregierung, die zu der Beschwerde Anlaß gegeben habe, zu bewirken [1]).

§ 15. C. Die eigene Weiterentwicklung des preußischen Landesrechts [2]).

Nach dem starken Eingriff, den die Errichtung des deutschen Bundesstaates in das Verfassungs- und Rechtsleben der deutschen Gliedstaaten getan hatte, nahm die eigene Weiterentwicklung des preußischen Landesrechts in ihren engeren Grenzen einen ruhigen Verlauf, der weder von Reichs wegen noch vom preußischen Gesetzgeber durch irgendwie einschneidendere Maßnahmen unterbrochen oder beschleunigt wurde. Die bewährten Grundlagen blieben unverändert; nur im einzelnen wurde manches verbessert und ausgestaltet. Das Schwergewicht wie der politischen, so auch der rechtlichen Geschehnisse ging mehr und mehr auf das Reich über. Diese ruhige organische Staats- und Rechtsentwicklung erfüllte die weiteren Regierungsjahre König Wilhelms I. (bis 1888) und die Regierungszeit der Könige Friedrich III. (1888) und Wilhelm II. (1888—1918).

I. Der äußeren und inneren Staatsform [3]) Preußens blieben selbst kleine Veränderungen fern. An dem der Bundesstaatsgründung zugrunde gelegten Verhältnis der Einzelstaaten zum Oberstaat, insbesondere Preußens zum Reich wurde nicht gerüttelt. Das verfassungsgemäß beschränkte Königtum blieb der Grund- und Eckstein des preußischen

---

[1]) Fleischer, Die Zuständigkeit des BR., 21—25.

[2]) Eine zusammenhängende Darstellung fehlt. Übersicht über die Entwicklung 1888—1914 bei Zorn, Staats- und Verwaltungsrecht, in „Deutschland unter Kaiser Wilhelm II.", 1 1914, 167—178 (Zweites Buch, 31—42). Jahresberichte über die Entwicklung des öffentlichen Rechts in Preußen 1906—1913 von Anschütz, Dochow, Schoenborn, Schneider, Giese im Jahrb. d. öff. R. d. G. 1—8, 1907—1914.

[3]) In wunderlichem Kontrast zur Staatseinheit stand bis 1907 der alte Titel der „Gesetzsammlung für die preußischen Staaten"; er wurde erst vom 1. Januar 1907 ab durch die richtige Bezeichnung „Preußische Gesetzsammlung" ersetzt. Allerh. Erlaß vom 24. November 1906 (GS. 1906, 439).

Staatsbaues. Das nur durch Personalunion mit Preußen verbundene Herzogtum Lauenburg wurde 1876 der Monarchie einverleibt[1]).

II. Das Staatsgebiet[2]) vergrößerte sich durch Einverleibung der vom Reiche[3]) überwiesenen Insel Helgoland (1891)[4]). Erwerb und Verlust der Staatsangehörigkeit, von vornherein der Zuständigkeit des Reiches unterstellt und schon 1870 von Reichs wegen geregelt, empfingen eine Neuordnung durch das Reichs- und Staatsangehörigkeitsgesetz vom 22. Juli 1913[5]).

III. Eine Vertretung des Königs in der Ausübung der Kronrechte kannte die Verfassungsurkunde nur in der Form der auf eine gewisse Dauer berechneten Regentschaft[6]). Den Fall der vorübergehenden Regierungsstellvertretung sah weder sie noch ein anderes Gesetz vor. In Fortbildung des bestehenden Rechtes wurde vom Könige wiederholt die Einrichtung einer Regierungsstellvertretung angeordnet, nämlich bei Erkrankung[7]), zuletzt wegen Abwesenheit im Felde[8]); Stellvertreter waren der Kronprinz, andere Prinzen oder das Staatsministerium. Die Krondotation wurde erhöht[9]).

IV. Beide Häuser des Landtages betraf die Verlängerung der Legislaturperiode von 3 auf 5 Jahre[10]) und die Bestimmung, daß die Mitglieder der Oberrechnungskammer dem Landtage nicht angehören

---

[1]) Gesetz betr. die Vereinigung des Herzogtums Lauenburg mit der preußischen Monarchie vom 23. Juni 1876 (GS. 1876, 169).

[2]) Zahlreiche kleinere Gebietserwerbungen und Grenzänderungen sind ohne Belang. Vgl GS. 1870, 149ff.; 1874, 295; 1875, 199, 573ff.; 1876, 101ff.; 1877, 291f.; 1878, 295ff.; 1880, 277f.; 1885, 165f.; 1889, 5ff; 1890, 259f.; 1891, 11, 365f.; 1892, 251; 1901, 101f.; 1902, 17ff., 163f.; 1904, 207f.; 1905, 117f., 291f.; 1906, 117f., 385f.; 1909, 749ff., 782; 1910, 309f.; 1911, 2f., 139f., 142f; 1914, 113f.; 1915, 263f. v. Rönne-Zorn, Staatsrecht[5] 1, 82—86; 2, 743

[3]) Reichsgesetz vom 15. Dezember 1890 (RGBl 1890, 207).

[4]) Gesetz vom 18. Februar 1891 (GS. 1891, 11).

[5]) RGBl. 1913, 583. Nelte im ArchÖffR. 32 1914, 22—36. Lifschütz das. 33 1915, 115—159. Hartmann im „Recht" 16, Sp. 192—195.

[6]) Verf.-Urk. Art. 56—58.

[7]) Allerh. Erlaß vom 4. Juni 1878 (GS. 1878, 253; ohne königliche Unterschrift), vom 17. November 1887 (GS. 1888, 15), vom 27. Mai 1910 (GS. 1910, 63).

[8]) Allerh. Erlaß vom 16. August 1914 (GS. 1914, 153).

[9]) Verf.-Urk. Art. 59. Gesetze betr. die Erhöhung der Krondotation vom 27. Januar 1868 (GS. 1868, 61), 27. Januar bzw. 20. Februar 1889 (GS. 1889, 27), 17. Juni 1910 (GS. 1910, 101).

[10]) Verf.-Urk. Art. 73. Gesetz vom 27. Mai 1888 (GS. 1888, 137)

können[1]). Die Zahl der Mitglieder des Abgeordnetenhauses wurde auf 443 erhöht[2]).

Eine umfassende Reform des Wahlrechts zum Abgeordnetenhause[3]), der Erlaß des in Art. 72 der Verfassungsurkunde vorgesehenen Wahlgesetzes, wurde in der Erklärung der Regierung vom 10. Januar 1908 in Aussicht gestellt, in den Thronreden vom 20. Oktober 1908 und 11. Januar 1910 verheißen und im Jahre 1910 in die Wege geleitet. Der dem Landtage vorgelegte Regierungsentwurf beabsichtigte keine fundamentalen Neuerungen, sondern eine organische Fortbildung des bestehenden preußischen Wahlrechts, die der wirtschaftlichen Entwickelung, der Ausbreitung der Bildung und des politischen Verständnisses sowie der Erstarrung staatlichen Verantwortlichkeitsgefühles entspräche[4]). Die Regierungsvorlage ließ es demgemäß bei dem geltenden System des abgestuften (Dreiklassen-) und des öffentlichen Wahlrechts bewenden. Beibehalten wurden nicht nur die Voraussetzungen des aktiven und passiven Wahlrechts, sondern auch die Gliederung der Wähler in drei Abteilungen nach den von ihnen zu entrichtenden direkten Staats und Kommunalsteuern. Neu war jedoch bei der Verteilung auf die drei Steuerklassen die Maximierung, wonach dem einzelnen Wähler die Gesamtsteuerleistung nur bis zum Höchstbetrage von 5000 Mark angerechnet werden sollte, und das Aufrücken der sog. „Kulturträger" aus der durch ihre Steuerleistung bestimmten Abteilung in die nächsthöhere Abteilung; zu diesen Kulturträgern gehörten Akademiker, Abgeordnete, Selbstverwaltungsbeamte, Offiziere, in beschränkterem Maße auch Inhaber der Berechtigung zum einjährig-freiwilligen Militärdienst und Zivilversorgungsberechtigte. Neu war ferner die direkte (anstatt der

[1]) VerfUrk. Art. 74 Abs. 2. Gesetz vom 27. März 1872 (GS. 1872, 277).

[2]) Gesetz betr. Vereinigung Lauenburgs vom 23. Juni 1876, § 2. Gesetz vom 28. Juni 1906 (GS. 1906, 313). Ferner ergingen mehrfach gesetzliche Bestimmungen über die anderweite Feststellung der Wahlbezirke, über Abänderung von Einzelfragen des Wahlverfahrens (Gesetze vom 15. Februar 1872 [GS. 1872, 158], 24. Juni 1891 [GS 1891, 231], 29. Juni 1893 [GS. 1893, 103] — dazu Gneist, Die nationale Rechtsidee von den Ständen, 1894, 216—228 —, 2. Juli 1900 [GS 1900, 245], 28. Juni 1906 [GS. 1906, 318]) und über Reisekosten und Diäten der Abg. (Gesetz vom 30. März 1873 [GS. 1873, 175], 24. Juli 1876 [GS. 1876, 345]).

[3]) Schneider im Jahrb. d. öff. R. d. G. 5 1911, 407—423. Laband in DJZ. 15 1910, 1ff Tecklenburg im ArchRWPhilos. 4, 299—311.

[4]) So die Thronrede vom 20. Oktober 1908. Sten. Ber. 21. Leg.-Per., II. Session, 1908/09, Sp. 3.

indirekten) Wahl, neu endlich die Art der Feststellung des Wahlergebnisses. Die Wahlrechtsvorlage ist nach heftigen parlamentarischen Kämpfen, aber ernsthafter Diskussion in beiden Häusern des Landtages gescheitert. Die Staatsregierung gab darum jedoch den Gedanken der Wahlrechtsreform nicht auf, sondern blieb auf einen geeigneten Zeitpunkt zur Einbringung einer neuen Vorlage bedacht.

Der Druck des Weltkrieges auf die innerstaatlichen Verhältnisse belebte und beschleunigte die Wahlrechsfrage außerordentlich stark. Die von der öffentlichen Meinung und namentlich vom Abgeordnetenhause selbst immer nachdrücklicher geforderte Reform wurde von der Staatsregierung wiederholt in Aussicht gestellt, jedoch erst für die Zeit nach dem Friedensschluß. Wie eine befreiende Tat wirkte daher die „Osterbotschaft" des Königs vom 7. April 1917[1]. Dieser denkwürdige Erlaß verhieß die alsbaldige Durchführung der Verfassungsreform. Der König legte in ihm die Richtlinien für die Wahlrechtsfrage und für die Umbildung des Herrenhauses fest. Das Klassenwahlrecht solle beseitigt werden und eine unmittelbare, geheime Wahl der Abgeordneten stattfinden. Das Herrenhaus solle aus führenden, durch die Achtung ihrer Mitbürger ausgezeichneten Männern der verschiedenen Kreise und Berufe des Volkes ergänzt werden. Die offengelassene Frage, ob Pluralwahlrecht oder gleiches Wahlrecht, wurde durch königlichen Erlaß vom 11. Juli 1917 im Sinne des gleichen Wahlrechts entschieden. Auf der Grundlage dieses königlichen Programmes arbeitete das Ministerium drei Gesetzentwürfe über die Wahlen zum Abgeordnetenhause, über die Reform des Herrenhauses und über eine Abänderung der budgetrechtlichen Verfassungsvorschriften aus und legte sie dem Landtage vor. Hier wurden die Entwürfe, vor allem der über das Wahlrecht, wieder zum Gegenstand heftiger parlamentarischer Kämpfe. Am erbittertsten wurde um die Frage des gleichen Wahlrechts gerungen. Seine Durchsetzung erschien aussichtslos. Erst in letzter Stunde kam im Herbst 1918, zunächst im Herrenhause, eine Mehrheit für das gleiche Wahlrecht zustande. Aber die zum Umsturz führenden Ereignisse waren bereits so weit vorgeschritten, daß es für alle organischen Reformen des Verfassungsrechts zu spät war.

V. Die Verwaltungsorganisation.

1. In der Organisation der Zentralbehörden[2]) des Staates traten keine wesentlichen Aenderungen mehr ein. Die Tätigkeit des

[1]) Sondernummer des „Reichsanzeiger" vom 7. April 1917.

[2]) v. Rönne-Zorn, Staatsrecht[5] 2 366 ff.

Staatsrates wurde 1882 „erneuert“ [1]). Die Einrichtung des Gesamtministeriums [2]) blieb unverändert [3]).

2. Wichtige Aenderungen vollzogen sich in der Einrichtung der nachgeordneten Verwaltungsbehörden [4]) zufolge der neuen, grundlegenden Verwaltungsreform der siebziger und achtziger Jahre. Auf dem Gebiete der unmittelbaren Staatsverwaltung galt es, mit den Resten des alten Ständestaates (insbesondere der patrimonialen Verwaltung des flachen Landes im Osten) aufzuräumen und die Staatsverwaltung zu dezentralisieren; auf dem Gebiete der kommunalen Selbstverwaltung mußten die den Interessen von Besitz- und Gesellschaftsklassen dienenden sog. neuständischen Organe der Kreis- und Provinzialinstanz [5]) durch moderne, die Gemeininteressen wahrnehmende Vertretungskörper ersetzt werden.

a) Das Reformwerk begann in den östlichen Provinzen. Hier lagen die sozialen Voraussetzungen für die Einrichtung einer wirksamen kommunalen Selbstverwaltung am günstigsten. Nachdem der heftige Widerstand des Herrenhauses gegen die Neugestaltung der Verwaltung in den Kreisen durch einen sog. Pairsschub, d. h. durch Berufung einer Reihe neuer, der Reform geneigter Mitglieder überwunden worden war, kam die bahnbrechende Kreisordnung für die sechs östlichen Provinzen [6]) vom 13. Dezember 1872 [7]) zustande [8]). Ihre wichtigsten Ergebnisse

[1]) Allerh. Erlaß vom 12. Januar 1882. Sailer, Staatsrat, 1884, 137.

[2]) Hintze in Schmoller-Festschrift 1908, 485—493.

[3]) Veränderungen in der Organisation der Einzelministerien: Errichtung eines besonderen Ministeriums für Handel und Gewerbe (1878) durch Abtrennung dieser Geschäfte vom (fortan) Ministerium der öffentlichen Arbeiten; Ausgestaltung des Landwirtschaftsministeriums zum M. für L., Domänen und Forsten (GS. 1879, 25): Überweisung des technischen Unterrichtswesens an das Kultusministerium (GS. 1879, 26), des Bergwesens an das Handelsministerium (GS. 1890, 35), des Medizinalwesens an das Ministerium des Innern (GS. 1911, 21).

[4]) v. Stengel, Die Organisation der preuß. Verwaltung nach den neuen Reformgesetzen, 1884, 143—184. Schoen, Das Recht der Kommunalverbände in Preußen, 1897, 39 ff., 56 f., 372 ff., 435 ff. Bornhak, Gesch. des preuß. Verw.-Rechts 3 1886, 296—318; ders., Staats- und Rechtsgeschichte, 491—495.

[5]) Vgl. oben S. 151 f., 154 f.

[6]) Von ihrer Anwendung auf die Provinz Posen wurde vorläufig abgesehen. (Kreisordnung § 182; die dort vorgesehene Einführung durch Kgl. V. ist auch später nicht erfolgt). Es bewendete hier bei den älteren „neuständischen“ Vorschriften. Vgl. oben S. 154 Anm. 3.

[7]) GS. 1872, 661.

[8]) Quellen und erläuternde Übersicht in Hirths Annalen des Deutschen Reichs 1873, 1271—1455. Schmitz, Die Entstehung der preuß. Kreisordnung, 1910.

waren zunächst die Aufhebung der letzten Reste patrimonialer Verwaltung auf dem Lande (der Erbschulzenberechtigungen, der gutsherrlichen Aufsicht über die Landgemeinden, der gutsherrlichen Polizei) und die Begründung der ehrenamtlichen Stellen des Gemeinde-, Guts- und Amtsvorstehers. Ferner ersetzte die Kreisordnung die neuständischen Kreisorgane durch moderne repräsentative Vertretungsorgane des Kreises, denen außer Geschäften der kommunalen Selbstverwaltung auch solche der unmittelbaren Staatsverwaltung oblagen. Jeder Kreis bildete gleichzeitig einen Bezirk der Staatsverwaltung und einen Kommunalverband zur Selbstverwaltung seiner Angelegenheiten. Größere Städte stellten Kreise für sich dar[1]).

Die Fortsetzung des Reformwerkes beschränkte sich zunächst auf die östlichen Kreisordnungsprovinzen. Das neue staatliche und kommunale Verwaltungssystem der Kreise wurde entsprechend auf die Provinzen ausgedehnt. Die Provinzialordnung vom 29. Juni 1875[2]) regelte die kommunale Selbstverwaltung der Provinzen ähnlich derjenigen der Kreise und ordnete zugleich die unmittelbare Staatsverwaltung der Provinzen[3]). Auch die Provinz war gleichzeitig Bezirk der allgemeinen Staatsverwaltung und Kommunalverband zur Selbstverwaltung seiner Angelegenheiten.

Später wurden die Ergebnisse dieser Verwaltungsreform der östlichen Kreise und Provinzen auch in den westlichen und neuen Provinzen des Staates eingeführt[4]).

---

[1]) Eine neue Städteordnung erhielt zunächst der Regierungsbezirk Wiesbaden (Gesetz vom 8. Juni 1891; GS. 1891, 107), sodann die (übrige) Provinz Hessen-Nassau außer Frankfurt (Gesetz vom 4. August 1897; GS. 1897, 254). Für Hannover bewendete es bei der StO. vom 24. Juni 1858 (Gerland im VerwArch. 5 1897, 353—372).

[2]) GS. 1875, 335. Hirths Annalen des Deutschen Reichs 1875, 657—684, 1593—1619.

[3]) Die Reformgesetze wurden auf Grund der inzwischen gewonnenen Erfahrungen in den achtziger Jahren noch einer sehr gründlichen Revision (und Neufassung) unterzogen. Die Ergebnisse waren die neue Kreisordnung für die östlichen Provinzen vom 19. März 1881 (GS. 1881, 155, 179), die neue Provinzialordnung für die östlichen Provinzen vom 22 März 1881 (GS. 1881, 176, 233), das Gesetz über die allgemeine Landesverwaltung vom 30. Juli 1883 (GS. 1883, 195) und das Gesetz über die Zuständigkeit der Verwaltungs- und Verwaltungsgerichtsbehörden vom 1. August 1883 (GS. 1883, 237).

[4]) Diese Ausdehnung geschah schrittweise Jahr für Jahr. Es folgten einander die Kreisordnungen für Hannover 1884 (GS. 1884, 181), für Hessen-Nassau 1885 (GS. 1885, 193), für Westfalen 1886 (GS. 1886, 217), für die Rhein-

b) Auch das östliche Landgemeinderecht erhielt nun endlich seine dringend erforderliche einheitliche und neuzeitliche Kodifikation durch die **Landgemeindeordnung**[1]) vom 3. Juli 1891[2]).

c) Die allgemeine[3]) gesetzliche Grundlage für den Zusammenschluß von Gemeinden und Gemeindeverbänden zu sog. **Zweckverbänden** behufs Erfüllung einzelner kommunaler Aufgaben beliebiger Art schuf das Zweckverbandsgesetz vom 19. Juli 1911[4]). Ein Gesetz vom gleichen Tage begründete und ordnete den Zweckverband Groß-Berlin[5]).

3. Die seit der Verfassungsurkunde angebahnte Entstaatlichung der **evangelisch-kirchlichen Verwaltung**[6]) wurde schrittweise weiter durchgeführt und war schließlich bis auf geringe Reste[7]) vollendet.

provinz 1887 (GS. 1887, 209), für Schleswig-Holstein 1888 (GS. 1888, 139). Die großen Verschiedenheiten in der örtlichen Polizeiverfassung dieser Provinzen ließen eine einheitliche Regelung nicht zu; dagegen wurde die eigentliche Kreisverfassung überall ziemlich unverändert eingeführt. Hand in Hand hiermit gingen die Gesetze über die Einführung der Provinzialordnung in den Provinzen Hannover 1884 (GS. 1884, 237, 242), Hessen-Nassau 1885 (GS. 1885, 242, 246), Westfalen 1886 (GS. 1886, 254, 255), die Rheinprovinz 1887 (GS. 1887, 249, 251), Schleswig-Holstein 1888 (GS. 1888, 191, 194). Die verschiedenen Provinzialordnungen weisen untereinander noch geringere Abweichungen auf. In Hessen-Nassau wurden außer der ganzen Provinz auch die beiden Regierungsbezirke zu Kommunalverbänden erklärt und als solche organisiert. Nicht eingeführt wurden Kreis- und Provinzialordnung in der Provinz Posen; zwar setzten besondere Vorschriften des Jahres 1889 (GS. 1889, 108, 177; 1904, 241) die bestehen bleibenden Einrichtungen äußerlich mit der Neuordnung in den übrigen Provinzen in eine gewisse Übereinstimmung, jedoch ohne Beseitigung der neuständischen Gesetzgebung. Die staatliche und kommunale Verwaltung von Hohenzollern ordnete die Hohenzollernsche Amts- und Landesordnung 1873 (GS. 1873, 145; 1900, 228, 323).

[1]) Diese Landgemeindeordnung wurde 1892 mit wenigen Änderungen auf die Provinz Schleswig-Holstein ausgedehnt (GS. 1892, 147, 154).

[2]) GS. 1891, 233. Keil im ArchÖffR. 6 1891, 345—377. Eine Landgemeindeordnung für Hessen-Nassau erging 1897 (Gesetz vom 4. August 1897; GS. 1897, 301), eine Gemeindeordnung für Hohenzollern 1900 (Gesetz vom 2. Juli 1900; GS. 1900, 189).

[3]) Vorher bestanden ganz vereinzelte spezialgesetzliche Grundlagen für die Bildung von Zweckverbänden.

[4]) GS. 1911, 115.

[5]) GS. 1911, 123.

[6]) Giese in v. Rönne-Zorn[6] 3, 184f., 191ff.

[7]) Z. B. die Zentralverwaltung der neupreußischen Landeskirchen durch den Kultusminister.

Ein besonders wichtiger Schritt auf diesem Wege war der Übergang[1]) der Verwaltung der landeskirchlichen Angelegenheiten in den älteren Provinzen, soweit sie bisher vom Kultusminister und von den Regierungen geführt war, auf den Evangelischen Oberkirchenrat und die Konsistorien als rein kirchliche Behörden, deren Mitglieder allerdings von der Praxis unfolgerichtig nach wie vor als Staatsbeamte angesehen wurden[2]).

4. Die so ausgebaute preußische Verwaltungsorganisation bewährte sich in ihren Grundlagen vollauf. Sie genügte auch zunächst den großen Anforderungen, welche die neuzeitliche Entwicklung des deutschen Wirtschaftslebens an den Behördenorganismus stellte. Erst in den letzten Jahren tauchte die Frage auf, ob sie den gesteigerten Bedürfnissen der neuesten wirtschaftlichen Entfaltung noch gewachsen sei. In Verfolg der hierdurch veranlaßten Bewegung wurde durch königlichen Erlaß vom 7. Juni 1909 eine besondere Immediatkommission zur Vorbereitung einer Verwaltungsreform eingesetzt[3]), um die Einheitlichkeit der als notwendig erkannten Reform der gesamten inneren Verwaltung zu wahren und für die Vorarbeiten dazu Rat und Einsicht sachverständiger und erfahrener Männer aus weiteren Kreisen zu gewinnen. Die Kommission sollte in der Richtung des vom Könige in den Grundzügen gebilligten Reformplanes prüfen, welcher Änderungen der bestehenden Vorschriften im Sinne der Vereinfachung und Dezentralisation es bedürfe, um die Geschäftsformen, den Behördenaufbau, die Verteilung der Verwaltungsgeschäfte auf die Behörden und die Ordnung des Rechtsmittelwesens und der Instanzenzüge in der ge-

---

[1]) Gesetz betr. die ev. Kirchenverfassung vom 3. Juni 1876 (GS. 1876, 125). Verordnung vom 5. September 1877 (GS 1877, 215).

[2]) Gegen letztere Auffassung wandte sich mit Recht die Theorie, z. B. Bierling im ArchÖffR. 7 1892, 212—224.

[3]) Reichs- und Staatsanzeiger 1909, Nr. 134. Schoenborn im Jahrb. d. öff. R. d. G. 4 1910, 295—297. v. Arnstedt im VerwArch. 12 1904, 311—353. Graf Hue de Grais das. 15 1907, 325–376. v. Hentig in DJZ. 18 1913, 6ff. Stier-Somlo, Zur Reform der preuß Staatsverwaltung, 1909. Preuß, Zur preuß. Verwaltungsreform, Denkschrift, 1910. Ders., Die Lehre Gierkes und das Problem der preuß. Verw.-Reform, in Festgabe für Gierke, 1910, 245—304. Anschütz, Richtlinien preußischer Verw.-Reform, in Festschrift für v. Martitz, 1911, 469—501. Zahlreiche Erörterungen im Preuß. Verw.-Blatt, 30ff. und in „Recht und Wirtschaft" 1ff. Dix in Annalen des D. R. 1911, 408—433. Graf v. Keyserlingk, Wege und Ziele preuß. Verw.-Reformen, 1912. Wölbling, Die preuß. Verw.-Reform, 1914.

samten inneren Verwaltung den modernen Anforderungen anzupassen. Das Ergebnis ihrer Feststellung sollte die Kommission dem Könige mit ihren gutachtlichen Vorschlägen unterbreiten. Die Beratungen der Kommission zogen sich ohne sichtbare, der Öffentlichkeit bekannt gewordene Ergebnisse durch mehrere Jahre hin und schliefen über dem Kriege ganz ein. Doch blieb der Gedanke an die Reform bei der Staatsregierung lebendig. Ein königlicher Erlaß vom 19. Januar 1917 gab erneut den Willen des Königs kund, daß der den wirtschaftlichen Erfordernissen der Gegenwart nicht immer und überall mehr entsprechende historisch gewordene Aufbau der Staatsverwaltung vereinfacht und verbilligt werde. Bevor jedoch Ergebnisse größeren Stiles[1]) abgeschlossen werden konnten, fegte der Umsturz auch diese Reformarbeiten hinweg.

VI. Die Entwicklung des Justizwesens.

1. Die Veränderungen in der Organisation der preußischen Gerichtsbehörden[2]) waren hauptsächlich die Folge der am 1. Oktober 1879 in Kraft getretenen reichseinheitlichen deutschen Gerichtsverfassung[3]). Der höchste preußische Gerichtshof, das Obertribunal[4]), fiel fort. Alle mit der neuen Gerichtsorganisation unvereinbaren preußischen Gerichte wurden aufgehoben (AG. z. GVG. § 12). Den Universitätsgerichten wurde die Gerichtsbarkeit in nichtstreitigen Rechtssachen entzogen (§ 13)[5]). Die Zuständigkeit der neuen Oberlandesgerichte, Landgerichte und Amtsgerichte bestimmte sich nach dem Gerichtsverfassungsgesetz des Reichs, ergänzend nach dem preußischen Ausführungsgesetz (§§ 21—57). Das Berliner Oberlandesgericht erhielt den altehrwürdigen Namen „Kammergericht“[6]) und wurde zum Obersten Landesgericht Preußens[7]) gestaltet. Besondere Gerichte waren der

---

[1]) Ein vorläufiges, nur für den Krieg und die nächsten Jahre nach ihm bestimmtes Teilergebnis enthielt das „Kriegsgesetz zur Vereinfachung der Verwaltung“ vom 13. Mai 1918 (GS. 1918, 53).

[2]) Holtze, Geschichte des Kammergerichts, 4 1904, 273—343.

[3]) Preuß. AG. z. GVG. vom 24. April 1878 (GS. 1878, 230).

[4]) Gesetz vom 6. Februar 1874 (GS. 1874, 19).

[5]) Hubrich in Annalen des Deutschen Reichs 1910, 742ff.

[6]) Mit welchem das für die neuen Provinzen errichtete Oberappellationsgericht verschmolzen worden war. Allerh. Erlaß vom 1. September 1879 (GS. 1879, 587. Holtze, 500 Jahre Geschichte des Kammergerichts, 1913, 224—246.

[7]) Für Landesstrafsachen und Angelegenheiten der freiwilligen Gerichtsbarkeit Schmitz in DJZ. 14 1909, 48ff.

Geheime Justizrat beim Kammergericht[1]), Rheinschiffahrtsgerichte[2]), Elbzollgerichte[3]), Gewerbegerichte[4]) und Kaufmannsgerichte[5]).

2. Justiz und Verwaltung.

a) Die Bindung der Verwaltung an die Schranken des Gesetzes wirksamer zu gewährleisten und den Staatsbürgern einen verstärkten Rechtsschutz gegenüber der Verwaltung zu bieten, war die Aufgabe der alsbald begründeten und rasch ausgestalteten Verwaltungsgerichtsbarkeit[6]). Hatte man jenem Bedürfnis vorher durch die Erweiterung des Rechtsweges zu genügen gesucht[7]), so schuf man jetzt eine wirkliche unabhängige Rechtsprechung auf dem Gebiete der Verwaltung. Zunächst führte die östliche Kreisordnung (1872) als Verwaltungsgerichte für das Klageverfahren den Kreisausschuß und das (Bezirks-) Verwaltungsgericht ein. Die Provinzialordnung (1875) fügte als Verwaltungsbeschlußbehörden für das Beschwerdeverfahren Bezirksrat und Provinzialrat hinzu. Als oberste Instanz im Klageverfahren errichtete das Gesetz vom 3. Juli 1875[8]) das Oberverwaltungsgericht. Die endgültigen Vorschriften über Einrichtung, Zuständigkeit und Verfahren der Verwaltungsgerichte und der Beschlußbehörden (unter Verschmelzung von Bezirksrat und Bezirksverwaltungsgericht zum Bezirksausschuß) brachte das Gesetz über die allgemeine Landesverwaltung vom 30. Juli 1875[9]) und das Zuständigkeitsgesetz vom 1. August 1883[10]). Instanzen des Beschwerde- oder Beschlußverfahrens waren nunmehr Kreisausschuß, Bezirksausschuß und Provinzialrat,

---

1) AG. z GVG. § 18. Holtze in Schmoller-Festschrift 1908, 19—22.

2) Gesetz vom 8. März 1879 (GS. 1879, 129)

3) Gesetz vom 9 März 1879 (GS 1879, 132).

4) Reichsgesetz betr. die Gewerbegerichte vom 29. Juli 1890 (RGBl. 1890, 141) in der Fassung vom 29. September 1901 (RGBl. 1901, 353). Über die Königl. Gewerbegerichte in der Rheinprovinz vgl. Gesetz vom 11. Juli 1891 (GS. 1891, 311) und Preuß. Verw.-Blatt 22, 19.

5) Reichsgesetz betr. Kaufmannsgerichte vom 6. Juli 1904 (RGBl. 1904, 266).

6) Löning, Gerichte und Verw.-Beh. in Br.-Pr., 1914, 286—295. Otto Müller, Die Begriffe der Verw.-Rechtspflege und des Verw.-Streitverfahrens nach preuß. Recht, 1895. Zorn im VerwArch. 2 1894, 74—147 Ders. in Festgabe für Krüger, 1911, 511 ff. Friedrichs das. 6 1898, 358—556. Tezner das. 8 1900, 220 ff., 475 ff.; 9 1901, 159 ff., 515 ff.

7) Gesetz vom 24 Mai 1861 (GS. 1861, 241) Die Entscheidung der meisten öffentlich-rechtlichen Streitigkeiten wurde fortan den Verwaltungsgerichten überwiesen.

8) GS. 1875, 375; dazu Novelle vom 2. August 1880 (GS. 1880, 315, 328).

9) Für das OVG. blieb maßgebend das Verwaltungsgerichtsgesetz vom 3. Juli 1875 in der Fassung der Novelle vom 2. August 1880.

10) Letzteres Gesetz trat an Stelle des Zuständigkeitsgesetzes vom 26. Juli 1876.

solche des Klage- oder Spruch- oder Streitverfahrens Kreisausschuß, Bezirksausschuß und Oberverwaltungsgericht.

b) Zur Entscheidung von Kompetenzkonflikten[1]) zwischen Gerichten einerseits, Verwaltungsbehörden und Verwaltungsgerichten anderseits wurde durch die Verordnung[2]) betr. die Kompetenzkonflikte vom 1. August 1879[3]) ein besonderer Gerichtshof in Berlin errichtet, der über die Zulässigkeit des Rechtsweges in den durch die Verordnung (§§ 4, 21) bestimmten Fällen zu erkennen hatte.

3. Die Entwicklung des preußischen Justizrechts[4]) wurde dadurch, daß das Reich seine Kompetenz auf diesem Gebiete ausgiebig handhabte, erheblich in den Hintergrund gedrängt. Das Reich war von vornherein zur Regelung des Obligationenrechts, Handels- und Wechselrechts, Strafrechts und gerichtlichen Verfahrens (RV. Art. 4 Nr. 13), seit der Verfassungsnovelle vom 20. Dezember 1873[5]) des gesamten bürgerlichen Rechts, Strafrechts und Gerichtsverfahrens zuständig. Es machte von seiner Kompetenz im Handels-, Wechsel- und Strafrecht sofort[6]), im Prozeßrecht gegen Ende der siebziger Jahre[7]), im bürgerlichen Recht wiederholt[8]), vor allem aber durch Erlaß des Bürgerlichen Gesetzbuchs[9]) Gebrauch. Diese umfassende Justizgesetzgebung des Reiches brachte Preußen einerseits den Vorzug völliger Rechtseinheit auf diesen reichsrechtlich geordneten Rechtsgebieten, minderte aber anderseits seine Landeskompetenz außerordentlich stark. Nur in den sehr engen Grenzen der aus den Reichsgesetzen zugunsten des Landesrechts sich ergebenden ausdrücklichen oder stillschweigenden Vorbehalte[10]) konnte Preußen fortan noch privat-, straf- und verfahrensrechtliche Normen aufrechterhalten und erlassen.

---

[1]) Löning a. a. O. 295 ff. Ders. im VerwArch. 8, 162 ff.

[2]) Rechtsgrundlage: GVG. § 17 Abs. 2.

[3]) GS. 1879, 573. Dazu Novelle (Gesetz) vom 22. Mai 1902 (GS. 1902, 145).

[4]) Übersicht bei Bornhak, Staats- und Rechtsgeschichte, 496 ff.

[5]) Sog. lex Lasker. RGBl. 1873, 379.

[6]) Das Nordd. Bundesgesetz vom 5. Juni 1869 (BGBl. 1869, 379) übernahm die allgemeine deutsche Wechselordnung und das allgemeine deutsche Handelsgesetzbuch als Bundesrecht.

[7]) GVG. vom 27. Januar 1877. Zivilprozeßordnung vom 30. Januar 1877. Strafprozeßordnung vom 1. Februar 1877. Konkursordnung vom 10. Februar 1877. In Kraft seit 1. Oktober 1879.

[8]) Beispiele bei Bornhak a. a. O. 498.

[9]) Bürgerliches Gesetzbuch vom 18. August 1896.

[10]) Besonders wichtig sind die Vorbehalte im EG. z. BGB. vom 18. August 1896.

Schluß.

Preußens monarchische Staatsform und konstitutionell-monarchische Regierungsweise sind von den Stürmen des Weltkrieges nicht berührt worden [1]. Erst der unglückliche Ausgang des Krieges und die damit verbundene Umsturzbewegung wurden wie Deutschlands, so auch Preußens Verhängnis [2]. Die Novemberrevolution 1918 vernichtete die Träger der politischen Gewalt im Reich und in den Gliedstaaten [3]. Damit sank auch das preußische Königtum [4] und der preußische Landtag dahin. Der Sieg der Revolution in Preußen bedeutete aber vorerst das Ende nur der preußischen Monarchie, nicht auch des preußischen Staatswesens. Während das Kaiserreich durch Fortfall seiner Grundlagen — des genossenschaftlich organisierten Staatenverbandes als Trägers der Reichsgewalt — untergegangen war [5], lebten die Gliedstaaten zunächst fort. So auch Preußen — als Republik. Preußen wurde erst Räterepublik, dann Volksrepublik [6], aber es behielt seine selbständige Staatsgewalt. Erst die neue Reichsverfassung [7] und das ihr folgende [8] neue deutsche Finanzsystem haben auch das Ende des preußischen Staatscharakters besiegelt. Gleich den übrigen ehemaligen Gliedstaaten ist auch Preußen ein Reichsland im Verband der Deutschen Republik

---

[1] Über die Wandlungen in seinem Staatscharakter überhaupt vgl. Giese in Deutsche Revue, Septemberheft 1919, 251 ff.

[2] Menke-Glückert, Die Novemberrevolution 1918, 1919.

[3] Giese, Die Verfassung des Deutschen Reiches vom 11. August 1919, Taschenausgabe, 2. Aufl., 1920, 7 ff.

[4] Die Abdankung des Königs und des Kronprinzen bewirkten nur eine Vakanz des Thrones. Die Beseitigung der Krone überhaupt war das Ergebnis des Umsturzes.

[5] Giese, RV., 9 ff.

[6] Seit dem Zusammentritt der verfassunggebenden Preußischen Landesversammlung. Als provisorische neue Verfassung erließ diese das Gesetz zur vorläufigen Ordnung der Staatsgewalt in Preußen vom 20. März 1919 (GS. 1919, 53).

[7] Verfassung des Deutschen Reichs vom 11. August 1919 (RGBl. 1919, 1383 ff.).

[8] In Kraft getreten am 1. Oktober 1919.

geworden[1]). Nach fünfhundertjähriger, einzig dastehender Entwicklung ist die preußische Staatsgeschichte abgeschlossen. Das preußische Staatswesen hat seine weltgeschichtliche Mission, die einheitliche Neugestaltung des gesamtdeutschen Staatswesens, erfüllt. Aber als leuchtendes Vorbild praktischer Staats- und Verwaltungskunst und als vollendeter Typus monarchischer Staatsform und absolut- wie konstitutionell-monarchischer Regierungsweise wird es unsterblich fortleben.

---

[1]) Giese in Deutsche Revue 1919, 263f. Ders., RV., 62f.

Sachregister.

Die Zahlen bedeuten die Seiten.

A.

B.

J.

K.

L.

P.

Q.

R.

S.

T.

U.